여러분의 합격을 응원하는
해커스공무원의 특별 혜택

FREE 공무원 경제학 **동영상강의**

해커스공무원(gosi강좌] 클릭 ▶

📄 무료 **회독 학습 점검표**(PDF) | 📄 무료 **회독용 답안지**(PDF)

해커스공무원(gosi.Hackers.com) 접속 후 로그인 ▶ 상단의 [교재·서점 → 무료 학습 자료] 클릭 ▶
본 교재의 [자료받기] 클릭

🎫 해커스공무원 온라인 단과강의 **20% 할인쿠폰**

2F2A86C599A2FCF3

해커스공무원(gosi.Hackers.com) 접속 후 로그인 ▶ 상단의 [나의 강의실] 클릭 ▶
좌측의 [쿠폰등록] 클릭 ▶ 위 쿠폰번호 입력 후 이용

* 쿠폰 이용 기한: 2023년 12월 31일까지(등록 후 7일간 사용 가능)
* 쿠폰 이용 관련 문의: 1588-4055

💳 해커스 회독증강 콘텐츠 **5만원 할인쿠폰**

5494CE73789FD426

해커스공무원(gosi.Hackers.com) 접속 후 로그인 ▶ 상단의 [나의 강의실] 클릭 ▶
좌측의 [쿠폰등록] 클릭 ▶ 위 쿠폰번호 입력 후 이용

* 쿠폰 이용 기한: 2023년 12월 31일까지(등록 후 7일간 사용 가능)
* 월간 학습지 회독증강 행정학/행정법총론 개별상품은 할인쿠폰 할인대상에서 제외

KB141504

단기 합격을 위한
해커스 커리큘럼

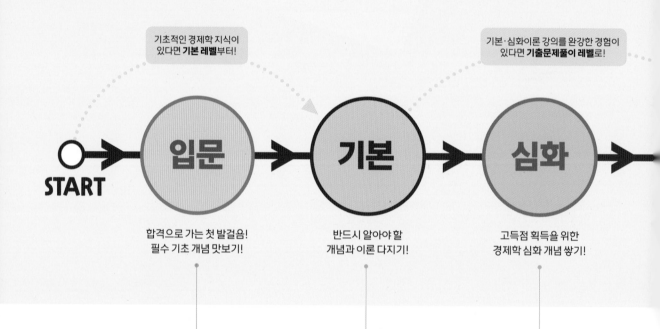

기초적인 경제학 지식이
있다면 **기본 레벨**부터!

기본·심화이론 강의를 완강한 경험이
있다면 **기출문제풀이 레벨**로!

START

입문
합격으로 가는 첫 발걸음!
필수 기초 개념 맛보기!

기본
반드시 알아야 할
개념과 이론 다지기!

심화
고득점 획득을 위한
경제학 심화 개념 쌓기!

강의 **쌩기초 입문반**

반드시 알아야 할 공무원 경제학의
기초 개념을 학습하는 강의로, 공무원
시험 공부를 이제 막 시작한 수험생
들을 위한 강의

사용교재
· 해커스공무원 그림으로 보는 쌩기초 경제학
· 해커스공무원 김종국 局경제학 입문특강

강의 **기본이론반**

합격에 꼭 필요한 경제학의 기본 개념과
문제 풀이 전략을 체계적·효율적으로
학습하는 강의

사용교재
· 해커스공무원 局경제학 기본서 (세트)

강의 **심화이론반**

기본 개념을 확실하게 자기 것으로
완성하고, 고득점 획득을 목표로 심화
개념을 학습하는 강의

사용교재
· 해커스공무원 局경제학 기본서 (세트)
· 해커스공무원 局경제학 TEN TO TEN

* QR코드를 스캔하시면, 레벨별 수강신청 및 사용교재 확인이 가능합니다.

gosi.Hackers.com

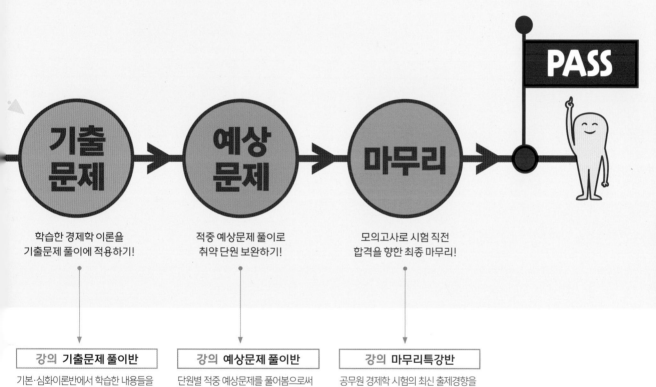

학습한 경제학 이론을
기출문제 풀이에 적용하기!

적중 예상문제 풀이로
취약 단원 보완하기!

모의고사로 시험 직전
합격을 향한 최종 마무리!

강의 기출문제 풀이반

기본·심화이론반에서 학습한 내용들을
실제 기출문제 풀이에 적용하면서 문제
풀이 감각을 키우는 강의

강의 예상문제 풀이반

단원별 적중 예상문제를 풀어봄으로써
취약한 단원을 파악하여 약점을 보완
하는 강의

강의 마무리특강반

공무원 경제학 시험의 최신 출제경향을
완벽하게 반영한 모의고사를 풀어보며
실전 감각을 극대화하는 강의

사용교재
· 해커스공무원 局경제학 12개년 기출문제집
· 해커스공무원 局경제학 핵심 기출 OX 1592

사용교재
· 해커스공무원 공감보노 기출로 보는
  하프모의고사 局경제학

사용교재
· 해커스공무원 실전동형모의고사 局경제학

2022 최신판

해커스공무원

局경제학

핵심 기출 OX 1592

해커스공무원

김종국

약력

연세대학교 경제학과 졸업
현 ｜ 해커스공무원 경제학 강의
전 ｜ EBS 강사

저서

해커스공무원 局경제학 핵심 기출 OX 1592, 해커스패스
해커스공무원 局경제학 12개년 기출문제집, 해커스패스
해커스공무원 局경제학 기본서, 해커스패스
해커스공무원 공감보노 기출로 보는 하프모의고사 局경제학, 해커스패스
해커스공무원 실전동형모의고사 局경제학, 해커스패스
거꾸로 경제학, EBS
경제 만점의 정석과 비법, EBS
경제 수능기출 특강, EBS
경제 개념특강, EBS

OX로 공무원 경제학을 완벽 대비하라!

공무원 시험은 기출문제를 변형하여 출제되는 객관식 문제를 푸는 시험이므로, 주요 기출 논점들을 간단하게 확인하고 각 시험별 출제 경향을 파악하는 것이 매우 중요합니다. 이때 기출문제집의 문제 전체를 확인하는 것도 중요하지만 핵심 논점만을 정리한 『2022 해커스공무원 局경제학 핵심 기출 OX 1592』로 빠르게 중요한 지문만 확인하여 학습의 효율을 높이고, 부족한 부분을 점검하여야 합니다.

『2022 해커스공무원 局경제학 핵심 기출 OX 1592』는 공무원 경제학 시험의 핵심 논점을 빠르게 파악하고 효율적인 학습을 할 수 있도록 다음과 같은 특징을 가지고 있습니다.

첫째, 공무원 경제학 기출문제뿐만 아니라 공인회계사, 감정평가사 등 다양한 경제학 기출문제의 지문들을 수록하였습니다.

공무원 경제학 시험에서 변별력을 가진 새로운 유형의 고난도 문제가 출제될 때 당황하지 않고 대응할 수 있도록 다양한 시험의 경제학 기출문제를 풀어보는 것이 중요합니다. 『2022 해커스공무원 局경제학 핵심 기출 OX 1592』는 고난도 문제에 충분히 대비할 수 있도록 2013년부터 2020년까지 8개년 공무원 7급 기출문제뿐만 아니라 2011년부터 2018년까지 출제된 공인회계사, 감정평가사, 보험계리사, 공인노무사의 기출문제 지문을 함께 수록하였습니다.

둘째, 기출문제뿐만 아니라 『해커스공무원 局경제학 기본서』의 단원별 예제 지문을 함께 수록하여 局경제학 단권화 정리를 가능하게 하였습니다.

『2022 해커스공무원 局경제학 기본서』의 단원별 예제 지문과 『2022 해커스공무원 局경제학 12개년 기출문제집』, 『2021 해커스공무원 공감보노 기출로 보는 하프모의고사 局경제학』에서 시험에 출제될 가능성이 높은 중요한 지문만을 엄선하여 OX문제로 수록하였습니다. 이를 통해 기본서, 기출문제집, 하프모의고사의 핵심 지문들을 한 권으로 정리할 수 있고 경제학 핵심 논점들을 확인할 수 있습니다.

더불어, 공무원 시험 전문 사이트 해커스공무원(gosi.Hackers.com)에서 교재 학습 중 궁금한 점을 나누고 다양한 무료 학습 자료를 함께 이용하여 학습 효과를 극대화 할 수 있습니다.

부디 『2022 해커스공무원 局경제학 핵심 기출 OX 1592』와 함께 공무원 경제학 시험 고득점을 달성하고 합격을 향해 한 걸음 더 나아가시길 바라며, 공무원 합격을 꿈꾸는 모든 수험생 여러분에게 훌륭한 길잡이가 되기를 바랍니다.

김종국

목차

Part 3 공감보노 기출문제

이 책의 구성 및 학습 플랜

📝 이 책의 구성

『2022 해커스공무원 局경제학 핵심 기출 OX 1592』는 수험생 여러분들이 경제학 과목을 효율적으로 학습할 수 있도록 다양한 지문과 상세한 해설을 수록·구성하였습니다. 아래 내용을 참고하여 본인의 학습 과정에 맞게 체계적으로 학습 전략을 세워 학습하시기 바랍니다.

1 다양한 기출지문으로 핵심 이론 복습 + 문제해결 능력 키우기

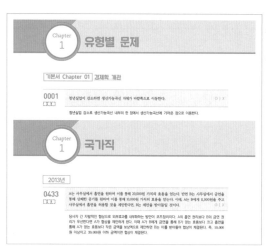

54개의 Chapter로 확인하는 경제학 이론

『2022 해커스공무원 局경제학 기본서』의 54개 Chapter 별로 구성된 예제의 지문을 통해 공무원 경제학에서 반드시 학습하여야 할 핵심 이론들을 다시 한 번 확인할 수 있습니다.

공무원 경제학 주요 기출지문 수록

2013년부터 2020년까지의 국가직, 지방직, 국회직 핵심 기출지문을 수록하였습니다. 이러한 기출지문은 이론 복습 및 요약·문제풀이 능력 향상에 다양하게 활용할 수 있습니다.

2 기본서 – 기출문제 – 공감보노까지 한 번에 총정리

공인회계사, 감정평가사, 보험계리사, 공인노무사 기출지문 수록

공무원 기출문제뿐만 아니라 공인회계사, 감정평가사, 보험계리사, 공인노무사의 경제학 기출문제 지문을 함께 수록하였습니다. 이를 통해 다양한 유형의 변별력 있는 고난도 문제에 대응할 수 있습니다.

기본서-기출문제집-공감보노 하프모의고사 局경제학 단권화 정리

기본서와 다양한 유형의 기출문제에서 중요한 지문만을 선별하여 최근 출제 경향에 맞추어 OX문제로 재구성하였습니다. 이를 통해 부족한 부분을 점검할 수 있고 경제학 이론과 핵심 지문들을 다시 한 번 복습하는 효과를 누릴 수 있습니다.

📝 학습 플랜

* 1, 2회독 때에는 30일 플랜을, 3회독 때에는 15일 플랜을 활용하시면 좋습니다.

30일 플랜	15일 플랜	학습 단원			1회독	2회독	3회독
DAY 1	DAY 1	Part 1	유형별 문제	0001~0054	DAY 1	DAY 1	DAY 1
DAY 2	DAY 1			0055~0109	DAY 2	DAY 2	DAY 1
DAY 3	DAY 2			0110~0163	DAY 3	DAY 3	DAY 2
DAY 4	DAY 2			0164~0216	DAY 4	DAY 4	DAY 2
DAY 5	DAY 3		고난도 유형별 문제	0217~0270	DAY 5	DAY 5	DAY 3
DAY 6	DAY 3			0271~0324	DAY 6	DAY 6	DAY 3
DAY 7	DAY 4			0324~0377	DAY 7	DAY 7	DAY 4
DAY 8	DAY 4			0378~0432	DAY 8	DAY 8	DAY 4
DAY 9	DAY 5	Part 2	국가직	0433~0486	DAY 9	DAY 9	DAY 5
DAY 10	DAY 5			0487~0540	DAY 10	DAY 10	DAY 5
DAY 11	DAY 6			0541~0592	DAY 11	DAY 11	DAY 6
DAY 12	DAY 6		지방직	0593~0644	DAY 12	DAY 12	DAY 6
DAY 13	DAY 7			0645~0698	DAY 13	DAY 13	DAY 7
DAY 14	DAY 7			0699~0752	DAY 14	DAY 14	DAY 7
DAY 15	DAY 8		국회직	0753~0800	DAY 15	DAY 15	DAY 8
DAY 16	DAY 8			0801~0855	DAY 16	DAY 16	DAY 8
DAY 17	DAY 9			0856~0908	DAY 17	DAY 17	DAY 9
DAY 18	DAY 9			0909~0952	DAY 18	DAY 18	DAY 9
DAY 19	DAY 10	Part 3	공인 회계사	0953~1020	DAY 19	DAY 19	DAY 10
DAY 20	DAY 10			1021~1072	DAY 20	DAY 20	DAY 10
DAY 21	DAY 11			1073~1112	DAY 21	DAY 21	DAY 11
DAY 22	DAY 11		감정 평가사	1113~1166	DAY 22	DAY 22	DAY 11
DAY 23	DAY 12			1167~1220	DAY 23	DAY 23	DAY 12
DAY 24	DAY 12			1221~1272	DAY 24	DAY 24	DAY 12
DAY 25	DAY 13		보험 계리사	1273~1328	DAY 25	DAY 25	DAY 13
DAY 26	DAY 13			1329~1382	DAY 26	DAY 26	DAY 13
DAY 27	DAY 14			1383~1432	DAY 27	DAY 27	DAY 14
DAY 28	DAY 14		공인 노무사	1433~1486	DAY 28	DAY 28	DAY 14
DAY 29	DAY 15			1487~1540	DAY 29	DAY 29	DAY 15
DAY 30	DAY 15			1541~1592	DAY 30	DAY 30	DAY 15

Part 1

기본서

기본서 Chapter 01 | 경제학 개관

0001
☐☐☐

청년실업이 감소하면 생산가능곡선 자체가 바깥쪽으로 이동한다.　　　O | X

청년실업 감소로 생산가능곡선 내부의 한 점에서 생산가능곡선에 가까운 점으로 이동한다.

0002
☐☐☐

X재 생산량이 200에서 240으로 증가할 때 Y재 생산량이 300에서 290으로 감소하였다. X재 생산량이 240에서 280으로 증가할 때 Y재 생산량이 290에서 270으로 감소한다면, 기회비용은 체증한다. O | X

X재 생산량이 200에서 240으로 40만큼 증가할 때 Y재 생산량이 300에서 290으로 10만큼 감소하였다. X재 생산량이 240에서 280으로 40만큼 증가할 때 Y재 생산량이 290에서 270으로 20만큼 감소한다면, 기회비용은 체증한다.

0003
☐☐☐

자동차 생산의 기회비용이 감소하면, 생산가능곡선이 바깥쪽으로 이동한다.　　　O | X

자동차 생산의 기회비용이 감소하면, 생산가능곡선이 바깥쪽으로 이동한다.

0004
☐☐☐

선박 생산에 있어 기술진보가 발생하면 선박 생산의 기회비용은 증가한다.　　　O | X

선박 생산에 있어 기술진보가 발생하면 자동차 1단위 추가 생산을 위해 포기해야 하는 선박의 양이 많아지므로 자동차 생산의 기회비용은 증가할 것이다. 이는 선박 생산의 기술진보로 같은 양의 자동차 포기로 더 많은 선박 생산이 가능하기에 같은 선박 생산 시 포기하는 자동차 수량은 감소할 것임을 뜻한다. 따라서 선박 생산에 있어 기술진보가 발생하면 선박 생산의 기회비용은 감소한다.

정답　0001 X　0002 ○　0003 ○　0004 X

0005
□□□

주택 가격이 상승할 것으로 예상되면 주택에 대한 수요곡선이 우측으로 이동한다. O | X

주택 가격이 상승할 것으로 예상됨에 따라 주택에 대한 수요가 증가하면 주택에 대한 수요곡선이 우측으로 이동한다.

0006
□□□

수요곡선이 $p=140-8q$로 동일한 수요자가 시장에 두 명만 존재한다고 할 때, 시장수요곡선식은 $P=140-4Q$이다. O | X

수요곡선 $p=140-8q$의 수평적 합은 q를 더하여 계산가능하다. 즉, $q=17.5-\frac{1}{8}p$와 $q=17.5-\frac{1}{8}p$의 합으로, $Q=35-\frac{1}{4}P$이다. 따라서 $P=140-4Q$이다.

0007
□□□

조기 은퇴자가 늘어나면 노동공급은 감소한다. O | X

조기 은퇴자가 늘어나면 노동공급은 감소한다.

0008
□□□

전기료가 낮아지면 전기수요량이 아닌 전기수요가 변화한다. O | X

전기료가 낮아지면 전기수요가 아닌 전기수요량이 변화한다.

기본서 Chapter 03 수요와 공급의 탄력성

0009
□□□

정상재는 수요의 소득탄력성이 0보다 크며, 열등재는 수요의 소득탄력성이 0보다 작다. O | X

수요의 소득탄력성이 0보다 큰 값으로 나타나는 재화는 정상재이고, 수요의 소득탄력성이 0보다 작은 값으로 나타나는 재화는 열등재이다.

정답 0005 ○   0006 ○   0007 ○   0008 X   0009 ○

0010
□□□

X재화의 현재 가격이 1,000원 현재 수요량이 500단위이다. 가격이 10원 상승했을 때, 수요량이 10단위 감소하였다고 하면 가격탄력성은 2이다. O | X

$-\frac{\triangle Q}{\triangle P} = -\frac{-10}{10} = 1$이다. X재화의 $\frac{P}{Q}$은 2이므로, 수요의 가격탄력성은 $-\frac{\triangle Q}{\triangle P} \times \frac{P}{Q} = 2$이다.

0011
□□□

원점을 지나는 공급곡선의 가격탄력성은 1이다. 양의 가격축에서 출발하는 공급곡선은 가격탄력성이 1보다 작으며, 양의 수량축에서 출발하는 공급곡선은 가격탄력성이 1보다 크다. O | X

원점을 지나는 공급곡선은 원점기울기와 곡선기울기가 같으므로 가격탄력성은 1이다. 양의 가격축에서 출발하는 공급곡선은 곡선기울기보다 원점기울기가 크기에 공급의 가격탄력성은 1보다 크다. 양의 수량축에서 출발하는 공급곡선은 곡선기울기보다 원점기울기가 작기에 공급의 가격탄력성은 1보다 작다.

0012
□□□

수요함수가 $Q_d = 210 - P$ 공급함수가 $Q_s = 2P$일 때, 균형에서의 수요의 가격탄력성은 1이다. O | X

수요공급의 균형은 $P=70$, $Q=140$이다. 따라서 수요함수($Q_d = 210 - P$)에서 $P=70$, $Q=140$일 때 수요의 가격탄력성은 $\frac{1}{2}$이다.

기본서 Chapter 04 | 수요·공급이론의 응용

0013
□□□

노동수요가 비탄력적일수록 최저임금제 실시로 고용량이 큰 폭으로 감소하기에 노동자의 소득은 감소한다. O | X

최저임금제가 고용량과 노동자의 소득에 미치는 효과는 노동의 공급곡선보다는 노동의 수요곡선의 탄력성의 크기에 달려있다. 즉, 노동수요가 탄력적일수록 최저임금제 실시로 고용량이 큰 폭으로 감소하기에 노동자의 소득은 감소한다.

0014
□□□

수요곡선이 $Q^d = 150 - 2P$, 공급곡선이 $Q^s = -100 + 3P$일 때, 소비자에게 25원의 조세를 부과하는 경우 조세수입은 500원이다. O | X

소비자에게 부과하는 경우, $Q^d = 150 - 2P$에서 $Q^d = 150 - 2(P-25) = 100 - 2P$이고, $Q^s = -100 + 3P$에서 $P=40$, $Q=20$이다. 따라서 조세수입은 $20 \times 25 = 500$원이다.

정답   0010 ○   0011 X   0012 X   0013 X   0014 ○

0015
□□□

구매자에게 X재 단위당 보조금 a원을 지급하면, 수요곡선은 a원만큼 우측이동하기 때문에 균형가격은 a원만큼 상승한다. O | X

구매자에게 X재 단위당 보조금 a원을 지급하면, 구매자의 편익증가로 수요곡선은 a원만큼 위로 이동한다. 즉, 수요곡선은 우측으로 이동한다. 하지만, 균형가격은 a원보다 적게 상승한다.

0016
□□□

후생손실인 초과부담 또는 사중적 손실은 탄력성에 비례하기에, 수요곡선과 공급곡선의 가격탄력성이 비탄력적일 때는, 탄력적인 경우보다 소비세 부과로 인한 후생순손실은 적어진다. O | X

후생손실인 초과부담 또는 사중적 손실은 탄력성에 비례하기에, 수요곡선과 공급곡선의 가격탄력성이 비탄력적일 때는, 탄력적인 경우보다 소비세 부과로 인한 후생순손실은 적어진다.

기본서 Chapter 05 | 한계효용이론

0017
□□□

한계효용이 감소해도 그 값이 (+)이면 총효용은 증가한다. 따라서 총효용이 증가했다는 것이 반드시 한계효용이 증가했다는 것을 의미하는 것은 아니다. O | X

한계효용이 감소해도 그 값이 (+)이면 총효용은 증가한다. 따라서 총효용이 증가했다는 것이 반드시 한계효용이 증가했다는 것을 의미하는 것은 아니다.

0018
□□□

효용함수가 $U = X^{\frac{1}{2}} \cdot Y^{\frac{1}{2}}$, $P_X = 10$원, $P_Y = 20$원, 그리고 소득이 240원일 때, 효용을 극대화하는 X재 소비량은 12단위이다. O | X

$U = X^{\frac{1}{2}} \cdot Y^{\frac{1}{2}}$ 효용함수와 $P_X \cdot X + P_Y \cdot Y = M$ 예산제약에서 한계효용균등의 법칙($\frac{MU_X}{P_X} = \frac{MU_Y}{P_Y}$)에 따라 계산하면, $MU_X = \frac{1}{2}X^{-\frac{1}{2}}Y^{\frac{1}{2}}$, $MU_Y = \frac{1}{2}X^{\frac{1}{2}}Y^{-\frac{1}{2}}$, $P_X = 10$원, $P_Y = 20$원, 그리고 소득이 240원이기에, $2Y = X$, $10X + 20Y = 240$이다. 따라서 X는 12단위이다.

0019
□□□

X재 가격이 10이고, Y재 가격이 20일 때, 효용극대화를 추구하는 소비자가 X재 6단위, Y재 1단위를 소비하고 있다. 마지막 6번째 X의 한계효용이 5이면 Y재 1단위의 한계효용은 20이다. O | X

X재가 6이면 X재의 한계효용이 5이고 X재의 가격이 10이기에 X재의 원당 한계효용은 0.5이다. Y재의 가격이 20이기에 Y재의 원당 한계효용이 0.5가 되게 하려면 Y재 1의 한계효용은 10이 되어야한다.

정답 0015 X 0016 ○ 0017 ○ 0018 ○ 0019 X

0020
□□□

$P_X = 100$ 원, $P_Y = 50$ 원일 때, X재 마지막 한 단위의 한계효용이 200이라면 Y재 마지막 한 단위의 한계효용은 100이다. O | X

$P_X = 100$원, $P_Y = 50$원일 때, 한계효용균등의 법칙에 따라 효용극대화를 계산하면, $\dfrac{MU_X}{P_X}(=\dfrac{200}{100원}) = \dfrac{MU_Y}{P_Y}$에서 $P_Y = 50$원이기에 Y재의 한계효용은 100이다.

기본서 Chapter 06 **무차별곡선이론**

0021
□□□

무차별곡선 이론에서는 기수적 효용을 가정한다. O | X

무차별곡선 이론에서는 서수적 효용을 가정한다.

0022
□□□

효용함수가 $U(X, Y) = (X+1)(Y+2)$일 때, 한계대체율(MRS_{XY})이 2이고 X재 소비량이 10이면 Y재 소비량은 20이다. O | X

효용함수가 $U(X, Y) = (X+1)(Y+2) = XY+2X+Y+2$일 때 $MU_X = Y+2, MU_Y = X+1$이다. 한계대체율(MRS_{XY})이 2이기에 $MRS_{XY} = (-)\dfrac{\Delta Y}{\Delta X} = \dfrac{MU_X}{MU_Y}$에서, $2 = \dfrac{Y+2}{X+1}$이다. 따라서 X재 소비량이 10이면 Y재 소비량은 20이다.

0023
□□□

MRS_{XY}가 예산선 기울기보다 클 때, X재의 1원당 한계효용은 Y재의 1원당 한계효용보다 크다. O | X

MRS_{XY}가 예산선 기울기보다 클 때, $MRS_{XY} = \dfrac{MU_X}{MU_Y} > \dfrac{P_X}{P_Y}$이다. 따라서 $\dfrac{MU_X}{P_X} > \dfrac{MU_Y}{P_Y}$이므로, X재의 1원당 한계효용은 Y재의 1원당 한계효용보다 크다.

정답 0020 ○ 0021 X 0022 ○ 0023 ○

0024
□□□

한계기술대체율은 등량곡선의 기울기이다. ○ | X

한계기술대체율은 등량곡선의 기울기이다.

0025
□□□

현시선호의 약공리가 성립하면 강공리는 자동적으로 성립한다. ○ | X

현시선호의 강공리가 성립하면 약공리는 자동적으로 성립한다.

0026
□□□

처음 구매한 점이 바뀐 예산선에서는 구입할 수 없을 때, 새로운 예산선의 모든 점은 약공리를 충족한다. ○ | X

처음 구매한 점이 바뀐 예산선에서는 구입할 수 없을 때, 새로운 예산선의 어떤 점에서 구입하더라도 약공리는 충족된다.

0027
□□□

처음 구매한 점이 바뀐 예산선에서 구입할 수 있을 때, 예산선 변화 후 기존 예산선의 내부에서 구입한다면 약공리를 충족하지 않는다. ○ | X

처음 구매한 점이 바뀐 예산선에서 구입할 수 있을 때, 예산선 변화 후 기존 예산선의 내부에서 구입한다면 약공리를 충족하지 않는다.

0028
□□□

최초구입점이 구입가능하면 새로운 예산선 중 본래의 예산선 내부에 포함되는 구간을 제외한 구간에서 약공리는 충족된다. 그러나 새로운 예산선 중 본래의 예산선 내부에 포함되는 구간에서 소비를 한다면 약공리, 강공리에 위배된다. ○ | X

최초구입점이 구입가능하면 새로운 예산선 중 본래의 예산선 내부에 포함되는 구간을 제외한 구간에서 약공리는 충족된다. 최초의 예산선에서도 구입가능하였던 것과 비교하여 다른 소비조합을 구입한 것은 후자를 더 선호하였음을 의미한다. 그런데, 바뀐 예산선에서 모두 구입가능함에도 전자를 구입한다면 소비행위에 일관성이 없다. 따라서 약공리, 강공리에 위배된다.

정답 0024 ○ 0025 X 0026 ○ 0027 ○ 0028 ○

0029
☐☐☐

두 기간 소비모형 저축자의 경우 이자율이 하락하면 정상재의 경우 소득효과에 의한 현재소비는 증가한다. O | X

저축자의 경우, 이자율이 하락하면 이자수입이 감소한다. 정상재의 경우 실질소득이 감소하기에 현재소비도 감소한다. 따라서 소득효과에 의한 현재소비는 감소한다.

0030
☐☐☐

두 기간 소비모형에서 Y_1이 20,000원이고, Y_2이 15,000원이며, 이자율이 25%일 때, 최대로 가능한 1기 소비와 2기 소비의 합은 72,000원이다. O | X

$(Y_1 + \dfrac{Y_2}{(1+r)}) = (C_1 + \dfrac{C_2}{(1+r)})$ 에서, 값을 대입하면 $(20,000 + \dfrac{15,000}{(1+0.25)}) = (C_1 + \dfrac{C_2}{(1+0.25)})$ 이기에 $32,000 = (C_1 + \dfrac{C_2}{(1+0.25)})$ 이다. 2기 소비가 0일 때 1기 소비는 최대이고, 1기 소비가 0일 때 2기 소비는 최대이다.

즉, $C_2 = 0$일 때, $C_1 = 32,000$이고, $C_1 = 0$일 때, $C_2 = 40,000$이다. 따라서 최대로 가능한 1기 소비와 2기 소비의 합은 72,000원이다.

0031
☐☐☐

이자율이 상승하면 저축자의 효용수준은 반드시 증가한다. O | X

이자율이 상승하면 저축자의 소비가능영역이 커지기에 이자율상승 이후 여전히 저축자의 경우 효용수준은 반드시 증가한다.

0032
☐☐☐

라스파이레스 수량지수와 파셰 수량지수가 모두 1보다 작을 때, 비교년도는 기준년도에 비해 후생수준이 높아지지 않았다. O | X

라스파이레스 수량지수와 파셰 수량지수가 모두 1보다 작을 때, 비교년도는 기준년도에 비해 후생수준이 높아지지 않았다.

정답　0029 X　　0030 O　　0031 O　　0032 O

0033
□□□

위험선호자의 경우, 기대치가 확실성등가보다 크기에 위험프리미엄이 (−)이다. O | X

위험선호자의 경우, 기대치가 확실성등가보다 작기에 위험프리미엄이 (−)이다.

0034
□□□

재산이 100만 원인 철수는 75만 원의 손실을 볼 확률이 1/5, 손실을 보지 않을 확률이 4/5이다. 철수의 효용함수가 $U(x) = \sqrt{x}$ 일 때, 위험프리미엄은 4만 원이다. O | X

재산이 100만 원인 철수가 75만 원의 손실을 보면 남은 재산은 25만 원이다. 기대소득을 구해보면 $1/5 \times 25 + 4/5 \times 100 = 85$이다. 그리고 기대효용을 구해보면 $1/5 \times \sqrt{25} + 4/5 \times \sqrt{100} = 9$이다. 또한 확실성등가를 구하면 $9 = \sqrt{x}$ 이고 $x = 81$만 원이다. 위험프리미엄은 기대소득 − 확실성등가 $= 85 - 81 = 4$만 원이다.

0035
□□□

위험기피자의 경우, 기대효용보다 기대치(기대소득)의 효용이 크다. O | X

위험기피자의 경우, 기대효용보다 기대치(기대소득)의 효용이 크다.

0036
□□□

갑돌이와 갑순이는 각각 농장을 경영하고 있으며, 각 농장은 매해 50%의 확률로 200만 원 또는 1,800만 원의 연수익을 올린다. 갑순이가 두 농장의 수익을 모두 가져가는 대신 갑돌이에게 연 600만 원을 지급하기로 한다면, 갑순이의 예상 연평균수익은 1,200만원이다. O | X

작황이 나쁜 경우 갑순이의 수익은 $200 + 200 - 600 = -200$만 원이다. 이에 비해, 작황이 좋은 경우 갑순이의 수익은 $1,800 + 1,800 - 600 = 3,000$만 원이다. 작황이 좋거나 나쁠 확률은 50%이므로, 갑순이의 기대수익은 $(1/2 \times -200) + (1/2 \times 3,000) = 1,400$만 원이다.

정답 0033 X   0034 O   0035 O   0036 X

0037
□□□

수확체감의 법칙이 작용하고 있을 때, 총생산물과 달리 한계생산물과 평균생산물은 계속해서 감소한다.

O | X

수확체감의 법칙이 작용하고 있을 때, 감소하는 한계생산물과 달리 총생산물, 평균생산물은 증가할 수도 있고 감소할 수도 있다.

0038
□□□

처음 10명의 노동자가 필통을 생산할 때 평균생산량은 41개였다. 1명의 노동자를 더 고용하자 평균생산량은 40개가 되었다면, 추가된 노동자의 한계생산량은 30개이다.

O | X

10명의 노동자가 필통을 생산할 때 평균생산량이 41개이면 총생산물은 410개이다. 1명을 추가하여 11명의 노동자가 생산할 때 평균생산량이 40개이면 총생산물은 440개이다. 따라서 노동자가 10명에서 11명으로 증가할 때, 총생산물이 30개 증가하기에 노동자의 한계생산량은 30개이다.

0039
□□□

요소투입량이 1일 때 한계생산물이 50, 요소투입량이 2일 때 한계생산물이 40, 요소투입량이 3일 때 총생산물이 120이라면, 요소투입량이 3일 때 한계생산물은 20이다.

O | X

요소투입량이 2일 때 총생산물은 요소투입량이 1일 때 한계생산물과 요소투입량이 2일 때 한계상산물의 합과 같다. 따라서 요소투입량이 2일 때 총생산물은 $50+40=90$이며, 요소투입량이 3일 때 한계생산물은 요소투입량이 2일 때 총생산물에서 요소투입량이 3일 때 총생산물로의 증가분으로 $120-90=30$이다.

0040
□□□

기술진보가 이루어진다면 더 적은 양의 생산요소 투입으로도 동일한 양의 재화를 생산할 수 있기에 등량곡선은 원점에 가까워진다.

O | X

기술진보가 이루어진다면 더 적은 양의 생산요소 투입으로도 동일한 양의 재화를 생산할 수 있기에 등량곡선은 원점에 가까워진다.

0041
□□□

한계비용이 평균비용보다 작은 구간에서 생산량을 증가시키면 평균비용이 증가한다.

O | X

한계비용이 평균비용보다 작은 구간에서 생산량을 증가시키면 평균비용이 감소한다.

정답 0037 X 0038 O 0039 X 0040 O 0041 X

0042
☐☐☐

갑은 50만 원에 중고피아노를 구입하였다. 중고피아노를 수리하여 팔면 80만 원을 받을 수 있지만, 수리비용이 50만 원이다. 중고피아노를 수리하지 않으면 40만 원에 팔 수 있다고 할 때, 갑은 피아노를 수리하여 팔 것이다.　　O | X

갑이 이미 중고피아노를 구입하였으므로, 중고피아노 구매가격은 고려하지 않는다. 중고피아노를 수리하고 팔았을 때는 80 − 50 = 30만 원의 이익을, 수리하지 않고 팔았을 때는 40만 원의 이익을 얻을 수 있으므로, 중고피아노 구입 이후 갑의 합리적 선택은 중고피아노를 수리하지 않고 파는 것이다.

0043
☐☐☐

생산량이 3일 때 평균비용이 20, 생산량이 4일 때 평균비용이 18이라면 생산량이 4일 때 한계비용은 16이다.　　O | X

생산량이 3일 때 평균비용이 20이므로 총비용은 20×3 = 60이고, 생산량이 4일 때 평균비용이 18이기에 총비용은 72이다. 따라서 생산량이 4일 때 한계비용은 72 − 60 = 12이다.

0044
☐☐☐

한계비용이 평균비용보다 크면 평균비용은 증가하기에, 평균비용이 증가하는 구간에서는 한계비용이 평균비용보다 크다.　　O | X

한계비용이 평균비용보다 크면 평균비용은 증가하기에, 평균비용이 증가하는 구간에서는 한계비용이 평균비용보다 크다.

기본서 Chapter 12 ｜ 완전경쟁시장

0045
☐☐☐

한계수입과 한계비용이 같아지는 점에서는 한계이윤은 (−)이다.　　O | X

한계수입과 한계비용이 같아지는 점에서는 한계이윤은 0이다.

0046
☐☐☐

완전경쟁시장의 어느 기업의 총비용함수가 $TC = Q^2 + 5Q + 10$이며, 재화의 가격이 15일 때, A기업의 생산자잉여는 25이다.　　O | X

총비용함수 $TC = Q^2 + 5Q + 10$를 미분하면 한계비용은 $MC = 2Q + 5$이다. 이윤극대화 생산량은 $P = MC$에서 $15 = 2Q + 5$이기에 Q는 5이다. 총수입은 $P \times Q$로 $15 \times 5 = 75$이고, 총가변비용은 $TVC = Q^2 + 5Q$로 $5^2 + 5 \times 5 = 50$이다. 생산자잉여는 총수입에서 총가변비용을 차감한 값으로 $75 − 50 = 25$이다.

정답　0042 X　0043 X　0044 ○　0045 X　0046 ○

0047
☐☐☐

완전경쟁기업의 이윤극대화조건은 $P = MC$이다.

O | X

완전경쟁기업의 이윤극대화조건은 $P = MC$이다.

0048
☐☐☐

영희는 매월 아이스크림을 50개 팔고 있다. 영희의 월간 총비용은 50,000원이고, 이 중 고정비용은 10,000원이다. 아이스크림 시장은 완전경쟁적이고 아이스크림 가격이 500원이라고 할 때, 영희는 단기적으로는 이 가게를 운영하지만 장기적으로는 폐업한다.

O | X

영희의 총가변비용은 총비용에서 총고정비용을 차감한 $50,000 - 10,000 = 40,000$원이다. 생산량이 50개이기에 평균비용은 1,000원이고 평균가변비용은 800원이다. 따라서 아이스크림 가격이 500원인 경우 영희는 단기적으로 생산을 중단한다.

기본서 Chapter 13 | 독점시장

0049
☐☐☐

독점기업은 완전경쟁과 달리 $P > MC$인 구간에서 생산되기에 후생손실을 보이고, 탄력적인 구간에서 생산한다.

O | X

독점기업은 완전경쟁과 달리 $P > MC$인 구간에서 생산되기에 후생손실을 보이고, 탄력적인 구간에서 생산한다.

0050
☐☐☐

어느 독점기업이 직면하는 수요곡선은 $P = 10,000 - 2Q^d$이고 비용곡선은 $TC = 2,000Q$라고 한다. 이 기업의 독점가격은 6,000이다.

O | X

MR은 수요곡선과 y절편은 같고 기울기는 2배이다. 따라서 수요곡선이 $P = 10,000 - 2Q^d$일 때 MR곡선은 $MR = 10,000 - 4Q^d$이다. 비용곡선은 $TC = 2,000Q$일 때 MC곡선은 $MC = 2,000$이다. 독점기업의 이윤극대화 생산량은 $MR = MC$이기에 $10,000 - 4Q^d = 2,000$에서 $Q = 2,000$이다. 이에 따라 가격은 수요곡선 $P = 10,000 - 2Q^d$에서 $P = 6,000$이다.

0051
☐☐☐

어느 독점기업이 직면하는 수요곡선은 $P = 10,000 - 2Q^d$이고 비용곡선은 $TC = 2,000Q$라고 한다. 이때 사회적후생손실은 4,000,000이다.

O | X

완전경쟁의 이윤극대화 생산량은 $P = MC$이기에 $10,000 - 2Q^d = 2,000$에서 $Q = 4,000$이다. 따라서 후생손실은 $(6,000 - 2,000) \times (4,000 - 2,000) \times 0.5 = 4,000,000$이다.

정답　0047 ○　　0048 X　　0049 ○　　0050 ○　　0051 ○

0052
☐☐☐

어느 독점기업의 수요함수는 $Q = 130 - P$이고, 총비용함수는 $C = 10Q + Q^2$일 때, 정부가 이 독점기업의 가격을 한계비용가격설정으로 규제한다면 가격은 독점가격에 비해 20만큼 하락한다. O | X

이윤극대화는 $MR = MC$에서 달성된다. 수요함수가 $Q = 130 - P$로 $P = 130 - Q$이기에 한계수입은 $MR = 130 - 2Q$이고, 총비용함수가 $C = 10Q + Q^2$으로 한계비용은 $MC = 10 + 2Q$이다. 따라서 이윤극대화 생산량은 $130 - 2Q = 10 + 2Q$에서 $Q = 30$이고, 독점가격은 100이다.
$P = MC$로 독점가격을 규제하면, $130 - Q = 10 + 2Q$에서 $Q = 40$이고, 한계비용규제가격은 90이다. 따라서, 가격은 100에서 90으로 10만큼 하락한다.

기본서 Chapter 14 │ 과점시장

0053
☐☐☐

특허의 기간을 늘릴수록 유인 증가로 사회 전체적으로 발명과 발견이 촉진된다. O | X

특허의 기간을 늘릴수록 유인 증가로 사회 전체적으로 발명이 촉진될 수 있다. 하지만 발견은 무관하다.

0054
☐☐☐

꾸르노모형을 가정할 때, 시장수요함수가 $P = 40 - Q$, 한계비용 $MC = 10$이라면 시장전체의 생산량은 20이다. O | X

시장수요곡선이 $P = 40 - Q$이고 $MC = 10$이기에 완전경쟁 산출량은 $P = MC$에서 30이다. 꾸르노모형에서 각 기업은 완전경쟁일 때 생산량의 $\frac{1}{3}$만큼씩 생산하기에 10이고, 시장전체 생산량은 20이다.

0055
☐☐☐

독점모형을 가정할 때, 시장수요함수가 $P = 40 - Q$, 한계비용 $MC = 10$이라면 독점기업의 생산량은 15이다. O | X

시장수요곡선이 $P = 40 - Q$이고 $MC = 10$, 독점에서 MR곡선은 $MR = 40 - 2Q$이기에 독점 산출량은 $MR = MC$에서 15이다.

0056
☐☐☐

X재에 대한 수요함수는 $P = 20 - Q$이다. 이 상품의 평균비용은 8원이고 규모 수익불변을 가진다. 슈타켈버그 추종기업의 생산량은 3이다.　　　　O | X

규모 수익불변으로 평균비용은 일정하기에 평균비용과 한계비용은 8원으로 같다. 완전경쟁의 경우, $P = MC$에서 이윤극대화가 이루어진다. 즉, $20 - Q = 8$에서 $Q = 12$이다. 슈타켈버그모형은 선도기업의 생산량이 완전경쟁의 $\frac{1}{2}$이고, 추종기업의 생산량은 선도기업의 절반(완전경쟁의 $\frac{1}{4}$)이기에, 슈타켈버그모형의 추종기업 생산량은 3이다.

기본서 Chapter 15 ｜ 게임이론

0057
☐☐☐

죄수의 딜레마모형은 카르텔의 안정성을 보여줌으로써 과점기업들이 담합을 통해 독점이윤을 누리는 과정을 보여준다.　　　　O | X

죄수의 딜레마모형은 카르텔을 위반하면 더 큰 이득이 될 수 있기에 처음부터 비협조적 행동을 하는 상황, 즉 카르텔의 불안정적 상황을 보여준다. 이는 과점기업들이 공동행위를 통한 독점이윤을 누리기 어려운 이유를 잘 설명한다.

0058
☐☐☐

죄수의 딜레마모형에서 게임을 반복할 경우에도 균형은 달라지지 않는다.　　　　O | X

게임을 반복할 경우에는 상대방의 보복을 염려하여 담합은 유지될 가능성이 크다. 따라서 게임을 반복할 경우에는 균형이 달라질 수 있다.

0059
☐☐☐

구분		B국	
		자유무역	보호무역
A국	자유무역	(100, 100)	(− 100, 200)
	보호무역	(200, − 100)	(− 50, − 50)

각 보수쌍에서 왼쪽은 A국의 보수이고, 오른쪽은 B국의 보수일 때, 두 국가의 우월전략균형은 (자유, 자유)이다.　　　　O | X

A국의 경우, B국이 자유무역을 선택하던 보호무역을 선택하던 A국은 보호무역을 선택하기에 A국의 우월전략은 보호무역이다. B국의 경우, A국이 자유무역을 선택하던 보호무역을 선택하던 B국은 보호무역을 선택하기에 B국의 우월전략은 보호무역이다.

정답　　0056 ○　　0057 X　　0058 X　　0059 X

0060
☐☐☐

구분		기업 A	
		가격인하	현 가격유지
기업 B	진입	(-3, 2)	(3, 3)
	포기	(0, 4)	(0, 6)

앞의 숫자는 B의 보수이고 뒤의 숫자는 A의 보수일 때, 내쉬균형은 (0, 6)이다. ○ | X

기업 B의 전략에 상관없이 기업 A는 현 가격유지가 보수가 더 크기에 기업 A의 우월전략은 현 가격유지이다. 기업 A가 현 가격유지라면 기업 B는 진입 시 이윤이 더 크기에 진입하게 된다. 결국, B는 진입이고 A는 현 가격유지이기에 내쉬균형은 (3, 3)이다.

기본서 Chapter 16 ┃ 독점적 경쟁시장

0061
☐☐☐

완전경쟁시장과 독점적 경쟁시장 간의 주요한 차이점은 재화의 동질성 여부이다. ○ | X

완전경쟁시장은 재화가 완전히 동질적이나 독점적 경쟁시장은 제품차별화를 통해 이질성을 보인다.

0062
☐☐☐

장기균형하의 독점적 경쟁기업의 수요곡선이 $P = 51 - 2Y$이고, 평균비용곡선이 $LAC = Y^2 - 16Y + 100$이면 장기균형가격은 37이다. ○ | X

$P = 51 - 2Y$이고, 평균비용곡선이 $LAC = Y^2 - 16Y + 100$이기에, $P = LAC$에 따라 $51 - 2Y = Y^2 - 16Y + 100$에서 $Y = 7$이고 $P = 37$이다.

0063
☐☐☐

광고를 비판하는 사람들은 광고가 수요의 가격탄력성의 크기를 낮추고, 기업은 한계비용 이상으로 높은 가격을 매길 수 있게 한다고 주장한다. ○ | X

효과적인 광고는 상품에 대한 충성두를 높여 수요의 가격탄력도를 낮추고 한계비용 이상으로 높은 가격을 매겨 이윤극대화를 달성하는 데 있다.

0064
☐☐☐

독점적 경쟁시장에 속하는 기업은 평균비용곡선의 최저점에서 가격이 결정된다. ○ | X

독점적 경쟁은 평균비용곡선 최소점의 좌측에서 생산하기에 생산량 수준이 최적 수준에 미달하는 초과설비가 존재한다.

정답 0060 X 0061 ○ 0062 ○ 0063 ○ 0064 X

0065
□□□

생산요소시장과 생산물시장이 모두 완전경쟁적이다. 이때 생산물시장이 완전경쟁적일 경우가 독점적일 경우보다 기업의 생산요소수요가 더 적다. O | X

생산물시장이 독점(불완전경쟁)이면, 한계수입생산(MRP_L)은 한계생산물가치(VMP_L)보다 더 낮기에, 생산물시장이 독점적일 경우가 완전경쟁적일 경우보다 기업의 생산요소수요가 더 적다.

0066
□□□

어느 개별기업이 완전경쟁시장에서 5명의 노동자를 고용하여 시간당 10,000원의 임금을 지불하고 있다. 그들이 생산한 상품이 개당 5,000원에 판매된다. 이 기업이 이윤극대화를 추구한다면 고용한 마지막 근로자의 한계생산물은 1이다. O | X

$MR_L \times P = w$에서 $P = 5,000$원, $w = 10,000$원이기에 $MP_L = 2$이다.

0067
□□□

노동자의 수(명)	0	1	2	3	4	5
가방생산량(개)	0	60	160	240	280	300

완전경쟁시장을 가정할 때, 노동자 임금이 1,000,000원, 가방의 가격이 20,000원이라고 한다면 고용노동자 수는 3명이다.

O | X

$VMP_L = MR_L \times P = w$에서 3번째 고용 시 한계생산물가치가 1,600,000원이나, 4번째 고용 시 한계생산물가치가 800,000원이기에 기업은 3명 고용이 합리적이다.

0068
□□□

8시간 이하의 노동에 대해서는 시간당 임금 10을 받고, 추가 2시간에 대해서는 시간당 α의 임금을 더 받는 노동자가 있다. 수입은 모두 식료품(c) 구입에 사용되며, 이때 노동자는 $u(l, c) = lc$의 효용을 얻는다. 이 노동자는 하루 10시간을 노동에, 6시간을 여가에 사용하여 효용을 극대화한다. 식료품의 가격은 1이라고 할 때 α는 10이다. O | X

$L = 10$이기에 $l = 6$ 이다. 따라서 여가와 소득 간 한계대체율과 예산의 기울기가 같은 $MRS_{lc} = \dfrac{\triangle c}{\triangle l} = \dfrac{MU_l}{MU_c}$ $= \dfrac{c}{l} = (10 + \alpha)$에서 효용극대화가 이루어진다. $l = 6$이기에 $c = 60 + 6\alpha$이다. 노동시간이 10시간이고 소득은 모두 식료품 구입에 지출하기에 예산선은 $c = (10 \times 8) + (2 \times (10 + \alpha))$이다. 무차별곡선과 예산선 $c = (10 \times 8) + (2 \times (10 + \alpha))$이 접하는 점인 $c = 60 + 6\alpha$에서 효용이 극대화되기에 이를 연립하여 풀면 $\alpha = 10$이다.

정답 0065 X 0066 X 0067 ○ 0068 ○

0069
□□□

완전경쟁적인 생산물시장에 참여하고 있는 어떤 기업은 생산요소시장에서 수요를 독점하고 있다고 가정할 때, 이 기업은 이윤극대화를 위해 $VMP_L = w$에서 생산요소투입량을 결정한다. O | X

한계생산물가치(VMP_L)곡선과 한계요소비용(MFC_L)곡선이 만나는 점에서 결정된다.

0070
□□□

수요독점의 한계수입생산곡선이 $MRP_L = 200 - 2L$이고, 시장 전체의 노동공급곡선이 $w = 20 + 2L$이다. 생산물시장은 불완전경쟁이라고 가정할 때, 임금은 100이다. O | X

수요독점의 고용량은 $MRP_L = MFC_L$에서 결정된다. 한계요소비용곡선은 노동공급곡선과 절편은 동일하고, 기울기는 2배이기에 $MFC_L = 20 + 4L$이다. $MRP_L = MFC_L$에서 $200 - 2L = 20 + 4L$이면 $L = 30$이다. 임금은 노동공급곡선인 $w = 20 + 2L$에서 $L = 30$일 때 $w = 80$이다.

0071
□□□

생산물시장에서 완전경쟁이고, 생산요소시장에서 수요를 독점하고 있는 기업의 이윤극대화 생산요소투입량은 $VMP_L = MRP_L = MFC_L > w$에서 결정된다. O | X

생산물시장에서 완전경쟁이고, 생산요소시장에서 수요독점하고 있는 기업의 이윤극대화 생산요소투입량은 $VMP_L = MRP_L = MFC_L > w$에서 결정된다.

0072
□□□

어느 기업이 특정 기술을 가진 기술자들에 대한 수요를 독점하고 있으며, 생산물시장은 완전경쟁적일 때, 이 기술자들이 공급하는 노동의 한계요소비용곡선은 노동공급곡선보다 기울기가 완만하다. O | X

생산요소시장이 수요독점이면, 한계요소비용(MFC_L)이 평균요소비용(AFC_L)보다 더 높기에(절편이 동일하고, 기울기는 공급곡선의 2배), 이 기술자들이 공급하는 노동의 한계요소비용곡선은 노동공급곡선보다 기울기가 가파르다.

정답 0069 X 0070 X 0071 O 0072 X

0073
☐☐☐

생산요소시장에서 요소수요가 비탄력적일수록 경제적지대가 증가한다. O | X

요소공급이 비탄력적일수록 경제적지대가 증가한다.

0074
☐☐☐

완전경쟁기업의 이윤극대화 생산량이 50단위이고 현재의 생산량 수준에서 한계비용이 20원, 평균가변비용이 12원이라면 준지대는 400원이다. O | X

완전경쟁의 균형은 $P = MC$이기에 가격은 20원, 총수입은 20원×50단위의 1,000원이다. 평균가변비용이 12원이기에 총가변비용은 12원×50단위의 600원이다. 따라서 준지대 = 총수입 - 총가변비용이기에 400원이다.

0075
☐☐☐

초과이윤 시 준지대 = 총고정비용 + 초과이윤이다. O | X

초과이윤 시 준지대 = 총고정비용 + 초과이윤이다.

0076
☐☐☐

준지대는 산출량의 크기와는 관계없이 총고정비용보다 크다. O | X

초과이윤이 발생하면 준지대는 총고정비용보다 크고, 손실이면 준지대는 총고정비용보다 작으며, 정상이윤만 있다면 준지대는 총고정비용과 같다.

0077
☐☐☐

10분위분배율을 보고 고소득층과 저소득층의 소득격차를 파악할 수 있다. O | X

10분위분배율만으로는 고소득층과 저소득층의 소득격차를 파악할 수 없다.

정답 0073 X 0074 O 0075 O 0076 X 0077 X

0078
□□□

국민의 50%는 소득 100을 균등하게 가지고 있고, 나머지 50%는 소득이 없다면, 지니계수는 0.5이다.

O | X

$A/(A+B) = 0.5$
이때 A면적과 B면적은 같다.

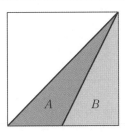

0079
□□□

국가의 상위 20% 인구의 소득점유율이 높아지면 로렌츠곡선에서 그 인구에 해당하는 부분은 위쪽 방향으로 이동한다.

O | X

최상위 20%의 인구의 소득점유율이 이전보다 높아지면, 하위 80%까지의 계층의 소득점유율은 상대적으로 낮아지게 되므로 로렌츠곡선에서 이전 곡선보다 아래 방향으로 곡선이 이동하게 된다.

0080
□□□

소득분배의 불평등 정도를 나타내기 위해 가장 많이 사용되는 지표는 지니(Gini)계수이다.

O | X

대각선과 로렌츠곡선이 이루는 면적을 대각선 아래의 삼각형 면적으로 나눈 값이 지니계수로, 0과 1 사이의 값이고 그 값이 작을수록 소득분배가 균등함을 의미한다. 지니계수는 가장 일반적인 불평도 정도를 보여준다.

기본서 Chapter 21 | 일반균형이론

0081
□□□

각 재화 생산요소들의 한계기술대체율과 각 재화의 가격비가 일치하면 파레토효율성을 만족시킨다.

O | X

각 재화 생산요소들의 한계기술대체율과 각 재화의 가격비가 일치하더라도 파레토효율성이 충족된다고 볼 수 없다.

0082
□□□

$MRS_{XY}^A = 2$, $MRS_{XY}^B = \dfrac{1}{3}$일 때, A가 B에게 Y재 1단위를 주고 X재 1단위를 받으면 효용증가로 상태가 개선될 수 있다. O | X

$MRS_{XY}^A > MRS_{XY}^B$일 때, A가 Y재 1단위를 B에게 양도하고 X재 1단위를 받으면 효용증가로 현 상태가 개선될 수 있다.

0083
□□□

에지워스상자 내의 계약곡선 상의 점들은 한 사람의 효용을 감소시키지 않고는 다른 사람의 효용을 증가시킬 수 없다. O | X

계약곡선상의 점들은 한 사람의 효용을 감소시키지 않고는 다른 사람의 효용을 증가시킬 수 없다.

0084
□□□

생산물 구성의 파레토효율을 이루기 위한 조건은 두 생산물 사이의 한계전환율이 두 생산물 사이의 소비면에서의 한계대체율과 같아야 한다는 것이다. O | X

종합적인 산출물구성은 무차별곡선의 기울기인 한계대체율과 생산가능곡선의 기울기인 한계변화율(한계전환율)이 일치하는 $MRS_{XY} = MRT_{XY}$에서 파레토효율성이 충족된다.

기본서 Chapter 22 후생경제이론

0085
□□□

X재 15단위를 A, B 두 명이 나누어 가져야 하며, A와 B의 효용함수는 각각 $U_A = 2X_A$, $U_B = X_B$이다. 이때 공리주의적 가치관에 의한 최적 배분은 $X_A = 15$, $X_B = 0$이다. O | X

사회후생함수가 $W = U^A + U^B$이면, 사회후생은 $U^A + U^B$이 가장 클 때 극대화된다. $X_A + X_B = 15$와 $U^A + U^B = 2X_A + X_B$에서, $X_A = 15$, $X_B = 0$일 때, $U_A = 2X_A = 30$, $U_B = X_B = 0$이기에 사회후생은 $W = U^A(30) + U^B(0) = 30$에서 극대화된다.

0086
□□□

X재 15단위를 A, B 두 명이 나누어 가져야 하며, A와 B의 효용함수는 각각 $U_A = 2X_A$, $U_B = X_B$이다. 이때 롤스식 가치관에 의한 최적 배분은 $X_A = 10$, $X_B = 5$이다. O | X

사회후생함수가 $W = \min[U^A, U^B]$이면, 사회후생은 $U^A = U^B$일 때 극대화된다. $X_A + X_B = 15$와 $U^A = U^B = 2X_A = X_B$에서, $X_A = 5$, $X_B = 10$일 때, $U_A = 2X_A = 10$, $U_B = X_B = 10$이기에 사회후생은 $W = U^A(10) = U^B(10) = 10$에서 극대화된다.

0087
☐☐☐

X재 15단위를 A, B 두 명이 나누어 가져야 하며, A와 B의 효용함수는 각각 $U_A = 2X_A$, $U_B = X_B$이다. 평등주의적 가치관에 의한 최적 배분은 $X_A = 7.5$, $X_B = 7.5$이다. O | X

사회후생함수가 $W = U^A \cdot U^B$이면, 사회후생은 $U^A \cdot U^B$가 가장 클 때 극대화된다. $X_A + X_B = 15$와 $U^A \cdot U^B = 2X_A \cdot X_B$에서, $X_A = 7.5$, $X_B = 7.5$일 때, $U_A = 2X_A = 15$, $U_B = X_B = 7.5$이기에 사회후생은 $W = U^A(15) \cdot U^B(7.5) = 112.5$에서 극대화된다

0088
☐☐☐

A, B 두 사람으로 구성되고 각각의 효용을 U_A, U_B라 할 때, 롤즈(J. Rawls)의 사회후생함수(SW)는 $SW = \min(U_A, U_B)$로 표현된다. O | X

롤즈(J. Rawls)의 주장에 따르면 사회가 A, B 두 사람으로 구성되고 각각의 효용을 U_A, U_B라 할 때, 사회후생함수(SW)는 $SW = \min(U_A, U_B)$로 표현된다.

기본서 Chapter 23 **시장실패론**

0089
☐☐☐

B의 아름다운 정원으로 인하여 많은 이웃 사람들이 즐거움을 느끼고 있다. 이 경우 생산의 긍정적 외부효과가 나타나고 있다. O | X

소비에 있어서 외부경제가 나타나 있다.

0090
☐☐☐

갑은 애완용으로 강아지를 기르고 있다. 갑이 강아지를 통해 10만 원의 즐거움을 얻는 데 반해, 이웃인 을은 숙면 방해로 인한 8만 원의 괴로움을 겪고 있다. 을이 편안히 수면을 할 수 있는 권리가 우선할 때, 갑이 을에게 9만 원을 보상해 준다면 외부효과는 사라진다. O | X

을의 편안한 수면권이 우선할 때, 갑이 을에게 9만 원을 보상해준다면 을은 1만 원의 이익이 발생하기에 이를 수락할 것이다. 이때 을이 여전히 숙면 방해의 고통을 겪겠지만 충분한 대가가 지급되었으므로 외부효과는 사라지게 된다.

0091
☐☐☐

흡연은 본인의 건강뿐만 아니라 주위 비흡연자들의 건강에도 나쁜 영향을 미친다. 정부가 담배에 대해 세금이나 별도의 부담금을 부과하면 수요곡선이 우측으로 이동하여 시장실패를 치유할 수 있다. O | X

간접흡연은 소비의 외부불경제로, 소비자에게 세금을 부과하면 수요곡선이 좌측으로 이동하여 시장실패를 치유할 수 있다.

정답 0087 ○   0088 ○   0089 X   0090 ○   0091 X

0092
□□□

브라질이 자국의 커피수출을 제한하여 한국의 녹차가격이 상승하는 것을 외부성(externality)의 예로 들 수 있다.   O | X

시장의 가격기구를 통해 이득이나 손해를 주는 것을 (금전적)외부성이라 한다. 브라질이 자국의 커피수출을 제한하면 대체재인 녹차가격이 상승한다. 따라서 브라질의 커피수출 제한은 시장의 가격기구를 통해 한국의 녹차가격 상승으로 나타나기에 (실질적)외부성이 아닌 (금전적)외부성이다.

기본서 Chapter 24 | 공공재

0093
□□□

배재성과 비경합성을 특징으로 하는 재화는 무임승차의 문제가 발생한다.   O | X

배제성과 비경합성을 특징으로 하는 재화는 요금재이며, 소비 과정에서의 무임승차자의 문제는 비배재성과 비경합성을 특징으로 하는 공공재에서 발생하기 쉽다.

0094
□□□

어느 공공재에 대한 두 소비자 A와 B의 수요함수가 각각 $P_A = 250 - (1/2)Q$, $P_B = 100 - (1/3)Q$일 때, 이 공공재의 한계비용이 200원으로 일정하면 사회적으로 효율적인 공공재 공급량은 200이다.   O | X

공공재의 시장수요곡선은 개별수요곡선을 수직으로 합하여 도출한다. $P_A = 250 - \frac{1}{2}Q$, $P_B = 100 - \frac{1}{3}Q$이기에 공공재의 시장수요곡선은 $P = 350 - \frac{5}{6}Q$이다. 공공재의 적정공급조건은 $P = MC$에 따라 $P = 350 - \frac{5}{6}Q$와 한계비용 200이 만나는 $Q = 180$이다.

0095
□□□

어느 공공재에 대한 두 소비자 A와 B의 수요함수가 각각 $P_A = 250 - \frac{1}{2}Q$, $P_B = 100 - \frac{1}{3}Q$일 때, 이 공공재의 한계비용이 200원으로 일정하면 사회적으로 효율적인 공공재 공급량에서 소비자 A의 최대지불의사금액은 160이다.   O | X

공공재의 시장수요곡선은 개별수요곡선을 수직으로 합하여 도출한다. $P_A = 250 - \frac{1}{2}Q$, $P_B = 100 - \frac{1}{3}Q$이기에 공공재의 시장수요곡선은 $P = 350 - \frac{5}{6}Q$이다. 공공재의 적정공급조건은 $P = MC$에 따라 $P = 350 - \frac{5}{6}Q$와 한계비용 200이 만나는 $Q = 180$이다. 따라서, $P_A = 250 - \frac{1}{2}Q = 160$이기에 소비자 A의 최대지불의사금액은 160이다.

정답   0092 X   0093 X   0094 X   0095 O

0096
☐☐☐

K국의 국민은 A와 B 두 사람뿐이며, 어느 공공재에 대한 이들 각각의 수요함수는 $P = 10 - Q$이다. 해당 공공재의 한계비용은 10원으로 일정하면, 해당 공공재의 적정 생산 수준은 5이다.　O | X

공공재의 시장수요곡선은 개별수요곡선의 수직합으로 도출한다. 각각의 수요함수는 $P = 10 - Q$이므로, 공공재의 시장수요곡선은 $P = 20 - 2Q$이다. 따라서, 공공재의 적정공급조건은 시장수요곡선($P = 20 - 2Q$)과 시장공급곡선($MC = 10$)이 만나는 $Q = 5$이다.

기본서 Chapter 25 | 정보경제학

0097
☐☐☐

정보재에 대한 수요가 증가함에 따라 네트워크 효과가 발생하여 수요에서 규모의 경제가 존재한다.　O | X

정보재에 대한 수요가 증가함에 따라 네트워크 효과가 발생하여 사용 시 편익이 커지기에 수요에서 규모의 경제가 존재한다.

0098
☐☐☐

정보의 비대칭성(information asymmetry)의 원인은 숨겨진 행위, 문제는 도덕적 해이, 사례는 주인과 대리인, 해결책은 감시강화이다.　O | X

거래 이후 주인의 입장에서 볼 때 대리인이 바람직하지 않은 행동을 하는 현상을 주인 – 대리인 문제라 하고, 이는 도덕적 해이에 포함되며, 감시강화나 성과급, 효율성임금 등으로 해결한다.

0099
☐☐☐

환자의 숨겨진 행위로 인해, 병원장과 환자는 주인 – 대리인이론을 적용할 수 있다.　O | X

병원장과 병원 직원 사이에서 주인 – 대리인 문제가 발생하고, 병원장과 환자 사이에는 주인 – 대리인 문제가 발생하지 않는다.

2022 해커스공무원 局경제학 핵심 기출 OX 1592

0100
☐☐☐

중고차 시장에 성능이 좋은 중고차 100대와 성능이 나쁜 중고차 100대가 매물로 나와 있다. 성능이 좋은 차를 매도하려는 사람은 600만 원 이상에 판매하려 하고, 성능이 나쁜 차를 매도하려는 사람은 400만 원 이상에 판매하려 한다. 구매자들은 좋은 차는 900만 원 이하에 구매하려 하고, 성능이 나쁜 차는 500만 원 이하에 구매하려 한다. 중고차의 성능에 관한 정보를 매도자는 알고 있지만 구매자는 알지 못한다. 잠재적 구매자가 무한할 때, 이 시장에는 성능이 좋은 자동차는 거래되지 못 한다. O | X

구매자는 자신이 구입할 자동차가 성능이 좋은 자동차가 나올 확률이 50%(1/2)이므로 평균적인 비용을 지불하려 한다. 즉, 구매자의 자동차에 대한 지불액은 700만 원[= (900만 원 + 500만 원)/2]이다.
구매자는 무한하며 700만 원의 지불의사를 가지고 있다. 성능이 좋은 중고차를 가진 매도자는 최소 600만 원을, 성능이 나쁜 중고차를 가진 매도자는 최소 400만 원을 받아야 한다고 생각하기 때문에 모든 중고차가 700만 원에 거래된다.

기본서 Chapter 26 │ 거시경제학 개관

0101
☐☐☐

고전학파의 거시경제관은 공급능력은 충분하나 유효수요가 부족하다고 보아 수요측면을 중시한다. O | X

고전학파는 수요는 충분하나 공급이 부족하다고 보아 공급측면을 중시한다.

0102
☐☐☐

케인즈(학파)의 거시경제관에서는 이자율이 실물과 화폐의 연결고리 역할을 못 한다. O | X

케인즈(학파)는 화폐부문에서 결정된 이자율 변화를 통해 통화량 변화는 실물부문에 영향을 줄 수 있기에 이자율은 실물과 화폐의 연결고리 역할을 한다.

0103
☐☐☐

고전학파는 정부의 시장 개입이 최소화되어야 한다고 주장하는 반면, 케인즈는 정부의 적극적 시장 개입을 강조한다. O | X

갑은 정부의 시장 개입이 최소화되어야 한다고 주장하는 반면, 을은 정부의 적극적 시장 개입을 강조한다.

정답   0100 X   0101 X   0102 X   0103 ○

0104
☐☐☐

고전학파는 실업문제 해소에 대해 케인즈학파와 동일하게 재정정책이 금융정책보다 더 효과적이라고 본다.　　　　O | X

고전학파는 확대재정정책이 구축효과에 의해 실업문제 해소에 효과가 없고, 확대금융정책은 화폐의 중립성에 의해 실업문제 해소에 효과가 없다고 본다. 케인즈학파는 재정정책이 금융정책보다 더 효과적이라고 본다.

기본서 Chapter 27 │ 국민소득론

0105
☐☐☐

국내총생산은 일정기간 동안 한 나라 안에서 생산된 모든 생산물의 시장가치이다.　　　　O | X

국내총생산은 일정기간 동안 한 나라 안에서 생산된 모든 생산물이 아니라 모든 최종생산물의 시장가치이다.

0106
☐☐☐

어떤 국가의 실질 GDP는 1,000단위다. 한편, 이 나라 경제주체들의 민간소비는 200단위, 투자는 150단위, 정부지출은 400단위라고 한다. 이때 이 나라의 순수출은 250단위이다.　　　　O | X

$X - M$(순수출) = 실질 $GDP - C$(민간소비지출) $- I$(민간총투자) $- G$(정부지출)
= 1,000단위 $-$ 200단위 $-$ 150단위 $-$ 400단위 = 250단위이다.

0107
☐☐☐

2009년의 명목 GDP가 9,600, GDP디플레이터가 120이다. 2010년의 명목 GDP가 10,500, GDP디플레이터가 125라고 할 때, 2009년 대비 2010년의 실질 GDP 증가율은 5%다.　　　　O | X

2009년의 실질 GDP = (명목 GDP / GDP디플레이터) $\times$ 100 = 8,000이고, 2010년의 실질 GDP = (명목 GDP / GDP디플레이터) $\times$ 100 = 8400이다. 따라서 2009년 대비 2010년의 실질 GDP 증가율은 5%이다.

0108
☐☐☐

자동차 중고매매업체가 출고된 지 1년이 지난 중고차(출고 시 신차가격은 2,000만 원) 1대를 2011년 1월 초 1,300만 원에 매입하여 수리한 후, 2011년 5월 초 甲에게 1,500만 원에 판매하였다. 이 과정에서의 2011년 GDP증가 규모는 200만 원이다.　　　　O | X

부가가치는 총생산물가치에서 중간생산물가치를 차감한 값으로 1,500만 원에서 1,300만 원을 차감하면 부가가치는 200만 원으로 GDP증가 규모는 200만 원이다.

0109
☐☐☐

고전학파의 대부자금설이 성립한다고 가정한다면, 정부가 저축을 촉진하기 위해 이자소득세를 인하하고 동시에 투자를 촉진하는 투자세액공제제도를 도입할 때, 대부자금시장의 균형이자율은 불분명, 균형거래량은 증가한다. O | X

이자소득세를 인하하면 저축은 증가하기에 대부자금의 공급이 증가하고, 투자를 촉진하는 투자세액공제제도를 도입하면 투자가 증가하기에 대부자금의 수요가 증가한다. 따라서 대부자금의 공급곡선과 수요곡선이 우측으로 이동하기에 거래량은 증가하나 이자율은 알 수 없다.

0110
☐☐☐

$Y = 2,000$, $C = 200 + 0.5(Y - T) - 20r$, $I = 1,000 - 30r$, $G = 500$, $T = 500$(단, r은 단위가 %)이다. 고전학파의 거시경제균형을 가정할 때 균형이자율은 10%이다. O | X

$S^P = Y - T - C = 2,000 - 500 - [200 + 0.5(2,000 - 500) - 20r] = 550 + 20r$이고,
$I = 1,000 - 30r$이다. $T = G = 500$이기에 $S^P = I$이다. 따라서 $550 + 20r = 1,000 - 30r$에서 $r = 9\%$이다.

0111
☐☐☐

대부자금의 수요와 공급이 만나는 점에서 대부자금시장의 균형($S_P + T - G = I$)이 이루어진다. O | X

대부자금의 수요와 공급이 만나는 점에서 대부자금시장의 균형($S_P + T - G = I$)이 이루어진다.

0112
☐☐☐

고전학파는 세이의 법칙을 따르고 있다. O | X

공급은 스스로 수요를 창출한다는 세이의 법칙은 고전학파의 기본가정이다.

0113
☐☐☐

고전학파이론에서는 저축의 역설이 성립한다. O | X

고전학파의 이론에서는 저축과 투자가 항상 일치하기에 저축의 역설이 성립되지 않는다.

정답 0109 ○ 0110 X 0111 ○ 0112 ○ 0113 X

0114
□□□

$Y = C + I + G$, $C = 0.75(Y - T) + 200$, $I = 200$, $G = 200$, $T = 200$(단, Y는 국민소득, C는 소비지출, I는 투자지출, G는 정부지출, T는 정액조세를 나타낸다) 일 때, 정부지출승수, 투자승수, 정액조세승수의 합은 5이다. O | X

투자/정부지출승수는 $\dfrac{1}{1-c} = \dfrac{1}{1-0.75} = 4$이고, 정액조세승수는 $\dfrac{-c}{1-c} = \dfrac{-0.75}{1-0.75} = -3$이다. 따라서 정부지출승수, 투자승수, 정액조세승수의 합은 5이다.

0115
□□□

단순케인지안모형에서 국민소득이 증가할 때 저축이 증가하기에 저축은 국민소득의 증가함수이다. 저축이 투자를 초과하면 재고감소로 생산이 증가한다. O | X

국민소득이 증가할 때 저축이 증가하기에 저축은 국민소득의 증가함수이다. 저축이 투자를 초과하면 재고증가로 생산이 감소한다. 따라서 의도했던 것보다 재고가 더 쌓인다.

0116
□□□

가계, 기업, 정부만 존재하는 케인즈모형에서 투자와 정부지출은 소득과는 무관하며, $C = 80 + 0.8(Y - T)$, $T = 0.25Y$이다. C는 소비, Y는 소득, T는 조세일 때, 정부지출승수는 2이다. O | X

$Y = C + I + G$에서 $Y = [80 + 0.8(0.75Y)] + I + G = 80 + 0.6Y + I + G$이다. 이를 Y에 대해 정리하면, $0.4Y = 80 + I + G$이고, $Y = \dfrac{1}{0.4}(80 + I + G)$이다. 따라서 정부지출 승수는 $\dfrac{\triangle Y}{\triangle G} = \dfrac{1}{0.4} = 2.50$이다.

기본서 Chapter 30 | 소비함수론

0117
□□□

항상소득가설에 따르면 항상소득의 한계소비성향은 일시소득의 한계소비성향보다 낮다. O | X

항상소득가설에 따르면 항상소득이 증가하면 소비가 크게 증가하나 임시소득이 증가해도 소비가 거의 증가하지 않기에 항상소득의 한계소비싱향은 일시소득의 한계소비성향보다 높다.

0118
□□□

소비함수 $C = 100 + 0.8Y$에서 소득이 증가할수록 소득 중 소비가 차지하는 비중, 즉 평균소비성향은 커진다. O | X

소비함수 $C = 100 + 0.8Y$에서 소득이 증가할수록 소득 중 소비가 차지하는 비중, 즉 평균소비성향은 작아진다.

정답 0114 ○ 0115 X 0116 X 0117 X 0118 X

0119

중·장년기에 소득세를 더 부과하고 다른 시기에 보조금을 지급하면 생애주기의 소득곡선과 소비곡선 사이의 간격이 줄어든다. O | X

중·장년기에 소득세를 더 부과하면 중·장년기의 소득 곡선은 아래로 내려가며, 다른 시기에 보조금을 지급하면 다른 시기의 소득 곡선이 위로 올라간다. 이에 따라 소득곡선과 소비곡선의 간격은 줄어든다.

0120

생애주기(life - cycle)가설에서 동일한 수준의 가처분소득을 가진 사람들은 같은 한계소비성향을 보인다. O | X

동일한 수준의 가처분소득을 가진 사람들이라도 생애 전체 소득의 현재가치는 다를 수 있기에 같은 한계소비성향을 보인다고 단정할 수 없다.

기본서 Chapter 31 | 투자함수론

0121

토빈의 q이론에 의하면 주식시장에서 평가된 어느 기업의 시장가치가 그 기업의 실물자본 대체비용보다 큰 경우, 이 기업의 투자는 감소한다. O | X

토빈의 q이론에 의하면 주식시장에서 평가된 어느 기업의 시장가치가 그 기업의 실물자본 대체비용보다 큰 경우, 이 기업의 투자는 증가한다.

0122

갑 기업이 6억 원으로 새로운 기계를 구입하여 사업을 할 때 1년 뒤에 3억 원, 2년 뒤에 9억 원의 수익이 예상된다면 이 사업의 내부수익률은 50%이다. O | X

내부수익률은 투자로부터 얻는 수입의 현재가치(PV)와 투자비용(C)이 같아지는 할인율이다.
$PV = \dfrac{R_1}{(1+m)} + \dfrac{R_2}{(1+m)^2} + \cdots + \dfrac{R_n}{(1+m)^n} = C$에서 $\dfrac{3}{(1+m)} + \dfrac{9}{(1+m)^2} = 6$이다. 따라서 $m = -2$, $\dfrac{1}{2}$지만 ($-$)는 될 수 없기에 m은 $\dfrac{1}{2}$로 50%이다.

0123

Tobin q에 의하면 실질이자율이 상승할 때 q값은 증가한다. O | X

실질이자율이 상승하면 주가가 하락하여 q값은 감소한다.

정답 0119 ○ 0120 X 0121 X 0122 ○ 0123 X

0124
□□□
국민소득 중 민간부문이 차지하는 비중이 증가하여왔다. 이때 생산에 필요한 장비, 설비 및 건물, 토지를 설비투자라 한다.　　　　　　　　　　　　　　　　　　　　　　　　　　　　　　　　　　　　　O | X

생산에 필요한 장비, 설비 및 건물은 설비투자라 한다. 하지만, 토지구입은 설비투자가 아니다.

기본서 Chapter 32 | 화폐수요이론

0125
□□□
화폐수량설이 성립할 때, 통화량이 7% 증가하고 화폐의 유통속도가 3% 증가, 실질국민소득이 4% 증가하였다면 물가상승률은 6%이다.　　　　　　　　　　　　　　　　　　　　　　　　　　　　　　O | X

물가상승률 = 통화공급증가율 + 유통속도증가율 − 경제성장률이다. 따라서 물가상승률 = 7 + 3 − 4 = 6%이다.

0126
□□□
정책당국이 내년의 경제성장률은 7%, 화폐유통속도는 1.5% 수준으로 예상하고 있다. 정책당국이 내년 물가상승률을 3%로 억제하기 위한 내년도의 적정 통화성장률은 8.5%이다.　　　　　　　O | X

통화공급증가율 = 물가상승률 + 경제성장률 − 유통속도증가율이다. 따라서 통화공급증가율 = 3 + 7 − 1.5 = 8.5%이다.

0127
□□□
어느 나라의 올해 통화량은 4백억 원이며, 중앙은행은 내년도 인플레이션율을 2%로 유지하려 한다. 화폐의 유통속도는 일정하고 실질 GDP는 매년 8%씩 증가한다. 화폐수량설에 의하면 내년 통화량은 440억이다.　　　　　　　　　　　　　　　　　　　　　　　　　　　　　　　　　　　　　O | X

통화공급증가율 = 물가상승률 + 경제성장률 − 유통속도증가율이다. 화폐의 유통속도는 일정하기에 유통속도증가율은 0이다. 즉, 통화공급증가율 = 2 + 8 − 0 = 10%이다. 결국, 4백억 원에서 10%가 증가한 440억 원이다.

0128
□□□
보몰 - 토빈(Baumol - Tobin)의 거래적 화폐수요이론에 따르면, 다른 조건이 일정할 때 소득이 2배 증가하면 화폐수요는 2배보다 더 많이 증가한다.　　　　　　　　　　　　　　　　　　　　　　　O | X

보몰의 화폐수요함수는 $M^D = P\sqrt{\dfrac{bY}{2r}}$ (b: 거래비용)이다. 따라서 다른 조건이 일정할 때 소득이 2배 증가하면 화폐수요는 2배보다 더 적게 증가한다.

0129
□□□

중앙은행의 통화안정증권 발행은 화폐공급을 증가시킨다. O | X

중앙은행이 통화안정증권을 발행하여 매각하면 자금이 유입되기에 통화량이 감소한다.

0130
□□□

갑돌이가 100만 원을 현금으로 보관하다가 은행에 예금하였다. 예금만 존재하고 은행 밖으로의 현금유출은 없으며, 은행은 5%의 법정지급준비금만을 보유하고 나머지는 모두 대출한다고 가정할 때, 이 경제에서 통화량의 증가분은 1,900만 원이다. O | X

100만 원의 본원적예금이 유입되면, 신용승수가 $20 \left(= \dfrac{1}{z_l} \right)$이기에 총예금창조액은 2,000만 원이다. 순예금창조액은 총예금창조액에서 본원적예금을 뺀 값으로, 2,000만 원에서 100만 원을 차감한 1,900만 원이 통화량 증가분이다.

0131
□□□

법정지급준비율을 인상하면 통화승수는 감소한다. O | X

법정지급준비율을 인상하면 지급준비율 z가 증가하여 통화승수는 감소한다.

0132
□□□

민간의 예금 대비 현금보유 비율이 0.2이고 금융기관의 지불준비율이 0.1인 경우, 화폐승수는 4.0이다. O | X

$z = \dfrac{Z}{D}$ = 지급준비율 = 0.1이고, $k = \dfrac{C}{D}$ = 현금/예금 비율 = 0.2이기에 통화승수 m은 $m = \dfrac{0.2+1}{0.2+0.1} = 4$ 이다.

0133
□□□

투자의 이자율 탄력성을 b, 한계소비성향을 c라고 할 때, b와 c가 모두 클수록 IS곡선이 가장 완만한 모양을 나타낸다. O | X

투자의 이자율탄력성(b), 한계소비성향(c)이 클수록, IS곡선이 완만(탄력적)해진다.

0134
□□□

소비함수 $C = 100 + 0.6(Y - T)$, 투자함수 $I = 160 - 20r$, 정부지출 $G = 100$, 조세 $T = 100$일 때, IS곡선의 방정식은 $Y = 750 - 50r$이다. O | X

IS곡선은 $Y = C + I + G = 100 + 0.6(Y - 100) + 160 - 20r + 100$, $0.4Y = 300 - 20r$, $Y = 750 - 50r$이다.

0135
□□□

소비함수 $C = 100 + 0.6(Y - T)$, 투자함수 $I = 160 - 20r$, 정부지출 $G = 100$, 조세 $T = 100$이다. 이자율은 5%로 일정할 때, 확장재정정책으로 정부지출이 100만큼 증가한다면 IS곡선의 이동폭은 200이다. O | X

정부지출승수는 $\dfrac{1}{1-c} = \dfrac{1}{1-0.6} = \dfrac{5}{2}$이다. 정부지출변화가 100이기에 이동폭은 250이다.

0136
□□□

금융위기로 가계의 소비지출이 감소하고 한계소비성향도 감소하였다. 이에 따라 IS곡선이 좌측이동하고 기울기가 완만해진다. O | X

소비감소로 IS곡선은 좌측으로 이동하고, 한계소비성향(c)이 작을수록 IS곡선이 가팔라진다.

0137
□□□

한계소비성향은 0.5일 때, 정부가 재정지출을 k만큼 늘리고, 조세를 k의 두 배를 늘리고, 화폐공급량을 k만큼 줄인 경우, IS곡선은 불변이고 LM곡선은 좌측 이동한다. O | X

한계소비성향이 c일 때, 정부지출승수는 $\dfrac{1}{1-c}$이고, 조세승수는 $\dfrac{-c}{1-c}$이다. 한계소비성향은 0.5이기에 정부지출승수 = 2, 조세승수 = - 1이다. 따라서 재정지출을 k만큼 늘리고 조세를 k의 두 배를 늘리면 IS곡선은 불변이다. 화폐공급량을 k만큼 줄인 경우 LM곡선은 좌측 이동한다.

정답 0133 ○ 0134 ○ 0135 X 0136 X 0137 ○

0138
□□□

폐쇄경제를 가정할 때, $C = 200 + 0.8(Y - T)$, $I = 1,600 - 100r$, $G = T = 1,000$, $M = K$, $L = 0.5Y - 250r + 500$이다. 이때 균형이자율(r^*)이 6이 되는($r^* = 6$) LM곡선은 $Y = 4,000 + 500r$이다.　　O | X

총수요($C + I + G$)와 총공급(Y)에서, $C + I + G = 200 + 0.8(Y - 1,000) + 1,600 - 100r + 1,000 = Y$이다. 따라서 $0.8Y + 2,000 - 100r = Y$이기에 $0.2Y + 100r = 2,000$이다. $r^* = 6$을 대입하면, $Y^* = 7,000$이다. $M = K = L = 0.5Y - 250r + 500$이기에, $K = 2,500$이다. 따라서 LM곡선은 $Y = 4,000 + 500r$이다.

0139
□□□

정부부문이 없는 폐쇄경제일 때, LM곡선의 상방, IS곡선의 하방에서 국민소득이 변하지 않고 이자율만 상승하면 화폐의 초과공급량이 축소된다.　　O | X

LM곡선의 상방으로 균형보다 이자율이 높기에 투기적 화폐수요가 적어 화폐시장이 초과공급 상태이다. 따라서 국민소득이 변하지 않고 이자율만 상승하면 화폐의 초과공급량이 확대된다.

0140
□□□

물가가 하락할 경우 실질통화공급이 늘어나므로, LM곡선을 위로 이동시키게 한다.　　O | X

물가가 하락할 경우 실질통화공급이 늘어나므로, LM곡선을 아래(우측)로 이동시키게 한다.

기본서 Chapter 36 | 수요측면의 균형

0141
□□□

조세증가로 인해 가처분소득이 감소하면 총수요곡선을 왼쪽으로 이동한다.　　O | X

조세증가로 인한 가처분소득이 감소하면 소비가 감소하여 총수요곡선을 왼쪽으로 이동시킨다.

0142
□□□

한 경제가 유동성함정의 구간에 있을 때 LM곡선의 형태는 수평, 총수요곡선의 형태는 수직이다.　　O | X

LM곡선이 수평선이면 AD곡선은 수직선이다.

정답　0138 ○　0139 X　0140 X　0141 ○　0142 ○

0143
□□□

화폐수량설에서 도출한 총수요곡선에서 정부지출이 증가하면 총수요곡선은 오른쪽으로 이동한다.

O | X

고전학파의 화폐수량설($MV = PY$)을 변형한 $P = \dfrac{MV}{Y}$에서 정부지출이 증가해도 총수요곡선은 이동하지 않는다.

0144
□□□

물가수준이 낮아지면 실질임금이 상승하여 노동공급이 증가하면 총수요곡선이 우하향한다.

O | X

물가수준이 낮아지면 실질임금이 상승하여 노동공급이 증가한다. 이는 총공급곡선과 관련된다.

기본서 Chapter 37 | **공급측면의 균형**

0145
□□□

총공급곡선을 이동시킬 수 있는 요인은 생산성 향상, 노동공급 증가이다.

O | X

생산성향상, 노동공급증가로 총공급곡선을 우측으로 이동시킬 수 있다.

0146
□□□

일반적인 $IS - LM$ 및 총수요 – 총공급 모형에서 법정지급준비율의 하락과 투자세액공제로 인해 단기적으로 거시경제는 물가수준이 상승하고 소득이 증가한다.

O | X

법정지급준비율의 하락으로 통화승수가 커져 통화량이 증가하면 LM곡선이 우측이동하고, 투자세액공제로 투자가 증가하면 IS곡선이 우측이동하여, AD곡선이 우측으로 이동한다. 따라서 물가가 상승하고 실질 GDP는 증가한다.

0147
□□□

잠재 GDP에서 총수요가 총공급을 초과하면, 잠재 GDP를 달성하기 위해 정부는 투자를 증가하고 조세를 감소시켜야 한다.

O | X

잠재 GDP에서 총수요가 총공급을 초과하기에 인플레이션갭이 발생하고, 이를 제거하기 위해 총수요를 감소시켜야한다. 따라서 정부투자는 감소, 조세는 증가시켜야 한다.

정답 0143 X 0144 X 0145 ○ 0146 ○ 0147 X

0148
☐☐☐
원자재가격의 하락과 신기술개발은 총공급곡선 우측이동 요인이다.   O | X

원자재가격하락으로 요소투입량이 증가하면 AS곡선은 우측으로 이동한다. 신기술개발로 AS곡선은 우측으로 이동한다.

기본서 Chapter 38   거시경제의 일반균형

0149
☐☐☐
총수요곡선은 우하향하고 단기 총공급곡선은 우상향한다고 가정할 때, 신용경색과 부동산 가격하락으로 단기적으로 물가수준은 상승한다.   O | X

투자감소와 소비감소로 AD곡선이 좌측으로 이동하면 물가는 하락하고 국민소득은 감소한다. 국민소득 감소로 총생산량이 줄면 고용량도 준다.

0150
☐☐☐
총수요곡선은 우하향하고 단기 총공급곡선은 우상향한다고 가정한다. 이때 명목임금이 경직적인 경우, 물가수준이 상승하면 실질임금이 하락하여 단기 총공급곡선이 오른쪽으로 이동한다.   O | X

물가수준의 상승은 단기 총공급곡선을 따라 우상방으로 이동한다.

0151
☐☐☐
총수요곡선과 단기 총공급곡선이 교차하는 점에서의 국민소득수준이 잠재GDP보다 크면 인플레이션 갭이 발생한다.   O | X

총수요곡선과 단기 총공급곡선이 교차하는 점에서의 국민소득수준이 잠재GDP보다 크면 인플레이션 갭이 발생한다.

0152
☐☐☐
폐쇄경제하에서 $C = 200 + 0.8(Y - T)$, $I = 1,600 - 100r$, $G = T = 1,000$, $M = K$, $L = 0.5Y - 250r + 500$일 때, 균형이자율(r^*)이 6이 되는($r^* = 6$) 화폐공급(K)은 2,000이다.   O | X

총수요($C + I + G$)와 총공급(Y)에서, $C + I + G = 200 + 0.8(Y - 1,000) + 1,600 - 100r + 1,000 = Y$이다. 따라서 $0.8Y + 2,000 - 100r = Y$이기에 $0.2Y + 100r = 2,000$이다. $r^* = 6$을 대입하면, $Y^* = 7,000$이다. $M = K = L = 0.5Y - 250r + 500$이기에, $K = 2,500$이다.

0153
☐☐☐

BP곡선의 자본 및 금융계정(C)은 국내이자율의 감소함수이다.   O | X

경상수지($X-M$)는 국민소득과 물가의 감소함수이고 환율의 증가함수이며, 자본 및 금융계정(C)은 국내이자율의 증가함수이다.

0154
☐☐☐

수출이 증가하면 BP곡선이 우측으로 이동한다.   O | X

수출이 증가하여 국제수지흑자가 되면 균형을 회복하기 위해 이자율이 하락하여 자본유출이 이루어져야 하기에 BP곡선은 우측으로 이동한다.

0155
☐☐☐

BP곡선 상방에서는 과다한 자본유출이 이루어진다.   O | X

BP곡선의 상방에서는 균형보다 이자율이 높기에 과다한 자본유입이 이루어지고 있다.

0156
☐☐☐

현재 물건이 잘 팔리지 않아 재고가 늘어나고, 시중에는 돈이 많이 풀려 유동성이 넘치며, 수출의 호조와 외국인 증권투자자금의 유입으로 국제수지가 흑자를 보인다. 이때 경제는 IS곡선 상방, LM곡선 상방, BP곡선 상방에 위치한다.   O | X

ⅰ) 물건이 잘 팔리지 않아 재고가 늘어나면 생산물시장이 초과공급으로 IS곡선 상방이고,
ⅱ) 시중에는 돈이 많이 풀려 유동성이 넘치면 화폐시장이 초과공급으로 LM곡선 상방이며,
ⅲ) 수출의 호조와 외국인 증권투자자금의 유입으로 국제수지가 흑자로 BP곡선의 상방이다.

기본서 Chapter 40 | 재정정책

0157
☐☐☐

정부의 재정지출확대정책으로 인하여 구축효과가 크게 나타나지 않는 경우는 투기적 화폐수요의 이자율 탄력도가 매우 작은 경우이다.   O | X

투기적 화폐수요의 이자율 탄력도가 매우 큰 경우, LM곡선은 완만하기에 구축효과는 작아진다.

정답   0153 X   0154 ○   0155 X   0156 ○   0157 X

0158
☐☐☐

장기적인 균형상태에 있던 경제에 총수요가 400억 원만큼 감소하였다. 한계소비성향이 0.75이며, 정부지출 승수효과의 절반이 구축효과에 의해 상쇄된다고 할 때, 총수요 감소를 상쇄시키기 위해서 늘려야 하는 정부지출의 크기는 200억이다. O | X

한계소비성향이 c일 때, 정부지출승수는 $\dfrac{1}{1-c}$이다. 한계소비성향이 0.75이기에 정부지출승수는 4이다. 즉, 100억 원만큼의 정부지출증가가 필요하나, 정부지출 승수효과의 절반이 구축효과에 의해 상쇄되기에 200억 원만큼의 정부지출증가가 필요하다.

0159
☐☐☐

소비자들이 합리적인 기대를 하는 경우 리카도의 대등정리가 성립한다. O | X

소비자들이 합리적인 기대를 하는 경우 국채가 발행되더라도 미래조세증가로 인식하기에 리카도등가정리가 성립한다.

0160
☐☐☐

생산물시장의 균형을 나타내는 IS곡선과 화폐시장의 균형을 나타내는 LM곡선을 활용한 폐쇄경제하의 IS $-LM$모형에서 투자적 화폐수요가 이자율에 탄력적이고, 투자가 이자율에 비탄력적일 때 재정정책이 가장 효과적이다. O | X

IS곡선이 급경사일수록 투자의 이자율탄력성이 작기에 이자율이 상승해도 민간투자가 적게 감소한다. 따라서 구축효과가 작고, 재정정책의 유효성은 커진다. LM곡선이 완만할수록 화폐수요의 이자율탄력성이 커서 이자율상승폭이 작기에 민간투자가 적게 감소한다. 따라서 구축효과가 작고, 재정정책의 유효성은 커진다.

기본서 Chapter 41 **금융정책**

0161
☐☐☐

유동성함정은 투기적 화폐수요의 이자율탄력성이 무한대에 가까워 LM곡선이 수평이 되기 때문에 확장적 재정정책이 효과가 없는 부분을 말한다. O | X

유동성함정은 투기적 화폐수요의 이자율탄력성이 무한대에 가깝기에, 이자율이 매우 낮은 상태에서 통화량을 증가시켜도 전부 투기적 화폐수요로 흡수되어 LM곡선이 수평이 되는 영역을 뜻한다. 유동성함정에서는 확장적 금융정책이 효과가 없다.

0162
□□□

소득세인상과 통화량증가로 인해 동일 폭으로 *IS*곡선이 좌측으로 이동하고, *LM*곡선이 우측으로 이동하면 소비감소, 투자증가의 효과가 나타난다.　　　　　　　　　　　　　　　　　　　　O | X

동일 폭으로 *IS*곡선이 좌측으로 이동하고, *LM*곡선이 우측으로 이동하면 소득은 불변이나 이자율은 하락한다. 가처분소득하락에 따라 소비는 감소하고, 이자율하락에 따라 투자는 증가한다.

0163
□□□

피구효과가 있다고 가정하면 물가수준의 하락에 따라 실질자산이 증가하고, 이는 소비의 증가를 통해 *IS*곡선을 우측으로 이동시켜 국민소득증가를 가져와 유동성함정 문제를 해결할 수 있다.　　　　O | X

소비함수에 자산효과가 도입되면 물가수준의 하락에 따라 실질자산이 증가하고, 이는 소비의 증가를 통해 IS곡선을 우측으로 이동시켜 국민소득의 증가를 가져와 유동성함정 문제를 해결할 수 있다. 이것을 피구효과라고 한다.

0164
□□□

화폐수요의 이자율탄력성이 커서 *LM*곡선이 완만하다고 보는 케인즈학파는 통화량을 중간목표로 사용할 때 실질 *GDP*의 변동이 작다고 주장하며, 투자의 이자율탄력성이 커서 *IS*곡선이 완만하다고 보는 통화주의는 이자율을 중간목표로 사용할 때 실질 *GDP*의 변동이 작다고 주장한다.　　　　　　O | X

화폐수요의 이자율탄력성이 커서 *LM*곡선이 완만하다고 보는 케인즈학파는 화폐부문(*LM*곡선)이 불안정하기에 이자율을 중간목표로 사용할 때 실질 GDP의 변동이 작다고 주장한다. 투자의 이자율탄력성이 커서 *IS*곡선이 완만하다고 보는 통화주의는 실물부문(*IS*곡선)이 불안정하기에 통화량을 중간목표로 사용할 때 실질 *GDP*의 변동이 작다고 주장한다.

기본서 Chapter 42 | 실업이론

0165
□□□

L은 경제활동인구, E는 취업자 수라면 실업률은 $U/L = [(L-E)/L] = [1-(E/L)]$로 나타낼 수 있다.　　　　　　　　　　　　　　　　　　　　　　　　　　　　　　　O | X

L은 경제활동인구, E는 취업자 수라면 실업률은 $U/L = [(L-E)/L] = [1-(E/L)]$로 나타낼 수 있다.

Part 1

2022 해커스공무원 局경제학 핵심 기출 OX 1592

0166
□□□

실업률이 10%이고, 경제활동참가율이 60%이며, 비경제활동인구가 400만 명이면 취업자 수는 540만 명이다. O | X

경제활동참가율이 60%이면 비경제활동참가율은 40%이기에 비경제활동인구가 400만 명일 때, 15세 이상 인구는 1,000만 명이고 경제활동인구는 600만 명이다. 실업률이 10%이면 취업률은 90%이기에 경제활동인구가 600만 명일 때 취업자 수는 540만 명이다.

0167
□□□

고용률이 감소하고 경제활동참가율이 증가할 때, 실업률은 크게 낮아지고 취업률은 크게 증가한다. O | X

고용률이 감소하고 경제활동참가율이 증가할 때, 취업률은 크게 낮아지고 실업률은 크게 증가한다.

0168
□□□

숙련노동자의 경우 처음부터 임금이 높기에 최저임금제도의 영향을 받지 않는다. 따라서 비숙련노동자가 최저임금제도의 대상이다. 그리고 노동에 대한 수요가 탄력적일수록 임금상승 시 노동의 대한 수요량이 크게 줄어 고용량이 크게 줄기에 실업이 크게 증가한다. O | X

숙련노동자의 경우 처음부터 임금이 높기에 최저임금제도의 영향을 받지 않는다. 따라서 비숙련노동자가 최저임금제도의 대상이다. 그리고 노동에 대한 수요가 탄력적일수록 임금상승 시 노동의 대한 수요량이 크게 줄어 고용량이 크게 줄기에 실업이 크게 증가한다.

기본서 Chapter 43 | 인플레이션이론

0169
□□□

총수요곡선은 우하향하고, 총공급곡선은 우상향하며, 다른 조건은 불변일 때, 소비 및 투자증가로 인한 경기과열에 대한 대책으로 재할인율인하를 들 수 있다. O | X

B의 경우 수요견인 인플레이션으로 총수요가 증가하기에 이에 대한 대책으로 재할인율인상 등의 긴축 정책이 필요하다.

0170
□□□

2013년을 기준년도로 할 때 2014년 파셰물가지수는 110이다.

종류	2013년		2014년	
	가격	산출량	가격	산출량
X	30	40	30	50
Y	50	20	60	30

O | X

$$P_P = \frac{P_1 Q_1}{P_0 Q_1} = \frac{(30 \times 50) + (60 \times 30)}{(30 \times 50) + (50 \times 30)} \times 100 = 110$$ 이다.

0171
□□□

작년 한 해 동안의 실질이자율이 4%였고, 인플레이션율은 6%이었다. 작년 소득세율이 20%라면 세후 실질이자율은 2%이다.　　O | X

실질이자율 + 인플레이션율 = 명목이자율 = 10%이다. 세후 명목이자율은 $10\% - (10 \times 20\%) = 8\%$이다. 세후 실질이자율 = 세후 명목이자율 − 인플레이션율 = 2%이다.

0172
□□□

2007년을 기준년도로 할 때 2008년 라스파이레스(Laspeyres)물가지수는 120이다.

구분	2007년		2008년	
	가격	생산량/소비량	가격	생산량/소비량
쌀	20원	80단위	40원	60단위
쇠고기	40원	60단위	24원	70단위

O | X

라스파이레스 물가지수는 $L_P = \frac{P_t \cdot Q_0}{P_0 \cdot Q_0} \times 100 = \frac{40 \times 80 + 24 \times 60}{20 \times 80 + 40 \times 60} \times 100 = 116$이다.

기본서 Chapter 44 | 필립스곡선

0173
□□□

A국가의 물가상승률과 국민소득의 관계는 $\pi = \pi^e + a(Y - Y_f)$이고, 경제주체들은 적응적 기대를 한다. 정부가 확장적 정책(재정정책, 금융정책)을 사용하여 이번 기의 국민소득이 완전고용국민소득보다 커지면 이번 기의 물가상승률은 전기에 비해서 높다.　　O | X

이번 기의 국민소득 Y가 완전고용국민소득 Y_f보다 커진 경우, $\pi = \pi^e + a(Y - Y_f)$에서 $Y > Y_f$이기에 $\pi > \pi^e$이다. 즉, 이번 기의 물가상승률이 이번 기의 기대물가상승률인 전기의 물가상승률보다 크다. 따라서 이번 기의 물가상승률은 전기에 비해서 높다.

정답 　0170 ○　 0171 ○　 0172 X　 0173 ○

0174
□□□

갑국의 필립스곡선이 $\pi = \pi^e + 3.2 - 0.8U$와 같이 추정될 때, 3.5%의 인플레이션이 예상되는 상황에서 정부가 실업률을 5.0%에서 4.0%로 낮추고자 한다면 인플레이션은 0.8%p 상승한다.　　O | X

기대인플레이션율(π^e) = 3.5, 실제실업률(U) = 5.0이면 실제인플레이션율(π) = 2.7이다. 기대인플레이션율(π^e) = 3.5, 실제실업률(U) = 4.0이면 실제인플레이션율(π) = 3.5이다. 따라서 0.8%p 상승한다.

0175
□□□

단기 필립스곡선상 $U < U_N$인 한 점에서는 실제인플레이션율이 기대인플레이션율보다 낮다.　　O | X

단기필립스곡선상의 점인 B점은 $\pi = \pi^e - \alpha(U - U_N)$에서 $U < U_N$으로 $\pi > \pi^e$이다. 즉, 실제인플레이션율이 기대인플레이션율보다 높다.

0176
□□□

자연실업률가설에 따르면 정부가 총수요확대정책을 실시한 경우에 단기적으로 기업과 노동자가 이를 정확하게 인식하지 못하기 때문에 실업률을 낮출 수 있다.　　O | X

자연실업률가설에 따르면 단기에는 재량적인 안정화정책이 효과가 있다. 따라서 정부가 총수요확대정책을 실시한 경우에 단기적으로 기업과 노동자가 이를 정확하게 인식하지 못하기 때문에 실업률을 낮출 수 있다.

기본서 Chapter 45 │ 주요학파별 내용 고찰

0177
□□□

총공급곡선이 수직선이면 화폐의 중립성이 성립하지 않는다.　　O | X

고전학파는 장기에서는 물론 단기에서도 총공급곡선이 수직선으로 화폐의 중립성이 성립한다고 본다.

0178
□□□

통화주의학파는 장기적으로 물가상승률과 실업률 간에 음의 상관관계를 가정한다.　　O | X

통화주의학파가 제시한 기대부가 필립스곡선[$\pi = \pi^e - \alpha(U - U_N)$]에 따르면 인플레이션을 정확하게 예상하는 장기에 기대인플레이션율이 상승하면, 단기 필립스곡선이 상방으로 이동해도 실제실업률이 자연실업률과 일치하기에 장기 필립스곡선은 수직선으로 도출된다. 따라서 통화주의학파는 장기적으로 물가상승률과 실업률이 무관함을 가정한다.

정답　0174 ○　0175 X　0176 ○　0177 X　0178 X

0179
□□□

래퍼곡선에는 경제의 공급측면을 중시하는 경제학자들의 사조가 반영되었다. ○ | X

래퍼곡선은 경제의 공급측면을 중시하는 경제학자들의 사조가 반영된 것이다.

0180
□□□

고전학파는 실업문제 해소에 대해 케인즈학파와 동일하게 재정정책이 금융정책보다 더 효과적이라고 본다. ○ | X

고전학파는 실업문제 해소에 대해 재정정책효과든 금융정책효과든 전혀 없다고 본다. 고전학파는 실업문제를 임금의 신축성에 의해 자동으로 해소된다고 본다.

기본서 Chapter 46 **새고전학파이론**

0181
□□□

합리적기대이론의 경제주체는 완전한 정보에 근거하여 합리적으로 행동한다. ○ | X

합리적기대이론은 모든 정보를 이용하여 예측하나 정보의 불완전성으로 예측이 정확하지 않을 수 있음을 인정한다.

0182
□□□

새고전학파 경제학자들에 의하면 노동자들은 합리적기대에 기초하여 물가를 예측하기 때문에 체계적인 인플레이션의 오차는 발생하지 않는다. 따라서 실제물가와 예상물가가 일치하여 총공급곡선은 자연실업률 수준에서 수직인 형태를 취한다. ○ | X

합리적기대하 체계적인 인플레이션의 오차는 발생하지 않는다. 따라서 실제물가와 예상물가가 일치하면 총공급곡선은 자연실업률 수준에서 수직인 형태를 취한다.

0183
□□□

루카스비판은 경제상황과 관계없이 소비성향, 투자성향 등이 일정하다는 가정하에서 이루어진 분석은 타당하지 않다는 것으로, 정책효과를 달성하기 위해서는 정책변화에 따른 경제구조 변화를 고려하여 정책을 수립하고 집행해야 한다는 주장이다. ○ | X

루카스비판은 정책효과를 달성하기 위해서는 정책변화에 따른 경제구조 변화를 고려하여 정책을 수립하고 집행해야 한다는 주장이다.

정답 0179 ○ 0180 X 0181 X 0182 ○ 0183 ○

0184
□□□
거시경제에 대한 합리적 기대이론에서 정부의 통화확대정책은 단기적으로 실업을 감소시킬 수 있지만 장기적으로는 실업을 감소시킬 수 없다고 본다.   O | X

예상된 정책은 단기적으로도 효과가 없다는 것이 새고전학파의 정책무력성정리로, 정부의 통화확대정책은 단기적으로도 실업을 감소시킬 수 없다고 본다.

기본서 Chapter 47 │ 새케인즈학파이론

0185
□□□
새케인즈학파는 화폐의 중립성을 주장한다.   O | X

새케인즈학파는 통화량의 변화가 이자율을 매개로 총수요의 변화를 통해 실물부문에 영향을 줄 수 있음을 주장한다. 따라서 화폐의 중립성은 성립하지 않는다.

0186
□□□
효율성임금가설(Efficiency Wage Hypothesis)에 따르면 높은 임금을 지급할수록 노동자의 근로의욕이 높아져서 생산성이 향상된다.   O | X

높은 임금을 지급할수록 노동자의 근로의욕과 생산성이 향상된다.

0187
□□□
새고전학파의 합리적기대이론에 따르면 예상되지 못한 정책도 실질변수에 영향을 미치지 못하게 된다.   O | X

새고전학파의 합리적기대이론에 따르면 예상된 정책은 단기적으로도 실질변수에 영향을 미치지 못하게 된다. 예상되지 못한 정책은 단기적으로 효과가 나타날 수 있지만, 정부의 신뢰도 감소와 경제의 불확실성 증가 등 부작용도 초래하기에, 새고전학파는 재량적인 안정화정책에 반대한다.

0188
□□□
효율성임금가설(Efficiency Wage Hypothesis)은 비자발적 실업을 설명하고자 한다. 이에 의하면 노동자의 생산성은 실질임금에 의하여 좌우된다.   O | X

시장의 균형임금보다 높은 효율성임금을 지급하면 비자발적 실업이 발생한다. 즉, 효율성임금가설은 비자발적 실업을 설명하고자 한다. 효율성임금은 실질임금 한 단위당 근로의욕이 최대가 되는 임금으로, 효율성임금가설에 의하면 노동자의 생산성은 실질임금에 의하여 좌우된다.

정답   0184 X   0185 X   0186 ○   0187 X   0188 ○

0189
□□□

숨페터는 소비패턴의 변화와 같은 수요측면의 변화가 경기변동의 원인이라 보았다.　O | X

숨페터는 기업가의 혁신이 자본주의 경제변동의 주요 요인으로 보았다.

0190
□□□

루카스의 경기변동이론에 따르면 예상치 못한 통화량 변화로 경기변동이 발생한다.　O | X

예상치 못한 통화량 변화로 경기변동이 발생한다는 것이 루카스의 화폐적 균형경기변동이론이다.

0191
□□□

실물적 균형경기변동론에서 LM곡선에 영향을 미치는 충격도 경기변동의 요인이 된다고 본다.　O | X

화폐의 중립성을 가정하기에 LM곡선에 영향을 미치는 충격은 경기변동의 요인이 되기 어렵다고 본다.

0192
□□□

소비자동향지수(CSI; Consumer Survey Index)는 경기동향을 나타낸다. CSI는 50을 기준치로 하며, 50을 초과할 경우는 앞으로 생활 형편이 좋아질 것이라고 응답한 가구가 나빠질 것으로 응답한 가구보다 많다는 것을 의미한다.　O | X

소비자동향지수는 0과 200 사이의 값으로, 100보다 크면 경기가 좋아지는 것으로 판단한다. 따라서 CSI는 100을 기준치로 하며, 100을 초과할 경우는 앞으로 생활 형편이 좋아질 것이라고 응답한 가구가 나빠질 것으로 응답한 가구보다 많다는 것을 의미한다.

Part 1

2022 해커스공무원 局경제학 핵심 기출 OX 1592

정답　0189 X　0190 ○　0191 X　0192 X

0193
☐☐☐

인구증가율이나 기술진보가 없다고 가정할 때, 솔로우의 성장모형에서 1인당 생산함수가 $y = \sqrt{k}$이다. 만일 저축률이 20%이고 감가상각률이 5%라면 안정 상태에서의 1인당 생산량은 4이다. O | X

인구증가율이나 기술진보가 없다고 가정하기에 $n = 0$, $g = 0$이다. 1인당 생산함수가 $y = \sqrt{k}$이고, 저축률이 20%이며 감가상각률이 5%이다. 따라서 $0.2\sqrt{k} = 0.05k$이다. 즉, $k = 16$이고 1인당 생산량은 $y = \sqrt{k}$에서 4이다. 저축률이 20%이기에 1인당 소비량은 $0.8 \times 4 = 3.2$이다.

0194
☐☐☐

솔로우의 성장모형에서 총생산함수가 $Y = 2L^{0.5}K^{0.5}$로 주어져있다. 폐쇄경제를 가정할 때, 인구증가율은 0, 저축률은 20%, 감가상각율은 0.1이며 각 기간의 저축과 투자가 일치한다고 한다면 균제상태에서 1인당 국민소득은 8이다. O | X

솔로우성장모형의 안정상태에서, 감가상각 시 $sf(k) = (n+d)k$이다. 저축률은 20%, 인구증가율은 0, 감가상각율이 0.1이기에 $0.2f(k) = 0.1k$이다. 즉, $f(k) = 0.5k$이다. 1인당 국민소득은 $y = 2k^{0.5}$이기에, $2k^{0.5} = 0.5k$이다. 따라서 $k = 16$이고, 1인당 국민소득은 $y = 2k^{0.5} = 8$이다.

0195
☐☐☐

어느 경제의 국민총생산함수가 $Y = AL^{\frac{1}{2}}K^{\frac{1}{2}}$로 주어진다. 어느 기간 동안의 자료를 분석한 결과 국민총생산 증가율이 8%, 노동증가율이 1%, 자본증가율이 7%로 나타났다. 이 기간 동안의 총요소생산성의 경제성장기여율은 40%이다. O | X

$\frac{\triangle A}{A} = \frac{\triangle Y}{Y} - \alpha\frac{\triangle K}{K} - (1-\alpha)\frac{\triangle L}{L}$에서 $\frac{\triangle Y}{Y}$이 8%, $\frac{\triangle L}{L}$이 1%, $\frac{\triangle K}{K}$이 7%이고, α(자본소득분배율) $= 0.5$, $1-\alpha$(노동소득분배율) $= 0.5$이기에, $\frac{\triangle A}{A} = 8 - 0.5 \times 7 - 0.5 \times 1 = 4\%$이다. 경제성장률이 8%이고 총요소생산성 증가율이 4%이기에 총요소생산성의 경제성장기여율은 $\frac{4}{8} \times 100 = 50\%$이다.

0196
☐☐☐

어느 경제의 국민총생산함수가 $Y = AL^{\frac{1}{2}}K^{\frac{1}{2}}$로 주어진다. 어느 기간 동안의 자료를 분석한 결과 국민총생산 증가율이 10%, 노동증가율이 4%, 자본증가율이 4%로 나타났다. 이 기간 동안의 총요소생산성 증가율은 5%이다. O | X

$\frac{\triangle A}{A} = \frac{\triangle Y}{Y} - \alpha\frac{\triangle K}{K} - (1-\alpha)\frac{\triangle L}{L}$에서 국민총생산 증가율($\triangle Y / Y$)이 10%, 노동증가율($\triangle L / L$)이 4%, 자본증가율($\triangle K / K$)이 4%이고, α(자본소득분배율) $= 0.5$, $1-\alpha$(노동소득분배율) $= 0.5$이기에, $\triangle A / A = 10 - 0.5 \times 4 - 0.5 \times 4 = 6\%$이다.

정답 0193 O 0194 O 0195 X 0196 X

0197
☐☐☐

1인당 국민소득 수준이 높아질수록 필수품에 대한 지출 비중이 커진다. O | X

필수품은 수요의 소득탄력성이 비탄력적이기에, 1인당 국민소득 수준이 높아질수록 필수품에 대한 지출 비중이 작아진다.

0198
☐☐☐

1인당 실질 GDP 증가율은 경제성장률에서 인구증가율을 뺀 값과 같다. O | X

1인당 실질 GDP 증가율은 경제성장률에서 인구증가율을 뺀 값과 같다.

0199
☐☐☐

외자도입은 투자를 증대시켜 소득과 고용증대를 유발한다. O | X

외자도입으로 투자가 늘어 소득과 고용증대를 유발한다.

0200
☐☐☐

다음은 개발도상국의 경제발전 전략에서 수출주도(export – led)발전은 경제자립도를 한층 더 떨어뜨리는 부작용을 초래할 수 있다. O | X

수출주도형전략은 해외경기에 의존하기에 경제자립도를 한층 더 떨어뜨리는 부작용을 초래할 수 있다.

0201
☐☐☐

단위가 X재와 Y재 1단위 생산에 필요한 노동자 수라면, B국의 X재 1단위 생산의 기회비용은 Y재 4/3개이다.

구분	X재	Y재
A국	1	2
B국	3	4

O | X

단위가 X재와 Y재 생산에 필요한 노동자 수라면, B국의 경우 X재 1단위 생산의 기회비용은 노동자 3명을 X재 생산이 아니라, 1단위 생산에 4명이 필요한 Y재 생산에 투입하면 생산가능한 Y재 단위이기에 Y재 3/4개이다.

정답 0197 X 0198 X 0199 ○ 0200 X 0201 X

Part 1

2022 해커스공무원 局경제학 핵심 기출 OX 1592

0202
□□□

갑국과 을국만이 존재하며 A재와 B재만 생산하는 국제경제에서, 갑국이 B재에 특화하여 을국과 무역한다면 갑국에서 A재 소비의 기회비용은 증가한다. O | X

무역 이전 갑국에서 A재 1개 소비의 기회비용은 B재 2개였으나 무역 이후에는 2개보다 작아지게 된다.

0203
□□□

갑국은 P_1에서, 을국은 P_2에서 국내가격을 결정하고 있다. 이때, 갑국과 을국이 P_1과 P_2 사이의 가격 P_0에서 자유무역을 한다고 가정한다면, 자유무역으로 갑국과 을국의 모든 경제주체가 이득이 된다(단, $P_1 > P_0 > P_2$)이다. O | X

갑국의 소비자잉여는 증가하고, 생산자잉여는 감소한다. 또한 을국의 생산자잉여는 증가하고, 소비자잉여는 감소한다. 따라서 자유 무역으로 갑국과 을국의 모든 경제 주체가 이득이 된다고 볼 수 없다.

0204
□□□

A국에서는 쌀 1톤을 생산하기 위하여 노동 100단위가 필요하고 공작기계 1대를 생산하기 위하여 노동 120단위가 필요하다. A국에서 공작기계 1대 생산하는 데 발생하는 기회비용은 쌀 1.2톤이다. O | X

A국에서 공작기계 1대 생산하는 데 발생하는 기회비용은 노동 120단위를 쌀 생산에 투입했을 때 생산 가능한 쌀 생산 톤수이다. 즉, 노동 100단위로 쌀 1톤 생산이 가능하기에 노동 120단위이면 쌀 1.2톤이다. 따라서 A국에서 공작기계 1대 생산하는 데 발생하는 기회비용은 쌀 1.2톤이다.

기본서 Chapter 52 | 국제무역론

0205
□□□

메츨러의 역설은 수입품에 대한 한계소비성향이 낮고, 상대국의 수입수요가 비탄력적일 때 발생한다(단, 관세부과국이 대국이라고 가정한다). O | X

메츨러의 역설은 수입품에 대한 한계소비성향이 낮고(관세부과로 실질소득증가해도 수입품의 가격 소폭 상승), 상대국의 수입수요가 비탄력적(관세부과로 수출품의 생산량감소 시 수출품의 가격 대폭 상승)일 때 발생한다.

0206
□□□

A국은 수출 물품에 단위당 일정액의 보조금을 지급한다. 이때 A국이 대국이면, 교역조건은 악화된다. O | X

A국이 대국이라면, 수출보조금이 지급되면 수출량증가로 국제시장에서 초과공급이 발생하여 국제가격(수출가격)이 하락하여 교역조건은 악화된다.

정답 0202 X 0203 X 0204 ○ 0205 ○ 0206 ○

0207
□□□

수출보조금지급액은 단위당 보조금과 공급량의 곱이다.

O | X

수출보조금지급액은 단위당 보조금과 수출량의 곱이다.

0208
□□□

개방 이전 국내시장에서 X재는 P_0 가격에 X_0만큼 거래되고 있으며, 세계시장 가격은 P_1일 때, 개방 이후 갑국의 총잉여 변화는 D이다.

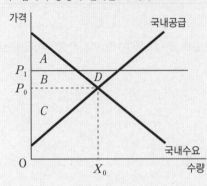

O | X

P_1가격에 생산하기에 초과공급이 발생하고 이때 초과공급이 수출로 이어진다. 따라서 소비자잉여는 B만큼 감소하고, 생산자잉여는 $B+D$만큼 증가한다. 따라서 사회적잉여는 D만큼 증가한다. 결국, 총잉여 변화는 D이다.

기본서 Chapter 53 | 환율

0209
□□□

구매력평가설과 이자율평가설이 성립한다고 가정한다. 한국과 미국의 명목이자율이 각각 5%, 6%이며, 한국의 예상 물가상승률이 3%일 경우 미국의 예상 물가상승률 4%이다.

O | X

이자율평가설에서 환율변화율 = 국내이자율 − 해외이자율 = 5−6 = −1%이다. 따라서 원/달러 환율은 1% 하락할 것으로 예상된다. 구매력평가설에서 환율상승률 = 국내물가상승률 − 해외물가상승률이다.
즉, −1 = 3−해외물가상승률이기에 해외물가상승률 = 4%이다. 따라서 미국의 예상 물가상승률은 4%이다.

0210
□□□

우리나라와 미국의 인플레이션율이 각각 4%, 5%이고, 원화가치가 하락하여 명목환율이 8% 상승하였다. 이 경우 달러화 대비 원화의 실질환율변화율은 9%이다.

O | X

실질환율변화율 = 명목환율변화율 + 해외물가상승률 − 국내물가상승률 = 8+5−4 = 9%이다.

0211
□□□

현재 한국 빅맥가격이 3,400원, 미국 빅맥가격이 3.58달러이며, 원/달러 환율이 1,130원/달러이다. 빅맥지수가 환율에 반영될 경우 달러화 대비 원화 가치는 하락할 것이다. O | X

빅맥지수는 국내빅맥가격/미국빅맥가격으로, 3,400원/3.58달러 = 약 950이다. 환율은 1,130원/달러로 빅맥지수 950을 환율에 반영하면 환율 하락으로 달러화 대비 원화 가치는 상승할 것이다.

0212
□□□

구매력평가이론에 따르면 양국통화의 명목환율은 양국의 물가수준에 의해 결정되며, 구매력평가이론이 성립하면 실질환율은 불변이다. O | X

구매력평가설에 의하면, $P = e \cdot P_f$에서 명목환율은 양국의 물가수준 P와 P_f에 의해 결정된다. 실질환율은 $\epsilon = \dfrac{e \times P_f}{P} = \dfrac{P}{P} = 1$이고 불변이다.

기본서 Chapter 54 국제수지론

0213
□□□

특허권 사용료는 경상수지 중 상품수지에 포함된다. O | X

특허권 사용료는 경상수지 중 서비스수지에 포함된다.

0214
□□□

자본이동이 완전히 자유로운 고정환율제도에서 재정정책이 시행되면, 재정지출증대 → 환율하락 압력 → 중앙은행 외환매입 개입 → 통화량증가 → 국민소득증대의 효과가 발생한다. O | X

고정환율제도에서는 환율 고정으로 BP곡선은 이동하지 않는다. 외국자본유입은 환율을 하락시키기에, 환율 유지를 위해 중앙은행은 외화를 매입하고 그 대가로 본원통화를 증가시켜 통화량이 증가한다. 따라서 LM곡선이 우측이동한다.

0215
□□□

국가 간 자본의 자유이동과 고정환율제도를 가정할 때, 국민소득을 증가시키기 위해서는 재정정책이 통화정책보다 효과가 크다. O | X

화폐공급증가로 LM곡선이 우측이동하면, 국내금리가 국제금리보다 작아져 외국자본유출로 통화량이 감소하기에 LM곡선이 좌측이동한다. BP곡선이 불변이기에 금융정책은 전혀 효과가 없다.

0216
□□□

기업들의 해외투자 증가는 자본·금융 계정 적자 요인이다. O | X

기업들의 해외투자 증가는 자본·금융 계정 적자 요인이다.

0217
□□□

X축은 B재화, Y축은 A재화라고 가정할 때, 일반적인 생산가능곡선에서 우하방의 점으로 이동할수록 MRT_{BA}는 증가한다.　　　　　　　　　　　　　　　　　　　　　　　　　　　O | X

$MRT_{BA} = -\left(\dfrac{\Delta A}{\Delta B}\right) = \left(\dfrac{MC_B}{MC_A}\right)$이다. 생산가능곡선에서 우하방의 점으로 이동할수록 MRT_{BA}가 증가하기에 B재 생산의 한계비용이 커지고 A재 생산의 한계비용이 작아진다.

0218
□□□

하루에 생산할 수 있는 X재와 Y재의 조합을 나타내는 생산가능곡선이 $2Q_X + Q_Y = 16$이다. 이때, X로 표시한 Y재의 기회비용은 $\dfrac{1}{2}$이다.　　　　　　　　　　　　　　　　　　O | X

생산가능곡선 $Q_Y = 16 - 2Q_X$에서 X재 생산의 기회비용은 Y재 2단위, Y재 생산의 기회비용은 X재 1/2 단위이다.

0219
□□□

직선의 생산가능곡선 상의 서로 다른 두 점에서는 한계변환율이 동일하다.　　　　　　　O | X

한계변환율은 생산가능곡선의 접선의 기울기이다. 직선의 기울기는 일정하기에 생산가능곡선상 두 점의 한계변환율은 동일하다.

0220
□□□

원점에 대해 오목한 생산가능곡선을 가정할 때, X재 생산량이 늘어날수록 X재 생산의 기회비용이 감소한다.　　　　　　　　　　　　　　　　　　　　　　　　　　　　　　　　O | X

원점에 대해 오목한 생산가능곡선을 가정할 때, X재 생산량이 늘어날수록 X재 1단위 생산의 기회비용이 증가한다.

정답 0217 ○　0218 ○　0219 ○　0220 X

0221
□□□

베이글과 베이컨은 서로 대체재이다. 다른 조건은 일정할 때, 베이글의 원료인 밀가루 가격의 급등에 따라 베이글의 생산비용이 상승하였을 때, 베이컨 시장의 총잉여는 변함이 없다. O | X

베이글의 공급이 감소하면 대체재인 베이컨의 수요가 증가한다. 베이컨의 수요가 증가하면 베이컨의 가격이 상승하고 거래량도 증가한다. 따라서 소비자잉여와 생산자잉여는 모두 증가하게 된다.

0222
□□□

원래 어떤 재화에 대한 수요, 공급함수가 각각 $Q^D = 100 - 2P$, $Q^S = 10 + 4P$였으나 소비자의 선호변화로 수요함수가 $Q^D = 80 - 3P$로 변화하였다. 이때 균형거래량 변화분은 20이다. O | X

최초 균형가격과 거래량은 $100 - 2P = 10 + 4P$로 $P = 15$, $Q = 70$이었다. 소비자의 선호변화로 수요함수가 $Q^D = 80 - 3P$로 변화 시 균형가격과 거래량은 $P = 10$, $Q = 50$이기에 가격은 5원 하락하고, 균형거래량은 20만큼 감소한다.

0223
□□□

만약 빵을 만드는 과정에서 빵의 생산단가가 낮아지는 기술이 도입되었다면, 밀 시장에서 밀의 가격은 상승하고, 밀의 거래량은 증가한다. O | X

빵의 공급이 증가하면 원료인 밀 수요의 증가로 밀 수요곡선이 우측으로 이동하기에 밀의 가격은 상승하고, 밀의 거래량은 증가한다.

0224
□□□

발전회사들이 석탄이나 천연가스를 사용하여 전력을 생산하고 있다. 석탄보다 발전비용 측면에서 저렴한 셰일가스를 채굴할 수 있는 기술이 개발되어 공급된다면 석탄의 시장가격은 하락, 생산량은 감소한다. O | X

석탄수요가 감소하면 석탄가격이 하락하기에 우상향의 공급곡선을 따라 석탄공급량도 감소한다.

0225
□□□

소비자가 꼭 필요하다고 생각할수록 수요의 가격탄력성이 증가한다. O | X

필수재의 성격이 강할수록 수요는 가격에 대해 비탄력적이다.

정답   0221 X   0222 O   0223 O   0224 O   0225 X

0226
☐☐☐

사과수요의 가격탄력성은 0.4이고, 배 가격에 대한 교차탄력성은 0.2이다. 사과와 배 가격이 각각 5% 하락한다면 사과의 수요증가율은2%이다. ○ | X

사과수요의 가격탄력성이 0.4이기에 사과가격이 5% 하락하면 사과수요량이 2% 증가한다. 또한 사과의 배 가격에 대한 교차 탄력성이 0.2이므로 배 가격이 5% 하락하면 사과수요량이 1% 감소한다. 결과적으로, 사과의 수요는 1% 증가한다.

0227
☐☐☐

X상품에 대한 갑, 을, 병 세 사람의 수요곡선이 각각 $D_갑$, $D_을$, $D_병$이라면 P_0가격에서 갑, 을, 병의 수요의 가격탄력성의 크기는 같다.

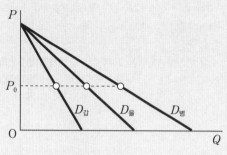

○ | X

수요의 가격탄력도는 $\varepsilon_d = \dfrac{dQ}{dP} \cdot \dfrac{P}{Q} = \dfrac{CD}{EC} \cdot \dfrac{EC}{OC} = \dfrac{CD}{OC}$이고,

$\dfrac{CD}{OC} = \dfrac{ED}{AE} = \dfrac{BO}{AB}$이기에 A, B, C의 수요의 가격탄력성은 모두 동일하다.

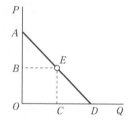

0228
☐☐☐

사과수요의 가격탄력성은 1.4이다. 이때 사과는 정상재이고, 다른 조건이 불변일 때 사과 가격이 상승하면 사과 판매자의 총수입은 감소한다. ○ | X

사과수요의 소득탄력성이 1.2로 (+)이기에 사과는 정상재이다. 사과수요의 가격탄력성이 1.4로 탄력적이기에 사과 가격이 상승하면 사과 판매자의 총수입은 감소한다.

0229
☐☐☐
시장수요곡선이 우하향하고 시장공급곡선이 우상향하는 시장에서 정부가 생산자에게 단위당 10원의 생산 보조금을 지급하기로 했다. 만약 정부가 생산보조금 대신 소비자에게 단위당 10원의 소비보조금을 지급하 더라도, 균형생산량은 생산보조금 지급 시와 동일하다. O | X

판매자에게 X재 단위당 보조금 10원을 지급하든 구매자에게 X재 단위당 보조금 10원을 지급하든, 균형가 격을 제외하면 균형거래량, 보조금 총액, 구매자 실제지불가격, 판매자 실제수취가격, 소비자잉여, 생산자잉여 등은 모두 같다.

0230
☐☐☐
A재의 시장수요곡선은 $Q_D = 200 - P$이고, 시장공급곡선은 $Q_S = P$이다. 이 수요곡선과 공급곡선이 일치 하는 균형상태에서 정부가 단위당 100의 물품세를 부과할 때 정부의 조세수입 중 소비자가 부담하는 조세 의 크기는 2,500이다. O | X

수요곡선과 공급곡선의 기울기는 모두 1이기에 소비자 부담과 생산자 부담은 1 : 1이다. 정부가 단위당 100의 물품세를 생산자에게 부과할 때 시장수요곡선이 $Q_D = 200 - P$이고 바뀐 시장공급곡선이 $Q_S = P - (+100)$ 이기에 균형거래량은 $Q = 50$이다. 정부의 조세수입은 단위당 물품세 × 바뀐 균형거래량으로 $100 \times 50 = 5,000$이다. 소비자 부담과 생산자 부담은 1 : 1이기에 소비자가 부담하는 조세는 2,500이다.

0231
☐☐☐
A재의 시장수요곡선이 $P = 240 - 0.8Q_D$, 시장공급곡선이 $P = 60 + 0.4Q_S$이다. 정부가 기업에게 60만큼 조세를 부과할 때 발생하는 사회적 후생의 순손실은 1,000이다. O | X

조세부과 이전 균형생산량은 $240 - 0.8Q = 60 + 0.4Q$로 $Q_e = 150$, 조세부과 후 생산량은 $Q_t = 100$으로 거래 량 감소분은 $150 - 100 = 50$이다. 구입자가 지불하는 가격은 $P_d = 160$, 생산자가 받는 가격 $P_s = 100$으로 단 위당 조세는 $160 - 100 = 60$이다. 따라서 후생손실은 거래량 감소분 × 단위당 조세 × 1/2 $= 50 \times 60 \times 1/2 = 1,500$이다.

0232
☐☐☐
시장수요함수가 $Q^D = 50 - 0.5P$이고, 시장공급함수는 $Q^S = 2P$인 재화시장이 있다. 정부가 소비촉진을 위해 소비자에게 단위당 10의 구매보조금을 지급하기로 했다. 이 보조금 정책으로 인해 예상되는 시장의 자중손실(deadweight loss)은 20이다. O | X

보조금 지급 전 거래량은 $50 - 0.5P = 2P$, $P = 20$, $Q = 40$이다.
보조금 지급 후 곡선은 $Q^d = 50 - 0.5(P - 10)$으로 $Q^d = 55 - 0.5P$이다. 지급 후 거래량은 $55 - 0.5P = 2P$, $P = 22$, $Q = 44$이다. 따라서 자중손실은 거래량증가 × 단위당 보조금 × 1/2으로 $(44 - 40) \times 10 \times 1/2 = 20$ 이다.

정답 　0229 ○ 　0230 ○ 　0231 X 　0232 ○

0233
□□□

A재화의 가격이 단위당 100원, B재화의 가격이 단위당 200원이고 현재 한계대체율(A재화의 한계효용/B재화의 한계효용)은 3이다. 이때, A재화의 소비를 늘리고 B재화의 소비를 줄이면 효용이 증가한다.

O | X

$MRS_{AB} = \dfrac{MU_A}{MU_B} (=3) > \dfrac{P_A}{P_B} (= \dfrac{1}{2})$이다. 따라서 $\dfrac{MU_A}{P_A} > \dfrac{MU_B}{P_B}$이다. 즉, A재의 1원당 한계효용은 B재의 1원당 한계효용보다 크다. 그러므로 A재 구입을 늘리고 B재 구입을 감소시켜 효용증대가 가능하다.

0234
□□□

소득 300만 원으로 두 재화 X, Y재를 소비하는 어떤 소비자의 효용함수가 $u(X, Y) = X^a Y^b$라 하자 $(a, b > 0)$. 이 소비자가 효용극대 상황에서 소득 중 200만 원을 X재에 지출한다고 한다면, $a = \dfrac{1}{2}b$이다.

O | X

$\dfrac{a}{a+b}$는 X재 구입액이 소득에서 차지하는 비율로 $\dfrac{a}{a+b} = \dfrac{200}{300} = \dfrac{2}{3}$이고, $\dfrac{b}{a+b}$는 Y재 구입액이 소득에서 차지하는 비율로 $\dfrac{b}{a+b} = \dfrac{1}{3}$이다. 따라서 $a = 2b$이다.

0235
□□□

갑은 X재와 Y재만을 소비한다. X재의 가격은 10, Y재의 가격은 20이다. 현재 소비점에서 갑의 X재, Y재 소비의 한계효용은 각각 10, 5이다. 이때 갑은 Y재 소비를 늘리고 X재 소비를 줄여 효용을 증가시킬 수 있다.

O | X

갑은 $\dfrac{10}{10} = \left(\dfrac{MU_X}{P_X} \right)^{갑} > \left(\dfrac{MU_Y}{P_Y} \right)^{갑} = \dfrac{5}{20}$이기에 X재 소비를 늘리고, Y재 소비를 줄이면 효용증대가 가능하다. 을은 $\dfrac{3}{10} = \left(\dfrac{MU_X}{P_X} \right)^{을} = \left(\dfrac{MU_Y}{P_Y} \right)^{을} = \dfrac{6}{20}$이기에 현재 효용극대화를 달성하고 있다.

정답 0233 ○ 0234 X 0235 X

0236 □□□ X재와 Y재만을 소비하는 갑의 효용함수는 $U = -\sqrt{X} + Y$이며, 예산제약식은 $3X + 2Y = 10$이다. U는 효용, $X \geq 0$, $Y \geq 0$일 때, 효용을 극대화하는 甲의 Y재에 대한 수요량은 5이다. O | X

한계대체율 $MRS_{XY} = \dfrac{MU_X}{MU_Y} = \dfrac{-\dfrac{1}{2\sqrt{X}}}{1} = -\dfrac{1}{2\sqrt{X}}$이고, $\dfrac{P_X}{P_Y} = \dfrac{3}{2}$이기에 $MRS_{XY} = \dfrac{P_X}{P_Y}$에서 $-\dfrac{1}{2\sqrt{X}}$ $= \dfrac{3}{2}$, $\sqrt{X} = -\dfrac{1}{3}$이다. $X \geq 0$으로 $\sqrt{X} = -\dfrac{1}{3}$이 될 수 없다. 따라서 X재 소비량은 0이다. Y재 가격이 2이고, 소득이 10이기에 X재 소비량이 0이면 Y재 소비량은 5이다.

기본서 Chapter 06 **무차별곡선이론**

0237 □□□ 두 상품이 완전대체재인 경우 무차별곡선의 형태는 L자형이다. O | X

완전보완재의 경우 무차별곡선은 'L자형'이고, 완전대체재의 경우 우하향의 직선 형태이다.

0238 □□□ 두 재화 X와 Y를 소비하고 있는 甲의 효용함수는 $U(x,y) = \min\{4x+y, x+7y\}$이다. 수평축을 X의 소비량(x), 수직축을 Y의 소비량(y)이라고 할 때, 甲이 X재화 4단위, Y재화 7단위를 소비하는 점에서 무차별곡선의 기울기는 -4이다. O | X

$x < 2y$인 영역에서 $U = 4x + y$이기에 무차별곡선의 기울기는 -4이다. 甲이 X재화 4단위, Y재화 7단위를 소비하는 점은 $x < 2y$인 영역이기에 무차별곡선의 기울기는 -4이다.

0239 □□□ 지원이는 고정된 소득으로 X재와 Y재만을 소비한다고 가정하자. Y재의 가격은 일정한데 X재의 가격이 하락함에 따라 X재 소비량과 Y재 소비량이 모두 증가하였다. 이때 X재의 수요는 가격에 대해 비탄력적이다. O | X

최초의 균형점 E_0와 가격하락 이후의 균형점 E_1을 연결한 가격소비곡선은 우상향이다. 가격소비곡선이 우상향할 때 X재 수요의 가격탄력성은 비탄력적이다.

정답 0236 ○   0237 X   0238 ○   0239 ○

0240
□□□

소비자는 X재와 Y재만 소비하고 소비자의 효용함수가 $U = 2XY$일 때, 한계대체율은 체감한다.

O | X

효용함수가 $U = 2XY$일 때 $MRS_{XY} = \dfrac{MU_X}{MU_Y} = \dfrac{Y}{X}$이므로 한계대체율이 체감한다.

기본서 Chapter 07 | 현시선호이론

0241
□□□

지난달에 맥주와 오징어의 가격이 모두 10원일 때 서연이는 맥주 10병과 오징어 5마리를 소비하였다. 이번 달에는 오징어의 가격은 변화가 없으나 맥주 가격이 5원으로 하락하였고, 소득도 50원 감소하였다. 이번 달에 서연이의 맥주 소비량이 지난달보다 감소한다면 서연이의 선호는 약공리에 위배된다.

O | X

이번 달에 맥주소비량이 지난 달보다 감소한다면 즉, 오징어 10과 E점을 연결한 선의 한 점을 구입하면 서연이의 선호는 약공리에 위배된다.

0242
□□□

예산선 변화로 최초구입점이 구입불가능하게 되면 바뀐 예산선 하에서 어떤 점을 구입해도 약공리에 위배되지 않는다.

O | X

예산선 변화로 최초구입점이 구입불가능하게 되면 바뀐 예산선 하에서 어떤 점을 구입해도 약공리에 위배되지 않는다.

0243
□□□

철수는 소득으로 X, Y만 소비한다. X의 가격은 일정하나, Y의 가격이 두 배로 오름에 따라 철수의 소득도 최초 구입점을 구매할 수 있는 수준으로 증가하였다. 이때 철수는 최초 구입점보다 Y를 많이 구매할 것이다.

O | X

Y의 가격이 올라도 최초의 구입점을 구매할 수 있다면 약공리에 따라 철수는 Y를 50개보다 많이 구매할 수 없다. 즉, 약공리 충족 구간에서 구매하기에 Y재 구매량은 증가하지 않는다.

0244
□□□

두 재화 X재와 Y재를 소비하는 영희는 X재와 Y재의 가격이 각각 5와 10일 때 소비조합 ($X = 10$, $Y = 5$)를 선택하였다. 이때 소비조합 ($X = 10$, $Y = 5$)가 소비조합 ($X = 7$, $Y = 6$)보다 현시선호되었다.

O | X

최초 $P_X = 5$, $P_Y = 10$일 때 변경 후 선택점 ($X = 7$, $Y = 6$)은 95의 소득이 필요하다. 따라서 ($X = 7$, $Y = 6$)은 최초에도 구입 가능하다. 결국, 소비조합 ($X = 10$, $Y = 5$)는 소비조합 ($X = 7$, $Y = 6$)보다 현시선호되었다.

정답   0240 ○   0241 ○   0242 ○   0243 X   0244 ○

0245
□□□
여가가 정상재일 때, 시간당 임금에 대해 근로소득세율이 상승할 경우, 노동공급이 항상 감소한다.

O | X

시간당 임금에 대해 근로소득세율이 상승할 경우, 세후 실질임금이 하락한다.
대체효과에 의해 실질임금이 하락하여 여가의 기회비용이 감소하기에 여가소비가 증가하고 노동공급이 감소한다.
반면, 소득효과에 의해 실질임금이 하락하여 실질소득이 감소하기에 정상재인 여가소비가 감소하고 노동공급이 증가한다.
따라서 노동공급의 증감여부는 대체효과와 소득효과의 상대적인 크기에 의해 결정되는 것이지 항상 감소한다고 할 수 없다.

0246
□□□
영수는 지금 소득 210을 가지고 있다. 현재의 소비를 x_0, 미래의 소비를 x_1이라 하자. 영수의 효용함수는 $U(x_0, x_1) = x_0 x_1$이다. 이자율이 r이라 하면 이때 현재의 소비량 $x_0 = \dfrac{210}{(2+r)}$이다.

O | X

영수의 예산제약식은 $x_0 + \dfrac{1}{1+r} x_1 = 210$이다. 소비자균형에서 $MRS = (1+r)$로, $\dfrac{x_1}{x_0} = (1+r)$이다. 이를 정리하면 $x_1 = (1+r)x_0$이고, 이를 예산선에 대입하면 $2x_0 = 210$이기에 현재의 소비량은 $x_0 = 105$이다.

0247
□□□
저축자이고 현재소비와 미래소비가 정상재의 경우, 이자율이 상승하면 현재소비는 증가하지만 미래소비는 증가하거나 감소할 수 있다.

O | X

저축자이고 현재소비와 미래소비가 정상재의 경우, 대체효과와 소득효과의 상대적 크기에 의해 이자율이 상승하면 현재소비는 감소하거나 증가할 수 있고, 미래소비는 반드시 증가한다.

0248
□□□
소비자 A는 1기와 2기에 걸쳐 소비를 한다. c_1을 1기의 소비, c_2를 2기의 소비라고 할 때, 소비자 A의 효용함수는 $U(c_1, c_2) = \min[c_1, c_2]$이다. 1기의 소득은 210만 원이고, 2기의 소득은 0원이며, A는 1기에 10%의 이자율로 저축 또는 차입할 수 있다. 이때 소비자 A는 100만 원을 저축하는 게 합리적이다. O | X

$U = \min[c_1, c_2]$에서 효용극대화 $c_1 = c_2$이다.
1기의 소득은 210만 원, 2기의 소득은 0원이며, 1기의 이자율이 10%일 때, 예산선은 다음과 같다.

$$Y + \dfrac{Y_2}{1+r} = C_1 + \dfrac{C_2}{1+r} \rightarrow 210 + 0 = C_1 + \dfrac{C_2}{1+0.1}$$

$$\rightarrow 210 \times 1.1 = 1.1 C_1 + C_2$$

$c_1 = c_2$와 $210 \times 1.1 = 1.1 C_1 + C_2$에서 $C_1 = 110$이다.
즉, 소비자 A는 현재소득 210만 원 중 110만 원을 소비하고, 100만 원을 저축할 것이다.

정답   0245 X   0246 X   0247 X   0248 O

0249
□□□

기대효용이론에서 甲이 가지고 있는 복권 상금의 기대가치는 500이고 이 복권을 최소 450에 팔 용의가 있다면, 甲의 위험프리미엄(risk premium)은 50이다. O | X

기대치가 500이고 확실성등가가 450이기에 위험프리미엄은 50(= 500 − 450)이다.

0250
□□□

어떤 사람의 초기자산(W)이 1억 원이고, 화재발생 시 손실액은 7,500만 원이다. 이 사람의 효용함수가 $U = \sqrt{W}$이고 화재 발생확률이 0.1인 경우, 위험프리미엄(risk premium)은 250만 원이다. O | X

화재가 발생하지 않으면(0.9 확률) 자산이 1억 원이고, 화재발생 시(0.1 확률) 손실액이 7,500만 원이기에 남는 재산이 2,500만 원이다. 따라서, 기대치는 (0.9×1억 원) + (0.1×2,500만 원) = 9,250만 원이다. 기대효용은 $(0.9 \times \sqrt{1억}) + (0.1 \times \sqrt{2,500만 원}) = 95$, 확실성등가는 $95^2 = 9,025$만 원이다. 위험프리미엄은 225만 원(= 9,250 − 9,025)이다.

0251
□□□

위험애호적(risk - loving)인 사람의 효용함수는 볼록함수이며, 확실성등가가 기대소득보다 크므로 위험 프리미엄이 0보다 작다. O | X

위험애호자의 경우 기대치에서 확실성등가를 뺀 위험프리미엄은 음(−)의 값을 갖는다.

0252
□□□

근로자 甲이 산업재해사고를 당하지 않을 때의 소득은 100만 원, 산업재해를 당할 때의 소득은 25만 원이다. 甲이 사고를 당할 확률은 0.2이고 소득(W)으로 표시한 甲의 효용함수는 $U(W) = \sqrt{W}$이다. 산업재해보험의 최대보험료는 10만 원이다. O | X

기대치: $E(W) = (0.2 \times 250,000) + (0.8 \times 1,000,000) = 850,000$원
기대효용: $E(U) = (0.2 \times \sqrt{250,000}) + (0.8 \times \sqrt{1,000,000}) = 900$
확실성등가: $\sqrt{CE} = 900, \ CE = 810,000$
최대한 보험료: 자산 − 확실성등가 = 1,000,000 − 810,000 = 190,000원

정답 0249 O 0250 X 0251 O 0252 X

0253
□□□

숙련노동(L_1)과 비숙련노동(L_2)만을 생산요소로 사용하는 어떤 기업의 생산함수가 $q = \min\{3L_1, 2L_2\}$라고 할 때, 장기평균비용곡선은 수평선이다. O | X

$q = \min\{3L_1, 2L_2\}$은 1차동차 레온티에프 생산함수이기에 규모에 대한 수익불변이다. 따라서 장기평균비용 곡선이 수평선의 형태로 도출된다.

0254
□□□

생산함수가 $Q(K, L) = \sqrt{3KL}$로 표시된다면, 요소가격이 일정할 때 규모수익체감(decreasing returns to scale) 현상이 발생한다. O | X

$Q(K, L) = \sqrt{3KL}$은 1차동차 C – D생산함수이기에 규모에 대한 수익불변이다.

0255
□□□

A기업의 생산함수는 $Q = \sqrt{KL}$, 자본(K)의 가격은 r, 노동(L)의 가격은 w이다. 생산량이 Q_0으로 주어졌을 때, 비용이 극소화되도록 자본과 노동의 투입량을 결정한다. 이때 최적 상태에서 노동 1단위당 자본투입량은 $\dfrac{r}{w}$이다. O | X

생산자균형에서는 한계기술대체율($MRTS_{LK} = \dfrac{K}{L}$)과 요소의 상대가격($\dfrac{w}{r}$)이 일치하기에 $\dfrac{K}{L} = \dfrac{w}{r}$가 성립한다. 따라서 최적 상태에서 노동 1단위당 자본투입량($\dfrac{K}{L}$)은 $\dfrac{w}{r}$이다.

0256
□□□

기업 A의 생산함수는 $Q = LK$이다. Q는 생산량, L은 노동, K는 자본이고, 노동과 자본의 가격이 각각 1원일 때 노동의 한계생산은 체감한다. O | X

$Q = LK$에서 노동의 한계생산은 $MP_L = K$이기에 노동투입량에 관계 없이 노동의 한계생산물은 일정하다.

정답 0253 ○ 0254 X 0255 X 0256 X

0257
☐☐☐
자본투입량이 고정되어 있을 때, 한계비용과 평균가변비용은 각각 $MC = \frac{1}{2}q$, $AVC = \frac{1}{4}q$이다. 이 기업은 생산물의 시장가격이 0을 초과하는 한, 단기에 생산을 중단하지 않는다. O | X

한계비용과 평균가변비용은 각각 $MC = \frac{1}{2}q$, $AVC = \frac{1}{4}q$이다. 따라서 모든 생산량 수준에서 MC가 AVC 상방에 위치하기에 시장가격이 0을 초과하는 한 항상 생산을 할 것이다.

0258
☐☐☐
어떤 완전경쟁기업의 비용은 생산량 Q의 함수인데, 평균가변비용이 $2Q + 3$, 고정비용이 5라고 한다. 단기에 시장가격이 7로 주어졌다. 이 기업의 이윤극대화(손실극소화) 산출량 수준에서 순손실이 발생한다. O | X

총비용은 총가변비용($2Q^2 + 3Q$)과 총고정비용(5)의 합이기에 $TC = 2Q^2 + 3Q + 5$이다. 이윤극대화 생산량은 $P = MC$에서 $7 = 4Q + 3$, $Q = 1$이다. $Q = 1$일 때 $TR = P \times Q = 7 \times 1 = 7$이고, $TC = 2Q^2 + 3Q + 5 = 10$이기에 손실(3)이 발생한다.

0259
☐☐☐
한계비용이 평균총비용보다 클 때, 생산량이 증가함에 따라 평균총비용은 증가한다. O | X

한계비용이 평균비용보다 크면 평균비용은 증가한다.

0260
☐☐☐
고정비용이 존재하고 노동만이 가변요소인 기업의 노동의 한계생산이 불변이면 단기총평균비용 곡선은 수평이다. O | X

노동의 한계생산이 불변이면 한계비용이 일정하기에 한계비용곡선은 수평선이 된다. 한계비용이 일정할 때 단기총비용곡선은 y절편이 양(+)인 우상향의 직선이 된다.
따라서 원점기울기로 측정되는 평균비용은 점점 감소하기에 단기총평균비용 곡선은 우하향의 형태가 된다.

정답 0257 ○ 0258 ○ 0259 ○ 0260 X

0261
☐☐☐

단기생산함수가 $f(L) = 100L - L^2$인 어떤 완전경쟁기업이 현재의 생산수준에서 노동(L) 35단위를 고용하고 있다. 노동시장은 완전경쟁적이며 노동 한 단위당 임금은 300이다. 현재 상황에서 이 기업이 이윤을 극대화하고 있다면 생산물 가격은 10이다.   O | X

생산물 가격이 P일 때, 총수입은 $P \cdot Q$이고 총비용은 wL이기에 이윤은 $\pi = P \cdot Q - wL$이다. 단기생산함수가 $f(L) = 100L - L^2$이고, 임금이 300이기에 이윤은 $\pi = P \cdot Q - wL = P(100L - L^2) - 300L$이다. 이윤극대화 노동고용량을 구하기 위해 노동에 대해 미분하여 0으로 두면, $\frac{d\pi}{dL} = 100P - 2PL - 300 = 0$이다. 이윤극대화 노동고용량이 35이기에 $L = 35$를 대입하면 $30P = 300$, $P = 10$이다.

0262
☐☐☐

완전경쟁시장 A의 수요함수가 $Q_D = 30 - 3P$이다. 이 시장에 존재하는 모든 기업의 한계비용이 a로 동일할 때 시장의 균형가격이 4이다. 이때 한계비용 a는 4이다.   O | X

완전경쟁시장에서 수요함수가 $Q_D = 30 - 3P$, $P = 10 - \frac{1}{3}Q$이다. 모든 기업의 한계비용이 a로 동일하기에 $P = MC$에서, $a = 4$이다.

0263
☐☐☐

$MR = MC$이고, MR기울기 > MC기울기일 때, 손실극대화가 이루어진다.   O | X

완전경쟁기업은 $P = MC$에서 이윤극대화를 달성한다. 그런데, MR기울기 > MC기울기일 때는 한계비용이 체감하는 구간으로 손실극대화가 이루어진다.

0264
☐☐☐

완전경쟁시장에서 시장 수요함수가 $Q = 1000 - P$이고 기업들의 장기 평균비용은 생산량이 10일 때 100원으로 최소화된다. 시장에 존재하는 기업의 수는 90개이다.   O | X

가격이 100일 때 시장수요함수인 $Q = 1,000 - P$에서 시장 수요량은 900이다. 따라서 시장 수요량인 900을 위해 동질적인 개별기업이 각각 10을 생산하기에 완전경쟁시장의 장기균형에서 존재할 수 있는 기업의 수는 90개이다.

0265
□□□

독점시장에서 독점기업은 시장지배력을 이용하여 가격을 인상하면서 판매량을 늘릴 수 있다.   O | X

독점기업이 직면하는 수요곡선은 우하향하기에 가격을 인상하면 판매량은 감소한다.

0266
□□□

독점기업의 한계비용함수가 $MC = 100$, 시장수요함수가 $Q_D = 220 - P$일 때, 정부가 이 상품의 출고 시 한계비용의 10%에 해당하는 부가가치세를 부과할 경우 소비자는 세금을 단위당 5씩 부담할 것이다.   O | X

한계수입은 시장수요곡선과 절편이 같고 기울기가 2배로, $MR = 220 - 2Q$이다. 이윤극대화 생산량은 $MR = MC$, $220 - 2Q = 100$으로 $Q = 60$, 이윤극대화 가격은 수요함수에 대입하면 $P = 160$이다.
조세부과 이후 $MC = 110$으로, 가격은 160에서 165로 5만큼 상승하였다. 즉, 소비자는 세금을 단위당 5씩 부담할 것이다.

0267
□□□

AC곡선이 계속해서 우하향하는 자연독점기업이 있다고 한다. 이때 독점기업으로 하여금 평균비용과 일치하는 가격을 책정하도록 규제를 부과하면 균형 생산량은 이윤극대화를 위한 가격을 책정할 때보다 작다.   O | X

자연독점기업이 이윤극대화인 $MR = MC$에서 생산량을 결정할 때보다 $P = AC$에서 결정할 때 생산량이 더 많다.

0268
□□□

독점기업이 8,000개의 상품을 판매하고 있다. 이때 가격은 1만 원, 평균비용은 1만 2,000원, 평균가변비용은 8,000원이며, 한계비용과 한계수입은 6,000원으로 같다. 이때 단기적으로 생산을 중단할 때, 발생하는 손실은 3,200만 원이다.   O | X

평균총비용이 1만 2,000원이고, 평균가변비용이 8,000원이기에 평균고정비용은 4,000원이다. 총고정비용은 평균고정비용 × 수량 = 4,000원 × 8,000개 = 3,200만 원이므로 생산을 중단하면 3,200만 원의 손실이 발생한다.

정답   0265 X   0266 ○   0267 X   0268 ○

0269
□□□

슈타켈버그(Stackelberg)모형에서 두 기업 중 하나 또는 둘 모두가 가격에 관해 추종자가 아닌 선도자의 역할을 한다. O | X

슈타켈버그모형은 두 기업 중 하나 또는 둘 모두가 '생산량'에 관해 추종자가 아닌 선도자의 역할을 한다.

0270
□□□

꾸르노(Cournot)모형에서 시장수요곡선이 $P = 60 - Q$로 주어지고, 두 기업의 한계비용은 a로 동일하다. 내쉬균형에서 시장 전체의 가격이 40일 때 한계비용 a는 30이다. O | X

꾸르노모형에서 시장 전체의 가격이 40이기에 $P = 60 - Q$에서 $Q = 20$이다. 꾸르노모형에서 시장 전체의 생산량 $Q = 20$은 완전경쟁의 $\frac{2}{3}$로 완전경쟁하 생산량은 30이다. 수요함수가 $P = 60 - Q$, 한계비용 $MC = a$일 때, $P = MC$에서 $60 - Q = a$이다. $Q = 30$일 때, $a = 30$이다.

0271
□□□

꾸르노모형에서 시장 전체의 생산량은 완전경쟁의 $\frac{2}{3}$이다. O | X

꾸르노모형에서 시장 전체의 생산량은 완전경쟁의 $\frac{2}{3}$이다.

0272
□□□

기업 1과 기업 2가 각자 자신의 생산량 q_1과 q_2를 동시에 선택하는 꾸르노 경쟁을 상정하자. 시장수요함수는 $q = 12 - p$이며 기업 1의 비용함수는 $c_1(q_1) = \alpha q_1$이고 기업 2의 비용은 0이다($0 < \alpha < 6$). 이때 균형에서 기업 2의 시장점유율은 기업 1의 시장점유율보다 높다. O | X

$\alpha > 0$이기에 기업 2의 생산량 $q_2 = 4 + \frac{1}{3}\alpha$가 기업 1의 생산량 $q_1 = 4 - \frac{2}{3}\alpha$보다 많다. 따라서 균형에서 기업 2의 시장점유율은 기업 1의 시장섬유율보다 높나.

0273
□□□

각 보수쌍에서 왼쪽은 A국의 보수이고, 오른쪽은 B국의 보수일 때, 우월전략균형은 (보호무역, 보호무역)이다.

구분		B국의 선택	
		자유무역	보호무역
A국의 선택	자유무역	(100, 100)	(-100, 200)
	보호무역	(200, -100)	(-50, -50)

O | X

A국과 B국 모두 상대가 무슨 선택을 하던 보호무역을 선택하는 것이 우월전략이다.

0274
□□□

내쉬균형 조합 중에서 신빙성이 없는 위협이 포함된 내쉬균형을 제외하고 찾아낸 조합이 완전균형이다.

O | X

내쉬균형 조합 중에서 신빙성이 없는 위협이 포함된 내쉬균형을 제외하고 찾아낸 조합이 완전균형이다.

0275
□□□

각 보수쌍에서 왼쪽은 백두산수의 보수이고, 오른쪽은 한라산수의 보수이다.

구분		한라산수	
		광고함	광고 안함
백두산수	광고함	(25, 15)	(30, 0)
	광고 안함	(15, 20)	(40, 5)

이때 한라산수는 우월전략을 가지고 있고, 내쉬균형은 모두 광고를 하는 것이다.

O | X

한라산수가 광고함을 선택하면 백두산수는 광고함 선택이 최선이고 한라산수가 광고 안함을 선택하면 백두산수는 광고 안함 선택이 최선이다. 즉, 백두산수는 우월전략이 없다.
백두산수가 광고함을 선택하면 한라산수는 광고함 선택이 최선이고 백두산수가 광고 안함을 선택하면 한라산수는 광고함 선택이 최선이다. 즉, 한라산수는 광고함이라는 우월전략을 가지고 있다.
따라서 내쉬균형은 (광고함, 광고함)이 된다.

정답 0273 ○ 0274 ○ 0275 ○

0276

□□□

이때 이윤 행렬의 괄호 안의 수에서 왼쪽은 A의 이윤이고, 오른쪽은 B의 이윤이다.

구분		기업 B의 생산량		
		15	20	30
기업 A의 생산량	15	(450, 450)	(375, 500)	(225, 450)
	20	(500, 375)	(400, 400)	(200, 300)
	30	(450, 225)	(300, 200)	(0, 0)

A는 슈타켈버그(Stackelberg) 모형의 선도자, B는 추종자로 행동할 때 A와 B의 생산량(Q_A, Q_B)은 (20, 15) 이다.

O | X

- 기업 A가 15단위를 선택하면 기업 B는 20단위를 선택할 것이다. 그때 기업 A의 이윤은 375가 된다.
- 기업 A가 20단위를 선택하면 기업 B는 20단위를 선택할 것이다. 그때 기업 A의 이윤은 400이 된다.
- 기업 A가 30단위를 선택하면 기업 B는 15단위를 선택할 것이다. 그때 기업 A의 이윤은 450이 된다.
- 즉, 기업 A는 이윤이 가장 큰 30단위의 생산량을 선택할 것이다.

기본서 Chapter 16 독점적 경쟁시장

0277

□□□

독점적 경쟁의 장기균형은 상품의 가격이 장기한계비용보다 높은 수준에서 결정된다. O | X

독점적 경쟁의 장기균형은 $MR = LMC$인 점에서 결정되지만, $P > MC$이기에 생산량은 사회적인 최적수준 에 미달한다.

0278

□□□

기업의 제품수요곡선은 $Q = -2P + 4\sqrt{a}$ (P는 가격, a는 광고비)이다. 이 기업의 비용함수가 $C = 3Q + a$ 일 때 이윤이 최대로 되는 광고비는 9이다. O | X

$Q = -2P + 4\sqrt{a}$에서 $P = 2\sqrt{a} - \dfrac{1}{2}Q$이다. 이윤함수는 $\pi = P \cdot Q - C = (2\sqrt{a} - \dfrac{1}{2}Q)Q - 3Q - a$이기

에 이를 Q와 a로 미분하여 영이 되는 점에서 이윤극대화를 구한다. 즉, $\dfrac{\partial \pi}{\partial Q} = 2\sqrt{a} - Q - 3 = 0$, $\dfrac{\partial \pi}{\partial a} =$

$\dfrac{Q}{\sqrt{a}} - 1 = 0$이다. 따라서 이윤극대화 광고비는 $Q = 3$일 때 $a = 9$이다.

0279
□□□

독점적 경쟁시장의 장기균형에서 장기평균비용이 최소가 된다. O | X

독점적 경쟁은 장기평균비용곡선 최소점의 좌측에서 생산한다.

0280
□□□

독점적 경쟁시장의 단기균형에서 가격은 한계비용보다 높고, 장기균형에서 초과이윤이 발생하지 않는다. O | X

독점적 경쟁은 단기에는 독점의 성격이 크며, $P > MC$이다. 독점적 경쟁은 장기에는 완전경쟁의 성격이 크며, 진입과 퇴거가 자유로워 정상이윤만을 획득한다.

기본서 Chapter 17 | 완전경쟁 가변생산요소시장

0281
□□□

여가가 정상재일 경우, 후방굴절하는 노동공급곡선 중 노동공급곡선의 우하향하는 구간에서는 소득효과가 대체효과보다 크다. O | X

후방굴절하는 노동공급곡선은 여가 – 소득 선택모형에서 임금율의 변화에 따라 도출되는 가격소비곡선에서 유도되고, 소득효과와 대체효과를 비교할 경우 노동공급곡선의 우하향하는 구간에서는 소득효과가 더 크다.

0282
□□□

하루 24시간 중 잠자는 8시간을 제외한 16시간을 여가(ℓ)와 노동에 사용하는 노동자가 있다. 이 노동자의 시간당 임금은 10이고, 소비재의 가격은 1이라고 가정하고, 노동소득이 모두 소비(c)에 사용될 때, 노동자의 효용 $u(\ell,c) = \ell c$를 극대화하는 소비량 c는 80이다. O | X

노동자의 효용함수가 $u(\ell,c) = \ell c$이므로 한계대체율 $MRS_{lc} = \dfrac{MU_l}{MU_c} = \dfrac{c}{l}$이다. 노동자의 노동소득 $10(16-l)$,
소득은 $10(16-l) = 160 - 10l$이다. 소득이 모두 소비(c)에 사용되고 소비재의 가격이 1일 때, 노동자의 예산선은 $160 - 10l = c$이다. 따라서 예산선의 기울기(절댓값)는 10이다.
소비자균형에서 $c/l = 10$, 즉 $c = 10l$이다. 이를 예산선에 대입하면 $l = 8$, $c = 80$로 계산된다.

0283
□□□

휴대전화시장과 노동시장은 완전경쟁적이며 임금 이외에 다른 비용은 없다. 휴대전화 1대당 시장가격이 80,000원이고 근로자 1인당 임금이 200,000원일 경우, 이윤을 극대화 조건하의 노동의 한계생산은 2.5이다. O | X

$MP_L \times P = w$에서 $P = 80,000$, $w = 200,000$이므로 $MP_L = 2.5$이다.

0284
□□□

시간당 임금이 w인 노동자가 하루 24시간을 여가(l)와 노동(L)에 배분하여 사용한다. 소득이 모두 식료품 구입(f)에 사용되고 소비재의 가격이 P_f일 때, 예산선의 기울기는 $\frac{w}{P_f}$이다. ○ | X

시간당 임금이 w, 노동시간이 $L=24-l$일 때, 노동자의 노동소득은 $w(24-l)$이다. 소득이 모두 식료품 구입(f)에 사용되고 소비재의 가격이 P_f일 때, 노동자의 예산선은 $P_f \cdot f = w(24-l)$이다. 즉, $f = \frac{w}{P_f}(24-l)$이다. 따라서 예산선의 기울기(절댓값)는 $\frac{w}{P_f}$이다.

기본서 Chapter 18 | 불완전경쟁 가변생산요소시장

0285
□□□

생산물시장에서 독점기업인 A는 노동시장에서 수요독점자이다. 이때 수요독점 노동시장의 균형임금과 완전경쟁 노동시장의 균형임금 사이에 최저임금을 강제적으로 설정할 경우 노동의 평균요소비용은 감소한다. ○ | X

수요독점 노동시장(C)의 균형임금(W_2)과 완전경쟁 노동시장(A)의 균형임금(W_0) 사이에 최저임금을 강제적으로 설정할 경우 평균요소비용이 상승한다.

0286
□□□

생산물시장에서 독점기업인 A는 노동시장에서 수요독점자이다. 노동공급곡선은 $w=100+5L$, 근로자를 추가로 고용할 때 A기업이 얻는 노동의 한계수입생산물은 $MRP_L=300-10L$이다. 이때 A기업이 이윤극대화를 위해 근로자에게 지급하는 임금은 150이다. ○ | X

수요독점의 한계수입생산곡선이 $MRP_L=300-10L$이고, 한계요소비용곡선은 노동공급곡선이 $w=100+5L$이면, 노동공급곡선과 절편은 동일하고, 기울기는 2배이기에 $MFC_L=100+10L$이다.
$MRP_L=MFC_L$에서 $300-10L=100+10L$이면 $L=10$이다. 그리고 임금은 노동공급곡선인 $w=100+5L$에서 $L=10$일 때 $w=150$이다.

0287
□□□

완전경쟁기업의 노동수요량은 명목임금이 노동의 한계생산물가치와 같은 수준에서 결정된다. ○ | X

완전경쟁기업의 노동수요량은 명목임금(W)이 노동의 한계생산물가치(VMP_L)와 같은 수준에서 결정된다.

정답 0284 ○ 0285 X 0286 ○ 0287 ○

0288

생산물시장에서 독점기업인 A는 노동시장에서 수요독점자이다. 노동공급곡선이 $L=w$이고, 기업A의 노동의 한계수입생산물이 $MRP_L = 300-L$일 때, 임금은 100이다. O | X

수요독점의 한계수입생산곡선이 $MRP_L = 300-L$이고, 한계요소비용곡선은 노동공급곡선이 $w=L$이면, 노동공급곡선과 절편은 동일하고, 기울기는 2배이기에 $MFC_L = 2L$이다. $MRP_L = MFC_L$에서 $300-L = 2L$, $L = 100$이다. 그리고 임금은 노동공급곡선인 $w=L$에서 $L=100$일 때 $w=100$이다.

기본서 Chapter 19 | 고정생산요소의 가격결정이론

0289
기업 A의 수입에서 인건비가 차지하는 비율은 일정하다. 이 기업의 임금인상률은 '가격상승률 + 판매량증가율 - 고용증가율'이다. O | X

$w \times L = \alpha \times P \times Q$를 변화율로 바꾸면, $\dfrac{\Delta w}{w} + \dfrac{\Delta L}{L} = 0 + \dfrac{\Delta P}{P} + \dfrac{\Delta Q}{Q}$이다. 따라서 $\dfrac{\Delta w}{w} = \dfrac{\Delta P}{P} + \dfrac{\Delta Q}{Q} - \dfrac{\Delta L}{L}$이다.

0290
경제적지대란 현재 수입에서 이전수입을 뺀 것을 말한다. O | X

경제적지대란 현재 수입에서 이전수입을 뺀 것을 말한다.

0291
요소의 수요가 비탄력적일수록 경제지대(economic rent)는 작아진다. O | X

요소공급이 비탄력적일수록 이전수입이 감소하고, 경제적지대가 증가한다.

0292
생산요소시장이 완전경쟁적이면 경제적 지대는 발생하지 않는다. O | X

생산요소시장이 완전경쟁적이면 개별기업 직면 요소공급곡선은 수평선으로, 경제적지대는 발생하지 않는다.

0293
☐☐☐

소득불평등도를 나타내는 로렌츠곡선은 교차하지 않는다.   O | X

소득분배상태의 변화에 따라 로렌츠곡선은 서로 교차할 수도 있다.

0294
☐☐☐

인구수 1,000만 명인 국가 A에서 국민의 절반은 개인소득이 100달러이고, 나머지 절반은 개인소득이 200달러이다. 이 국가의 10분위분배율은 1이다.   O | X

국민이 10명일 때 국민의 절반이 개인소득이 100달러이고, 나머지 절반이 200달러인 경우, 100, 100, 100, 100, 100, 200, 200, 200, 200, 200달러라고 할 수 있다.

따라서 십분위분배율 $\left(= \dfrac{\text{하위 } 40\%\text{의 소득}}{\text{상위 } 20\%\text{의 소득}} = \dfrac{100+100+100+100}{200+200} \right)$은 1이 된다.

0295
☐☐☐

소득분위에 따라 5분위로 나눴을 때, 갑국의 2분위와 3분위의 소득 점유율이 각 15%로 동일하다면 갑국에서 각각 하위 25%와 하위 45%에 해당하는 사람의 소득은 같다.   O | X

갑국에서 하위 25%에 해당하는 사람은 2분위에 속하며 하위 45%에 해당하는 사람은 3분위에 속한다. 2분위와 3분위의 소득 점유율이 같다는 것은 2분위와 3분위에 속하는 모든 인구의 소득이 동일하다는 것을 의미한다. 따라서 갑국에서 각각 하위 25%와 하위 45%에 해당하는 사람의 소득은 같게 된다.

0296
☐☐☐

국민들이 모두 똑같은 소득을 얻을 경우 로렌츠곡선은 원점을 통과하는 대각선과 일치한다.   O | X

로렌츠곡선이 원점을 통과하는 대각선과 일치할 때, 국민들이 모두 똑같은 소득을 얻는다.

Part 1

2022 해커스공무원 局경제학 핵심 기출 OX 1592

정답   0293 X   0294 ○   0295 ○   0296 ○

0297
□□□

갑은 사과 하나를 더 얻기 위하여 3개의 오렌지를 포기할 의향이 있다. 을은 하나의 오렌지를 더 얻기 위하여 사과 1개를 포기할 의향이 있다. 갑이 오렌지 2개를 을에게 주고 을에게서 1개의 사과를 받았다면, 갑과 을의 효용이 모두 증가한다.　　　　O | X

갑이 사과 하나를 더 얻기 위하여 3개의 오렌지를 포기할 의향이 있다면, $MRS^{갑} = 3$이다. 乙이 하나의 오렌지를 더 얻기 위하여 사과 1개를 포기할 의향이 있다면, $MRS^{을} = 1$이다. 따라서 갑이 오렌지를 을에게 양도하고 사과를 받으면 효용증가로 현 상태가 개선될 수 있다.

0298
□□□

두 재화 맥주(B)와 커피(C)를 소비하는 두 명의 소비자 1과 2가 존재하는 순수교환경제를 가정한다. 소비자 1의 효용함수는 $U_1(B_1, C_1) = \min\{B_1, C_1\}$, 소비자 2의 효용함수는 $U_2(B_2, C_2) = B_2 + C_2$이고, 커피의 가격은 1이다. 일반균형에서 맥주의 가격은 1이다.　　　　O | X

소비자 2의 효용함수가 $U_2 = B_2 + C_2$이기에 무차별곡선은 기울기가 −1인 우하향의 직선이다. 즉, $MRS^2_{BC} = 1$이다. 일반균형은 예산선과 두 무차별곡선이 접하는 점에서 달성되기에 $MRS^1_{BC} = \dfrac{P_B}{P_C} = MRS^2_{BC}$를 충족한다. 즉, $P_C = 1$, $MRS^2_{BC} = 1$일 때, $MRS^1_{BC} = \dfrac{P_B}{P_C(=1)} = MRS^2_{BC}(=1)$에서 $P_B = 1$이다.

0299
□□□

X재와 Y재의 생산에 대한 에지워드상자 내 두 등량곡선이 접하는 점들과 생산가능곡선상의 점들은 모두 1:1 대응시킬 수 있다. 또한 이 점에서는 생산이 파레토효율적이다.　　　　O | X

X재와 Y재의 생산에 대한 에지워드상자 내 두 등량곡선이 접하는 점들은 모두 생산이 파레토효율적이며, 그와 대응되는 생산곡선상의 점들도 모두 생산의 파레토효율성을 만족한다.

0300
□□□

종합적인 산출물구성의 효율성은 생산과 교환의 효율성을 만족시키며, $MC_X MU_X = MC_Y MU_Y$가 성립된다.　　　　O | X

종합적인 산출물구성의 효율성이 달성되면 $MRS_{XY} = MRT_{XY}$이므로 $\dfrac{MU_X}{MU_Y} = \dfrac{MC_X}{MC_Y}$, $MU_X MC_Y = MU_Y MC_X$이다.

정답 　0297 ○　　0298 ○　　0299 ○　　0300 X

0301
□□□

사회후생이 가장 가난한 계층의 후생에 의해 결정된다는 것이 롤스(최소극대화) 사회후생함수이다. O | X

사회후생이 가장 가난한 계층의 후생에 의해 결정된다는 것이 롤스(최소극대화) 사회후생함수이다. '저소득계층의 경제적 상태를 진전시키지 않고는 사회후생의 증가를 기대할 수 없다.'는 롤스(J. Rawls)의 관점이다.

0302
□□□

롤스의 관점에서 소득분포 (2, 3)과 (7, 3)을 비교할 때 (2, 3)이 더 바람직하다고 판단한다. O | X

소득분포 (2, 3)과 (7, 3)을 비교할 때 롤스에 따르면 가장 가난한 사람의 소득이 각각 2와 3으로 (7, 3)이 더 바람직하다.

0303
□□□

차선이론에 의하면 모든 파레토효율성 조건이 충족되지 않는 상태에서 그 중 더 많은 효율성 조건을 충족한다 해서 사회적으로 더 바람직한 상태가 되는 것은 아니다. O | X

차선이론에 의하면 모든 파레토효율성 조건이 충족되지 않는 상태에서 그중 더 많은 효율성 조건을 충족한다 해서 사회적으로 더 바람직한 상태가 되는 것은 아니다.

0304
□□□

공리주의 사회후생함수는 $W = U_A + U_B$로, 사회후생은 $W = U_A + U_B$가 가장 클 때 극대화된다. O | X

공리주의 사회후생함수는 $W = U_A + U_B$로, 사회후생은 $W = U_A + U_B$가 가장 클 때 극대화된다.

0305
□□□

코즈정리에 따르면 거래비용의 크기에 관계 없이 재산권이 확립되어 있으면 당사자 간 자발적인 협상을 통하여 외부효과에 따른 시장실패를 해결할 수 있다. O | X

재산권이 확립되어 있더라도 거래비용이 너무 크면 협상이 곤란하다. 따라서 거래비용이 너무 크면 자발적인 협상을 통하여 외부효과에 따른 시장실패를 해결할 수 없다.

정답 0301 ○ 0302 X 0303 ○ 0304 ○ 0305 X

0306
□□□

$PMB = 600 - 15Q$이고, 단위당 외부한계편익은 150, 한계비용은 $MC = 15Q$일 때, 사회적 최적생산량을 달성하기 위한 피구보조금(Pigouvian subsidy)은 150이다. **O | X**

사회적잉여가 극대화되는 최적생산량은 $SMB = MC$에서 결정된다. 외부한계편익이 150이기에 $SMB = PMB + 150 = 750 - 15Q$이다. $SMB = 750 - 15Q$과 $MC = 15Q$이 일치할 때 최적 대학생 수는 $Q = 25$이다. 따라서 사회적 최적생산량 25에서 SMB와 PMB의 차이로 구할 수 있는 피구보조금은 $(750 - 15 \times 25) - (600 - 15 \times 25) = 150$이다.

0307
□□□

$PMC = Q + 30$이고, $SMC = Q + 30 + 2Q + 10 = 3Q + 40$이며, $P = 80 - Q$일 때 사회적 최적생산량을 달성하기 위해서 정부가 부과해야하는 종량세의 크기는 30이다. **O | X**

$PMC = Q + 30$이고 $SMC = Q + 30 + 2Q + 10 = 3Q + 40$이다. $P = 80 - Q$이기에 $P = PMC$에서 시장균형산출량은 25이고, $P = SMC$에서 사회적 최적산출량은 10이다. 따라서 사회적 최적산출량 10에서 SMC와 PMC의 차이는 $(3 \times 10 + 40) - (10 + 30) = 30$이다. 사회적 최적생산량을 달성하기 위해 정부가 부과해야 하는 종량세의 크기는 30이다.

0308
□□□

제철소의 비용함수는 $C_S(s, x) = s^2 - 10x + x^2$이며, 철강의 단위당 가격은 10이다. s는 철강 생산량, x는 공해물질 배출량을 나타낼 때, 공해물질 배출규제가 없는 경우 공해물질 배출량은 10이다. **O | X**

제철소의 이윤함수는 철강가격이 10이고, 제철소의 비용함수가 $C_S(s, x) = s^2 - 10x + x^2$이기에 제철소의 이윤함수는 $\pi = 10s - (s^2 - 10x + x^2)$이다. 공해물질 배출규제가 없는 경우, 제철소의 이윤함수를 공해물질 배출량인 x에 대해 미분하여 0으로 두면, $\frac{d\pi}{dx} = 10 - 2x = 0$, $x = 5$이다.

0309
□□□

민준과 서연에게 화단은 순수공공재이다. 화단으로부터 각자 10만 원에 상응하는 만족을 얻을 수 있고 화단을 만드는 비용은 12만 원이다. 한 사람만 찬성하면 혼자 12만 원을 지불하고 두 사람 모두 동의한다면 각각 6만 원씩 지불한다. 모두 반대하면 화단은 만들어지지 않는다. 이때 사적이익을 극대화하고자 한다면 두 사람 모두 화단을 만드는 것에 동의할 것이다.　　　O | X

민준과 서연의 보수행렬은 다음과 같다.

민준보수, 서연보수		서연	
		찬성	반대
민준	찬성	(4, 4)	(-2, 10)
	반대	(10, -2)	(0, 0)

따라서 내쉬균형은 (반대, 반대)가 된다. 두 사람의 우월전략은 모두 반대이기에, 사적이익을 극대화하고자 한다면 두 사람 모두 화단을 만드는 것에 동의하지 않을 것이다.

0310
□□□

세 사람 A, B, C로 이루어진 어떤 경제에서 공공재에 대한 세 사람의 수요함수는가 각각 $Q_A = 10 - P_A$, $Q_B = 10 - \frac{1}{3}P_B$, $Q_C = 5 - \frac{1}{2}P_C$이며, 공공재의 한계비용은 20으로 일정할 때, 사회적 후생을 극대화시키는 공공재 생산량은 5이다.　　　O | X

각 수요함수를 P에 대해 정리하면 $P_A = 10 - Q_A$, $P_B = 30 - 3Q_B$, $P_C = 10 - 2Q_C$이다. 개별수요곡선을 수직으로 합하여 도출한 공공재의 시장수요곡선은 $P = 50 - 6Q$이다. 공공재의 적정공급조건은 $P = MC$에 따라 $50 - 6Q$와 한계비용 20이 만나는 $Q = 5$이다.

0311
□□□

A와 B 두 사람으로 이루어진 어느 어떤 경제에서 A의 수요곡선은 $P_A = 10 - Q$, B의 수요곡선은 $P_B = 10 - \frac{1}{2}Q$, 한계비용은 5로 일정할 때, 사회적으로 최적인 공공재 수량은 10이다.　　　O | X

공공재의 시장수요곡선은 개별수요곡선을 수직으로 합하여 도출한다. $P_A = 10 - Q$, $P_B = 10 - (1/2)Q$이기에 공공재의 시장수요곡선은 $P = 20 - (3/2)Q$이다. 공공재의 적정공급조건은 $P = MC$에 따라 $P = 20 - (3/2)Q$와 한계비용 5가 만나는 $Q = 10$이다.

정답 0309 X　0310 O　0311 O

0312 □□□

갑, 을, 병, 정으로만 이루어진 경제가 있다. 1단위당 한계생산비용이 10이라면 적정 공공재 공급량은 9단위이다.

단위가격	공공재수요량			
	갑	을	병	정
1	11	11	20	10
2	9	10	13	9
3	8	9	9	8

O | X

9단위의 공공재가 공급될 때 갑과 정이 지불할 용의가 있는 금액은 각각 2이고, 을과 병이 지불할 용의가 있는 금액은 각각 3이다. 따라서 갑, 을, 병, 정 네 사람의 사적 한계편익을 합친 사회적 한계편익은 10이다. 9단위의 공공재가 공급될 때 사회적 한계편익 10과 한계비용 10이 일치하기에 공공재의 적정공급조건은 9단위이다.

기본서 Chapter 25 | 정보경제학

0313 □□□

중고차 시장에서 품질에 대한 정보의 비대칭성이 존재하는 경우, 보증(warranty)과 같은 신호발송(sig-naling)을 통해 정보의 비대칭으로 인한 문제를 완화할 수 있다. O | X

중고차시장에서 정보의 비대칭성이 존재하는 경우에는 좋은 품질의 차가 중고차시장에서 사라지는 역선택 현상이 발생할 수 있다. 중고차 시장의 역선택은 보증(warranty)과 같은 신호발송으로 해결 가능하다.

0314 □□□

운전보험에 가입하면 과속을 하게 되는 건 역선택의 예시이다. O | X

운전보험에 가입하면 과속을 하게 되는 것은 계약체결 이후의 바람직하지 못한 행동의 문제로 도덕적 해이를 초래한다.

0315

☐☐☐

중고 노트북 컴퓨터 시장의 전체 중고 노트북 중 고품질과 저품질의 비율은 8:2이고 판매자만이 중고 노트북의 품질을 알고 있다.

유형	판매자의 최소요구금액	구매자의 최대지불용의금액
고품질	55만 원	60만 원
저품질	20만 원	10만 원

이러한 정보를 판매자와 구매자 모두가 알고 있다면, 시장에는 저품질 노트북만 거래된다.

O | X

구매자가 노트북에 대해 지불할 용의가 있는 금액은 50만 원[= (0.8×60만 원) + (0.2×10만 원)]인데, 고품질을 가진 판매자의 최소요구금액이 55만 원이라면 고품질을 가진 판매자는 시장에서 사라지게 될 것이다. 이 경우에는 저품질의 노트북만 시장에 남게 된다. 저품질의 노트북만 남게 될 경우 구매자의 최대지불용의금액은 10만 원인데 비해, 판매자의 최소요구금액은 20만 원이므로 거래가 이루어질 수 없다.

0316

☐☐☐

중고차 시장의 전체 중고차 중 고품질과 저품질의 비율은 2:8이고 판매자만이 중고차의 품질을 알고 있다.

유형	판매자의 최소요구금액	구매자의 최대지불용의금액
고품질	1,000만 원	1,400만 원
저품질	600만 원	800만 원

이러한 정보를 판매자와 구매자 모두가 알고 있다면, 시장에는 저품질 중고차만 거래된다.

O | X

소비자가 지불할 용의가 있는 금액은 $600p + 800$만 원에서 $p = 0.2$일 때, 920만 원이다. 즉, 저품질 중고차 소유자만 자동차를 판매할 것이다. 따라서 $p = 0.2$일 때는 저품질의 중고차만 거래될 것이다.

기본서 Chapter 26 **거시경제학 개관**

0317

☐☐☐

폐쇄경제하에서 소비(C)는 감소하고 정부지출(G)은 증가할 경우 민간저축은 감소하고 정부저축은 증가한다.

O | X

민간저축= $Y - T - C$, 정부저축= $T - G$에서 소비(C)가 감소하면 민간저축은 증가하고, 정부지출(G)이 증가하면 정부저축은 감소한다.

정답 0315 X   0316 ○   0317 X

0318
□□□

개방경제인 A국의 $GDP(Y)$는 100, 소비(C)는 $0.7Y$, 투자 (I)는 $I=30-2r$이다. r이 5일 경우, A국의 순수출은 10이다(단, A국의 경제는 균형상태이며, 정부부문은 고려하지 않고 r은 이자율이다).　O | X

$Y=100$을 소비함수에 대입하면 $C=70$이고, $r=5$를 투자함수에 대입하면 $I=20$이다. GDP항등식에 문제에 주어진 수치를 대입하면 순수출은 10으로 계산된다. 즉, $Y=C+I+(X-M)$, $100=70+20+(X-M)$, $(X-M)=10$이다.

0319
□□□

폐쇄경제인 A국가의 GDP는 12이고, 민간소비는 7이며, 조세는 3, 정부의 재정적자는 1이다. 이 경우 국민 (national)저축은 1이다.　O | X

민간저축은 $S_P=Y-T-C=12-3-7=2$이고, 재정적자가 1이기에 정부저축은 $(T-G)=-1$이다. 따라서 민간저축과 정부저축을 합한 국민저축은 1이 된다.

0320
□□□

A국 민간저축이 400억 원이나 총저축은 330억 원이다. 민간소비지출이 800억 원, 조세수입이 50억, 당해 연도 순해외자산이 50억 원 감소하였다면 A국의 GDP는 1,000억원이다.　O | X

민간저축이 400억이나 총저축은 330억이기에 정부저축은 −70억이다. 조세수입 T가 50억으로 $T-G=-70$억에서 정부지출은 120억이다. 순해외자산이 50억 감소하였다면 경상수지가 적자로 $X-M=-50$억이다. $S_P+S_G=I+X-M$에서 총저축이 330억이고 경상수지는 −50억이기에 총투자는 $330+50=380$억이다. 민간소비지출은 800억이다. 따라서 $Y=C+I+G+X-M=800+380+120-50=1,250$억이다.

기본서 Chapter 27 국민소득론

0321
□□□

폐쇄경제인 A국가의 조세가 5,000, 민간투자가 11,000, 민간소비가 50,000, 재정적자가 1,000일 때, 거시 GDP는 67,000이다.　O | X

조세는 $T=5,000$이고, 재정적자가 $T-G=-1,000$이기에 정부지출은 $G=6,000$이다. GDP는 $Y=C+I+G=50,000+11,000+6,000=67,000$이다.

0322
☐☐☐

배추와 김치 두 재화만 생산하는 국가가 있다. 이때 노동소득분배율은 70%이다.

구분	배추회사	김치회사
중간투입물 비용	0	150
임금	100	250
생산물 가치	150	500

O | X

이 국가의 GDP는 배추회사의 부가가치(150)와 김치회사의 부가가치(350)의 합인 500이다. 이 국가의 임금은 배추회사의 임금(100)과 김치회사의 임금(250)의 합인 350이다. 따라서 노동소득분배율은 $GDP(500)$에서 임금(350)이 차지하는 비율로 70%이다.

0323
☐☐☐

2010년도 실제실업률은 5%, 자연실업률은 4%였다. 2010년 잠재 GDP가 1,100조 원이었다면, 실제 GDP는 1,100조 원보다 크다. O | X

2010년도에는 실제실업률(5)이 자연실업률(4)보다 높기에 경기침체 상태로 실제 GDP는 잠재 GDP인 1,100조 원보다 작다.

0324
☐☐☐

A국은 사과와 딸기 두 재화만을 생산하며, 기준년도가 2013년일 때 2014년의 GDP디플레이터는 110이다.

연도	사과		딸기	
	생산량	가격	생산량	가격
2013	10	1	5	2
2014	8	2	6	1

O | X

2014년의 명목 GDP는 $(2\times8+1\times6=)22$이다. 2014년의 실질 GDP는 $(1\times8+2\times6=)20$이다. 2014년의 GDP디플레이터는 $(22/20\times100=)110$이다.

기본서 Chapter 28 **고전학파의 국민소득결정이론**

0325
☐☐☐

소비를 $C=1,000-2,000r+0.7(Y-T)$, 투자를 $I=3,000-3,000r$로 나타낼 수 있다. 완전고용산출량 $(\overline{Y})$은 12,000이며, 정부지출(G)과 조세(T)는 2,000으로 같을 때, 장기이자율 수준은 0.1이다. O | X

균형식 $Y=C+I+G$에서 $Y=1,000-2,000r+0.7(Y-2,000)+3,000-3,000r+2,000$, $0.3Y=4,600-5,000r$이다. 장기이자율은 완전고용산출량$(\overline{Y})$수준에서 산출되기에, $Y=12,000$을 대입하면 $3,600=4,600-5,000r$, $5,000r=1,000$, $r=0.2$이다.

정답   0322 ○   0323 X   0324 ○   0325 X

0326
☐☐☐

폐쇄경제인 A국의 국민소득(Y)이 5,000이고 정부지출(G)이 1,000이며 소비(C)와 투자(I)가 각각 $C = 3,000 - 50r$, $I = 2,000 - 150r$로 주어졌다. 총저축은 민간저축과 정부저축의 합일 때, 균형상태에서의 총저축은 1,500이다. O | X

GDP항등식 $Y = C + I + G$에서 $5,000 = 3,000 - 50r + 2,000 - 150r + 1,000, 200r = 1,000$이기에 $r = 5$이다. 균형상태에서의 총저축은 총투자로 구할 수 있기에, $r = 5$를 투자함수에 대입하면 $I = 1,250$이다. 따라서 총저축도 1,250이다.

0327
☐☐☐

총저축이 민간투자와 일치할 때, 민간저축과 민간투자의 차이는 순수출과 정부저축의 차이와 같다. O | X

개방경제에서 총저축이 민간투자와 일치한다면, $S_P + (T - G) + (X - M) = I$이다. 이를 정리하면 $S_P - I = (X - M) - (T - G)$으로, 민간저축과 민간투자의 차이는 순수출과 정부저축의 차이와 같다.

0328
☐☐☐

실질 국내총생산이 1,000이고, 국외순수취요소소득이 200이다. 교역조건변화에 따른 실질무역손익은 0으로 두면 실질국민총소득은 1,200이다. O | X

'실질 GNI = 실질 GDP + 교역조건변화에 따른 실질무역손익 + 해외순수취요소소득'에서, 교역조건변화에 따른 실질무역손익은 0으로 두면 실질 GDP = 1,000, 해외순수취요소소득 = 200이기에 실질 GNI = 1,200이다.

기본서 Chapter 29 **케인즈의 국민소득결정이론**

0329
☐☐☐

폐쇄경제의 조세승수의 절댓값이 정부지출승수의 절댓값보다 작은 이유는 조세감소분 중 일부분이 가계저축으로 전환되기 때문이다. O | X

동일한 크기의 조세삭감과 정부지출증가에 대해 조세승수의 절댓값($\frac{c}{1-c}$)이 정부지출승수의 절댓값($\frac{1}{1-c}$)보다 작은 이유는 조세감소분 중 일부분이 가계저축으로 전환되기 때문이다.

0330
□□□

한계소비성향이 $c=0.8$, 비례세의 세율이 $t=0.25$, 한계수입성향이 $m=0.1$, 유발투자계수가 $i=0.1$이다. 정부지출과 수출은 외생적으로 주어진다. 이 경제에서 수출 1단위가 외생적으로 증가할 때 국민소득증가분은 2.5이다. O | X

한계소비성향 $c=0.8$, 비례세의 세율 $t=0.25$, 한계수입성향 $m=0.1$, 유발투자계수 $i=0.1$이므로 수출승수 $\dfrac{dY}{dX}=\dfrac{1}{1-c(1-t)-i+m}=\dfrac{1}{1-0.8(1-0.25)-0.1+0.1}=\dfrac{1}{0.4}=2.5$ 이다. 따라서 수출 1단위가 외생적으로 증가하면 국민소득은 2.5단위 증가한다.

0331
□□□

$Y=C+I+G+NX$, $C=10+0.8(Y-T)$, $T=5+0.25Y$, $I=I_0$, $G=G_0$, $NX=NX_0$일 때, 순수출의 증가분이 100일 경우 소비의 증가분은 150이다(단, $Y=$국민소득, $C=$소비, $T=$조세, $I=$투자, G =정부지출, $NX=$순수출이다). O | X

한계소비성향이 0.8이고 비례세의 세율 $t=0.25$이므로 순수출 승수 $\dfrac{dY}{dNX}=\dfrac{1}{1-c(1-t)}=\dfrac{1}{1-0.8(1-0.25)}$ $=2.5$이다. 승수가 2.5이므로 순수출이 100만큼 증가하면 국민소득이 250만큼 증가한다. 소비함수가 $C=10$ $+0.8(Y-T)=10+0.8(Y-5-0.25Y)=6+0.6Y$이므로 국민소득이 250만큼 증가하면 소비는 $150(=0.6$ $\times250)$만큼 증가한다.

0332
□□□

$Y=C+I+G+(X-M)$일 때, 소비는 $C=C_0+0.7Y_d$, 가처분소득은 $Y_d=Y-T$, 조세는 $T=T_0+0.2Y$, 수입은 $M=M_0+0.06Y$으로 나타낼 수 있다. 투자와 정부지출, 수출은 독립변수일 때, 균형재정승수는 1 이다. O | X

한계소비성향 $c=0.7$, 비례세의 세율 $t=0.2$, 한계수입성향 $m=0.06$, 유발투자계수 이므로 $\dfrac{1-c}{1-c(1-t)+m}=$ $\dfrac{1-0.7}{1-0.7(1-0.2)+0.06}=\dfrac{0.3}{0.5}=0.6$이다. 따라서, 균형재정승수는 0.6이다.

기본서 Chapter 30 | 소비함수론

0333
□□□

기간 간 소비선택 모형에서 차입자의 경우 이자율이 상승하면 현재소비와 미래소비 모두 감소한다. O | X

차입자의 경우 이자율이 상승할 때 현재소비는 대체효과와 소득효과에 따라 모두 감소하나, 미래소비는 대체효과에 따르면 증가하나 소득효과에 따르면 감소하기에 증감 유무는 불분명하게 된다.

0334
□□□

생애주기가설에 따르면, 미래의 소득증가가 예상되면 현재소비가 증가하나 차입제약이 있다면 현재의 (가처분)소득에 의해 영향을 많이 받기에 그렇지 않을 때보다 현재소비가 더 적게 증가할 수 있다. O | X

생애주기가설에 따르면, 미래의 소득증가가 예상되면 현재소비가 증가하나 차입제약이 있다면 현재의 (가처분)소득에 의해 영향을 많이 받기에 그렇지 않을 때보다 현재소비가 더 적게 증가할 수 있다.

0335
□□□

절대소득가설에 의하면, 현재의 소비는 현재의 소득에 의존하며, 늘어난 소득이 소비를 증가시키지만 소비의 증가는 소득의 증가보다 크다. O | X

절대소득가설에 의하면, 현재의 소비는 현재의 소득에 의존한다. 또한, 소비함수의 접선의 기울기인 한계소비성향이 1보다 작기 때문에 소비의 증가는 소득의 증가보다 작다.

0336
□□□

A는 항상소득가설을 따르며, 소비함수는 $C_t = 0.5Y_t^P$, $Y_t^P = 0.5Y_t + 0.3Y_{t-1}$이며, 소득은 t기에 120, $t-1$기에 80이다. 이때, A의 $\dfrac{C_t}{Y_t}$는 0.35이다(단, C_t는 t기의 소비, Y_t^P는 t기의 항상소득, Y_t는 t기의 소득이다). O | X

A의 t기 소득은 $Y_t = 120$이고, $(t-1)$기 소득은 $Y_{t-1} = 80$이기에 t기의 항상소득은 $Y_t^P = (0.5 \times 120) + (0.3 \times 80) = 84$이다. $Y_t^P = 84$를 $C_t = 0.5Y_t^P$에 대입하면 이씨의 t기 소비는 42이다. 이씨의 t기 소득이 120이고, t기의 소비가 42이기에 t기의 평균소비성향은 $\dfrac{C_t}{Y_t} = 0.35$이다.

기본서 Chapter 31 | 투자함수론

0337
□□□

거시경제에 주식가격이 하락하고 미래 불확실성이 증가한다. 이때 예비적 저축가설에 의하면 현재 소비가 감소한다. O | X

예비적 저축가설에 의하면, 주식가격 하락과 미래 불확실성의 증가는 미래를 대비하기 위한 예비적 저축증가와 현재 소비감소를 초래한다.

0338
□□□

甲기업이 새로운 투자프로젝트 비용으로 현재 150원을 지출하였다. 1년 후 120원, 2년 후 144원의 수익을 얻을 수 있다. 연간 시장이자율(할인율)이 20%일 때, 이 투자프로젝트의 순현재가치(Net Present Value)는 50원이다.　O | X

이자율이 20%이고, 투자안의 1년 뒤의 수익이 120원, 2년 뒤의 수익이 144원이므로 투자안의 현재가치는 200원이다.

$$PV = \frac{120}{(1+0.2)} + \frac{144}{(1+0.2)^2} = 100 + 100 = 200$$

투자비용이 150원이고, 투자안의 현재가치가 200원이기에 현재가치에서 투자비용을 차감한 순현재가치는 50원이다.

0339
□□□

채권의 만기가 길어질수록 수익률이 높아진다고 할 때, 단기이자율이 미래에 상승할 것으로 기대된다.　O | X

만기가 긴 채권일수록 수익률이 높아진다는 것은 미래에 단기이자율이 상승할 것임을 뜻한다.

0340
□□□

재고소진 기피(stock - out avoidance) 모형에 의하면 수요증가 가능성이 커질수록 재고보유 동기는 감소한다.　O | X

재고소진 기피(stock - out avoidance) 모형에 의하면, 예상치 못한 수요대비를 위해 재고보유 동기는 증가한다.

기본서 Chapter 32 | 화폐수요이론

0341
□□□

명목 화폐수요에서 신용카드 사용금액이 증가하면 거래적동기에 의해 화폐수요가 증가한다.　O | X

신용카드 사용금액이 증가하면 화폐가 그만큼 덜 필요하기에 화폐수요가 감소한다.

0342
☐☐☐
甲국의 화폐유통속도가 乙국의 화폐유통속도보다 크고 양국의 중앙은행이 각각 통화량을 5% 증가시켰다. 甲국과 乙국에서 화폐수량설이 독립적으로 성립할 때, 甲국과 乙국의 명목산출량은 각각 5% 증가한다. (단, 화폐유통속도는 일정하다.) O | X

화폐수량방정식인 $MV = PY$에서 화폐유통속도(V)가 일정하기에 통화량(M)과 명목산출량($= PY$)은 정비례 관계이다. 따라서 양국의 통화량이 5% 증가하면 각각 명목산출량($= PY$)도 5% 증가한다.

0343
☐☐☐
A국의 국민들은 오직 보몰 – 토빈(Baumol – Tobin)의 화폐재고관리모형에 의해서만 화폐수요를 결정한다. 이때 A국에서는, 화폐는 무위험자산이니 수익성 있는 증권(채권)과 적당히 나눠서 자산을 선택할 수 있다. O | X

보몰 – 토빈모형은 자산이 아닌 거래적동기에 의한 화폐수요로 소득의 증가함수이고, 이자율의 감소함수이다.

0344
☐☐☐
화폐수량설에 의하면 GDP디플레이터의 상승률이 2.2%, 실질 GDP 성장률이 2.8%, 그리고 M 증가율이 7.8%인 경우 화폐유통속도 변화율은 −2.8%이다. O | X

일반적인 교환방정식 $MV = PY$를 변형하면, $\frac{\triangle M}{M} + \frac{\triangle V}{V} = \frac{\triangle P}{P} + \frac{\triangle Y}{Y}$ 이기에, $\frac{\triangle M}{M}(7.8\%) + \frac{\triangle V}{V} = \frac{\triangle P}{P}(2.2\%) + \frac{\triangle Y}{Y}(2.8\%)$ 에서 $\frac{\triangle V}{V} = -2.8\%$ 이다.

기본서 Chapter 33 │ 화폐공급이론

0345
☐☐☐
민간은 현금통화만 보유하며 요구불예금만 존재하고 은행조직 밖으로의 현금 누출은 없다. 예금은행은 초과지급준비금 없이 법정지급준비금만 보유한다. 본원통화는 100만큼 공급되었다. 이때 지급준비율이 5%이면 창출되는 통화량은 1,000이다. O | X

은행의 현금통화비율(c)이 0이고, 실제지급준비율(z)이 5%이면 통화승수($= 1/[c + z(1-c)]$)가 20이기에 100의 본원통화가 공급되면 2,000만큼 통화량이 증가한다.

0346
☐☐☐
개인이 은행에 예금을 할 때는 통화량에 아무런 변화를 주지 않으나, 은행이 개인에 대출을 할 때는 대출금만큼 통화량이 증가한다. O | X

개인의 은행예금은 현금통화가 감소하고, 동액의 예금통화가 증가하기에 개인의 은행예금은 통화량에 아무런 변화를 가져오지 않는다. 그러나 은행의 타인대출은 그만큼 현금통화가 증가한다.

정답 0342 ○   0343 X   0344 ○   0345 X   0346 ○

0347
□□□

어떤 실질이자율 수준에서 국민저축이 50, 국내총투자가 40, 그리고 순자본유출이 20이라고 한다면, 대부자금시장에서 실질이자율이 하락할 것이다. O | X

국민저축 50은 대부자금의 공급이다. 국내총투자 40과 순자본유출 20의 합인 60은 대부자금의 수요이다. 따라서 대부자금시장에서 대부자금의 공급보다 대부자금의 수요가 많은 초과수요 상태로 실질이자율이 상승하게 된다.

0348
□□□

통화량에서 현금통화가 차지하는 비율이 20%이고, 법정지급준비율이 18%, 초과지급준비율이 2%이다. 은행의 지급준비금이 200만 원이라면 통화량은 1,250만 원이다(단, 민간경제주체들은 현금을 제외한 나머지는 모두 요구불예금으로 보유한다). O | X

실제지급준비율 = 법정지급준비율(18%) + 초과지급준비율(2%) = 20%이다. 실제지급준비율(20%) = [지급준비금(200만 원)/예금통화] × 100에서 예금통화 = 1,000만 원이다. 현금통화비율(0.2) = (현금통화/통화량) × 100 = [현금통화/(현금통화 + 예금통화) × 100]에서 예금통화가 1,000만 원일 때, 현금통화는 250만 원이다. 통화량 = 현금통화(250만 원) + 예금통화(1,000만 원) = 1,250만 원이다.

기본서 Chapter 34 | 생산물시장의 균형

0349
□□□

해외교역국의 한계수입성향이 커질수록 IS곡선의 기울기는 완만해진다. O | X

해외교역국의 한계수입성향이 커질수록 자국의 수출이 증가하기에 IS곡선은 우측으로 이동한다.

0350
□□□

폐쇄경쟁의 IS곡선이 $r = 5 - 0.1Y$, LM곡선이 $r = 0.1Y$이다. 현재 경제상태가 국민소득은 30이고 이자율이 2.5라면, 상품시장은 초과공급이고 화폐시장은 초과수요이다. O | X

IS곡선과 LM곡선을 연립하면 $5 - 0.1Y = 0.1Y$에서 $Y = 25$이고, $r = 2.5$이다.
국민소득이 30, 이자율이 2.5인 현재 상태를 A점이라 하면, A점은 IS곡선 상방으로 상품시장이 초과공급이고, LM곡선이 하방으로 화폐시장이 초과수요이다.

0351
□□□

$IS - LM$모형에서 이자율이 하락하면 IS곡선이 우측으로 이동한다. O | X

이자율의 하락으로 투자가 증가하면 국민소득이 증가한다. 따라서 IS곡선상에서 우하방의 점으로 이동한다.

정답 0347 X 0348 ○ 0349 X 0350 ○ 0351 X

0352
□□□

케인즈 단순모형경제에서 $Y = C + I + G$, 독립투자는 $I = 1,000$, 정부지출은 $G = 1,000$, 소비는 $C = 250 + 0.75Y$로 나타난다. 이때 정부지출 G에 따른 구축효과는 -1이다.   O | X

케인즈 단순모형에서는 확장재정정책을 실시하더라도 구축효과가 발생하지 않는다. 즉, 구축효과가 0이다.

기본서 Chapter 35 | 화폐시장의 균형

0353
□□□

금융당국이 인플레이션에 비례하여 목표이자율이 설정되는 준칙을 채택하고 있다. 이 경우 금융시장의 균형을 나타내는 LM곡선은 목표이자율 수준에서 수평이다.   O | X

이자율을 일정하게 유지하면, LM곡선은 중앙은행의 목표이자율 수준에서 수평선이 된다.

0354
□□□

국민소득결정에 관한 $IS - LM$모형이 아래와 같을 때 균형국민소득은 1,500이다.   O | X

소비지출: $C = 0.8(Y - T) + 120$	투자지출: $I = 260 - 20R$
정부지출: $G = 100$	조 세: $T = 100$
물가수준: $P = 100$	화폐공급: $M^S = 25,000$
화폐수요: $\dfrac{M^d}{P} = 100 + 0.2Y - 30R$	
(단, Y은 국민소득, R은 이자율을 나타냄.)	

IS곡선은 $Y = C + I + G = 0.8(Y - 100) + 120 + 260 - 20R + 100$에서, $0.2Y = 400 - 20R$로 $Y = 2,000 - 100R$이다. LM곡선은 $\dfrac{M^d}{P} = \dfrac{M^s}{P}$, $100 + 0.2Y - 30R = 250$에서 $0.2Y = 150 + 30R$로 $Y = 750 + 150R$이다. IS곡선과 LM곡선이 만날 때, $2,000 - 100R = 750 + 150R$에서 균형이자율은 $R = 5$이고, 균형국민소득은 $Y = 1,500$이다.

0355
□□□

개방경제의 IS곡선은 폐쇄경제에 비해 실질환율 변화에 의해 영향을 덜 받는다.   O | X

폐쇄경제와 달리 개방경제에서는 실질환율이 변하면 수출입이 변하기에 IS곡선이 실질환율 변화에 의해 영향을 받게 된다.

정답 0352 X   0353 ○   0354 ○   0355 X

0356
□□□
폐쇄경제 $IS-LM$ 모형에서 경제는 균형을 이루고 있고, 현재 실질화폐공급량(M/P)은 2이다. IS곡선이 $r=4-0.05\,Y$, 실질화폐수요함수가 $\dfrac{M^d}{P}=0.15\,Y-r$일 때, 균형국민소득은 15이다.　O｜X

IS곡선은 $r=4-0.05\,Y$, LM곡선은 $\dfrac{M^s}{P}=\dfrac{M^d}{P}$에서 $2=0.15\,Y-r$이기에 $r=-2+0.15\,Y$이다. IS곡선과 LM곡선이 만날 때, $4-0.05\,Y=-2+0.15\,Y$에서 균형국민소득은 $Y=30$이고, 균형이자율은 $r=2.5$이다.

기본서 Chapter 36 **수요측면의 균형**

0357
□□□
우하향하는 총수요곡선을 오른쪽으로 이동시키는 요인은, 가계의 소비성향의 증가, 기업의 독립투자증가, 통화량증가이다.　O｜X

- 소비성향이 증가하면 소비가 증가하여 총수요곡선을 오른쪽으로 이동시킨다.
- 민간투자가 증가하면 총수요곡선을 오른쪽으로 이동시킨다.
- 통화량 증대로 인한 이자율의 감소로 민간투자가 증가하면 총수요곡선을 오른쪽으로 이동시킨다.

0358
□□□
A국의 민간소비가 $C=2+0.5\,Y$, 투자가 $I=2-r$, 독립정부지출이 $G=3$, 실질화폐수요가 $\dfrac{M^D}{P}=4+0.5\,Y-r$, 명목화폐공급이 $M^s=3$이다. 이때 총수요곡선은 $Y=3+\dfrac{3}{P}$이다.　O｜X

IS곡선은 $Y=C+I+G=2+0.5\,Y+2-r+3$에서, $0.5\,Y=7-r$로 $r=7-0.5\,Y$이다. LM곡선은 $\dfrac{M^d}{P}=\dfrac{M^s}{P}$, $4+0.5\,Y-r=\dfrac{3}{P}$에서 $r=4-\dfrac{3}{P}+0.5\,Y$이다. IS곡선과 LM곡선이 만날 때, $7-0.5\,Y=4-\dfrac{3}{P}+0.5\,Y$에서 $Y=3+\dfrac{3}{P}$이다.

0359
□□□
자율주행 자동차 개발지원 정책으로 투자지출이 증가하면 총수요곡선을 오른쪽으로 이동시킨다.　O｜X

자율주행 자동차 개발지원 정책으로 투자지출이 증가하면 총수요곡선을 오른쪽으로 이동시킨다.
주식가격이 상승하여 실질자산가치가 증가하고 소비지출이 증가하면 총수요곡선을 오른쪽으로 이동시킨다.

Part 1

2022 해커스공무원 局경제학 핵심 기출 OX 1592

정답 0356 X　0357 ○　0358 ○　0359 ○

0360

어느 폐쇄경제에서 IS곡선은 $r = 17 - 0.01Y$, LM곡선이 $r = -(\pi^e + 5) + 0.01Y$일 때, 기대인플레이션이 0%에서 -1%로 변화할 경우 LM곡선이 상방이동하며 실질이자율이 상승한다(단, Y, r, π^e는 각각 총수요, 실질이자율, 기대인플레이션을 나타낸다). O | X

LM곡선이 $r = -(\pi^e + 5) + 0.01Y$이기에 기대인플레이션율(π^e)이 0%에서 -1%로 변화할 경우, LM곡선은 $r = -5 + 0.01Y$에서 $r = -4 + 0.01Y$로 이동한다. 즉, LM곡선이 상방으로 이동한다. 기대인플레이션율이 0일 때, IS곡선 $r = 17 - 0.01Y$와 LM곡선 $r = -5 + 0.01Y$를 연립하면 $r = 6\%$이다. 기대인플레이션율이 -1%일 때, IS곡선 $r = 17 - 0.01Y$와 LM곡선 $r = -4 + 0.01Y$를 연립하면 $r = 6.5\%$이다. 따라서, 실질이자율이 상승하였다.

기본서 Chapter 37 공급측면의 균형

0361

거시경제에서 상대가격 변화에 관한 일시적 착각은 단기총공급곡선을 우측으로 이동시킨다. O | X

루카스의 불완전정보모형에 의하면 상대가격 변화에 관한 일시적 착각은 단기총공급곡선이 우상향하게 되는 요인이다.

0362

총공급곡선이 $Y = \overline{Y} + \alpha(P - P^e)$인 합리적 기대를 가정하는 경제가 현재 장기균형상태에 있다. 물가예상이 합리적으로 형성되고 통화량감소가 미리 예측된다면 중앙은행이 통화량을 감소시킬 경우, 물가는 즉시 감소하고 실질GDP는 원래 수준을 유지한다. O | X

통화량이 감소하면 총수요곡선이 왼쪽으로 이동한다. 총수요곡선이 왼쪽으로 이동하면 실질GDP는 잠재GDP에 미달하기에 실업이 발생한다. 실업발생 시 정부가 개입하지 않는다면 임금이 하락하여 단기총공급곡선이 하방으로 이동한다. 따라서 물가는 즉시 감소하고 실질GDP는 원래 수준을 유지한다.

0363

장기 총공급곡선은 예상물가수준이 하락하면, 오른쪽으로 이동한다. O | X

장기 총공급곡선은 잠재GDP수준에서 수직선이기에 예상물가수준의 변화는 장기 총공급곡선에 아무런 영향을 미치지 않는다.

정답 0360 ○   0361 X   0362 ○   0363 X

0364
□□□

불완전 정보모형에 따르면, 물가가 상승하면 자기 상품의 상대 가격이 상승하였다고 오인하는 불완전정보로 기업들이 생산량을 증가시킨다. O | X

불완전 정보모형에 따르면, 물가가 상승하면 자기 상품의 상대가격이 상승하였다고 오인하는 불완전정보로 기업들이 생산을 증가시킨다. 이를 통해 총공급곡선이 우상향하는 이유를 설명할 수 있다.

기본서 Chapter 38 | 거시경제의 일반균형

0365
□□□

$AD-AS$(총수요 - 총공급)모형에 기초할 때 확장적인 통화정책은 단기에 균형산출량을 늘릴 뿐만 아니라 자연산출량 수준을 상승시킬 수 있다. O | X

확장적인 통화정책을 실시하면 총수요곡선이 오른쪽으로 이동하기에 단기에는 균형산출량이 증가한다. 그러나 장기총공급곡선은 자연산출량 수준에서 수직선이기에 자연산출량은 변하지 않는다.

0366
□□□

총수요 $Y=300+10(M/P)$과 단기총공급 $Y=500+(P-P^e)$인 경제에서 통화량이 1,260이라면 장기균형에서 물가는 63이다. O | X

총수요곡선은 $Y=300+10(M/P)$에서 $Y=300+10(1,260/P)$이다. 장기에는 실제물가와 예상물가가 일치하여 $P=P^e$이기에 장기총공급곡선은 $Y=500+(P-P^e)$에서 $Y=500$으로 수직선의 형태이다. 따라서 $Y=500$, $M=1,260$을 총수요곡선 $Y=300+10(1,260/P)$에 대입하면 $500=300+10(1,260/P)$에서 $20P=1,260$이다. 즉, $P=63$으로 장기균형 물가는 $P=63$이다.

0367
□□□

실제 GDP가 잠재 GDP에 미달하는 경기침체 상황에서 경기당국은 공개시장 매각, 재할인율 인상 등의 확장적 금융정책을 실시하며, 이를 통해 총수요곡선이 우측으로 이동한다. O | X

실제 GDP가 잠재 GDP에 미달하는 경기침체 상황에서 경기당국은 공개시장 매입, 재할인율 인하 등의 확장적 금융정책을 실시하며, 이를 통해 총수요곡선이 우측으로 이동한다.

정답 0364 ○   0365 X   0366 ○   0367 X

0368
□□□

고전학파 모형에서 $Y = C + I + G$, $C = 100 + 0.7(Y - T)$, $I = 1,000 - 50r$, $Y = 5,000$으로 주어져있다. 정부가 조세를 100억 원 증가시켰을 때, 투자는 70억 원 증가한다. O | X

조세가 100억 원 증가하면 공공저축($T - G$)은 100억 원 증가하고, 민간의 가처분소득($Y - T$)은 100억 원 감소한다. 한계소비성향이 0.7, 한계저축성향이 0.3이기에 가처분소득이 100억 원 감소하면 민간소비는 70억 원 감소하고 개인저축은 30억 원 감소한다. $Y = C + I + G$에서 $(Y - T - C) + (T - G) = I$이기에 개인저축이 30억 원 감소하고 공공저축($T - G$)이 100억 원 증가할 때 민간투자는 70억 원 증가한다.

기본서 Chapter 39 | 개방경제의 일반균형

0369
□□□

국제경제는 중간재가 존재할 경우 요소집약도가 변하지 않더라도 요소가격 균등화가 이루어지지 않는다. O | X

각국의 생산기술이 다르거나 중간재가 존재할 경우 요소집약도가 변하지 않더라도 요소가격 균등화가 이루어지지 않는다. 따라서 중간재가 존재할 경우 요소집약도가 변하지 않더라도 요소가격 균등화가 이루어지지 않는다.

0370
□□□

경상수지 흑자는 외환보유고 증가의 요인으로 작용한다. O | X

경상수지의 흑자는 외환보유고 증가 요인으로 작용한다.

0371
□□□

준비자산 증감이 (+)일 때 외화의 유입이 유출보다 많다고 볼 수 있다. O | X

준비 자산 증감이 (−)일 때 외화의 유입이 유출보다 많았다고 볼 수 있다.

0372
□□□

영국에 4억 달러를 투자하여 자동차 공장을 지었다면, 경상수지는 4억 달러 적자이다. O | X

해외직접투자는 자본수지에 영향을 미치며, 경상수지에 영향을 미치지 않는다.

정답   0368 ○   0369 ○   0370 ○   0371 X   0372 X

0373
☐☐☐

변동환율제도를 채택하고 자본이동이 완전히 자유로운 소규모 개방경제에서 정부지출의 증가는 경상수지를 악화시킨다. O | X

정부지출 증가로 IS곡선이 우측이동하면, 국내금리가 국제금리보다 커져 외국자본유입(자본수지 개선)으로 환율이 하락하기에 IS곡선이 좌측이동한다(경상수지 악화). BP곡선이 좌측이동하나 수평선이기에 재정정책은 전혀 효과가 없다.

0374
☐☐☐

재화시장만 존재하는 국민소득결정모형에서 국민소득(Y) 균형식 $Y = C + I + G$와 소비함수 $C = 50 + 0.8Y$가 주어져 있다. 최초에 소비(C) = 450, 투자(I) = 20, 정부지출(G) = 30일 때, 확장적 재정정책으로 G가 40이 된다면 Y는 550이다. O | X

소비함수 $C = 50 + 0.8Y$에서 최초에 소비(C) = 450이기에 $C = 50 + 0.8Y = 450$에서 $Y = 500$이다. 정부지출 승수가 5이고 정부지출(G)이 10만큼 증가하면 국민소득(Y)은 50만큼 증가한다. 따라서 확장적 재정정책으로 균형국민소득(Y)은 550이 될 것이다.

0375
☐☐☐

$IS - LM$모형에서 IS곡선이 $Y = 0.4 + 0.6(Y - T) + I + G$이다. 구축효과가 없다고 가정할 때, 정부지출을 1만큼 늘리면 균국민소득의 증가분은 2.5이다. O | X

한계소비성향이 c일 때, 정부지출승수는 $\dfrac{1}{1-c}$이다. 한계소비성향이 0.6이기에 정부지출승수 = 2.5이다. 따라서 정부지출을 1만큼 늘리면, IS곡선은 2.5만큼 우측이동한다.

0376
☐☐☐

IS곡선은 우하향하고, LM곡선은 우상향한다고 가정할 때 화폐수요의 소득탄력성이 클수록 구축효과가 커진다. O | X

화폐수요의 소득탄력성이 크면 국민소득이 증가할 때 화폐수요가 많이 증가하므로 이자율이 대폭 상승한다. 따라서 화폐수요의 소득탄력성이 클수록 구축효과가 크게 나타난다.

정답 0373 ○ 0374 ○ 0375 ○ 0376 ○

0377
☐☐☐

통화량을 증가시키려면 중앙은행이 국공채를 매입하거나, 재할인율과 법정지급준비율을 인상해야 한다.
O | X

통화량을 증가시키려면 중앙은행이 국공채를 매입하거나, 재할인율과 법정지급준비율을 인하해야 한다.

0378
☐☐☐

통화정책의 이자율 경로에 의하면, 통화량의 증가가 금융시장의 신용차입조건을 완화시켜 실물경제에 영향을 미친다.
O | X

통화정책의 신용경로에 의하면, 통화량의 증가가 금융시장의 신용차입조건을 완화시켜 실물경제에 영향을 미친다.

0379
☐☐☐

장기 균형상태에 있는 경제에서 중앙은행이 통화량을 감축하는 정책을 시행할 때, 장기적으로는 이자율과 균형국민소득이 불변이고, 물가만 하락한다(단, IS는 우하향, LM은 우상향, AD곡선은 우하향, 단기 AS는 우상향, 장기 AS는 수직을 가정한다).
O | X

LM곡선이 왼쪽으로 이동하면 AD곡선도 왼쪽으로 이동하기에 $AD-AS$모형에서는 단기적으로 균형국민소득이 잠재 GDP에 미달하기에 실업이 발생한다. 실업발생 시 정부가 개입하지 않았다면 장기적으로는 임금이 하락하여 단기 총공급곡선이 하방으로 이동한다. 따라서 $AD-AS$모형에서는 물가만 하락하고 잠재 GDP 수준에서 장기균형이 이루어진다. 단기 총공급곡선의 하방이동으로 물가가 하락하면 실질통화량이 증가하기에 LM곡선이 다시 우측이동하여 이자율과 균형국민소득도 원래 수준으로 복귀하게 된다.

0380
☐☐☐

$IS: Y=500-2,000r$ $LM: Y=400+4,000r$의 A경제와 $IS: 0.5Y=320-1,600r$ $LM: 0.25Y=100+100r$의 B경제 두 $IS-LM$모형을 가정할 때, 통화정책의 효과가 더 큰 경제는 B경제이다.
O | X

금융정책은 IS가 완만할수록, 즉 기울기가 작을수록 IS곡선 기울기는 $A(=\dfrac{1}{2,000}) > B(=\dfrac{1}{3,200})$이다.

LM이 가파를수록, 즉 기울기가 클수록 효과가 확실하다. LM곡선 기울기는 $A(=\dfrac{1}{4,000}) < B(=\dfrac{1}{400})$이다.

따라서 B가 통화정책의 유효성이 크다.

정답   0377 X   0378 X   0379 O   0380 O

0381
☐☐☐
아버지가 운영 중인 식당에서 매일 2시간 무급으로 일하면서 구직활동을 하는 28세 남성은 우리나라의 실업률 통계 기준에 따라 취업자로 분류된다. O | X

주당 18시간 이상 일한 무급가족종사자가 취업자로 분류되기에, 일주일에 14시간을 무급으로 일하면서 구직활동을 하는 사람은 실업자로 분류된다.

0382
☐☐☐
일부 사람들이 실업급여를 계속 받기 위해 채용될 가능성이 매우 낮은 곳에서만 일자리를 탐색하며 실업상태를 유지하고 있다. 이러한 사람들이 실업자가 아니라 일할 의사가 없다는 이유로 비경제활동인구로 분류될 때 실업률과 경제활동참가율 모두 낮아진다. O | X

실업자가 30만 명, 취업자가 70만 명일 때 실업률은 30%이다. 이때 실업자 중 10만 명을 비경제활동인구로 분류하면, 실업률은 대략 22%로 하락한다. 또한 15세이상인구는 불변이나 비경제활동인구의 증가와 경제활동인구의 감소이다. 따라서 경제활동참가율은 하락이다.

0383
☐☐☐
어떤 경제의 단기 필립스곡선은 우하향한다. 이 경우 정부가 재정지출을 축소할 때 단기 필립스곡선은 우상방으로 이동한다. O | X

긴축적인 재정정책을 실시하면, 경제는 단기 필립스곡선상의 우하방의 점으로 이동한다. 따라서, 실업률은 상승하고 인플레이션율은 감소한다.

0384
☐☐☐
갑국의 경제활동참가율이 80%에서 74%로, 고용률이 75%에서 72%로 변화하였다. 이때, 갑국의 15세 이상 인구는 변화가 없다면, 갑국의 실업률은 감소하였다. O | X

3분기에 비해 4분기에 실업률은 5/80에서 2/74로 감소했다.

정답 0381 X　0382 O　0383 X　0384 O

Part 1

2022 해커스공무원 局경제학 핵심 기출 OX 1592

0385
☐☐☐

소비자가 빵과 음료수만을 구입하는 가상의 경제를 생각해 보자. 이 경제에서는 소비자 물가지수를 2단위의 빵과 3단위의 음료수로 고정된 소비바스켓을 기준으로 측정한다. 2008년 빵의 가격은 4,000원, 음료수의 가격은 2,000원이었으며, 2009년에는 빵의 가격이 5,000원이었다. 2008년을 기준년도로 할 때 2009년의 소비자물가 상승률이 16%이었다면 2009년의 음료수가격은 3,000이다. O | X

2008년에 2단위의 빵과 3단위의 음료수를 구입하는 데는 14,000원($= (4,000 \times 2) + (2,000 \times 3)$)이 소요된다. 2009년의 소비자물가 상승률이 16%라면 2009년에는 2008년과 동일한 양의 재화를 구입하는 데 16%만큼 돈이 더 들 것이기에 2009년에는 2단위의 빵과 3단위의 음료수를 구입하는 데 소요되는 금액이 16,240원이다. 2009년 빵의 가격이 5,000원일 때, 음료수가격을 P_Y로 두면 $(5,000 \times 2) + (P_Y \times 3) = 16,240$ 이다. 따라서 음료수가격 $P_Y = 2,080$이다.

0386
☐☐☐

2010년을 기준년도로 할 때, 2016년의 물가지수가 125라고 한다. 2016년 연봉이 20이라고 한다면, 2016년 연봉을 2010년의 실질가치로 환산한 금액은 20이다. O | X

2016년 연봉이 20이고 2016년 물가지수가 125이다. 2010년 물가지수가 100일 때, 2010년 실질가치를 x라 가정하면, 2016년 연봉(20) : 2016년 물가지수(125) = 2010년 실질가치(x) : 2010년 물가지수(100)에서 구할 수 있다. 즉, $x = \dfrac{20}{125} \times 100 = 16$이다.

0387
☐☐☐

2008년도에 소비자물가지수는 200이었고, A기업 노동자들의 평균 명목임금이 1,600만 원이었다. 2009년도에는 소비자물가지수가 220이었고, A기업의 노동생산성은 전년대비 5% 상승하였다. A기업이 노동생산성 증가율만큼 실질임금을 인상한다면, 2009년도 A기업 노동자들의 평균 명목임금은 1,848만 원이다. O | X

물가상승률이 10%이기에 2009년도 명목임금도 10% 상승하여 2008년도의 1,600에서 1,760만 원($= 1,600 + 0.1 \times 1,600$)이 된다. 노동생산성 증가율만큼 실질임금을 인상하기로 한 단체협약에 따라 노동생산성이 5% 증가함에 따라 실질임금도 5% 상승하였다면 2009년도 명목임금도 추가적으로 5% 상승하였을 것이다. 즉, 2009년도의 명목임금은 1,848만 원($= 1,760 + 0.05 \times 1,760$)이 된다.

0388
☐☐☐

가격변수들이 신축적이고 물가상승률에 대한 기대가 정확한 장기에는 인플레이션과 실업률 간의 상충관계(trade - off)가 존재하지 않는다. O | X

장기에는 필립스곡선이 수직선으로 인플레이션과 실업률 간의 상충관계(trade - off)가 존재하지 않는다.

정답 0385 X   0386 X   0387 O   0388 O

0389
□□□

중앙은행은 자연실업률 수준을 달성하기 위해 통화량 증가율을 일정하게 유지하고 공표한 다음 그대로 지킨다. O | X

통화량 증가율을 일정하게 유지한다고 공표한 다음 그대로 지키면, 경제주체들이 인플레이션율을 정확하게 예상할 것이고, 실제실업률이 자연실업률과 같아지게 될 것이다.

0390
□□□

甲국 통화당국의 손실함수는 $L(\pi, u) = u + (1/2)\pi^2$, 필립스곡선은 $\pi = \pi^e - (1/2)(u - u_n)$이다. 통화당국이 손실을 최소화하기 위한 목표 인플레이션율 2%이다(단, π, π^e, u, u_n은 각각 인플레이션율, 기대인플레이션율, 실업률, 자연실업률이고, 단위는 %이다). O | X

필립스곡선을 u에 대해 정리한 후 손실함수에 대입하면, $u = u_n + 2(\pi^e - \pi)$이고 $L(\pi, u) = u_n + 2(\pi^e - \pi) + \frac{1}{2}\pi^2$이다. 손실함수를 π에 대해 미분한 뒤 0으로 두면, $\frac{dL}{d\pi} = -2 + \pi = 0$, $\pi = 2$이다. 통화당국이 손실을 최소화하는 목표 인플레이션율은 2%이다.

0391
□□□

단기 필립스곡선은 $\pi = \pi^e$일 때, 장기 필립스곡선과 교차한다. O | X

단기 필립스곡선은 $\pi = \pi^e$일 때, 장기 필립스곡선과 교차한다.

0392
□□□

단기 총수요곡선이 가파를수록 단기 필립스곡선은 가파른 모양을 가진다. O | X

단기 총공급곡선의 기울기가 가파를수록 필립스곡선 역시 한층 더 가파른 모양을 가진다.

Part 1

2022 해커스공무원 局경제학 핵심 기출 OX 1592

정답 0389 ○ 0390 ○ 0391 ○ 0392 X

0393
□□□
케인즈학파는 단기필립스곡선이 우하향한다고 보고, 통화주의학파는 장기필립스곡선이 수직이라고 본다. O | X

케인즈학파는 단기필립스곡선이 우하향한다고 보고 정부정책이 효과적임을 강조한다. 이에 비해 통화주의학파는 장기필립스곡선이 수직선이기에 실업률감소의 재량적인 안정화정책은 물가상승만 초래한다고 주장한다.

0394
□□□
케인즈학파는 재정지출 확대정책의 효과를 정부저축이 감소해 이자율이 상승하지만 민간투자의 이자율탄력성이 작아 소득이 증가한다고 본다. O | X

케인즈학파에 따르면, 재정지출 확대정책으로 정부저축이 감소해 이자율이 상승하지만 투자의 이자율탄력성이 작아 구축효과가 작아진다. 따라서 재정지출 확대정책으로 실질 GDP는 증가한다.

0395
□□□
루카스비판에 의하면 조세삭감이 일시적인 경우의 한계소비성향은 조세삭감이 영구적인 경우의 한계소비성향과 동일하다. O | X

조세삭감이 일시적인 경우 소비가 별로 증가하지 않지만, 조세삭감이 영구적인 경우 소비가 큰 폭으로 증가한다. 따라서 조세삭감이 일시적인 경우의 한계소비성향은 조세삭감이 영구적인 경우의 한계소비성향보다 작다.

0396
□□□
케인즈학파는 낮은 총수요가 낮은 소득과 높은 실업의 원인이라고 주장하였고, 통화주의자들은 중앙은행이 통화를 공급할 때 사전에 명시되고 공표된 준칙을 따라야 한다고 주장하였다. O | X

케인즈학파는 공급능력은 충분하나 유효수요부족으로 실업이 발생한다고 본다. 통화주의자들은 재량적인 안정화정책을 반대하고 준칙에 의해 통화공급증가율을 일정하게 유지해야 한다고 주장하였다.

기본서 Chapter 46 새고전학파이론

0397
□□□
새고전학파(New Classical School)는 예측되는 정책은 항상 긍정적인 효과가 있다고 주장한다. O | X

새고전학파에 의하면 예상된 정책은 단기에도 효과를 나타낼 수 없다.

정답 0393 ○ 0394 ○ 0395 X 0396 ○ 0397 X

0398
☐☐☐

다음은 신고전학파의 투자모형이 적용되는 경제이다. 이 경제에서 자본량은 자본 추가에 따른 실질이윤율이 양수이면 증가, 음수이면 감소, 영이면 변함이 없다.

> • 자본 추가에 따른 실질이윤율: $MP_K - P_K(r+\delta)$
> • 생산함수: $Y = K^{1/2}(\overline{L})^{1/2}$
> • 시장에서 주어진 자본의 실질가격, 실질이자율: $P_K = 100$, $r = 2\%$
> • 고정된 노동량, 감가상각률: $\overline{L} = 100$, $\delta = 8\%$

이 경제의 정상상태에서 자본량은 1/4이다.   O | X

- MP_K는 생산함수 $Y = K^{1/2}(\overline{L})^{1/2}$을 K에 대해 미분하여 구할 수 있다. 즉, $MP_K = \dfrac{1}{2}K^{-1/2}(\overline{L})^{1/2}$ $= \dfrac{1}{2}\sqrt{\dfrac{\overline{L}}{K}}$ 이고, $\overline{L} = 100$을 대입하면 $MP_K = \dfrac{5}{\sqrt{K}}$ 이다.

- 정상상태에서는 자본량의 변화가 없기에 실질이윤율은 0이다. 즉, 실질이윤율 $= \dfrac{5}{\sqrt{K}} - P_K(r+\delta) = 0$에서, $P_K = 100$, $r = 2\%$, $\delta = 8\%$를 대입하면 $\dfrac{5}{\sqrt{K}} - 100(0.02+0.08) = 0$, $\dfrac{5}{\sqrt{K}} = 10$, $K = \dfrac{1}{4}$ 이다.

0399
☐☐☐

신고전학파(Neoclassical) 투자이론에서 실질이자율이 상승하면 자본비용은 감소한다(단, 모든 단위는 실질 단위이며 자본비용은 자본 한 단위당 비용이다).   O | X

자본의 사용자비용 $C = (r+d)P_K$에서 실질이자율이 상승하면 자본비용도 증가한다.

기본서 Chapter 47 | 새케인즈학파이론

0400
☐☐☐

경제주체가 이용 가능한 모든 정보를 이용하여 미래에 대한 기대를 형성하는 것을 합리적기대이론이라고 한다.   O | X

합리적기대이론은 경제주체가 이용 가능한 모든 정보를 이용하여 미래에 대한 기대를 형성하는 것이다.

0401
□□□

거시경제에서 가격경직성을 가정하면 총공급곡선이 수직에 가깝게 되고 경기부양정책은 효과가 없게 된다. O | X

가격경직성을 가정하면 총공급곡선이 우상향이 되고 경기부양정책은 효과가 있게 된다.

0402
□□□

기업들이 가격순응자로서 행동하여 가격결정에 영향력이 없는 것은 가격경직성을 유발한다. O | X

기업이 가격순응자인 경우 시장이 경쟁적일 때, 시장가격을 주어진 가격으로 보기에 시장가격에 영향을 미칠 수 없다. 따라서 가격의 경직성이 유발될 수 없다.

0403
□□□

메뉴비용모형에서는 비록 메뉴비용이 적더라도 그 존재 자체로 인하여 총수요 외부성이 발생하고 가격경직성이 지속되어 결국 경기변동으로 이어진다. O | X

어느 한 기업의 생산량 변화가 다른 기업의 생산량 수준에도 결국 영향을 주게 되고 그 결과 총수요수준이 변할 수 있다. 이를 총수요 외부성이라고 한다. 총수요가 감소할 때, 메뉴비용이 적더라도 그 존재 자체로 인하여 총수요 외부성이 발생하고 가격경직성이 지속되어 판매량 및 생산량이 급속히 감소하므로 경기침체가 발생한다.

0404
□□□

새케인즈학파(new Keynesian)의 경직적 가격 모형에서 가격을 신축적으로 조정하지 않는 기업은 미래의 경제상황보다는 과거의 경제상황에 근거하여 가격을 설정한다. O | X

새케인즈학파의 경직적 가격모형에서 가격을 신축적으로 조정하지 않는 것은, 과거의 경제상황에 근거하여 적응적으로 기대를 형성하기 때문이 아니라 메뉴비용이론 등으로 가격을 조정하지 않는 것이 더 합리적이기 때문이다.

정답 0401 X   0402 X   0403 O   0404 X

0405
□□□

실물적 균형경기변동론(real business cycle theory)에서 재정정책보다는 통화정책을 통해 경기변동을 완화하는 것이 바람직하다.　O | X

실물적 경기변동이론에서는 경기변동이 발생하더라도 정부는 개입하지 않는 것이 바람직하다고 주장한다.

0406
□□□

새고전학파의 실물적 균형경기변동이론은 충격 효과가 없어져도 균형수준자체가 내생적으로 변화하였기 때문에 원래 균형수준으로 복귀하지 못한다.　O | X

실물적 균형경기변동이론은 균형수준자체가 변화하였기 때문에 원래 균형수준으로 복귀하지 못한다.

0407
□□□

경기변동의 경기순환 국면은 회복, 호황, 후퇴, 불황의 4분법과 확장기, 수축기의 2분법으로 구분된다. 또한 기준순환일은 경기의 정점(peak) 또는 저점(trough)이 발생하는 시점을 말한다.　O | X

일반적으로 경기변동은 호황 – 후퇴 – 불황 – 회복의 4단계 또는 확장 – 수축의 2단계가 반복되는 현상을 의미한다. 경기의 정점(peak) 또는 저점(trough)이 발생하는 시점을 기준순환일이라 한다.

0408
□□□

실물경기변동이론(real business cycle theory)에서 화폐의 중립성(neutrality of money)이 성립하고, 경기변동은 시간에 따른 균형의 변화로 나타난다.　O | X

화폐의 중립성을 가정하기에 LM곡선에 영향을 미치는 충격은 경기변동의 요인이 되기 어렵다고 본다. 경기변동을 기본적으로 시간에 따른 균형현상으로 파악한다.

Part 1

2022 해커스공무원 局경제학 핵심 기출 OX 1592

정답　0405 X　0406 ○　0407 ○　0408 ○

0409
□□□

정상상태(steady state)에 있던 경제에 지진이 발생하여 생산시설이 파괴되었지만 인명피해는 발생하지 않았다. 생산함수, 저축률, 감가상각률 및 인구증가율의 변화는 없을 때, 1인당 투자량은 이전보다 크다.

O | X

정상상태에 있던 경제에 지진이 발생하면 생산시설의 파괴로 1인당 자본량이 감소한다.

0410
□□□

기술진보가 없는 솔로우의 경제성장모형에서 1인당 생산함수는 $y = k^{0.2}$, 저축률은 0.4, 자본의 감가상각률은 0.15, 인구증가율은 0.05이다. 현재경제가 균제상태일 때 황금률을 달성시키는 저축률은 0.2이다. O | X

황금률에서는 자본소득분배율과 저축률이 같아지기에 황금률에서의 저축률은 0.2이다.

0411
□□□

생산함수가 $y = k^{1/4}$, 자본의 축적식이 $\triangle k = sy - \delta k$, 국민소득계정 항등식이 $y = c + i$인 솔로우 모형에서 황금률 수준의 k에 도달하기 위하여 저축률을 변화시켰을 때 1인당 소비가 감소하였다가 최대수준으로 상승하였다면, 현재의 저축률은 25%보다 낮은 상태다. O | X

황금률에서는 자본소득분배율과 저축률이 같아지기에 황금률하에 저축률은 25%이다. 저축률을 변화시킨 직후의 1인당 소비가 감소하였다는 것은 저축률이 상승하였음을 의미한다. 따라서 현재의 저축률은 황금률 수준의 저축률인 25%보다 낮은 상태이다.

0412
□□□

로머(P. Romer)의 R&D모형에 따르면 연구인력 증가만으로도 장기 경제성장률을 높일 수 있다. O | X

R&D모형에 따르면, 연구인력의 증가로 R&D 참여율이 높을수록 장기 경제성장률이 높아진다.

정답   0409 X   0410 ○   0411 ○   0412 ○

0413
☐☐☐

화폐유통속도가 일정하고 통화량이 3배가 되고 실질거래량이 50% 증가했다면 물가상승률은 100%이다.

O | X

화폐유통속도가 일정하고 통화량이 3배가 되면 V는 일정하나 M은 $3M$이 된다. 실질거래량이 50% 증가했다면 T는 $1.5T$이다. 따라서 P는 2배로 상승하기에 물가상승률은 100%이다.

0414
☐☐☐

A국의 2013년 경제성장률이 3.6%, 인구증가율이 4.5%였다. 2014년의 경제성장률이 3.1%, 인구증가율이 2.7%라면, 2013년 대비 2014년에 1인당 실질 GDP가 감소했다.

O | X

1인당 경제성장률은 경제성장률 – 인구증가율이다. 2014년 1인당 경제성장률은 $3.1 - 2.7 = 0.4$%로 2014년의 1인당 경제성장률이 (+)이기에 1인당 실질 GDP가 증가했다.

0415
☐☐☐

C국의 경제성장률이 2014년에 -1%, 2015년에 1%라면, 실질 GDP는 2013년이 2015년보다 많다. O | X

C국의 경제성장률이 2014년에 -1%, 2015년에 1%로 실질 GDP는 2013년이 2015년보다 많다.

0416
☐☐☐

갑국의 경제성장률은 2012년~2014년에 걸쳐 4%로 동일하고, 인구증가율은 2012년 6%, 2013년 4%, 2014년 2%로 조사되었다. 이때 1인당 실질 GDP는 2014년이 가장 크고, 실질 GDP는 2014년이 2013년보다 크다.

O | X

2013년의 1인당 실질 GDP는 전년과 동일하며 2014년의 1인당 실질 GDP는 전년보다 증가하므로 1인당 실질 GDP는 2014년이 가장 크다. 2014년의 경제성장률은 4%이므로 2014년의 실질 GDP는 전년보다 4% 증가했다.

0417
☐☐☐

헥셔 – 올린(Heckscher – Ohlin)정리는 국가 간 생산함수에 차이가 있다고 가정한다.

O | X

헥셔 – 올린정리는 2국 – 2재화 – 2요소가 존재하고 생산요소의 국가 간 이동은 불가능하며, 생산함수가 동일하고 선호가 동일하다고 가정한다.

정답 0413 ○ 0414 X 0415 ○ 0416 ○ 0417 X

0418

□□□

甲국과 乙국의 무역 개시 이전의 X재와 Y재에 대한 단위당 생산비가 다음과 같다.

구분	X재	Y재
甲국	5	10
乙국	8	13

X재 1단위 생산 기회비용은 甲국은 Y재 5/8이고 乙국은 10/13이다. O | X

X재 1단위 생산 기회비용은 甲국은 Y재 5/10이고 乙국은 8/13이다.

0419

□□□

국제시장에서 소국인 A국 밀 시장의 국내수요곡선(D)은 $P = 60 - 0.5Q^D$, 국내공급곡선(S)이 $P = Q^S$라고 한다. 밀의 국제시장가격은 단위당 50일 때, 밀의 자유무역이 허용되면 A국은 밀을 10단위 수출한다. O | X

밀의 자유무역이 허용되면 국내가격이 40에서 50으로 상승한다. 따라서 밀 가격이 50일 때 A국의 국내수요량은 20이고, 국내공급량은 50이기에 A국은 30단위의 밀을 수출하게 될 것이다.

0420

□□□

두 국가 A, B가 옷과 식품품만 생산·소비한다고 하자. 이 두 국가는 노동이 유일한 생산요소로서 각 재화 1단위를 생산하는데 소요되는 노동력은 다음 표와 같다. 교역 시 A국은 식료품을 수출하고 B국은 옷을 수출한다.

국가	옷	식료품
A	2	4
B	3	9

O | X

옷 1단위 생산의 기회비용이 A국은 식료품 2/4단위, B국은 식료품 3/9단위이다. 따라서 기회비용이 작은 B국이 옷 생산에 비교 우위를 갖기에 양국이 교역한다면 A국은 식료품을 수출하고 B국은 옷을 수출한다.

기본서 Chapter 52 무역정책론

0421

□□□

소규모개방경제에서 수입 소비재 A에 관세를 부과할 때 국내 소비는 감소한다(단, 국내 수요곡선은 우하향, 국내 공급곡선은 우상향하며, A의 국제가격은 교역 이전의 국내가격보다 낮다). O | X

단위당 T원의 관세가 부과되면 국내가격이 T원만큼 상승하기에 국내소비는 감소한다.

0422
☐☐☐

A국의 구리에 대한 국내 수요곡선은 $Q = 12 - 2P$이고, 국내 공급곡선은 $Q = P$이다. Q는 수량, P는 가격을 나타내고, 이 나라는 소규모 개방경제라고 가정한다. 이때 구리의 국제 시장가격이 5라면, A국 구리 생산업체들의 수출량은 5이다. O | X

국제시장가격이 5라면 A국의 국내생산량은 5단위이고, 국내판매량은 2단위이기에 수출량은 3단위이다.

0423
☐☐☐

대국(large country)경제의 정부가 수입하고 있던 한 재화에 대하여 단위당 t만큼의 관세를 부과하여 국제시장가격이 관세부과 이전의 P^W에서 P^{W*}로 하락했다. 국내기업의 수는 많아서 전략적으로 행동하지 않는다고 가정한다.

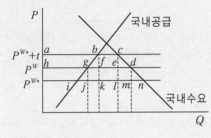

이때 소비자잉여는 사각형 $acdh$의 면적만큼 감소하고, 생산자잉여는 사각형 $abgh$의 면적만큼 증가한다. O | X

관세부과로 인해 국내가격이 P^W에서 $P^{W*} + t$로 상승하면 소비자잉여는 사각형 $acdh$의 면적만큼 감소하고, 생산자잉여는 사각형 $abgh$의 면적만큼 증가한다.

0424
☐☐☐

개방 전의 X재 국내시장의 수요와 공급은 $Q_X^D = 400 - P_X$, $Q_X^S = -400 + 3P_X$이다. X재의 세계가격이 150원일 때, 이 국가는 개방 후 X재의 국내 거래량이 감소한다(단, Q_X^D는 X재의 수요량, Q_X^S는 X재의 공급량, P_X는 X재의 가격이다). O | X

시장개방 이전 국내 균형가격은 $400 - P_X = -400 + 3P_X$에서 $P_X = 200$이다. 세계가격이 국내가격보다 낮으므로 시장개방이 이루어져 가격이 하락하면 거래량이 250단위로 늘어난다.

0425 □□□

구매력평가설이 성립할 때, 외국의 양적완화 정책으로 외국의 물가가 상승하면, 자국의 실질 순수출이 증가한다. ○ | X

구매력평가설에 의하면, $P = e \cdot P_f$ 이기에 외국의 통화량이 증가할 때 외국의 물가가 상승하면 명목환율이 하락한다. 그러나 구매력평가설이 성립할 때, $P = e \cdot P_f$ 이기에 실질환율은 $\epsilon = \dfrac{e \times P_f}{P} = 1$ 로 외국의 양적완화 정책으로 외국의 통화량이 증가해도 실질환율은 변화하지 않기에 자국의 실질 순수출도 변하지 않는다.

0426 □□□

현재 한국의 1년 만기 국채수익률은 3%이고 미국의 1년 만기 국채수익률은 1%라고 가정하자. 유위험이자율평가설이 성립할 때 향후 1년 간 원화 가치 2% 하락이 예상된다(단, 두 나라 국채의 위험수준은 동일하다고 가정한다). ○ | X

유위험이자율평가설에 의하면 환율의 예상변화율은 두 나라의 이자율 차이와 같아진다. 한국의 1년 만기 국채수익률은 3%이고 미국의 1년 만기 국채수익률은 1%이기에 환율의 예상변화율은 2%이다. 따라서 원화의 가치가 2% 하락할 것으로 예상된다.

0427 □□□

인천공항에 막 도착한 A씨는 미국에서 사 먹던 빅맥 1개의 가격인 5달러를 원화로 환전한 5,500원을 들고 햄버거 가게로 갔다. 여기서 A씨는 미국과 똑같은 빅맥 1개를 구입하고도 1,100원이 남았다. 이때, 현재의 명목환율은 원화의 구매력을 과대평가하고 있다. ○ | X

5달러를 원화로 환전한 5,500원을 들고 미국과 똑같은 빅맥 1개를 구입하고도 1,100원이 남았다면 한국의 빅맥 가격은 4,400원이다. 따라서 명목환율은 1달러 = 1,100원이기에 한국의 빅맥 가격을 달러로 환산하면 4달러이다.
미국에서 빅맥이 5달러이고, 한국에서 4,400원이기에 빅맥 가격을 기준으로 한 구매력평가환율, 즉 명목환율은 1달러 = 880원이다. 즉, 빅맥 가격을 기준으로 볼 때 명목환율은 1달러 = 880원이다. 그런데 현재의 명목환율은 1달러 = 1,100원이기에 원화의 구매력을 과소평가하고 있는 상태이다.

0428 □□□

뿌국 환율상승(자국 통화가치의 하락)을 유도하기 위한 중앙은행의 외환시장개입 중 불태화 개입(sterilized intervention)이 있었다면 국내자산인 국채가 감소하고, 외화자산인 외환이 증가하게 된다. ○ | X

환율상승을 유도하기 위해 중앙은행이 외환을 매입하면 중앙은행이 보유한 외환자산이 증가하고, 외환매입 대금을 지불하면 중앙은행의 부채인 본원통화가 증가한다.
그런데 불태화 개입이 있었다는 것은 외환매입에 따른 통화량증가분을 상쇄하기 위해 중앙은행이 국채를 매각하여 증가한 본원통화를 다시 환수한 것을 의미한다. 이를 통해 본원통화는 본래수준으로 돌아오고 중앙은행이 보유한 국내자산인 국채가 감소하게 된다.

정답 0425 X   0426 ○   0427 X   0428 ○

0429
☐☐☐

자본이동 및 무역거래가 완전히 자유롭고 변동환율제도를 채택하고 있는 소규모 개방경제인 A국에서 확대재정정책이 실시된다면, 최종적으로 국민소득은 불변하고 환율은 A국 통화 강세가 된다. O | X

정부지출 증가로 IS곡선이 우측이동하면, 국내금리가 국제금리보다 커져 외국자본유입으로 환율이 하락한다. 따라서 A국 통화는 강세를 보인다.
환율이 하락하면 IS곡선이 좌측이동하고, BP곡선이 좌측이동하나 수평선이기에 재정정책은 전혀 효과가 없다. 결국, 국민소득은 불변이다.

0430
☐☐☐

2010년 9월 현재 미국의 3개월 만기 단기국채금리는 5.11%이며 10년 만기 장기국채금리는 4.76%라고 할 때, 향후 미국경기는 호전될 가능성이 높다. O | X

장기금리가 단기금리보다 낮아졌다면 미래전망이 부정적임을 시사한다.

0431
☐☐☐

어떤 소규모 개방경제에서, 세계이자율이 하락할 경우 순자본유입은 감소한다. O | X

세계이자율이 하락하면 외자유입으로 순자본유입은 증가한다. 따라서 국내이자율도 세계이자율까지 하락한다.

0432
☐☐☐

자본이동이 완전히 자유로운 어느 소규모 개방경제가 변동환율제도를 채택하고 있다고 할 때, 이자율이 세계이자율에 의하여 고정되고 총수요곡선이 LM곡선으로 결정되므로 통화정책은 유효하고 재정정책은 무력하다. O | X

자본이동이 완전히 자유로운 경우 (국내)이자율과 세계이자율의 불일치 시 즉각적인 자본의 유출입으로 항상 (국내)이자율이 세계이자율에 의하여 고정된다. (변동환율제도하)자본이동이 완전한 경우, 재정정책은 전혀 효과가 없지만 금융정책은 매우 효과적이다. 따라서 총수요곡선이 LM곡선으로 결정된다.

Part 1

2022 해커스공무원 局경제학 핵심 기출 OX 1592

정답 0429 ○ 0430 X 0431 X 0432 ○

Part 2

기출문제집

2013년

0433
□□□

A는 사무실에서 흡연을 원하며 이를 통해 20,000원 가치의 효용을 얻는다. 반면 B는 사무실에서 금연을 통해 상쾌한 공기를 원하며 이를 통해 10,000원 가치의 효용을 얻는다. 이때, A는 B에게 11,000원을 주고 사무실에서 흡연을 허용할 것을 제안한다면, B는 제안을 받아들일 것이다.　　　O | X

당사자 간 자발적인 협상으로 외부효과를 내부화하는 방안이 코즈정리이다. A의 흡연 권리보다 B의 금연 권리가 우선한다면 A가 협상을 제안하게 된다. 이때 A가 B에게 금연을 통해 B가 얻는 효용보다 크고 흡연을 통해 A가 얻는 효용보다 작은 금액을 보상액으로 제안하면 B는 이를 받아들여 협상이 체결된다. 즉, 10,000원 이상이고 20,000원 이하 금액이면 협상이 체결된다.

0434
□□□

명목 GDP가 100이고 GDP디플레이터(deflator)가 125일 때, 실질 GDP는 80이다.　　　O | X

GDP디플레이터 = (명목 GDP/실질 GDP)×100이기에 실질 GDP = $(\frac{100}{125})$×100 = 80이다.

0435
□□□

총수요 - 총공급모형에서 A국의 화폐가치가 하락하면 A국의 총수요가 감소한다.　　　O | X

환율상승에서 의미하는 화폐가치 하락은 순수출의 증가로 총수요를 증가시킨다. 따라서 A국의 화폐가치하락은 총수요증가를 낳을 수 있다.

0436
□□□

A국의 취업자 수는 24만 명이고 비경제활동인구가 25만 명, 생산가능인구가 50만 명이라 할 때, A국의 실업자 수는 1만 명이다.　　　O | X

취업자와 실업자의 합을 경제활동인구라 하고, 경제활동인구와 비경제활동인구의 합을 생산가능인구라 한다. 비경제활동인구가 25만 명이고 생산가능인구가 50만 명이기에 경제활동인구는 25만 명이다. 그리고 취업자 수는 24만 명이기에 실업자 수는 1만 명이다.

정답　0433 O　　0434 O　　0435 X　　0436 O

0437

□□□

생산량이 3% 증가하고 통화량이 6% 증가하였다고 할 때, 화폐수량설에 근거하여 계산한 물가상승률은 1%이다.　　　　　　　　　　　　　O | X

$MV = PY$를 변형하면 $\dfrac{\triangle M}{M} + \dfrac{\triangle V}{V} = \dfrac{\triangle P}{P} + \dfrac{\triangle Y}{Y}$이고, 생산량이 3% 증가, 통화량이 6% 증가이며, 다른 조건은 일정하기에 유통속도증가율은 0%이기에, 물가상승률 = 통화공급증가율 + 유통속도증가율 − 경제성장률이다. 따라서 물가상승률 $= 6 + 0 - 3 = 3\%$이다.

0438

□□□

완전경쟁시장에서 고정비용이 전부 매몰비용일 경우 생산중단점은 평균비용곡선의 최저점이 된다.　　　　　　　　　　　　　O | X

고정비용이 전부 매몰비용이면 생산중단점은 AVC곡선의 최저점이 된다.

0439

□□□

역선택 현상이 존재하는 상황에서 강제적인 보험프로그램의 도입은 후생을 증가시킨다.　　　O | X

강제적인 보험프로그램의 도입으로 사고확률이 높은 사람만 보험에 가입하는 역선택이 나타나지 않아 후생을 증가시킨다.

0440

□□□

완전경쟁시장에서 이윤극대화를 추구하는 한 기업이 있다. 갑작스런 사건으로 생산물의 수요가 급증한다면, 노동의 한계생산물가치가 증가하고 근로자의 임금이 상승한다.　　　　O | X

수요증가는 가격상승과 거래량증가를 초래한다. 따라서 가격상승으로 노동의 한계생산물가치가 증가한다. 가격상승으로 노동의 한계생산물가치가 증가하기에 근로자의 임금은 상승한다.

0441

□□□

독점기업인 자동차 회사 A가 자동차 가격을 1% 올렸더니 수요량이 4% 감소하였다. 자동차의 가격이 2,000만 원이라면 자동차 회사 A의 한계수입은 1,500만 원이다.　　　　O | X

$MR = P(1 - \dfrac{1}{\epsilon_d})$이다. 가격이 2,000만 원이고, 수요의 가격탄력도가 4이기에 $MR = P(1 - \dfrac{1}{\epsilon_d}) = 2,000(1 - \dfrac{1}{4}) = 1,500$만 원이다.

정답　0437 X　0438 X　0439 ○　0440 ○　0441 ○

0442
□□□

잠재생산량을 초과하는 경기과열이 발생하여 인플레이션이 지속되고 있을 때, 정부는 경제안정을 위해 투자에 대한 세액공제를 확대할 수 있다. ○ | X

총수요증가에 의한 경기과열 시 인플레이션 억제를 위해 긴축정책이 필요하다. 투자에 대한 세액공제 확대는 투자증가를 통한 총수요증가를 초래한다.

0443
□□□

경제모형이 다음과 같을 때, 국민소득을 잠재총생산 수준인 40,000으로 조정하기 위해 통화당국이 설정해야 하는 이자율은 4%이다.

> 소비: $C = 14,000 + 0.5(Y-T) - 3,000r$
> 투자: $I = 5,000 - 2,000r$
> 정부지출: $G = 5,000$
> 순수출: $NX = 400$
> 조세수입: $T = 8,000$

○ | X

$Y = C + I + G + NX = 14,000 + 0.5(Y-T) - 3,000r + 5,000 - 2,000r + 5,000 + 400$에서 $T = 8,000$이기에, $Y = 14,000 + 0.5(Y - 8,000) - 3,000r + 5,000 - 2,000r + 5,000 + 400 = 20,400 + 0.5Y - 5,000r$이고, 즉 $Y = 40,800 - 10,000r$이다. 따라서 $Y = 40,800 - 10,000r = Y^* = 40,000$에서 $r = 8\%$이다.

0444
□□□

먼델 - 토빈효과에 따르면, 기대인플레이션율이 상승할 경우 화폐수요가 감소한다. ○ | X

기대인플레이션율 상승분이 모두 명목이자율의 상승으로 반영되지 못하지만 명목이자율은 상승한다. 따라서 명목이자율의 감소함수인 (투기적)화폐수요가 감소한다.

0445
□□□

한국 자동차 회사 A가 미국에 생산 공장을 설립하여 직원을 대부분 현지인으로 고용할 경우, 미국의 GDP증가분은 GNP증가분보다 크다. ○ | X

미국에서 대부분의 현지인(미국인)이 새로이 생산한 것은 미국 GNP 증가분이고, 미국에서 일부의 한국인이 새로이 생산한 것을 합하면 미국 GDP증가분이다. 따라서 미국의 GDP증가분은 GNP증가분보다 크다.

0446
□□□

통화정책에서 신용중시 견해(credit view)는 은행의 대출과 채권가 완전대체재일 때 그 타당성이 확보될 수 있다. O | X

신용중시 견해란 정부의 통화정책이 시중은행의 대출경로를 거쳐야 효과를 달성할 수 있다고 보는 학설이다. 신용중시 견해는 은행의 대출과 채권의 대체관계가 높지 않을 때 그 타당성이 확보될 수 있다.

0447
□□□

단일세율 소득세는 조세부담의 수직적 공평성을 증진시킨다. O | X

단일세율은 세율이 일정하여 세액이 과세대상금액에 단순 비례로 증가하는 비례세를 의미한다. 조세부담의 수직적 공평성 증진은 단일세율이 아니라 누진세율이다.

0448
□□□

생산의 외부불경제 시 생산자에게 적절한 피구세(Pigouvian tax)를 부과함으로써 사회적 최적 수준의 오염물질 배출량 달성이 가능하다. O | X

생산의 외부불경제 시 기업 A에게, 적절한 피구세(Pigouvian tax)를 부과하여 사적비용을 증가시켜 사회적 비용과 일치시킴으로써 사회적 최적 수준의 오염물질 배출량 달성이 가능하다.

0449
□□□

한국은행이 국내 외환시장에서 8억 달러를 매입하였다면 국제수지표의 차변에는 준비자산 8억 달러, 대변에는 금융계정(기타투자) 8억 달러가 기록된다. O | X

국내 외환시장에서 한국은행의 외화매입은 준비자산증가를 의미하고, 금융계정의 차변 즉, 지급(−) 항목에 표시된다. 대출/차입, 무역신용, 현금 및 예금 등의 금융거래는 기타투자라 한다. 따라서 국내 외환시장에서 한국은행의 외화매입은 차변에 준비자산 8억 달러, 대변에 금융계정(기타투자) 8억 달러로 표시된다.

0450
□□□

A국이 수출 물품에 단위당 일정액을 지급하는 보조금 정책을 시행한다. A국이 대국이면, 교역조건은 악화된다. O | X

수출보조금이 지급되면 수출량증가로 국제시장에서 초과공급이 발생하여 국제가격(수출가격)이 하락하여 교역조건은 악화되고, 단위당 S원의 수출보조금이 지급되면 하락한 국제가격에서 S원만큼 상승하기에 국내가격이 S원보다 더 적게 상승한다.

0451

A국과 B국이 두 생산요소 노동(L)과 자본(K)을 가지고 두 재화 X와 Y를 생산한다. A국과 B국의 노동과 자본의 부존량은 각각 $L_A = 100$, $K_A = 50$ 이며, $L_B = 180$, $K_B = 60$이다. 이때, 상대적으로 자본이 풍부한 나라는 B국이다. O | X

요소부존도는 자본부존량을 노동부존량으로 나눈 값으로, 요소부존도가 클수록 상대적으로 자본이 풍부하다. A국의 요소부존도 $= \dfrac{1}{2}$이고, B국의 요소부존도 $= \dfrac{1}{3}$이다. 따라서 자본이 풍부한 나라는 A국이다.

0452

솔로우성장모형하에서 저축률은 1인당 자본량을 증가시키므로 항상 저축률이 높을수록 좋다. O | X

저축률이 상승하면 단기적으로 경제성장률이 증가하나 장기적으로 경제성장률은 본래수준으로 복귀하기에 수준효과만 있을 뿐 성장효과를 갖지 못한다. 따라서 항상 저축률이 높을수록 좋은 것은 아니다.

2014년

0453

다음 표는 두 기업의 전략에 따른 이윤의 조합이다. 내쉬균형은 (8, 8)이다.

(기업 A의 이윤, 기업 B의 이윤)		기업 B	
		전략 b1	전략 b2
기업 A	전략 a1	(5, 8)	(7, 4)
	전략 a2	(9, 6)	(8, 8)

O | X

기업 B가 전략 b1을 선택하면 기업 A는 전략 a2 선택이 최선이고 기업 B가 전략 b2를 선택하면 기업 A는 전략 a2 선택이 최선이다. 기업 A가 전략 a1을 선택하면 기업 B는 전략 b1 선택이 최선이고 기업 A가 전략 a2를 선택하면 기업 B는 전략 b2 선택이 최선이다. 따라서 내쉬균형은 전략 a2, b2인 (8, 8)이다.

0454

자동차 제조업체들이 생산비용을 획기적으로 절감할 수 있는 로봇 기술을 개발하였다. 이 기술개발로 수요곡선이 우측으로 이동하고, 자동차 가격이 하락한다. O | X

기술개발은 공급증가 요인으로 공급곡선의 우측이동으로 나타난다. 따라서 기술개발로 공급곡선이 우측으로 이동하면, 자동차 가격이 하락한다.

정답 0451 X 0452 X 0453 ○ 0454 X

0455
□□□

재화 X는 가격이 상승할 때 수요량이 증가하는 재화이다. 재화 X의 가격 변화에 따른 소득효과는 대체효과보다 더 크다. O | X

가격이 상승할 때 수요량이 증가하는 재화를 기펜재라 한다. 기펜재의 가격 변화에 따른 소득효과는 대체효과보다 더 크다.

0456
□□□

폐쇄경제하 $IS-LM$곡선을 가정할 때, 유동성함정에서 LM곡선은 수직이 된다. O | X

화폐수요의 이자율탄력성(h)이 무한대의 경우 국민소득이 증가하여 화폐수요가 증가하지만 이자율이 불변이기에 LM곡선이 수평선이라는 입장이 케인즈의 유동성함정이다. 유동성함정에서 LM곡선은 수평이 된다.

0457
□□□

실물적 경기변동이론(real business cycle theory)에서는 비자발적 실업이 존재하지 않아도 경기가 변동한다고 본다. O | X

실물적 균형경기변동이론(RBC)은 생산성 향상과 같은 유리한 공급충격에도 경기변동이 가능하기에 비자발적 실업이 존재하지 않아도 경기가 변동한다.

0458
□□□

다음 표는 빵과 옷만을 생산하는 경제의 연도별 생산 현황이다. 2011년을 기준 연도로 할 때, 2013년의 GDP디플레이터는 144이다.

연도	빵		옷	
	가격(원)	생산량(개)	가격(원)	생산량(벌)
2011	30	100	100	50
2013	40	150	150	80

O | X

명목GDP를 실질GDP로 나눈 값이 GDP디플레이터이다. 2013년의 명목GDP는 $40\times150+150\times80=18,000$원이고, 실질$GDP$는 $30\times150+100\times80=12,500$원이다. 따라서 GDP디플레이터는 $\frac{18,000}{12,500}\times100=144$이다. 따라서 2013년의 GDP디플레이터는 144이다.

0459
□□□

다음과 같이 생산물시장과 화폐시장이 주어졌을 때, 균형국민소득(Y)은 750이다.

$$Y = C + I + G, \quad C = 100 + 0.8(Y - T), \quad I = 80 - 10r$$
$$\frac{M^d}{P} = Y - 50r, \quad G = T = 100, \quad M^s = 500, \quad P = 1$$

O | X

$Y = C + I + G$와 $\frac{M^S}{P} = \frac{M^d}{P}$에서 균형이자율($r$)이 결정된다. $Y = C + I + G$에 주어진 값을 대입하면 $Y = 100 + 0.8(Y - 100) + 80 - 10r + 100$이고, $Y = 0.8Y - 10r + 200$이다. 즉, $Y = 1,000 - 50r$이다. $\frac{M^S}{P} = \frac{M^d}{P}$에서 $500 = Y - 50r$이다. 즉, $Y = 500 + 50r$이다. 따라서 이를 연립하면 $Y = 750$, $r = 5\%$이다.

0460
□□□

현재 우리나라 15세 이상 인구는 4,000만 명, 비경제활동인구는 1,500만 명, 실업률이 4%라고 할 때, 현재 상태에서 고용률은 최대 2.5%포인트 증가할 수 있다. O | X

비경제활동인구가 1,500만 명이고 15세 이상 인구가 4,000만 명이기에 경제활동인구는 2,500만 명이다. 실업률이 4%라고 할 때 취업률은 96%이기에, 실업자는 100만 명이고 취업자는 2,400만 명으로 고용률은 60%이다. 100만 명의 실업자가 취업자가 되면, 고용률은 2.5%포인트 증가할 수 있다.

0461
□□□

A주식의 기대수익률은 14%이고, 무위험자산의 수익률은 2%이다. A주식과 시장 포트폴리오의 공분산은 6%이며, 시장 포트폴리오의 분산은 5%이다. 이 경우 시장 포트폴리오의 기대수익률은 12%이다. O | X

A주식의 기대수익률 = 무위험자산의 수익률 + A주식의 위험프리미엄이고, A주식의 위험프리미엄 = (시장 포트폴리오의 기대수익률 − 무위험자산의 수익률) × (A주식과 시장포트폴리오의 공분산/시장 포트폴리오의 분산)이다. 따라서 A주식의 기대수익률 = 무위험자산의 수익률 + A주식의 위험프리미엄에서 14% = 2% + (시장 포트폴리오의 기대수익률 − 2%) × (6/5)이다. 따라서 시장 포트폴리오의 기대수익률은 12%이다.

0462
□□□

솔로우(Solow)의 성장모형은 생산요소 간의 비대체성을 전제로 한다. O | X

요소대체가 가능한 1차동차 생산함수와 요소가격의 신축적 조정을 가정하는 솔로우(Solow)모형은 경제의 안정적 성장을 설명하였다.

정답 0459 ○ 0460 ○ 0461 ○ 0462 X

0463
□□□

자동차 보험 가입 후 더욱 난폭하게 운전하거나, 실업급여를 받게 되자 구직 활동을 성실히 하지 않는 것은 도덕적 해이이다. O | X

일방의 행동을 상대방이 관찰할 수 없거나 통제할 수 없는 상황을 감춰진 행동이라 하고, 이는 계약 이후의 행동의 문제로 도덕적 해이를 초래한다. 자동차 보험 가입 후 더욱 난폭하게 운전하거나, 실업급여를 받게 되자 구직 활동을 성실히 하지 않는 것은 도덕적 해이이다.

0464
□□□

코즈정리(Coase theorem)에 따르면 거래비용에 관계없이 합리적인 문제해결이 가능하다. O | X

코즈정리는 거래비용 없이 협상을 할 수 있다면, 외부효과로 인해 초래되는 비효율성을 시장에서 스스로 해결할 수 있다는 원리이나, 과도한 협상비용이나 협상능력의 차이 등으로 문제해결에 어려움이 있다.

0465
□□□

산업내무역은 부존자원의 상대적인 차이 때문에 발생한다. O | X

산업간무역은 부존자원의 상대적인 차이 때문에 발생하지만, 산업내무역은 주로 규모의 경제에 의해 발생한다.

0466
□□□

내생적 성장이론에 따르면 기술진보 없이는 성장할 수 없다. O | X

수확체감의 법칙이 적용되지 않는 $Y = AK$라는 생산함수를 가정할 때, AK모형은 정부의 감세정책 등으로 저축률이 높아지면 지속적인 경제성장이 가능함을 보여준다. 이처럼 기술진보 없이도 성장할 수 있다.

0467
□□□

독점적 경쟁시장에서 개별 기업은 자신의 가격책정이 다른 기업의 가격결정에 영향을 미친다고 생각하면서 행동한다. O | X

기업 간 상호의존성이 크고, 치열한 비가격경쟁을 보이며, 담합 등의 비경쟁행위는 과점의 특징이다.

정답 0463 ○   0464 X   0465 X   0466 X   0467 X

0468
□□□

소매시장의 오리고기 수요곡선이 $Q_d = 70 - 30P$, 공급곡선이 $Q_s = -10 + 10P$일 때, 시장균형점에서 오리고기에 대한 수요의 가격탄력성은 6이다. ○ | X

수요의 가격탄력성은 $-\dfrac{\triangle Q}{\triangle P} \cdot \dfrac{P}{Q}$이다. 수요곡선은 $Q_d = 70 - 30P$이며, 공급곡선은 $Q_s = -10 + 10P$이다. 두 곡선의 교점은 $P = 2$, $Q = 10$이기에 수요곡선($Q_d = 70 - 30P$)에서 $P = 2$, $Q = 10$일 때 수요의 가격탄력성은 $-\dfrac{\triangle Q}{\triangle P} \cdot \dfrac{P}{Q}$으로 6이다.

0469
□□□

자국과 외국의 노동투입량과 노동의 한계생산량의 관계는 다음 표와 같다. 자국과 외국의 현재 노동부존량은 각각 11과 3이고 모두 생산에 투입된다. 국가 간 노동이동이 자유로워지면 세계 총생산량은 16개 증가한다.

노동투입량(명)	1	2	3	4	5	6	7	8	9	10	11
노동의 한계생산량(개)	20	19	18	17	16	15	14	13	12	11	10

○ | X

11번째 노동투입 시 노동의 한계생산량이 10이지만, 4번째 노동투입 시 노동의 한계생산량이 17이기에 전자 대신 후자에 노동을 투입하면 노동의 한계생산량은 7만큼 증가한다. 10번째 노동투입 시 노동의 한계생산량이 11이지만, 5번째 노동투입 시 노동의 한계생산량이 16이기에 전자 대신 후자에 노동을 투입하면 노동의 한계생산량은 5만큼 증가한다. 결국, 9번째 대신 6번째 노동투입 시 노동의 한계생산량은 3만큼 증가하고, 8번째 대신 7번째 노동투입 시 노동의 한계생산량은 1만큼 증가하기에 총생산량은 16개 증가한다.

0470
□□□

매년 이자를 지급하는 일반 이표채권(straight coupon bond)의 가격이 액면가보다 높다면 이 채권의 시장수익률은 이표이자율보다 낮다. ○ | X

금리(수익률)가 하락하면 채권의 가격은 상승하기에, 이표채권의 가격이 액면가보다 높다면 이 채권의 시장수익률은 이표이자율보다 낮다.

0471
□□□

개방경제하의 소국 A 내 의류의 공급곡선(S)은 $S = 50 + 5P$이고, 수요곡선(D)은 $D = 450 - 15P$이며, 의류의 세계가격은 10달러이다. 정부가 의류 한 벌당 5달러의 관세를 부과할 때, A국에 미치는 사회적 후생 순손실(deadweight loss)은 250달러이다. ○ | X

10달러 시 국내수요량은 300벌이나 국내생산량은 100벌로 200벌만큼 수입한다. 5달러 관세부과 시 관세포함 국내가격은 15달러로, 국내수요량은 225벌이나 국내생산량은 125벌로 100벌만큼 수입한다. 따라서 국내수요량이 75벌만큼 줄고 국내생산량은 25벌만큼 증가한다. 따라서 사회적 후생손실은 250달러이다.

정답 0468 ○ 0469 ○ 0470 ○ 0471 ○

0472
☐☐☐ 위험기피투자자 입장에서 경기가 회복중일 때 기대수익률은 주식, 회사채(AA등급), 국고채의 순위로 크다.
O | X

위험기피투자자 입장에서 경기가 회복중일 때 기대수익률은 일반적으로 주식이 채권보다 크고, 회사채(AA등급)가 국고채보다 크다.

2015년

0473
☐☐☐ 경기 활성화를 위해 중앙은행은 자국 통화의 평가절상 정책을 시행할 수 있다.
O | X

총수요감소에 의한 경기침체 시 경기 활성화를 위해 총수요증가의 확장정책이 필요하다. 자국 통화의 평가절상, 즉, 환율인하로 수출이 줄고 수입이 늘면 총수요가 감소한다.

0474
☐☐☐ 은행에 100만 원을 예금하고 1년 후 105만 원을 받으며, 같은 기간 중 소비자 물가지수가 100에서 102로 상승할 경우 실질이자율은 3%이다.
O | X

'실질이자율 + 기대인플레이션율 = 명목이자율'이다. 은행에 100만 원을 예금하고 1년 후 105만 원을 받으면 명목이자율은 5%이다. 소비자 물가지수가 100에서 102로 상승할 경우 물가상승률은 2%이다. 따라서 실질이자율 = 명목이자율 − 기대인플레이션율 = 5 − 2 = 3%이다.

0475
☐☐☐ 완전경쟁시장의 단기 균형상태에서 시장가격이 10원인 재화에 대한 한 기업의 생산량이 50개, 이윤이 100원이라면 이 기업의 평균비용은 10원이다.
O | X

'이윤 = 총수입 − 총비용'이다. 이윤이 100원이고 총수입은 $P \times Q = 10 \times 50 = 500$원으로 총비용은 400원이다. 따라서 평균비용은 총비용 ÷ 생산량 = 400 ÷ 50 = 8원이다.

0476
☐☐☐ 총수요곡선은 $Y = 550 + (2500/P)$, 총공급곡선은 $Y = 800 + (P - P^e)$, 기대물가는 $P^e = 10$일 때, 균형에서의 국민소득은 800이다.
O | X

총수요곡선은 $Y = 550 + (2500/P)$이고, 총공급곡선은 $Y = 800 + (P - P^e)$으로 총수요 = 총공급에 따라 $550 + (2500/P) = 800 + (P - P^e)$이다. 기대물가가 $P^e = 10$이기에 P는 −250 또는 10이나 음수가 아니기에 P는 10이다. 따라서 Y는 $Y = 550 + (2500/P)$ 또는 $Y = 800 + (P - P^e)$에서 800이다.

정답 0472 ○ 0473 X 0474 ○ 0475 X 0476 ○

0477
☐☐☐

지급준비율(reserve - deposit ratio)은 0.1, 현금예금비율(currency deposit ratio)은 0.2일 때의 통화승수는 3이다.   O | X

현금/예금비율이 k일 때, 통화승수는 $m = \frac{k+1}{k+z}$이다. 지급준비율은 $z = 0.1$, 현금예금비율은 $k = 0.2$이기에 통화승수는 $m = \frac{k+1}{k+z} = \frac{0.2+1}{0.2+0.1} = 4$이다.

0478
☐☐☐

한 기업이 두 재화 X, Y를 생산할 경우의 비용이 $C(X, Y) = 10+2X+3Y-XY$이고, 두 기업이 X, Y를 독립적으로 하나씩 생산할 경우의 비용이 각각 $C(X) = 5+2X$, $C(Y) = 5+3Y$인 경우 범위의 경제가 존재한다.   O | X

기업이 두 재화를 동시에 생산할 경우의 비용은 $10+2X+3Y-XY$로, 두 기업이 하나씩 생산할 경우의 비용의 합인 $5+2X+5+3Y$인 경우보다 생산비용이 적게 소요되기에 범위의 경제가 존재한다.

0479
☐☐☐

어떤 한 경제에 A, B 두 명의 소비자와 공공재 X, 사용재 Y 두 개의 재화가 존재한다. 현재의 소비량을 기준으로 A와 B의 한계대체율(MRS)이 $MRS^A_{XY} = 1$, $MRS^B_{XY} = 3$, 한계전환율(MRT)이 $MRT_{XY} = 5$로 측정되었다. 이 경우, 공공재가 최적 수준보다 적게 공급되고 있다.   O | X

공공재의 소비자들은 동일한 양을 서로 다른 편익으로 소비하기에 공공재의 적정공급조건은 $MRS^A_{XY} + MRS^B_{XY} = MRT_{XY}$이다. $MRS^A_{XY} = 1$, $MRS^B_{XY} = 3$으로 $MRS^A_{XY} + MRS^B_{XY} = 4$이고, $MRT_{XY} = 5$이기에 $MRS_{XY}(4) < MRT_{XY}(5)$이다. 따라서 X재 생산을 줄이고 Y재 생산을 늘려 소비하면 효용이 증가할 수 있다. 즉, X재 공공재가 최적 수준보다 많이 공급되고 있다.

0480
☐☐☐

두 명의 경기자 A와 B는 노력수준에 대한 보수행렬이 아래와 같을 때, 내쉬균형은 (태만, 태만)이다.

(A 보수, B 보수)		B	
		태만(0)	열심(1)
A	태만(0)	(1, 1)	(11, −4)
	열심(1)	(−4, 11)	(5, 5)

O | X

• B가 태만을 선택하면 A는 태만선택이 최선이고 B가 열심을 선택하면 A는 태만선택이 최선이다.
• A가 태만을 선택하면 B는 태만선택이 최선이고 A가 열심을 선택하면 B는 태만선택이 최선이다.
• 따라서 내쉬균형은 (태만, 태만)인 (1, 1)이다.

0481
□□□

$IS - LM$ 모형 하에서 다른 조건이 일정한 경우 한계소비성향이 클수록 구축효과는 커진다.   O | X

확장재정정책에도 이자율이 상승하여 민간소비와 민간투자가 감소하는 것을 구축효과라 한다. IS곡선이 완만할수록, LM곡선이 수직에 가까울수록 구축효과는 커진다. 따라서, 투자의 이자율탄력성이 낮을수록, 즉 IS곡선이 급경사일수록 구축효과는 작아진다.

0482
□□□

유동성함정에서 재정지출의 확대가 국민소득에 미치는 영향은 거의 없다.   O | X

유동성함정 시 화폐수요의 이자율탄력성이 무한대로 LM곡선이 수평선이기에 금융정책은 효과가 없다. 정부지출 증가의 확장재정정책을 실시하면 IS곡선은 우측으로 이동하나 이자율은 불변이고, 국민소득이 증가하기에 재정정책효과는 크다.

0483
□□□

x재와 y재를 소비하는 소비자 A의 효용함수가 $U(x, y) = \min(3x, 5y)$이다. x재의 가격은 8원이고, 소비자 A의 소득은 200원, 소비자 A의 효용을 극대화하는 x재 소비량은 10단위이다. 이 경우 y재의 가격은 20원이다.   O | X

효용함수가 $U(x, y) = \min(ax, by)$이면 $ax = by$에서 효용이 극대화된다. $P_X \cdot X + P_Y \cdot Y = M$의 예산선 하, 효용함수가 $U(x, y) = \min(3x, 5y)$이면 $3x = 5y$에서, 즉 $y = (3/5)x$에서 효용이 극대화된다. x재의 가격은 8원이고, 소득은 200원, x재 소비량은 10단위로 $y = (3/5)x = (3/5) \times 10 = 6$단위이다. 예산제약식 $P_X \cdot X + P_Y \cdot Y = M$에서 $80 + 6P_Y = 200$이다. 따라서 $P_Y = 20$원이다.

0484
□□□

통화량공급을 늘리기 위한 중앙은행의 공개시장조작(open market operation) 정책으로는 지급준비율 인하가 있다.   O | X

중앙은행의 국공채 매입이나 매각을 통해 통화량과 이자율을 조정하는 정책이 공개시장조작 정책이다. 지급준비율을 인하하여 통화승수를 상승시킴으로써 통화량을 증가시키는 것은 지급준비율 정책이다.

0485
□□□

실물경기변동(Real Business Cycle) 이론은 1990년대 후반 지속된 미국 경제의 호황은 정보기술 발전에 따른 생산성 증대의 결과라고 주장하였다.   O | X

정보기술 발전에 따른 생산성 증대로 호황이 지속된다는 것은 공급측면의 충격에 의한 경기변동으로 실물적 균형경기변동이론이다.

정답   0481 ○   0482 X   0483 ○   0484 X   0485 ○

0486

w원에 대한 A의 효용함수는 $U(w) = \sqrt{w}$이다. A는 50%의 확률로 10,000원을 주고, 50%의 확률로 0원을 주는 복권 L을 가지고 있다. A에게 40%의 확률로 100원을 주고, 60%의 확률로 3,600원을 주는 복권 M과 복권 L을 교환할 수 있는 기회가 주어진다면, A는 새로운 복권 M을 선택할 것이다. O | X

L에 대한 기대효용은 $0.5 \times \sqrt{10,000} + 0.5 \times \sqrt{0} = 50$으로 확실성등가는 $U(w) = 50 = \sqrt{w}$에서 2,500이다. M에 대한 기대효용은 $0.4 \times \sqrt{100} + 0.6 \times \sqrt{3,600} = 40$으로 확실성등가는 $U(w) = 40 = \sqrt{w}$에서 1,600이다. 따라서, A는 새로운 복권 M을 선택하지 않을 것이다.

0487

원/달러 환율이 1,100원에서 1,080원으로 하락하였으며, 원/엔 환율은 1,000원에서 900원으로 하락하였다. 이 경우, 일본 자동차의 대미 수출이 감소할 것으로 예상된다. O | X

원/달러 환율의 하락폭(1,100에서 1,080으로 -1.8%)이 원/100엔 환율의 하락폭(1,000에서 900으로 -10%)보다 더 작기에 엔화가치가 달러화가치보다 더 큰 하락을 보인다. 즉, 가치 상승 정도는 '원화 > 달러 > 엔화'이다. 따라서, 엔화가치가 달러화가치보다 더 큰 하락이기에 일본 자동차의 대미 수출이 증가할 것으로 예상된다.

0488

솔로우(Solow)의 경제성장모형 하에서 A국의 생산함수는 $Y = 10\sqrt{LK}$, 저축률은 30%, 자본 감가상각률은 연 5%, 인구증가율은 연 1%, 2015년 초 A국의 1인당 자본량은 100이다. 2015년 한 해 동안 A국의 1인당 자본의 증가량은 24이다. O | X

A국의 생산함수는 $Y = 10\sqrt{LK}$으로 1인당 생산량은 $\dfrac{Y}{L} = \dfrac{10\sqrt{LK}}{L} = \dfrac{10\sqrt{LK}}{\sqrt{L^2}} = \dfrac{10\sqrt{K}}{\sqrt{L}} = 10\sqrt{k}$이다.

1인당 실제투자액$[sf(k)]$과 1인당 필요투자액$[(n+d)k]$의 차이가 1인당 자본의 변화분이다. 따라서 1인당 자본의 변화분은 $[sf(k)] - [(n+d)k] = 0.3 \times 10\sqrt{100} - (0.01 + 0.05) \times 100 = 24$ 이다.

0489

포도주 수입이 없는 상태에서 A국의 포도주의 균형가격이 1병당 20달러이고, 균형생산량은 3만 병이다. 그러나 포도주 시장개방 이후 A국의 포도주 가격은 국제가격인 16달러, 균형거래량은 5만 병이 되었고, 국내 포도주 생산량은 1만 병으로 하락하였다. 이 경우 국내 사회적잉여 증가분은 국내 생산자잉여 감소분과 같다. O | X

국내 사회적잉여 증가분은 $(4 \times 4 \times 0.5 =)$8만 달러이고, 국내 생산자잉여 감소분은 $(4 \times 3 - 4 \times 2 \times 0.5 =)$8만 달러로 같다.

0490
☐☐☐

새로운 지식 및 기술에 대한 연구투자의 증가는 신고전학파의 경제성장이론과 달리 내생적 성장이론에서 고려되는 경제성장 요인이다.　　　　　　　　　　　　　　　　　　　　　　　　O | X

새고전학파의 솔로우(Solow)모형은 경제성장의 요인을 내생적으로 설명하지 못한다. 내생적 성장이론은 실물자본 외 인적자본, 새로운 지식 및 기술에 대한 연구투자 그리고 경험을 통한 학습 등을 경제성장의 요인으로 고려한다.

0491
☐☐☐

현재 한국과 미국의 연간 이자율이 각각 4%와 2%이고, 1년 후의 예상 환율이 1,122원/달러이다. 양국 간에 이자율평형조건(interest parity condition)이 성립하기 위한 현재 환율은 대략 1,100원/달러이다.　O | X

해외투자수익률의 불확실성은 선물계약을 통해 제거할 수 있기에, 무위험이자율평가설은 현재환율(1+국내이자율) = 선도환율(1+ 해외이자율)이다. 한국과 미국의 연간 이자율이 각각 4%와 2%이고, 1년 후의 예상 환율이 1,122원/달러이기에 현재환율(1+ 국내이자율) = 선도환율(1+ 해외이자율)에서, 현재환율$(1+0.04)$ = $1,122(1+0.02)$이다. 따라서 현재환율은 대략 1,100원/달러이다.

0492
☐☐☐

사회적 한계비용(SMC)이 사적한계편익(PMB)보다 크면 생산의 외부불경제가 발생한다. 이 때, 시장균형 생산량은 사회적 최적생산량보다 많다.　　　　　　　　　　　　　　　　　　　　O | X

사회적 한계비용(SMC)이 사적 한계편익(PMB)보다 크기에 생산의 외부불경제가 발생한다. 따라서 시장균형 생산량은 사회적 최적생산량보다 많다.

2016년

0493
☐☐☐

화폐수요의 이자율탄력성이 0이 되는 것을 유동성함정이라고 한다.　　　　　　　　　　　O | X

현재 이자율이 매우 낮고 채권가격이 매우 높아 이후 이자율이 상승하고 채권가격이 하락할 것으로 예상하여, 자산을 전부 화폐로 보유하고 있는 상태를 유동성함정이라 한다. 이때 화폐수요의 이자율탄력성은 무한대이다.

0494
□□□

재화 A에 대한 수요곡선과 공급곡선은 각각 $Q_d = 12 - P$ 및 $Q_s = 2P$로 표현된다. 이 재화에 개당 3원의 세금을 소비자에게 부과하는 경우에 경제적 순손실의 크기는 3원이다.　　　　O | X

조세의 귀착 시 후생손실은 거래량 감소분 × 단위당 조세 × 1/2을 통해 알 수 있다.
1. 조세부과 전 거래량: $12 - P = 2P \rightarrow P = 4$, $Q = 8$
2. 조세부과 후 곡선(평행이동): $Q_d = 12 - P$에서 P 대신 $[P - (-3)]$를 대입하면, $Q_d = 12 - (P + 3)$으로 $Q_d = 9 - P$이다.
3. 조세부과 후 거래량: $9 - P = 2P \rightarrow P = 3$, $Q = 6$
4. 거래량감소 × 단위당 조세 × 1/2: $(8 - 6) \times 3 \times 1/2 = 3$

0495
□□□

명목이자율이 15%이고 예상 인플레이션율은 5%이다. 이자소득에 대해 20%의 이자소득세가 부과된다면 세후 실질이자율은 7%이다.　　　　O | X

'실질이자율 + 인플레이션율 = 명목이자율'이다. 명목이자율이 15%, 이자소득에 대한 세율이 20%이기에 세후 명목이자율은 $15 - (15 \times 20\%) = 12\%$이다. 인플레이션율이 5%이기에 세후 실질이자율 = 세후 명목이자율 − 인플레이션율 $= 12 - 5 = 7\%$이다.

0496
□□□

자본이동이 완전히 자유로운 소국 개방경제에서 재정정책의 국민소득에 대한 효과는 고정환율제보다 변동환율제하에서 더 커진다.　　　　O | X

완전한 자본이동성하 고정환율제도에서는 재정정책이 효과있고, 변동환율제도에서는 통화정책이 효과있다. 따라서 재정정책의 국민소득에 대한 효과는 변동환율제보다 고정환율제하에서 더 커진다.

0497
□□□

물가가 하락하는 경우 실질임금이 상승하여 노동공급이 증가하기 때문에 총수요곡선은 우하향한다.　　　　O | X

물가가 하락하면 실질임금이 상승하여 고용량이 감소하기에 생산량도 감소한다. 따라서 우상향의 총공급곡선을 도출할 수 있다.

0498
□□□

디스인플레이션 정책에 따른 희생률은 적응적기대보다 합리적기대에서 작게 나타난다.　　　　O | X

적응적기대 시 필립스곡선이 우하향하기 때문에 긴축통화정책으로 실업률이 증가하고 산출량이 감소하여 큰 희생률이 나타날 수 있다. 합리적기대 시 사전에 공표한 긴축통화정책으로 기대물가상승률이 실제물가상승률과 함께 하락하기 때문에 실업률의 증가 없이 물가상승률을 낮출 수 있다. 따라서 디스인플레이션 정책에 따른 희생률은 적응적기대보다 합리적기대에서 작게 나타난다.

정답　　0494 O　　0495 O　　0496 X　　0497 X　　0498 O

0499
□□□

숙련노동자가 비숙련노동자에 비해 풍부한 A국과 비숙련노동자가 숙련노동자에 비해 풍부한 B국이 있다. 두 나라가 무역을 개시하여 A국은 B국에 숙련노동집약적인 재화를 수출하고, B국으로부터 비숙련노동집약적인 재화를 수입한다. 이 경우 A국의 숙련노동자와 비숙련노동자의 임금격차가 확대될 것이다. O | X

스톨퍼 - 사무엘슨정리를 따를 때, 자유무역 시 풍부한 생산요소의 소득은 증가하고 희소한 생산요소의 소득은 감소한다. 자유무역 이후 숙련노동자가 비숙련노동자에 비해 풍부한 A국은 숙련노동자의 임금은 상승하고 비숙련노동자의 임금은 하락한다. 따라서, A국의 숙련노동자와 비숙련노동자의 임금격차가 확대될 것이다.

0500
□□□

완전경쟁시장에 100개의 기업이 있다. 개별기업의 총비용함수와 외부비용은 각각 $C = Q^2 + 4Q$와 $EC = Q^2 + Q$로 동일하며, 이 재화에 대한 시장수요곡선이 $Q_d = 1,000 - 100P$일 때, 사회적으로 최적인 생산량은 100이다. O | X

사회적으로 최적인 생산량은 다음과 같다. 개별기업의 총비용함수 $C = Q^2 + 4Q$와 외부비용 $EC = Q^2 + Q$의 합은 $2Q^2 + 5Q$이다. $MC = 4Q + 5$이고 $Q = \dfrac{MC - 5}{4}$이기에 개별기업이 100개로 시장의 $MC = 5 + \dfrac{Q}{25}$이다. 시장수요곡선이 $Q_d = 1,000 - 100P$이기에 $P = 10 - \dfrac{Q}{100}$이다. $P = MC$에 따라 $Q = 100$이다.

0501
□□□

A국의 소비함수가 $C_t = 2.48 + 0.56 Y_t + \epsilon_t$로 추정될 때, 소득의 계수 0.56은 소득이 1% 상승할 때 소비가 0.56% 상승함을 의미한다. O | X

소득의 계수 0.56은 한계소비성향으로 소득이 1단위 증가할 때 소비가 0.56단위 증가한다는 의미이다.

0502
□□□

어느 마을에 누구나 물고기를 잡을 수 있는 호수가 있다. 이 호수에서 잡을 수 있는 물고기의 수(Q)와 어부의 수(N) 사이에는 $Q = 70N - \dfrac{1}{2}N^2$의 관계가 성립한다. 한 어부가 물고기를 잡는 데는 총 2,000원의 비용이 발생하며, 물고기의 가격은 마리당 100원이다. 어부들이 아무런 제약 없이 각자의 이윤을 극대화할 경우 이 호수에서 잡을 수 있는 물고기의 수는 2,000마리이다. O | X

어부들이 아무런 제약 없이 경쟁하면서 각자의 이윤을 극대화할 경우는 이윤이 0보다 크면 새로운 어부들이 계속 진입할 것이기에 각 개인의 이윤이 0이 될 때 결정된다. 각 개인의 총수입 $TR = 100 \times (70N - \dfrac{1}{2}N^2 \div N)$ $= 100 \times (70 - \dfrac{1}{2}N)$과 총비용 $TC = 2,000$에서 이윤 $\pi = 100 \times (70 - \dfrac{1}{2}N) - 2,000$이다. 따라서 각 개인의 이윤이 0이 될 때는 $N_0 = 100$, $Q_0 = 2,000$이다.

정답 0499 ○ 0500 ○ 0501 X 0502 ○

0503 □□□ 교환방정식 $MV = PY$가 성립한다고 가정하면, V와 M이 일정할 때 실질 GDP가 커지면 물가가 상승한다. O | X

V와 M이 일정할 때, 실질 GDP가 커지면 물가가 하락해야 한다.

0504 □□□ 어느 양식장이 연간 x톤의 물고기를 양식할 때, 1톤을 더 양식하는 데 들어가는 한계비용은 $(1,000x + 7,000)$원, 1톤을 더 양식하는 데 따른 수질오염의 한계피해액은 $500x$원이다. 양식장의 물고기는 톤당 10,000원일 때, 사회적 최적 산출량이 달성되도록 하는 톤당 피구세(Pigouvian tax)는 1,000원이다. O | X

$P = SMC$에서 사회적 최적산출량이 달성되고 $P = PMC$에서 시장 균형산출량이 결정된다. $PMC = (1,000x + 7,000)$원이고 $SMC = (1,000x + 7,000) + 500x = (1,500x + 7,000)$원이다. $P = 10,000$원이기에 $P = PMC$에서 시장 균형산출량은 3이고, $P = SMC$에서 사회적 최적산출량은 2이다. 따라서 사회적 최적산출량 2에서 SMC와 PMC의 차이, 즉 $(1,500 \times 2 + 7,000) - (1,000 \times 2 = 7,000) = 1,000$원이다.

0505 □□□ 항상소득가설에 의하면 평균소비성향은 현재소득 대비 항상소득의 비율에 의존한다. O | X

소비는 항상소득의 일정비율($C = kYp$)이라는 것이 프리드만의 항상소득가설이다. 따라서 항상소득가설에 의하면 평균소비성향은 현재소득 대비 소비, 즉 항상소득의 비율에 의존한다.

0506 □□□ U자 형태의 평균비용곡선과 한계비용곡선에서 한계비용이 최소가 되는 점에서 평균비용곡선은 한계비용곡선을 아래에서 위로 교차하며 지나간다. O | X

평균비용이 최소가 되는 점에서 한계비용곡선은 평균비용곡선을 아래에서 위로 교차하며 지나간다.

0507 □□□ 환율결정이론 중 구매력평가(Purchasing Power Parity)이론은 이자율평가율에 비해 장기보다는 단기적인 환율의 움직임을 잘 예측한다는 평가를 받는다. O | X

이자율평가설은 자본거래로 환율의 단기적 변동을 더 잘 설명하나, 구매력평가설은 경상거래로 환율의 장기적 추세를 더 잘 설명한다.

0508
□□□

A국의 1인당 $GDP(y)$, 1인당 물적자본스톡(k), 그리고 1인당 인적자본스톡(h)의 연평균 증가율은 각각 1.54%, 0.84%, 0.63%이며, 총생산함수는 $y=zk^{1/3}h^{2/3}$이다. 이 경우 A국의 총요소생산성(z)의 연평균 증가율은 0.84%이다.   O | X

$y=zk^{1/3}h^{2/3}$에서 $\frac{\triangle y}{y}=\frac{\triangle z}{z}+\frac{1}{3}\frac{\triangle k}{k}+\frac{2}{3}\frac{\triangle h}{h}$로 나타낸다. 이때 $\frac{\triangle z}{z}$를 총요소생산성 증가율이라 한다. A국의 1인당 GDP 증가율$\left(\frac{\triangle y}{y}\right)$이 1.54%, 1인당 물적자본스톡$\left(\frac{\triangle k}{k}\right)$이 0.84%, 1인당 인적자본스톡 $\left(\frac{\triangle h}{h}\right)$이 0.63%이기에, $\frac{\triangle z}{z}=1.54-0.84\times\frac{1}{3}-0.63\times\frac{2}{3}=0.84\%$이다.

0509
□□□

기대물가의 상승은 총공급곡선을 상방으로 이동시킨다.   O | X

총공급곡선(AS)은 $Y=Y_N+\alpha(P-P^e)$이다. 따라서, 기대물가의 상승은 총공급곡선을 상방으로 이동시킨다.

0510
□□□

어느 기업의 생산함수는 $Q=2LK$이다. 단위당 임금은 2원, 단위당 자본비용이 3원이며, 이 기업의 총 사업자금이 60원으로 주어졌을 때, 노동의 최적 투입량은 15이다.   O | X

생산자균형은 등량곡선과 등비용선이 접하는 점에서 등량곡선의 기울기인 한계기술대체율과 등비용선의 기울기가 일치함으로써 달성된다. 즉, $MRTS_{LK}=\frac{MP_L}{MP_K}=\frac{w}{r}$이다. 따라서 $\frac{MP_L}{MP_K}=\frac{2K}{2L}=\frac{w}{r}=\frac{2}{3}$이다. $K=\frac{2}{3}L$ 이다. 등비용선은 $wL+rK=C$으로 $2L+3K=60$이다. 결국, $L=15$이다.

0511
□□□

사과와 배의 수요함수가 다음과 같다면, 사과와 배는 서로 보완재이다.

> • 사과의 수요함수: $Q_{사과}=0.8-0.8P_{사과}-0.2P_{배}+0.6I$
> • 배의 수요함수: $Q_{배}=1.1-1.3P_{배}-0.25P_{사과}+0.7I$

    O | X

사과수요함수에서 사과수량과 배가격 간 (-)의 관계를 보여주고, 배수요함수에서 배수요량과 사과가격 간 (-)의 관계를 보여주기에 사과와 배는 보완재이다.

0512
□□□

소국인 A국의 땅콩에 대한 수요곡선과 공급곡선은 각각 $Q_d = 4,000 - 100P$, $Q_s = 500 + 50P$이며, 땅콩의 국제가격은 kg당 10달러이다. 이 나라의 수입을 500kg으로 제한하는 수입할당제를 시행할 때, 발생하는 할당지대는 5,000달러이다. **O | X**

수량할당 시 시장가격을 a라 할 때 수요량은 $4,000 - 100a$이고 공급량은 $500 + 50a$이다. 수요량과 공급량의 차이인 $3,500 - 150a = 500$이다. 따라서 $a = 20$달러이다. 할당지대는 수입량 × (새로운 가격 - 기존 가격) = $500 \times 10 = 5,000$달러이다.

2017년(8월 시행)

0513
□□□

식당에서 판매하는 식사는 GDP에 포함되지만, 아내가 가족을 위해 제공하는 식사는 GDP에 포함되지 않는다. **O | X**

식당에서 판매하는 식사는 시장거래로 GDP에 포함되지만, 아내가 가족을 위해 제공하는 식사는 시장가치로 나타낼 수 없기에 GDP에 포함되지 않는다.

0514
□□□

주당 18시간 이상 일한 무급가족종사자와 직장은 있으나 질병으로 인해 일시적으로 일을 하고 있지 않은 사람은 모두 취업자이다. **O | X**

주당 18시간 이상 일한 무급가족종사자와 직장은 있으나 질병으로 인해 일시적으로 일을 하고 있지 않은 사람은 모두 취업자이다.

0515
□□□

가맹국 간에는 상품의 자유로운 이동이 보장되지만, 역외 국가의 수입품에 대해서는 공동관세를 부과하는 경제통합 형태를 공동시장(common market)이라고 한다. **O | X**

공동시장은 역내는 관세철폐와 생산요소의 자유이동이나 역외는 공동관세를 부과하는 것이다. 관세동맹은 역내는 관세철폐이나 역외는 공동관세를 부과한다. 주로 경제통합은 자유무역지역 → 관세동맹 → 공동시장 → 경제동맹 → 완전경제통합의 단계로 진행된다.

0516
□□□

규모의 경제 란 한 기업이 여러 제품을 함께 생산하는 경우가 각 제품을 별도의 개별기업이 생산하는 경우보다 생산비용이 더 적게 드는 것을 말한다. **O | X**

한 기업이 여러 가지 재화를 동시에 생산하는 것이 여러 기업이 각각 한 가지의 재화를 생산할 때보다 생산비용이 적게 소요되는 것을 범위의 경제라 한다.

정답 0512 O 0513 O 0514 O 0515 X 0516 X

0517
□□□ 자본이동이 자유로운 소규모 개방경제에서 변동환율제하에서 확장적 재정정책은 전혀 효과가 없다.

O | X

변동환율제하에서 정부지출 증가로 IS곡선이 우측이동하면, 국내금리가 국제금리보다 커져 외국자본유입으로 환율이 하락하기에 IS곡선이 좌측이동한다. BP곡선이 좌측이동하나 수평선이기에 재정정책은 전혀 효과가 없다.

0518
□□□ 생산함수가 $Y = L^{\frac{2}{3}} K^{\frac{1}{3}}$ 인 경제의 저축률이 s, 감가상각률이 σ이다. 인구증가나 기술진보가 없다고 가정할 때, 정상상태(steady state)에서 1인당 생산량은 $(\frac{s}{\sigma})^{\frac{1}{2}}$ 이다.

O | X

생산함수가 $Y = L^{\frac{2}{3}} K^{\frac{1}{3}}$ 일 때 1인당 생산함수는 $\frac{Y}{L} = \frac{L^{\frac{2}{3}} K^{\frac{1}{3}}}{L} = \frac{K^{\frac{1}{3}}}{L^{\frac{1}{3}}} = (\frac{K}{L})^{\frac{1}{3}} = k^{\frac{1}{3}}$ 이다. 정상상태에서

$sf(k) = (n+\sigma+g)k$일 때, 인구증가나 기술진보가 없기에 $sf(k) = sk^{\frac{1}{3}} = \sigma k$이다. $sk^{\frac{1}{3}} = \sigma k$에서 $\frac{s}{\sigma} = k^{\frac{2}{3}}$

일 때 $(\frac{s}{\sigma})^{\frac{1}{2}} = k^{\frac{1}{3}}$ 이다. 따라서 1인당 생산량은 $k^{\frac{1}{3}} = (\frac{s}{\sigma})^{\frac{1}{2}}$ 이다.

0519
□□□ 의료서비스에 대한 보통사람의 수요곡선 D_1은 $P = 10 - Q$, 중증환자의 수요곡선 D_2은 $P = 20 - Q$이다. 의료서비스의 가격이 5일 때, 이윤을 극대화하는 독점병원은 보통사람보다 중증환자에게 더 높은 가격을 부과한다.

O | X

보통사람의 가격 5에서 탄력성은 $\frac{\triangle Q}{\triangle P} \cdot \frac{P}{Q} = (-1) \times \frac{5}{5} = -1$이고, 중증환자의 가격 5에서 탄력성이

$\frac{\triangle Q}{\triangle P} \cdot \frac{P}{Q} = (-1) \times \frac{5}{15} = -1/3$ 이다. 가격차별로 이윤을 극대화하는 독점병원은 상대적으로 비탄력적인 중증환자에게 높은 가격을 부과하고 상대적으로 탄력적인 보통사람에게 낮은 가격을 부과한다.

0520
□□□ 효용함수가 $u(x, y) = x + y$인 소비자가 있다. $P_X = 2$, $P_Y = 3$일 때, 이 소비자의 소득소비곡선은 $x = 0$이다.

O | X

예산선의 기울기$(-2/3)$절댓값이 무차별곡선의 기울기(-1)절댓값보다 작기에 소비자균형은 X축에서 이루어진다. 따라서 소득이 변해도 소비자균형은 늘 X축에서 달성되기에 소득소비곡선은 X축과 일치한다. 따라서 $y = 0$이다.

Part 2

2022 해커스공무원 局경제학 핵심 기출 OX 1592

0521

한국의 빅맥가격은 4,000원, 미국의 빅맥가격은 5달러이다. 현재 시장환율이 1,000원/달러일 때, 한국의 화폐가치는 구매력평가 환율로 평가 시 시장환율 대비 저평가된다. O | X

미국 빅맥가격이 1달러라고 가정하면, 빅맥지수는 국내 가격으로, 시장환율은 미국가격으로 볼 수 있다. 한국의 빅맥지수 = (한국가격/미국가격) = 4,000/5 = 800이다. 시장환율이 1,000이기에 한국이 미국보다 빅맥가격이 싸다. 따라서 빅맥가격으로 구한 구매력평가 환율을 사용할 경우, 환율은 하락한다. 즉, 한국의 화폐가치는 구매력평가 환율로 평가 시 시장환율 대비 고평가된다.

0522

100% 지급준비제도하에서는 지급준비율이 1이므로 통화승수는 0이 된다. O | X

통화승수에서 100% 지급준비제도 하에서는 지급준비율이 1이므로 현금/통화량비율 시 $m = \dfrac{1}{c+z(1-c)} = 1$ 이고, 현금/예금비율 시 $m = \dfrac{k+1}{k+z} = 1$이다.

0523

A국에서는 화폐수량설이 성립한다. 현재 A국의 실질 GDP는 20,000, 물가수준은 30, 그리고 통화량은 600,000일 때, 화폐의 유통속도는 1이다. O | X

실질 GDP가 20,000, 물가수준이 30, 그리고 통화량은 600,000일 때, $MV = PY$에서 화폐의 유통속도는 1이다.

0524

완전경쟁시장에서 정부가 가격상한제를 실시할 경우, 가격상한이 시장균형가격보다 높게 설정되면 정책의 실효성이 없다. O | X

가격상한제(최고가격제)는 수요자 보호를 위해 균형가격보다 낮게 설정하는 제도이다. 가격상한제하 가격상한이 시장균형가격보다 높게 설정되면 정책의 실효성이 없다.

0525

2005년 실질 GDP가 명목 GDP보다 크다면 GDP디플레이터는 100보다 작은 값을 가진다. O | X

명목 GDP를 실질 GDP로 나눈 값을 GDP디플레이터[= (명목 GDP/실질 GDP) × 100]라 하고, 이는 대표적인 물가지수의 역할을 한다. 따라서 'GDP디플레이터/100 = (명목 GDP/실질 GDP)'으로 변형할 수 있다. 따라서 2005년에 실질 GDP가 명목 GDP보다 크다면 GDP디플레이터는 100보다 작은 값을 가진다.

정답 0521 X 0522 X 0523 ○ 0524 ○ 0525 ○

0526 □□□

총지출 $E = C + I + G = 0.8(Y - \overline{T}) + \overline{I} + \overline{G}$일 때, 세금을 1단위 감소시키면 발생하는 총소득 증가분은 5이다. O | X

세금을 1단위 감소시키면 발생하는 총소득 증가분은 감세승수로 $\dfrac{c}{1-c} = \dfrac{0.8}{1-0.8} = 4$이다.

0527 □□□

2010년이 기준연도일 때, 라스파이레스 물가지수는 240이다.

구분	빵		의복	
	구입량	가격	구입량	가격
2010년	10만 개	1만 원	5만 벌	3만 원
2011년	12만 개	3만 원	6만 벌	6만 원

O | X

라스파이레스 방식(L_P)은 기준연도 거래량을 가중치로 사용하여 계산($L_P = \dfrac{P_t \cdot Q_0}{P_0 \cdot Q_0}$)한다.

즉, $L_P = \dfrac{P_t \cdot Q_0}{P_0 \cdot Q_0} = \dfrac{3 \times 10 + 6 \times 5}{1 \times 10 + 3 \times 5} \times 100 = 240$이다.

0528 □□□

A국은 한 단위의 노동으로 하루에 쌀 5kg을 생산하거나 옷 5벌을 생산할 수 있다. B국은 한 단위의 노동으로 하루에 쌀 4kg을 생산하거나 옷 2벌을 생산할 수 있다. 쌀 1kg당 옷 0.4벌과 교환이 이루어지는 경우, 두 나라 사이에 무역이 발생한다. O | X

양국의 국내상대가격비, 즉 기회비용 사잇값에서 양국이 이득을 볼 수 있는 교역조건이 성립한다. 쌀 1단위 생산 기회비용은 A국은 옷 5/5이고 B국은 옷 2/4이다. 따라서 두 나라가 이익을 얻을 수 있는 교역조건은 옷 5/5 > 쌀 1 > 옷 2/4이다. 따라서 쌀 1kg당 옷 0.4벌은 두 나라 사이에 무역이 이루어지기 위한 쌀과 옷의 교환비율이 아니다.

0529 □□□

A기업의 장기 총비용곡선은 $TC(Q) = 40Q - 10Q^2 + Q^3$이다. 규모의 경제와 규모의 비경제가 구분되는 생산량은 5이다. O | X

장기 평균비용곡선의 최솟점에서 규모의 경제와 규모의 비경제가 구분된다. 장기 총비용곡선 $TC(Q) = 40Q - 10Q^2 + Q^3$에서 장기 평균비용곡선을 구하면 $LAC(Q) = 40 - 10Q + Q^2$이다. 이를 미분하여 영(0)이 되는 생산량을 구하면, $0 = -10 + 2Q$에서 $Q = 5$이다.

0530
□□□

생산의 파레토효율성 조건은 경제주체의 효용가능곡선상의 점에서 달성가능하다.　O | X

생산의 파레토효율성 조건은 주어진 노동과 자본 및 기술로 최대한 생산가능한 생산가능곡선상의 점에서 달성
가능하다.

0531
□□□

소비자의 효용함수가 $U(C_1, C_2) = \ln(C_1) + \beta\ln(C_2)$, 예산제약식이 $C_1 + \dfrac{C_2}{1+r} = 100$인 경우, $\beta > \dfrac{1}{1+r}$
이면, 2기의 소비가 1기의 소비보다 크다.　O | X

효용함수 $U(C_1, C_2) = \ln(C_1) + \beta\ln(C_2)$에서 $MRS_{C_1 C_2} = \dfrac{MU_{C_1}}{MU_{C_2}} = \dfrac{\dfrac{1}{C_1}}{\dfrac{\beta}{C_2}} = \dfrac{C_2}{\beta C_1}$로 예산선의 기울기 $(1+r)$

과 일치할 때 소비자균형점은 달성된다. 따라서, $\dfrac{C_2}{\beta C_1} = (1+r)$에서 $\beta > \dfrac{1}{1+r}$이면, 2기의 소비가 1기의 소
비보다 크다.

0532
□□□

경제주체들의 기대형성이 적응적기대를 따르고 예상하지 못한 화폐공급의 감소가 일어났다면, 단기 균형
점은 우하향의 단기 필립스곡선상에서 우하방으로 이동한다.　O | X

적응적기대하 단기 필립스곡선은 우하향이다. 따라서 단기 균형점은 우하향의 단기 필립스곡선을 따라 우하방
으로 이동한다.

2018년

0533
□□□

공개시장조작을 통한 중앙은행의 국채매입이 이루어지면 본원통화는 불변이나 통화량은 증가한다.
　O | X

통화량증가는 중앙은행의 국공채매입을 통해 시중에 본원통화를 제공함으로써 달성가능하다. 바로 공개시장조
작정책이다. 중앙은행의 국채매입이 본원통화를 증가시키고 신용창조를 통해 통화량이 증가한다.

0534
□□□

현금통화비율이 0%이고, 법정지급준비율은 20%이다. 초과지급준비금 200억 원을 전부 대출할 때, 은행시스템 전체를 통해 최대로 증가할 수 있는 통화량의 크기는 1,000억 원이다. O | X

현금통화비율이 0%이고, 초과지급준비금 200억 원을 전부 대출할 때, 은행시스템 전체를 통해 최대로 증가할 수 있는 통화승수는 법정지급준비율의 역수로 $1/20\% = 5$이다. 따라서 은행시스템 전체를 통해 최대로 증가할 수 있는 통화량의 크기는 200억 원$\times 5 = 1,000$억 원이다.

0535
□□□

수요곡선이 $Q_d = 280 - 3P$, 공급곡선이 $Q_s = 10 + 7P$이다. A국 정부는 이 재화의 가격상한을 20원으로 설정하면서 생산자에게 보조금을 지급하여 공급량을 수요량에 맞추고자 한다면 단위당 보조금은 10원이다. O | X

가격상한을 20원으로 설정하면, 수요량은 220이고 공급량은 150이다. 생산자에게 단위당 보조금 a를 지급하여 공급량을 수요량에 맞추고자 한다면, 공급곡선은 $Q_s = 10 + 7P$에서 $Q_s = 10 + 7[P - (-a)]$로 평행이동한다. 평행이동한 공급곡선 $Q_s = 10 + 7[P - (-a)]$가 가격상한 20원과 수요량 220을 만족하려면, $220 = 10 + 7[20 - (-a)] = 150 + 7a$에서 $a = 10$이다.

0536
□□□

IS곡선이 수평선에 가까울수록 통화정책효과가 크다. O | X

IS곡선이 수평선에 가까울수록 재정정책효과가 작고 통화정책효과는 크다.

0537
□□□

甲의 효용함수는 $u(x) = \sqrt{x}$이며, $\frac{1}{3}$의 당첨 확률로 상금 100원을 받는 복권을 갖고 있다. 상금의 일부를 포기하는 대신에 당첨될 확률을 $\frac{2}{3}$로 높일 수 있을 때, 甲이 포기할 용의가 있는 최대 금액은 60원이다. O | X

$\frac{1}{3}$의 당첨 확률로 상금 100원을 받는 복권의 확실성등가는 기대효용, $\frac{1}{3} \times \sqrt{100} + \frac{2}{3} \times \sqrt{0} = \frac{10}{3}$을 제곱한 $\frac{100}{9}$이다. 상금의 일부인 a를 포기하는 대신에 $\frac{2}{3}$의 당첨 확률로 상금 $(100 - a)$원을 받는 복권의 확실성등가는 기대효용, $\frac{2}{3} \times \sqrt{(100 - a)} + \frac{1}{3} \times \sqrt{0} = \frac{2}{3}\sqrt{(100 - a)}$을 제곱한 $\frac{4(100 - a)}{9}$이다. 두 경우의 확실성등가가 같을 때, $\frac{100}{9} = \frac{4(100 - a)}{9}$에서 甲이 포기할 용의가 있는 최대 금액은 $a = 75$이다.

0538
☐☐☐

두 명의 주민이 사는 어느 마을에서 공공재인 가로등에 대한 개별 주민의 수요함수는 모두 $P = 10 - Q$이다. 가로등 설치에 따르는 한계비용이 6일 때, 이 마을에 설치할 가로등의 적정 수량은 7이다. O | X

공공재의 적정공급조건은 $MB_A + MB_B = MC$이다. 공공재의 시장수요곡선은 개별수요곡선을 수직으로 합하여 도출하기에, $P = 10 - Q$에서 두 명 주민의 개별수요곡선을 수직으로 합하면 $P = (10 - Q) + (10 - Q) = 20 - 2Q$이다. 한계비용 $MC = 6$일 때, $20 - 2Q = 6$에서 $Q = 7$이다.

0539
☐☐☐

r은 중앙은행의 목표 이자율, π는 인플레이션율, Y^*는 잠재 GDP, Y는 실제 GDP이다. 현재 인플레이션율이 4%이고 GDP갭이 1%일 때, 균형이자율은 1%이다.

$$r = 0.03 + \frac{1}{4}(\pi - 0.02) - \frac{3}{4}\frac{Y^* - Y}{Y^*}$$

O | X

균형이자율은 인플레이션갭이 영이고 GDP갭이 영일 때 이자율이다. 균형이자율은 인플레이션갭과 GDP갭이 영 즉, $(\pi - 0.02) = 0$, $(\frac{Y^* - Y}{Y^*}) = 0$일 때 3%이다.

0540
☐☐☐

국제수지표에서 본원소득수지, 이전소득수지, 오차와 누락은 모두 0과 같을 때, 변동환율제하에서 국민소득이 국내총지출보다 크면 경상수지는 적자이다. O | X

'$X - M =$ 순수출 = 순자본유출'이다. 즉, 수출을 통해 얻은 1달러로 미국의 주식 등을 구입한다면 순자본유출이 발생한다. 따라서 순수출 1달러는 순자본유출 1달러로 전환된다. 국민소득이 국내총지출보다 크면, 즉 $Y > C + I + G$이면, $X - M > 0$이다. 따라서 경상수지는 흑자이다.

0541
☐☐☐

소국인 A국에서 어느 재화의 국내 수요곡선이 $Q_d = 16 - P$, 국내 공급곡선이 $Q_s = -6 + P$이다. 세계시장 가격 $P_w = 6$에 자유무역을 시작하면서 단위당 2의 수입관세를 부과할 경우 사회후생 감소분은 4이다. O | X

사회후생은 색칠한 면적으로 $(2 \times 2 \times 1/2) + (2 \times 2 \times 1/2) = 4$만큼 감소한다.

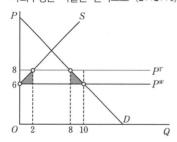

정답   0538 ○   0539 X   0540 X   0541 ○

0542
☐☐☐

하루에 이착륙하는 비행기의 수는 x, 주택의 수는 y라고하면 어느 공항의 이윤함수는 $28x - x^2$이고, 공항 근처에 주택을 개발하고자 하는 업체의 이윤함수는 $20y - y^2 - xy$이다. 만일 한 기업이 공항과 주택개발업체를 모두 소유한다면, 이 기업이 이윤을 극대화하는 주택의 수는 2이다. ○ | X

이윤극대화는 이윤함수를 미분하여 0일 때 달성된다. 한 기업이 모두 소유하는 경우, 이윤함수는 공항의 이윤 함수 $28x - x^2$과, 주택개발업체의 이윤함수 $20y - y^2 - xy$를 더하여 구한다. 즉, $28x - x^2 + 20y - y^2 - xy$이다. 이를 X로 미분하여 $28 - 2x - y = 0$과 Y로 미분하여 $20 - 2y - x = 0$을 연립하면, 이윤을 극대화하는 주택의 수는 $y = 4$이다.

0543
☐☐☐

장기균형하에서, 완전경쟁기업의 이윤은 0인 반면, 독점적 경쟁기업과 독점기업의 이윤은 0보다 크다. ○ | X

장기균형하에서, 완전경쟁기업과 독점적 경쟁기업이 존재하는 시장에는 진입과 퇴거가 자유롭다. 따라서 완전 경쟁기업과 독점적 경쟁기업의 경우, 진입과 퇴거가 자유로워 (초과)이윤은 0인 반면, 독점기업의 이윤은 0보 다 크거나 같다.

0544
☐☐☐

A대학 경제학과는 2017년도 졸업생 100명을 대상으로 2018년 4월 현재 취업 현황을 조사했다. 조사 결과, 40명은 취업했으며, 20명은 대학원에 진학하였다. 20명은 취업 준비를 10명은 진학 준비를 하고 있었으며, 나머지 10명은 실업자로 분류되었다. 이때의 실업률은 20%이다. ○ | X

40명은 취업했기에 취업자 수는 40명이고, 10명은 실업자이다. 즉, 경제활동인구는 50명이다. 20명은 대학원 에 재학 중이고, 취업 준비와 진학 준비를 하고있는 졸업생은 각각 20명과 10명으로 모두 비경제활동인구이 다. 즉, 비경제활동인구는 50명이다. 실업률 = (실업자 수/경제활동인구) × 100 = (10/50)×100 = 20%로 실 업률은 20%이다.

0545
☐☐☐

기업 A의 생산함수는 $Q = \min\{2L, K\}$이다. 고정비용이 0원이고 노동과 자본의 단위당 가격이 각각 2원 과 1원이라고 할 때, 기업 A가 100단위의 상품을 생산하기 위한 총비용은 200원이다. ○ | X

등비용선의 기울기는 $-\dfrac{w}{r}$이므로, $-\dfrac{2}{1} = -2$이다.

$Q(L, K) = \min[2L, K]$에 따라 $2L = K$와 등비용선의 교점에서 생산하면 $2L = K = Q$의 비용극소화를 이룬다. $2L = K = 100$에서 $K = 100$이고 $L = 50$이다.
즉, 최소생산비는 $L = 50$, $K = 100$ $(w = 2, r = 1)$일 때로 $50 \times 2 + 100 \times 1 = 200$이다.

Part 2

2022 해커스공무원 局경제학 핵심 기출 OX 1592

정답 0542 X 0543 X 0544 ○ 0545 ○

0546
☐☐☐

갑국과 을국으로 이루어진 세계경제가 있다. 생산요소는 노동과 자본이 있는데, 갑국은 노동 200단위와 자본 60단위, 을국은 노동 800단위와 자본 140단위를 보유하고 있다. 헥셔 – 올린모형에 따를 때 갑국은 자본집약적인 재화를 수출하고 을국은 노동집약적인 재화를 수출한다(단, 노동과 자본은 양국에서 모두 동질적이다).　　　　　　O | X

비교우위의 발생원인을 요소부존의 차이로 설명하는 헥셔 – 올린정리는, 노동풍부국은 노동집약재 생산에, 자본풍부국은 자본집약재 생산에 비교우위가 있다고 설명한다. 갑국의 요소부존도는 $\frac{K}{L} = \frac{60}{200}$ 이며, 을국의 요소부존도는 $\frac{K}{L} = \frac{140}{800}$ 이다. 갑국은 상대적으로 자본풍부국이고 을국은 상대적으로 노동풍부국이다. 따라서 갑국은 자본집약적 재화에 특화하여 수출하고, 을국은 노동집약적 재화에 특화하여 수출한다.

0547
☐☐☐

A산업 부문의 노동자에게 다른 산업 부문으로의 취업기회가 확대되고, 노동자의 생산성이 증대되었다면 A산업 부문의 노동시장에서 균형임금의 상승이 예상된다.　　　　　　O | X

노동수요곡선은 $VMP_L(= P \times MP_L)$이다. A산업 부문의 노동자에게 다른 산업 부문으로의 취업기회확대는 노동공급감소를 초래하고, 노동자의 생산성증대는 노동수요증가($VMP_L = P \times MP_L$)를 낳기에 균형임금은 상승한다.

0548
☐☐☐

만일 어느 재화의 가격이 5천 원에서 가격이 1% 상승한다면 판매 수입은 0.1% 감소한다. 이때, 가격이 5천 원에서 1% 상승 시, 수요량은 1.1% 감소한다.　　　　　　O | X

$TR = PQ$에서 'TR증가율 $= P$상승률 $+ Q$증가율'이다. 가격이 5천 원에서 1% 상승 시, 판매 수입의 0.1% 감소이기에, 'TR증가율 $= P$상승률 $+ Q$증가율'에서 Q증가율 $= TR$증가율 $- P$상승률 $= -0.1 - 1 = -1.1$ 이다. 즉, 수요량은 1.1% 감소한다.

0549
☐☐☐

기대인플레이션과 자연실업률이 부가된 필립스(Phillips) 곡선에서 실제실업률이 자연실업률과 같은 경우, 기대인플레이션율은 0과 같다.　　　　　　O | X

기대부가 필립스곡선[$\pi = \pi^e - \alpha(U - U_N)$]에서, 실제실업률($U$)이 자연실업률($U_N$)과 같은 경우, 실제인플레이션($\pi$)은 기대인플레이션($\pi^e$)과 같다. 즉, 기대인플레이션율이 0인지는 알 수 없다.

0550
□□□

솔로우(Solow)성장모형에서 자본투입이 증가하면 자본의 한계생산이 일정하게 유지된다.　O | X

솔로우(Solow)성장모형은 1차 C – D생산함수를 가정하기에 자본투입이 증가하면 자본의 한계생산성은 체감한다.

0551
□□□

어느 재화를 생산하는 기업이 직면하는 수요곡선은 $Q_d = 200 - P$ 이고, 공급곡선 Q_s는 $P = 100$에서 수평선으로 주어져 있다. 정부가 이 재화의 소비자에게 단위당 20원의 물품세를 부과할 때, 초과부담을 조세수입으로 나눈 비효율성계수(coefficient of inefficiency)는 $\dfrac{1}{8}$이다.　O | X

조세부과 전 거래량은 $200 - Q = 100$에서 $Q = 100$, $P = 100$이다. 조세부과 후 곡선은 $Q_d = 200 - P$에서 P대신 $[P - (-20)]$를 대입하여 $Q_d = 180 - P$이다. 조세부과 후 거래량은 $180 - Q = 100$에서 $Q = 80$, $P = 100$이다. 조세의 귀착 시 초과부담은 (거래량 감소분 × 단위당 조세 × 1/2)에서 $(100 - 80) \times 20 \times 1/2 = 200$이다.
조세의 귀착 시 조세수입은 (조세부과 후 거래량 × 단위당 조세)에서 $80 \times 20 = 1,600$이다. 따라서 '비효율성계수 = 초과부담/조세수입' $= 200/1,600 = 1/8$이다.

0552
□□□

어느 경제에서 총생산함수는 $Y = 100\sqrt{N}$이고, 노동공급함수는 $N = 2,500\dfrac{W}{P}$이며, 생산가능인구는 3,000명이다. 장기균형에서 취업자 수는 2,500명이다.　O | X

총생산함수 $Y = 100\sqrt{N}$에서 $MP_N = \dfrac{50}{\sqrt{N}}$이기에, 노동수요곡선은 $MP_N = \dfrac{50}{\sqrt{N}}$ = 이다. $N = 2,500\left(\dfrac{W}{P}\right)$이기에 노동공급곡선은 $\dfrac{W}{P} = \dfrac{N}{2,500}$이다. 노동수요곡선 $MP_N = \dfrac{50}{\sqrt{N}}$과 노동공급곡선 $\dfrac{W}{P} = \dfrac{N}{2,500}$이 일치할 때, 장기균형하 취업자 수는 2,500명이다.

2019년

0553
□□□

피셔효과에 따르면 인플레이션율의 상승은 실질이자율을 변화시킨다.　O | X

피셔효과란 인플레이션이 발생하면 기대인플레이션율이 상승하여 명목이자율이 비례적으로 상승하는 효과를 뜻한다. 피셔효과에 따르면 인플레이션율의 상승은 명목이자율의 비례적 상승으로 실질이자율은 불변이다.

0554
☐☐☐
신성장이론(New Growth Theory)에서 기술혁신은 우연한 과학적 발견 등에 의해 외생적으로 주어진다고 간주한다. O | X

신성장이론인 내생적 성장이론은 기술진보를 모형 안에서 내생화한 이론으로 외생적으로 주어진 것으로 가정하는 솔로우성장모형의 한계를 극복하기 위하여 등장하였다. 내생적 성장이론은 기술진보를 내생화함으로써 지속적인 경제성장의 요인을 밝히고 있다.

0555
☐☐☐
리디노미네이션(redenomination)을 실시하면 인플레이션을 낮추어 물가안정에 기여할 수 있다. O | X

리디노미네이션(redenomination)이란, 모든 화폐에 대해 실질가치의 변경없이, 액면가를 동일비율의 낮은 숫자로 변경하는 것으로, 가령, 100대 1 등으로 하향조정하는 조치이다. 액면가를 낮은 숫자로 변경하면 오히려 물가가 상승할 수 있다.

0556
☐☐☐
갑국과 을국은 X, Y재만을 생산한다. 갑국의 생산가능곡선은 $4X + Y = 40$, 을국의 생산가능곡선은 $2X + 3Y = 60$이라고 할 때, 갑국은 Y재 생산에 비교우위를 갖고 을국은 X재 생산에 비교우위를 갖는다. O | X

X재 생산의 기회비용이 갑국은 Y재 4이고 을국은 Y재 2/3이기에 갑국은 갑국은 Y재 생산에 비교우위를 갖고 을국은 X재 생산에 비교우위를 갖는다.

0557
☐☐☐
완전경쟁시장에서 거래되는 어느 재화의 수요곡선이 $Q_D = 10 - 2P$, 공급곡선이 $Q_S = -2 + 2P$이다. 정부가 균형가격을 시장가격으로 설정하고 시장 거래량을 2로 제한할 때, 사회적잉여는 6이다. O | X

규제 전 사회적잉여인 삼각형면적에서 규제 후 후생손실인 A면적을 차감하면 규제 후 소비자잉여와 생산자잉여의 합은 $(5-1) \times 4 \times 1/2 - (4-2) \times 2 \times 1/2 = 6$이다.

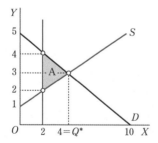

0558
□□□

불가능한 삼위일체(Impossible Trinity) 이론에 따르면 고정환율제도를 운영하면서 동시에 통화정책의 독립성을 확보하기 위해서는 자본이동에 대한 제한이 필요하다. O | X

트릴레마(trilemma) 또는 불가능한 삼위일체(impossible trinity)에 따르면, 자본시장의 완전한 자유, 고정환율제도 및 독립적인 통화정책 중에서 2가지만이 가능하고 3가지 모두를 가질 수 없다. 따라서 불가능한 삼위일체에 따르면, 고정환율제도와 통화정책의 독립성을 확보하기 위해서는 자본이동에 대한 제한이 필요하다.

0559
□□□

특허권 사용료는 서비스수지에 해당한다. O | X

특허권 사용료는 서비스수지에 해당한다.

0560
□□□

A국에서 국민 20%가 전체 소득의 절반을, 그 외 국민 80%가 나머지 절반을 균등하게 나누어 가지고 있다. A국의 지니계수는 0.3이다. O | X

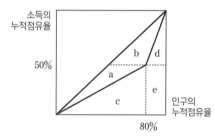

$$지니계수 = \frac{A+B}{A+B+C+D+E}$$
$$= \frac{1,500}{5,000} = 0.3$$

0561
□□□

다음 표는 기업 A, B의 광고 여부에 따른 두 기업의 보수를 나타낸 것이다. 이때, 우월전략균형은 파레토 효율적이다.

(A의 보수, B의 보수)		기업 B	
		광고	광고 안 함
기업 A	광고	(10, 10)	(20, 5)
	광고 안 함	(5, 20)	(15, 15)

O | X

우월전략균형은 (10, 10)으로 동일하다. 우월전략균형 (10, 10)은 (15, 15)로 개선 가능하기에 파레토 효율적이지 않다.

0562
□□□

효용함수가 $U = Ly$인 A는 매주 주어진 80시간을 노동과 여가에 배분하여 효용을 극대화한다. 시간당 임금은 1주일에 40시간까지는 1만 원이고, 40시간을 초과한 시간에 대해서는 2만 원이다. 효용이 극대화될 때 A의 1주일간 노동 소득은 60이다(L은 여가, y는 소득이다). O | X

효용함수 $U = Ly$에서 $MRS_{Ly} = \dfrac{y}{L}$이다. 노동 $+ L = 80$이므로 노동 $= (80 - L)$이다. 예산선은 $40 \times 1 + (80 - L - 40) \times 2 = y$, $40 \times 1 + (40 - L) \times 2 = y$, $120 - 2L = y$이다. 무차별곡선의 기울기는 $MRS_{Ly} = \dfrac{y}{L}$, 예산선의 기울기는 2이기에 $y/L = 2$, $y = 2L$이다. 예산선 $120 - 2L = y$와 $y = 2L$을 연립하면, $L = 30$, 노동 $= 50$, $y = 60$이다. 또한 $U = 1,800$이다. 따라서 $L = 30$, 노동 $= 50$일 때 효용극대화로 $y = 60$이다.

0563
□□□

경제활동인구가 일정한 경제에서 매기 취업자의 4%가 직장을 잃고 실업자가 되고, 실업자의 60%는 취업에 성공한다. 균제상태(steady state)의 실업률은 6.25%이다. O | X

자연실업률은 $u_N = \dfrac{U}{U + E} = \dfrac{U}{U + \dfrac{f}{s}U} = \dfrac{s}{s + f}$($s$: 실직률, f: 구직률)이다. s가 4%이고, f가 60%이기에 자연실업률하, 즉 균제상태에서의 실업률은 6.25%이다.

0564
□□□

다음과 같이 주어진 폐쇄경제에서 균형 실질이자율(r)은 2%이다.

> 총소득 $Y = 1000$, 소비 $C = 600$, 정부지출 $G = 100$,
> 조세 $T = 50$, 투자 $I = 400 - 50r$

O | X

생산물시장의 균형은 총수요($C + I + G$)와 총공급(Y)이 일치하는 점에서 결정된다. 총수요($C + I + G$)는 $600 + 400 - 50r + 100$이고, 총공급(Y)은 $1,000$이다. 따라서 $600 + 400 - 50r + 100 = 1,000$에서 $r = 2\%$이다.

0565
□□□

실질 GDP와 화폐유통속도 증가율이 각각 5%이고 통화량 증가율이 10%이다. 화폐수량방정식으로 계산한 물가상승률은 5%이다. O | X

화폐수량방정식 $MV = PY$를 변형하면, $\dfrac{\Delta M}{M} + \dfrac{\Delta V}{V} = \dfrac{\Delta P}{P} + \dfrac{\Delta Y}{Y}$이고, 실질 GDP가 5% 증가, 통화량이 10% 증가이며, 화폐유통속도증가율은 5%이기에, 물가상승률 = 통화공급증가율 + 화폐유통속도증가율 − 경제성장률이다. 따라서 물가상승률 = $10 + 5 - 5 = 10\%$이다.

0566
□□□

X재의 수요함수가 $Q_X = 200 - 0.5P_X + 0.4P_Y + 0.3M$이다. P_X는 100, P_Y는 50, M은 100일 때, Y재 가격에 대한 X재 수요의 교차탄력성은 0.2이다. O | X

Y재 가격에 대한 X재 수요의 교차탄력성은 $\dfrac{\triangle Q_X}{\triangle P_Y} \times \dfrac{P_Y}{Q_X}$이다. 따라서, $\dfrac{\triangle Q_X}{\triangle P_Y} \times \dfrac{P_Y}{Q_X}$에서 $0.4 \times \dfrac{50}{200} = 0.1$이다.

0567
□□□

루카스비판(Lucas critique)은 정책변화에 따라 경제주체의 기대가 변화할 수 있음을 강조한다. O | X

루카스비판은 정책효과를 달성하기 위해서는 정책변화에 따른 경제구조 변화를 고려하여 정책을 수립하고 집행해야 한다는 주장으로, 정책 변화에 따라 경제주체의 기대가 변화할 수 있음을 강조한다.

0568
□□□

독점기업 A의 수요함수가 $Q_D = \dfrac{25}{2} - \dfrac{1}{4}P$, 평균비용이 $AC = -Q + 30$이다. 정부가 A의 생산을 사회적 최적수준으로 강제할 때, 손실액은 100이다. O | X

수요함수 $Q_D = \dfrac{25}{2} - \dfrac{1}{4}P$에서 $P = 50 - 4Q$이고, 평균비용 $AC = -Q + 30$에서 $TC = -Q^2 + 30Q$이기에 $MC = -2Q + 30$이다. $P = SMC$, 즉 $50 - 4Q = -2Q + 30$에서 사회적 최적산출량은 $Q = 10$이고, 이를 수요함수 $P = 50 - 4Q$에 대입하면 $P = 10$이다. 따라서 총수입은 $P \times Q = 100$이다. 또한 평균비용 $AC = -Q + 30$에 $Q = 10$을 대입하면 $AC = 20$이다. 따라서 총비용은 $AC \times Q = 200$이다. 손실은 총비용(200) - 총수입(100) = 100이다.

0569
□□□

다음과 같이 주어진 $IS - LM$ 모형에서 균형국민소득은 700이다.

- 소비함수: $C = 100 + 0.6(Y - T)$
- 투자함수: $I = 200 - 10r$
- 화폐수요함수: $\left(\dfrac{M}{P}\right)^d = Y - 100r$
- $T = 1000$, $M = 1000$, $P = 2$, $G = 600$

O | X

- IS곡선: $Y = C + I + G$
  $Y = 100 + 0.6(Y - T) + 200 - 10r + 600$
  $0.4Y = 300 - 10r$
  $Y = 750 - 25r$
- 균형: $r = 2$, $Y = 700$

- LM곡선: $(\dfrac{M}{P})^d = (\dfrac{M}{P})^s$
  $Y - 100r = \dfrac{1,000}{2} = 500$
  $Y = 500 + 100r$

0570
☐☐☐
PMC 는 $10x+70$ 이고, 생산에 따른 한계피해액은 $5x$ 이다. 한계편익은 100으로 일정하다고 할 때, 사회적 최적 산출량에서 생산하도록 하는 단위당 세금은 10이다.　　　　O | X

$P=SMC$ 에서 사회적 최적산출량이 달성되고 $P=PMC$ 에서 시장균형산출량이 결정된다. $PMC=(10x+70)$ 이고 $SMC=(10x+70)+5x=(15x+70)$ 이다. $P=MB=100$ 이기에 $P=PMC$ 에서 시장균형산출량은 3이고, $P=SMC$ 에서 사회적 최적산출량은 2이다. 따라서 사회적 최적산출량 2에서 SMC 와 PMC 의 차이, 즉 $(15x+70)-(10x+70)=10$ 이다.

0571
☐☐☐
소비의 무작위행보(random walk) 가설이 성립하면 예상된 정책변화는 소비에 영향을 미치지 못한다.
　　　　O | X

합리적기대하 항상소득이 결정되면 그에 따라 소비가 결정된다는 것이 랜덤워크가설로, 예상된 정책은 소비에 영향을 미치지 못하나 예상하지 못한 정책은 소비에 영향을 미칠 수 있음을 설명한다. 즉, 예상된 정부정책은 소비에 아무런 영향을 미칠 수 없음을 시사한다.

0572
☐☐☐
기술진보가 없으며 1인당 생산(y)과 1인당 자본량(k)이 $y=2\sqrt{k}$ 의 함수 관계를 갖는 솔로우 모형이 있다. 자본의 감가상각률(δ)은 20 %, 저축률(s)은 30%, 인구증가율(n)은 10%일 때, 균제상태의 1인당 생산은 4이다.　　　　O | X

균제상태에서, $sf(k)=(n+d+g)k$ 이다.
$sf(k)=(n+d+g)k$ 에 주어진 값을 대입하면 $0.3\times2\sqrt{k}=(0.1+0.2+0)k$ 이고, $2\sqrt{k}=k$ 에 따라 $k=4$ 이다. 따라서 균제상태하에 $y=2\sqrt{k}$ 에서 $k=4$ 이기에 1인당 생산은 $y=4$ 이다.

2020년

0573
☐☐☐
X재에 대한 시장수요곡선이 $Q^D=100-P$, 시장공급곡선이 $Q^S=-20+P$ 이다. 사회적잉여는 1,600이다.
　　　　O | X

시장수요곡선 $P=100-Q$ 와 시장공급곡선 $P=20+Q$ 가 만나는 점에서 균형거래량은 40이고 균형가격은 60이다. 소비자잉여는 $A[=800(100-60)\times40\times1/2]$ 이고, 생산자잉여는 $B[800=(60-20)\times40\times1/2]$ 이기에 사회적잉여는 1,600이다.

0574
□□□

티부모형은 완전한 정보와 완전한 이동성 및 외부성이 존재하지 않을 때, 지방 공공재의 배분이 효율적으로 이루어진다는 것을 입증하는 모형이다.　　　　O | X

티부모형은 다수의 지역사회가 존재하고, 완전한 정보와 완전한 이동성이 전제되며, 규모수익불변의 생산기술과 외부성이 존재하지 않을 때, 지방 공공재의 배분이 효율적으로 이루어진다는 것을 입증하는 모형이다.

0575
□□□

LM곡선의 기울기가 완만할수록 확장적 통화정책으로 인한 국민소득의 증가폭이 커진다.　　　O | X

IS곡선이 완만할수록, LM곡선이 급경사일수록 금융정책의 유효성은 커진다. LM곡선의 기울기가 완만할수록 상대적으로 IS곡선은 가파른 기울기로 확장적 통화정책의 효과는 작아진다. 즉, 국민소득의 증가폭이 작아진다.

0576
□□□

경제활동인구가 일정한 경제에서 안정상태(steady state)의 실업률이 10%이다. 매월 취업자 중 2%가 직장을 잃고 실업자가 되는 경우, 기존의 실업자 중 매월 취업을 하게 되는 비율은 18%이다.　　O | X

안정상태에서 자연실업률은 $u_N = \dfrac{U}{U+E} = \dfrac{U}{U+\dfrac{f}{s}U} = \dfrac{s}{s+f}$ (s: 실직률, f: 구직률)이다. s가 2%이고, 자

연실업률이 10%일 때, $u_N(10\%) = \dfrac{s(2\%)}{s(2\%)+f}$에서 f는 18%이다.

0577
□□□

노동시장과 생산물시장이 완전경쟁이다. A기업의 단기 생산함수가 $Q(L) = 200L - L^2$이며, $W = 300$에서 노동 50단위를 고용하고 있다. 이윤을 극대화하는 생산물 가격은 3이다.　　O | X

단기 생산함수 $Q(L) = 200L - L^2$에서 노동 $L = 50$이기에 $MP_L = 200 - 2L = 100$이고, 노동 한 단위당 임금이 $W = 300$일 때, 이윤극대화는 $VMP_L(= P \times MP_L) = W$에서 달성된다. 즉, $P \times 100 = 300$에서 생산물 가격은 $P = 3$이다.

0578
□□□

X재 시장이 완전경쟁적이며, 각 기업의 장기 총비용함수가 $TC(q) = 2q^3 - 12q^2 + 48q$일 때 장기 시장균형 가격은 30이다.　　O | X

완전경쟁시장은 $P = LAC$최소점에서 장기균형을 보인다. 장기 총비용함수 $TC(q) = 2q^3 - 12q^2 + 48q$에서 $AC(Q) = 2q^2 - 12q + 48$이기에 AC를 미분하여 0이 되는 $q = 3$이다. $q = 3$일 때, $AC(Q) = 2q^2 - 12q + 48$ $= 30$이기에 $P = 30$이다.

정답　0574 ○　　0575 X　　0576 ○　　0577 ○　　0578 ○

0579
□□□

현재 시점에서 A국 경제의 채권시장에 1년 만기, 2년 만기 국채만 존재하고 각각의 이자율이 3%, 5%이다. 현재 시점으로부터 1년 이후에 성립하리라 기대되는 1년 만기 국채의 이자율 예상치는 7%이다.

O | X

2년 만기 장기이자율 = (현재단기이자율 + 1년 후 기대단기이자율)/2에서 $x = 7\%$이다.

0580
□□□

리카르도등가정리에 따르면 정부가 국채를 통해 정부지출을 늘릴 때 소비자들은 미래에 세금이 증가할 것이라고 예상한다.

O | X

소비자들은 국채를 부채로 여기기에 미래에 세금이 증가할 것이라고 예상한다. 즉, 소비자들은 현재소득과 미래소득 모두를 고려하여 소비를 결정하기에 소비증가를 유발하지 못하고, 현재 저축을 증가시킨다.

0581
□□□

생산함수 $Y = AK^\alpha L^{1-\alpha}$ 에서 $\alpha = \frac{1}{3}$, GDP 증가율이 5%, 자본 증가율이 6%, 인구 증가율이 3%일 때, 총요소생산성 증가율은 1%이다.

O | X

성장회계는 생산함수 $Y = AK^\alpha L^{1-\alpha}$ 에서 $\frac{\Delta Y}{Y} = \frac{\Delta A}{A} + \alpha \frac{\Delta K}{K} + (1-\alpha)\frac{\Delta L}{L}$ 로 나타낸다. 이때 $\frac{\Delta A}{A}$ 를 총요소생산성 증가율이라 한다.

$\frac{\Delta Y}{Y} = \frac{\Delta A}{A} + \frac{1}{3}\frac{\Delta K}{K} + \frac{2}{3}\frac{\Delta L}{L}$ 에서 GDP증가율 = 총요소생산성 증가율 $+ \frac{1}{3} \times 4\% + \frac{2}{3} \times 3\%$이므로 총요소생산성 증가율은 1%이다.

0582
□□□

중앙은행이 공개시장조작정책을 시행하여 국채를 매입한다고 한다. 이때 유동성선호이론에 의하면, 국채 매입은 화폐시장에 초과공급을 유발하여 이자율을 상승시킨다.

O | X

통화량이 증가하면 화폐시장의 초과공급으로 이자율이 하락한다. 유동성선호이론에 의하면, 국채매입으로 통화량이 증가하면 화폐시장의 초과공급으로 이자율이 하락한다.

0583
□□□

공공재는 경합성이 낮다는 점에서 공유자원과 유사하다.

O | X

공공재는 비배제성과 비경합성을 특징으로 하고, 공유자원은 비배제성과 경합성을 특징으로 한다. 공공재는 배제성도 없고 경합성도 없으나, 공유자원은 경합성은 있지만 배제성이 없다.

정답 0579 ○   0580 ○   0581 ○   0582 X   0583 X

0584

□□□

헥셔 – 올린(Heckscher – Ohlin)모형에서 각 산업에서의 규모수익은 일정하게 유지된다.   O | X

헥셔 – 올린(Heckscher – Ohlin)모형의 기본 가정에서 각 산업의 생산함수는 규모수익 불변의 1차동차함수이며 국가 간 생산함수의 차이는 없다.

0585

□□□

재정의 자동안정장치(automatic stabilizer)는 경기회복기에는 경기회복을 더디게 만들 수 있다.   O | X

경기변동에 따라 누진세, 실업보험 등의 제도를 통해 자동으로 조세수입 또는 정부지출이 변해 경기진폭을 완화해주는 제도를 자동안정화장치라 한다. 경기회복기에 자동으로 누진세 등의 긴축정책이 시행되어 오히려 경기회복을 더디게 만들 수 있다.

0586

□□□

독점기업 A는 동일한 상품을 생산하는 두 개의 공장을 가지고 있으며 시장수요곡선은 $P = 200 - Q$이다. 공장 1의 한계비용 $MC_1 = 2Q_1$이고, 공장 2의 한계비용 $MC_2 = 6$일 때, A기업의 이윤을 극대화하는 공장 2의 생산량은 94이다.   O | X

다공장 독점기업의 이윤극대화 조건은 $MR = MC_1 = MC_2$이다. 따라서 $MC_1 = 2Q_1$ 과 $MC_2 = 6$에서 $MC_1 = 2Q_1 = MC_2 = 6$이다. 즉, $Q_1 = 3$이다. 시장수요곡선 $P = 200 - Q$에서 $MR = 200 - 2Q$이다. $Q = Q_1 + Q_2$이기에 $MR = 200 - 2(Q_1 + Q_2)$이다. 따라서 $MR = 200 - 2(Q_1 + Q_2)$에서 $Q_1 = 3$이고 $MC_1 = MC_2 = 6$이기에 $Q_2 = 94$이다.

0587

□□□

A국 경제의 인구와 기술수준은 고정되어 있다. 안정상태(steady state)에서 자본의 한계생산물은 0.125, 감가상각률은 0.1이다. 현재 안정상태의 자본량은 황금률수준의 자본량보다 적다.   O | X

1인당 소비가 극대화되는 상태를 자본축적의 황금률이라 하고 $MP_K = n + d + g$에서 달성된다. 현재 안정상태에서 자본량은 $MP_K(= 0.125) > n + d + g(0 + 0.1 + 0)$이기에 황금률수준의 자본량보다 적다.

0588

□□□

우리나라는 자본이동이 완전히 자유롭고, 변동환율제도를 채택하고 있는 소규모 개방경제 국가에서 확장적 재정정책과 긴축 통화정책을 동시에 사용하면 환율이 가장 큰 폭으로 하락한다.   O | X

확장적 재정정책으로 IS곡선이 우측으로 이동하여 이자율이 상승하고, 긴축적 통화정책으로 LM곡선이 좌측으로 이동하여 이자율이 상승하면 이자율이 가장 크게 상승한다. 이자율이 크게 상승하여 외자유입이 대폭 증가하면 환율이 가장 크게 하락한다.

정답   0584 ○   0585 ○   0586 ○   0587 ○   0588 ○

0589
☐☐☐

부분지급준비제도하의 통화공급 모형에서 다른 조건이 일정할 때, 현금/예금비율이 증가하면 통화공급이 증가한다(단, 지급준비율은 1보다 작다).　　O | X

다른 조건이 일정할 경우 현금/예금비율이 커질수록 통화승수가 작아지기에 통화량은 감소한다.

0590
☐☐☐

A국과 B국의 재화 한 단위를 생산하기 위한 노동시간이 다음 표와 같다. X재 1단위가 Y재 $\frac{1}{3}$ 단위와 교환되는 교역조건이면 두 나라 사이에 무역이 일어나지 않는다.

국가 ＼ 재화	X	Y
A	3	6
B	3	7

O | X

X 1단위 생산 기회비용이 B국은 Y 3/7이고 A국은 Y 3/6이다. 즉, Y 3/7 < X 1< Y 3/6에서 교역조건이 성립할 때 양국은 교역 시 이득을 본다. 따라서 X재 1단위가 Y재 $\frac{1}{3}$ 단위와 교환되는 교역조건이면, Y 3/7 < X 1< Y 3/6의 조건을 충족하지 않기에 두 나라 사이에 무역이 일어나지 않는다.

0591
☐☐☐

과점시장에서 추종기업은 선도기업의 반응곡선상에서 가장 유리한 점을 선택한다.　　O | X

선도기업은 추종기업의 반응곡선상에서 가장 유리한 점을 선택한다.

0592
☐☐☐

실물경기변동(real business cycle)이론에서 일시적으로 이자율이 하락하는 경우 노동자들은 노동공급량을 증가시킨다.　　O | X

노동자들이 상대적으로 실질임금이 높은 기간에는 노동공급을 증가시키고, 실질임금이 낮은 기간에는 노동공급을 감소시키는 것을 노동의 기간 간 대체라 한다. 현재실질임금을 w_1, 미래실질임금의 현재가치를 $\frac{w_2}{1+r}$ 라 하면, 일시적으로 이자율 r 하락 시 $w_1 < \frac{w_2}{1+r}$ 이기에 현재노동공급을 감소시키고, 미래노동공급을 증가시킨다.

Part 2

2022 해커스공무원 局경제학 핵심 기출 OX 1592

2013년

0593
□□□

단순한 거시경제를 가정하여 G(정부지출)와 $X-M$(순수출)이 없을 때, 소비 $C=30+0.8Y$이고 투자 $I=10+0.1Y$이라면 균형국민소득은 400이다. O | X

단순한 거시경제를 가정하여 G(정부지출)와 $X-M$(순수출)을 0이라 하면 $Y=C+I$이다. 즉, $Y=30+0.8Y+10+0.1Y=40+0.9Y$이다. 따라서 $Y=400$이다.

0594
□□□

구매력평가(Purchasing Power Parity)이론에 따르면 환율은 두 국가의 물가수준의 비율에 의해 결정된다. O | X

일물일가의 법칙을 전제로, 양국의 구매력인 화폐가치가 같도록 환율이 결정되어야 한다는 이론이 구매력평가설로, $P=e \cdot P_f$이다. 따라서 환율은 두 국가의 물가수준의 비율에 의해 결정된다.

0595
□□□

평균비용(AC)곡선과 평균수입(AR)곡선이 교차할 때의 생산수준에서 이윤극대화가 달성된다. O | X

평균비용(AC)곡선과 평균수입(AR)곡선이 교차하면 총비용과 총수입이 일치하기에 이윤은 0이다.

0596
□□□

폐쇄경제에서 우하향하는 IS곡선을 갖는 경제를 가정할 때, 정부가 확장적 통화정책을 실시한다면 단기적으로 총생산은 증가하며, 물가는 하락하고, 금리도 하락할 것이다. O | X

통화량증가의 확장통화정책을 실시하면 LM곡선은 우측으로 이동하여 이자율은 하락한다. 이자율하락으로 투자가 증가하여 총수요가 증가하기에 물가는 상승하고 총생산은 증가한다.

정답 0593 ○   0594 ○   0595 X   0596 X

0597
☐☐☐

효율임금이론에 따르면 시장의 균형임금보다 높은 효율성임금을 지급하면 비자발적 실업이 발생한다.
O | X

시장의 균형임금보다 높은 효율성임금을 지급하면 비자발적 실업이 발생한다. 즉, 효율성임금가설은 비자발적 실업을 설명하고자 한다.

0598
☐☐☐

자본자산가격결정모형(Capital Asset Pricing Model)에서 자본시장선(Capital Market Line)의 기울기는 시장포트폴리오의 표준편차와 역의 관계이다.
O | X

주식 i의 기대수익률과 주식 i의 표준편차 간 관계를 보여주는 자본시장선(CML)의 기울기는 (시장포트폴리오의 기대수익률 − 무위험자산의 수익률)/(시장포트폴리오의 표준편차)이다.

0599
☐☐☐

두 개의 사업 A와 B에 대한 투자 여부를 결정하려고 한다. A의 내부수익률(IRR)은 10%, B의 내부수익률은 8%로 계산되었다. 순현재가치 기준에 의해 사업을 선택할 때, 사업 A가 선택된다.
O | X

복수의 내부수익률이 존재할 때, 내부수익률 기준에 의해 선택된 사업은 순현재가치 기준에 의해 선택된 사업과 일치하지 않을 수 있다. 따라서 제시된 정보만으로는 순현재가치 기준에서 선정되는 사업이 무엇인지 알 수 없다.

0600
☐☐☐

공공재인 마을 공동우물(X)에 대한 혜민과 동수의 수요가 각각 $X=50-P$, $X=30-2P$이고 한계비용이 41원일 때, 사회적으로 바람직한 공동우물의 개수는 15개이다.
O | X

공공재의 시장수요곡선은 개별수요곡선을 수직으로 합하여 도출한다. 혜민과 동수의 수요가 각각 $X=50-P$, $X=30-2P$이기에, P로 전환하면 각각 $P=50-X$, $P=15-(1/2)X$이다. 따라서 공공재의 시장수요곡선은 $P=65-(3/2)X$이다. 그리고 한계비용은 41원이다. 공공재의 적정공급조건은 $P=MC$에 따라 $P=65-(3/2)X$와 한계비용 41이 만나는 $X=16$이다. 즉, 사회적으로 바람직한 공동우물의 개수는 16개이다.

0601
☐☐☐

호황일 확률은 60%이고 불황일 확률은 40%이다. 주식 A의 수익률은 호황과 불황에 각각 20% 및 −10%이다. 또한 주식 B의 수익률은 호황과 불황에 각각 10% 및 5%이다. A와 B에 각각 50%씩 분산투자한다면 기대수익률은 8%이다.
O | X

A의 기대수익률은 $0.6\times0.2+0.4\times-0.1=0.08$이다.
B의 기대수익률은 $0.6\times0.1+0.4\times0.05=0.08$이다.
A와 B에 각각 50% 분산투자를 한다면 $0.5\times0.08+0.5\times0.08=0.08$에 따라 기대수익률은 8%이다.

0602

화폐수요의 이자율에 대한 탄력성이 작아지면 LM곡선이 완만해진다.　O | X

$r = \dfrac{k}{h} Y - \dfrac{1}{h} \cdot \dfrac{M_0}{P_0}$의 LM곡선에서 마샬 k(화폐수요의 소득탄력성)가 작을수록, 화폐수요의 이자율탄력성 (h)이 클수록 LM곡선이 완만(탄력적)해진다.

0603

아무런 규제가 없는 완전경쟁시장에서 생산량에 비례하여 환경오염을 발생시키는 기업이 있다. 이 기업은 사회적으로 바람직한 수준보다 낮은 가격에, 사회적으로 바람직한 수준보다 많이 생산을 하게 된다.　O | X

생산의 외부불경제 시 사적 한계비용이 사회적 한계비용보다 작아서, 사회적으로 바람직한 수준보다 낮은 가격에, 사회적으로 바람직한 수준보다 많이 생산을 하게 된다.

0604

국내외 모든 상품수요의 가격탄력성이 1보다 클 때, 외환시장에서 환율이 상승하면 수입이 감소하고 수출이 증가하여 달러공급이 증가한다.　O | X

환율이 상승하면 원화 표시 수입가격이 상승하여 수입이 감소하고, 달러 표시 수출가격이 하락하여 수출이 증가한다. 국내외 모든 상품수요의 가격탄력성은 1보다 크기에 달러공급이 증가한다.

0605

전기료의 변화는 전력에 대한 수요곡선을 이동(Shift)시키는 요인이다.　O | X

수요량의 변화는 수요곡선상의 한 점에서 다른 점의 이동으로 나타나고, 수요의 변화는 수요곡선 자체의 이동으로 나타난다. 전기료의 변화는 가격변화에 따른 수요량의 변화이다.

0606

전통적인 케인즈 소비함수에서 이자율은 소비를 결정할 때 중요한 역할을 한다.　O | X

소비는 현재의 (가처분)소득에 의해 결정($C = C_0 + cY$)된다고 보는 소비함수론이 케인즈의 절대소득가설이다. 따라서 현재의 (가처분)소득이 소비를 결정할 때 중요한 역할을 한다.

정답　0602 X　0603 ○　0604 ○　0605 X　0606 X

0607
□□□

보몰 - 토빈의 거래적 화폐수요이론(Transactions Demand for Money)에서는 불확실성하에서 자산보유에 따른 위험을 줄이기 위해 무위험 자산인 화폐에 대한 수요를 강조하였다.　　　O | X

자산보유에 따른 위험을 줄이기 위해 무위험 자산인 화폐에 대한 수요를 강조하는 것은 토빈의 자산선택이론이다. 보몰 - 토빈의 재고접근 거래적 화폐수요이론에서는 화폐를 일종의 재고로 보고 화폐보유의 총비용이 극소화되도록 화폐수요의 크기를 결정하는 것이다.

0608
□□□

A사의 한계비용 $MC = 15$, 대구의 수요함수는 $Q_{대구} = -P_{대구} + 55$, 광주의 수요함수는 $Q_{광주} = -2P_{광주} + 70$ 일 때, 광주와 대구에 공급하는 독점기업 A사의 생산량$(Q_{대구}, Q_{광주})$는 (20, 20)이다.　　　O | X

가격차별 독점기업의 이윤극대화 조건은 $MR_{대구} = MR_{광주} = MC$이다. 대구의 수요함수인 $Q_{대구} = -P_{대구} + 55$에서 $P_{대구} = 55 - Q_{대구}$이기에 $MR_{대구} = 55 - 2Q_{대구}$이다. $MR = MC$에서 $Q_{대구} = 20$이다. 광주의 수요함수인 $Q_{광주} = -2P_{광주} + 70$에서 $P_{광주} = 35 - \frac{1}{2}Q_{광주}$이기에 $MR_{광주} = 35 - Q_{광주}$이다. $MR_{광주} = MC$에서 $Q_{광주} = 20$이다.

0609
□□□

다음 표에서 순수전략에 의한 내쉬균형은 존재하지 않는다.

(A 이윤, B 이윤)		기업 B	
		전략 b1	전략 b2
기업 A	전략 a1	(1, 1)	(1, 0)
	전략 a2	(2, 1)	(0, 2)

O | X

(A 이윤, B 이윤)		기업 B	
		전략 b1	전략 b2
기업 A	전략 a1	(1, 1*)	(1*, 0)
	전략 a2	(2*, 1)	(0, 2*)

따라서 내쉬균형은 존재하지 않는다.

0610
□□□

균형국민소득결정식은 $Y = C + I + G$, 소비함수는 $C = B + a(Y - T)$이다. I, G, T는 외생변수이며, $B > 0$, $0 < a < 1$일 때, 정부지출증가에 의한 승수효과는 감세에 의한 승수효과보다 크다.　　　O | X

정부지출승수는 $\frac{1}{1-c}$이고, 감세승수는 $\frac{c}{1-c}$이다. $0 < c < 1$이므로 정부지출 증가에 의한 승수효과는 감세에 의한 승수효과보다 크다.

정답　0607 X　0608 ○　0609 ○　0610 ○

0611
□□□

이윤극대화를 추구하는 독점기업이 있다고 가정하자. 이 독점기업의 한계비용은 5이고, 시장에서 수요의 가격탄력성이 1.5일 때, 독점가격은 15이다. O | X

$P(1-\dfrac{1}{\epsilon})=MC=5$에서 수요의 가격탄력성이 1.5일 때, $P=15$이다.

0612
□□□

소고기 1단위와 의류 1단위 생산에 필요한 노동투입량이 다음과 같을 때, 소고기 1단위가 의류 2.5단위로 교환가능하다면 무역이 발생한다.

구분	소고기 1단위	의류 1단위
A	1	2
B	6	3

O | X

소고기를 X축, 의류를 Y축에 두면 양국의 국내상대가격비($\dfrac{P_X}{P_Y}$), 즉 X재 생산의 기회비용인 A국의 0.5와 B국의 2 사잇값에서 양국이 이득을 볼 수 있는 교역조건이 성립한다.

0613
□□□

앳킨슨지수가 클수록, 소득불평등 정도가 크다. O | X

현재의 평균소득에서 (현재와 동일한 사회후생을 얻을 수 있는 완전히 균등한 소득분배상태에서의 평균소득인) 균등분배대등소득을 차감한 값을 현재의 평균소득으로 나눈 값이 앳킨슨지수로, 0과 1 사이의 값이고 그 값이 작을수록 소득분배가 균등함을 의미한다.

2014년

0614
□□□

솔로우성장모형에서 자본의 감가상각률이 높아지면 균제상태에서의 일인당 국민소득의 증가율은 감소한다. O | X

자본의 감가상각률이 높아지면 필요투자액이 증가하여 균제상태(steady state)에서의 일인당 국민소득은 이전보다 감소하고, 일시적으로 일인당 국민소득의 증가율은 (-)가 된다. 그러나 균제상태에서는 일인당 국민소득이 불변으로 균제상태에서의 일인당 국민소득의 증가율은 0이다.

정답 0611 ○   0612 X   0613 ○   0614 X

0615

다음 표는 A국과 B국의 출구전략을 추진함에 따라 발생하는 양국의 이득의 조합이다. 양국 간 정책협조가 이루어지지 않는다고 할 때, 두 나라의 정책 조합은 (약한 긴축, 약한 긴축)이다.

(A국 이득, B국 이득)		B국	
		약한 긴축	강한 긴축
A국	약한 긴축	(− 2, − 2)	(3, −5)
	강한 긴축	(− 5, 3)	(0, 0)

O | X

상대방의 전략에 관계없이 모든 경기자가 항상 자신의 보수를 가장 크게 하는 전략을 선택할 때 도달하는 균형을 우월전략균형이라고 한다. B국이 약한 긴축을 선택하든, 강한 긴축을 선택하든 A국의 우월전략은 약한 긴축이다. A국이 약한 긴축을 선택하든, 강한 긴축을 선택하든 B국의 우월전략은 약한 긴축이다. 따라서 양국은 모두 약한 긴축을 선택할 것이다.

0616

어떤 독점기업의 생산비용함수가 $C = 10Q^2 + 200Q$이고, 수요함수가 $P = 2,000 - 50Q$일 때, 이윤을 극대화하는 가격은 1,250이다. O | X

수요함수가 $P = 2,000 - 50Q$로 총수입은 $TR = 2,000Q - 50Q^2$이기에 한계수입은 $MR = 2,000 - 100Q$이다. 총비용이 $C = 10Q^2 + 200Q$로 한계비용은 $MC = 20Q + 200$이다. 따라서 이윤극대화 생산량은 $MR = 2,000 - 100Q$ $= MC = 20Q + 200$으로 $Q = 15$이다. 수요함수가 $P = 2,000 - 50Q$이기에 가격은 1,250이다.

0617

두 명의 소비자로 구성된 순수교환경제에서, 두 소비자가 계약곡선(contract curve) 상의 한 점에서 교환을 통해 계약곡선상의 다른 점으로 옮겨갈 경우 두 사람 모두 이득을 볼 수 있다. O | X

소비의 계약곡선 상의 점들은 다른 사람의 효용감소 없이는 효용증가가 불가능한 파레토효율적인 상태이다. 따라서 한 점에서 교환을 통해 계약곡선 상의 다른 점으로 옮겨 갈 경우 한 사람은 이득이고 다른 사람은 손해다.

0618

우리나라와 미국의 인플레이션율이 각각 5%와 4%로 예상되고, 미국 달러화 대비 원화 가치가 6% 상승할 것으로 예상된다. 이때 한국 재화로 표시한 미국 재화의 가치인 실질환율의 변화율은 −7%이다. O | X

미국 달러화 대비 원화 가치가 6% 상승할 것으로 예상되기에 명목환율변화율은 −6%이다. 실질환율변화율 = 명목환율변화율 + 해외물가상승률 − 국내물가상승률 = −6 + 4 − 5 = −7%이다.

0619
□□□

관세와 수량할당(수입쿼터)은 모두 국내 생산자의 잉여를 증가시키지만, 관세수입이 수량할당 시 수입업자의 초과이윤으로 귀속된다는 차이점이 있다. O | X

관세와 수량할당(수입쿼터)의 경제적 효과는 동일하고, 관세수입이 수량할당 시 수입업자의 초과이윤으로 귀속된다는 차이점이 있다.

0620
□□□

A국의 2012년도 명목 GDP가 200억 달러였다. 그 후 일 년 동안 명목 GDP는 3% 증가하였고, 같은 기간 동안의 인플레이션율은 3%였다. 2012년을 기준 연도로 할 때, A국의 2013년도 실질 GDP는 200억 달러이다. O | X

2012년도 명목 GDP가 200억 달러이고 2013년도 명목 GDP는 전년 대비 3% 증가로 206억 달러이다. 2012년을 기준 연도로 하기에 물가지수는 100이다. 2013년도 물가지수는 전년 대비 인플레이션율이 3%로 103이다. GDP디플레이터(물가지수) = (명목 GDP/실질 GDP) × 100이기에 실질 GDP = $(\frac{206}{103}) \times 100 = 200$이다.

0621
□□□

A회사와 B회사가 각자 자금을 조달한 뒤 서로 금리스왑 거래를 한다고 한다. A회사 기준으로 고정금리 차이가 $-1.5\%p$, 변동금리 차이가 $0.5\%p$일 때, 이를 통해 두 회사가 얻게 되는 총 차입비용의 최대 절감효과 1%p이다. O | X

고정금리 차이의 절댓값 − 변동금리 차이의 절댓값 = 총 차입비용의 최대 절감효과이다.
고정금리 차이의 절댓값($1.5\%p$) − 변동금리 차이의 절댓값($0.5\%p$) = 총 차입비용의 최대 절감효과($1\%p$)

0622
□□□

어떤 과점시장에 동일한 재화를 생산하는 두 기업 A와 B의 생산량을 Q_A와 Q_B라고 하자. 시장수요가 $P = 100 - Q_A - Q_B$이고, 두 기업의 총비용함수가 각각 $C_A = 40Q_A$, $C_B = 40Q_B$로 주어졌을 때, 꾸르노 균형에서 시장 전체 생산량은 40이다. O | X

시장수요함수 $P = 100 - Q_A - Q_B$에서 $Q = Q_A + Q_B$이기에 시장수요곡선은 $P = 100 - Q$이다. 총비용함수가 각각 $C_A = 40Q_A$, $C_B = 40Q_B$로 $Q = Q_A + Q_B$이기에 총비용곡선은 $C = 40Q$이다. 따라서 $MC = 40$이다. 완전경쟁 산출량은 $P = MC$에서 60이다. 꾸르노모형은 완전경쟁의 $\frac{2}{3}$만큼 생산하기에 시장 전체 생산량은 40이다.

0623
☐☐☐

어떤 재화의 시장 수요곡선은 $P = 300 - 2Q$이고, 시장 공급곡선은 $P = 150 + Q$일 때 사회적잉여는 3,750이다.　　　　　　O | X

시장수요곡선 $P = 300 - 2Q$와 시장공급곡선 $P = 150 + Q$가 만나는 점에서 균형거래량은 50이고 균형가격은 200이다. 소비자잉여는 2,500이고, 생산자잉여는 1,250이기에 사회적 잉여는 3,750이다.

0624
☐☐☐

법정지급준비율을 변경하여 통화량을 조절하는 것은 중앙은행이 가장 자주 사용하는 수단이다.　O | X

법정지급준비율을 변경하여 통화량을 조절하는 것은 중앙은행이 가장 자주 사용하는 수단이 아니다. 공개시장 조작이 중앙은행이 가장 자주 사용하는 수단이다.

0625
☐☐☐

IS곡선과 LM곡선의 상방의 점에서는 생산물시장의 초과공급, 화폐시장의 초과공급이다.　O | X

IS곡선의 상방은 생산물시장이 초과공급상태이고, IS곡선의 하방은 초과수요상태이다. LM곡선의 상방은 화폐시장이 초과공급상태이고, LM곡선의 하방은 초과수요상태이다.

0626
☐☐☐

케인즈의 화폐수요이론에 따르면 이자율이 낮을 때 채권가격이 높고, 투자자의 채권 투자 의욕이 낮은 상황에서 투기적 동기에 따른 화폐수요가 작다고 하였다.　O | X

이자율과 채권가격은 반비례이기에, 이자율이 낮을 때 채권수요의 증가로 채권가격은 높고, 채권가격의 하락이 예상될 때, 투자자의 채권 투자 의욕이 낮은 상황에서 투기적 동기에 따른 화폐수요가 크다.

0627
☐☐☐

A국은 자본에 비해 상대적으로 노동이 풍부한 나라다. 스톨퍼 – 사무엘슨정리를 따를 때, A국에서 자유무역이 이루어지면 장기적으로 자본의 실질보수가 상승하고 노동의 실질보수가 하락한다.　O | X

자유무역이 이루어지면 노동풍부국인 A국에서는 노동집약재의 상대가격이 상승하기에 노동의 실질소득은 증가하고 자본의 실질소득은 감소한다.

정답　0623 ○　0624 X　0625 ○　0626 X　0627 X

0628
☐☐☐

완전경쟁시장에서 어떤 회사가 현재 100개의 생산품을 단위당 100원에 팔고 있고, 이때 고정비용은 5,000원, 평균비용과 한계비용은 각각 160원과 100원이다. 이윤극대화를 추구하는 회사는 손해를 보고 있지만 생산을 계속해야 한다.　　　　　　O | X

(단기적으로) 총비용은 총고정비용과 총가변비용의 합이다. 즉, 총비용 16,000원은 총고정비용 5,000원과 총가변비용의 합이다. 따라서 총가변비용은 11,000원이다. 생산량이 100개이기에 평균가변비용은 110원이다. 따라서 평균비용(160원) > 평균가변비용(110원) > 가격(100)이기에 손해를 보고 있으며 생산을 중단해야 한다.

0629
☐☐☐

보청기의 수요함수가 $Q = 370 - 3P$이고 공급함수가 $Q = 10 + 6P$이다. 보청기 보급을 위해서 정부가 보청기 가격의 상한을 36으로 정하였다. 이때 발생하는 초과수요를 없애기 위해 정부가 보청기 생산기업에게 보청기 한 대당 지급해야 하는 보조금은 6이다.　　　　　　O | X

가격상한이 36일 때 수요량은 262이고, 공급량은 226이기에 36만큼 초과수요 상태이다. 이를 없애기 위해 지급하는 정부 보조금을 단위당 x라 하면, 보조금 지급 시 공급곡선은 $Q = 10 + 6[P - (-x)] = Q = 10 + 6P + 6x$이다. 보조금 지급 시 공급곡선과 수요곡선이 만나는 점에서 가격은 36이고 거래량은 262이다. 따라서 x는 6이다.

0630
☐☐☐

명목임금 W가 5, 생산함수가 $Y = 2\sqrt{L}$일 때, 총공급곡선은 $P = \frac{2}{5}Y$이다.　　　　　　O | X

노동시장의 균형은 $(VMP_L =) MP_L \times P = W$이다. W가 5이고, MP_L은 생산함수 $Y = 2\sqrt{L}$을 미분한 $MP_L = \frac{1}{\sqrt{L}}$이다. L은 $MP_L \times P = W$에서 $\frac{1}{\sqrt{L}} \times P = 5$를 통해 $L = \frac{P^2}{25}$이다. 이를 생산함수 $Y = 2\sqrt{L}$에 대입하면 $P = \frac{5}{2}Y$의 총공급곡선을 구할 수 있다.

0631
☐☐☐

황금률의 균제상태(steady state)를 A, 이보다 적은 자본을 갖고있는 균제상태를 B라고 할 때, A에 도달했을 때의 소비수준은 B에서의 소비수준보다 낮다.　　　　　　O | X

1인당 소비가 극대화되는 상태를 자본축적의 황금률이라 하고 $f'(k) = n + d$, 즉 자본의 한계생산물이 인구증가율과 감가상각률의 합과 일치할 때 달성된다. 황금률의 균제상태는 1인당 소비가 극대화되는 상태로, A에 도달했을 때의 소비수준은 B에서의 소비수준보다 높다.

Part 2

2022 해커스공무원 局경제학 핵심 기출 OX 1592

정답　0628 X　0629 O　0630 X　0631 X

0632
☐☐☐ 어느 경제에서 취업자들은 매기 5%의 확률로 일자리를 잃어 실업자가 되며, 실업자들은 매기 45%의 확률로 새로운 일자리를 얻어 취업자가 된다. 이 경제의 균제상태에서의 실업률은 10%이다. O | X

자연실업률은 $u_N = \dfrac{U}{U+E} = \dfrac{U}{U+\dfrac{f}{s}U} = \dfrac{s}{s+f}$ (s: 실직률, f: 구직률)이다. s가 5%이고, f가 45%이기에 자연실업률하, 즉 균제상태에서의 실업률은 10%이다.

0633
☐☐☐ 솔로우성장모형을 따르는 A국은 최근 자연재해로 인해 자본스톡의 10%가 파괴되었다. A국은 자연재해가 발생하기 전 정상상태에 있었으며 인구증가율, 저축률, 감가상각률 등은 바뀌지 않았다. 이 경우 향후 A국은 자연재해가 발생하기 이전과 같은 수준의 정상상태로 향할 것이다. O | X

자연재해로 인해 자본스톡의 10%가 파괴되면 1인당 자본스톡이 감소한다. 1인당 자본스톡이 감소하면, 인구증가율, 저축률, 감가상각률 등이 불변일 때 1인당 실제투자액[$sf(k)$]이 1인당 실제필요액(nk)보다 크기에 1인당 자본스톡이 증가하여 자연재해가 발생하기 이전과 같은 수준의 정상상태로 향하게 된다.

0634
☐☐☐ A시장에는 동질적인 기업들이 존재하고 시장수요함수는 $Q = 1,000 - P$이다. 개별기업의 장기 평균비용함수가 $c = 100 + (q-10)^2$일 때, 완전경쟁시장의 장기균형에서 존재할 수 있는 기업의 수는 90개이다. O | X

개별기업의 장기 평균비용함수인 $c = 100 + (q-10)^2$의 최소점, 즉 $q = 10$, $c = 100$에서 개별기업은 생산이 이루어진다. 완전경쟁시장의 장기균형에서 P(가격) $= LAC$(장기평균비용)로 가격은 100이다. 가격이 100일 때 시장수요함수인 $Q = 1,000 - P$에서 시장수요량은 900이다. 따라서 시장수요량인 900을 위해 동질적인 개별기업이 각각 10을 생산하기에 완전경쟁시장의 장기균형에서 존재할 수 있는 기업의 수는 90개이다.

0635
☐☐☐ 전업주부는 실업률 계산에 포함되지 않는다. O | X

전업주부, 실망실업자, 취업준비생 등은 비경제활동인구로 실업률 계산에 포함되지 않는다.

0636
☐☐☐ 공급곡선이 원점을 지나는 직선일 때 공급곡선의 기울기가 가파를수록 공급의 가격탄력도가 크다. O | X

공급곡선이 원점을 지나는 직선일 때 모든 점이 단위탄력적으로, 모든 점의 공급의 가격탄력도가 같은 경우이다.

정답 0632 ○ 0633 ○ 0634 ○ 0635 ○ 0636 X

0637
□□□
자가 주택의 경우, 귀속가치(imputed value)를 계산하여 국내총생산에 포함시킨다. O | X

GDP는 주택 소유주가 자기 자신에게 '지불'한 '임대료'를 포함한다. 자가 주택의 귀속가치(imputed value), 즉 귀속임대료는 국내총생산에 포함된다.

0638
□□□
A군은 친구가 하는 사업에 100만원을 투자하려고 한다. 사업이 성공하면 A군은 0.5의 확률로 196만 원을 돌려받고, 사업이 실패하면 0.5의 확률로 64만 원을 돌려받게 된다. A군의 효용함수가 $U(y) = 10y^{0.5}$일 때 확실성등가는 121만 원이다. O | X

0.5의 확률로 사업성공 시 196만 원을 돌려받고, 사업실패 시 0.5의 확률로 64만 원을 돌려받게 된다. 따라서 기대소득을 구해보면 $0.5 \times 196 + 0.5 \times 64 = 130$이다. 그리고 기대효용을 구해보면 $0.5 \times 10\sqrt{196} + 0.5 \times 10\sqrt{64}$ $= 110$이다. 또한 확실성등가를 구하면 $110 = 10\sqrt{x}$이고 $x = 121$만 원이다.

0639
□□□
A국의 경제는 $C = 0.7(Y-T) + 25$, $I = 32$, $T = tY + 10$으로 표현된다. 완전고용 시의 국민소득은 300이며, 재정지출은 모두 조세로 충당할 때, 완전고용과 재정지출의 균형을 동시에 달성하는 t는 $\frac{1}{3}$이다. O | X

$Y = C + I + G$에서, $C = 0.7(Y-T) + 25$, $I = 32$, $T = tY + 10$이고, 재정지출은 모두 조세로 충당할 때 $G = T$이기에 $Y = 0.7[Y - (tY + 10)] + 25 + 32 + tY + 10$이다. 따라서 $(0.3 - 0.3t)Y = -7 + 57 + 10$이다. 즉, $(0.3 - 0.3t)Y = 60$이다. Y가 300이기에 $t = 1/3$이다.

0640
□□□
X재와 Y재 생산에 따른 비용이 다음 표와 같을 때, A국은 X재를 수출하고, Y재를 수입할 것이다.

구분	X	Y
A국	10	20
B국	10	10

O | X

A국은 상대적으로 기회비용이 낮은 재화에 특화하여 이를 수출하고, 상대적으로 기회비용이 높은 재화를 수입했을 것이다. A국의 경우, X재 1단위 생산의 기회비용은 Y재 1/2단위이다. B국의 경우, X재 1단위 생산의 기회비용은 Y재 1단위이다. 따라서 X재 1단위 생산의 기회비용은 A국이 B국보다 더 작기에 A국은 X재 생산에 비교우위가 있고, B국은 Y재 생산에 비교우위가 있다.

Part 2

2022 해커스공무원 局경제학 핵심 기출 OX 1592

정답 0637 ○ 0638 ○ 0639 ○ 0640 ○

0641
□□□

산업내무역(intra - industry trade)이론에서는 규모의 경제와 독점적경쟁에 의해 두 나라가 동일 산업에서 생산되는 재화를 수출한다.   O | X

규모의 경제로 한 재화에 특화생산하면 장기 평균비용이 낮아지고 독점적경쟁의 불완전경쟁으로 차별화된 상품을 생산하기 때문에 무역을 통해 소비자의 후생이 증가한다.

0642
□□□

중동과 동남아의 분산 및 공분산 행렬이 다음과 같을 때, 중동과 동남아에 50%씩 투자하는 포트폴리오의 분산은 0.5이다.

구분	중동	동남아
중동	0.4	–
동남아	0.5	0.6

    O | X

불확실성을 최소화하기 위한 포트폴리오는 포트폴리오의 분산이 최소화될 때 달성 가능하다. 투자비중이 a와 b인 두 증권 A와 B의 포트폴리오의 분산은 '$a^2 \times$ A분산 $+ b^2 \times$ B분산 $+ 2ab \times$ A와 B의 공분산'으로 구할 수 있다. 따라서, 중동과 동남아의 포트폴리오 분산은 $(\frac{1}{2})^2 \times 0.4 + (\frac{1}{2})^2 \times 0.6 + 2 \times \frac{1}{2} \times \frac{1}{2} \times 0.5 = 0.5$이다.

0643
□□□

현재 환율은 1달러당 1,000원이고, 미국의 연간이자율은 5%이다. 내년 환율이 1달러당 1,020원으로 변동할 것으로 예상된다. 이자율평가설이 성립한다고 가정할 때, 국내이자율(%)은 7%이다.   O | X

이자율평가설에서 국내이자율 = 환율변화율 + 해외이자율이다. 환율이 1달러당 1,000원에서 1달러당 1,020원으로 변동하면 환율변화율은 2%이다. 미국의 연간이자율은 5%이기에 국내이자율은 $2 + 5 = 7\%$이다.

0644
□□□

신용카드가 널리 보급되면 화폐수요가 감소한다.   O | X

거래적동기의 화폐수요는 소득의 증가함수이고, 이자율의 감소함수이기에 보몰의 화폐수요함수는 $M^D = P\sqrt{\frac{bY}{2r}}$ (b: 거래비용)이다. 신용카드가 널리 보급되면 거래비용이 감소하기에 화폐수요가 감소한다.

0645
□□□

공급의 증가와 비탄력적 수요는 가격의 하락을 초래하여 '풍년의 비극'의 원인이 된다.　　O | X

'풍년의 비극'이란 쌀 수요의 가격탄력성이 비탄력적이기에 공급증가 시 총판매액이 감소하는 현상이다. 이는 공급증가 시 비탄력적 수요가 거래량의 미미한 증가와 가격의 지나친 하락을 초래하였기 때문이다.

0646
□□□

A국의 소득세는 $T = \max[0, 0.15(Y - 1,000)]$의 식에 따라 결정된다. 이 소득세 제도의 1,000만 원 이상 소득구간에서 한계세율과 평균세율은 비례적이다.　　O | X

평균세율은 세금을 소득으로 나눈 세율이고, 한계세율은 소득이 1원 증가할 때 세금의 증가액으로 표현되는 세율이다. 1,000만 원 이상 소득구간에서 A국의 소득세는 $T = 0.15(Y - 1,000)$이다. 한계는 접선 기울기로 1,000만 원 이상의 소득구간에서 한계세율은 0.15로 동일하기에 비례적이다. 평균은 원점 기울기로 1,000만 원 이상의 소득구간에서 소득이 증가할수록 기울기가 커지기에 누진적이다.

0647
□□□

기대인플레이션율이 적응적 기대에 의한다면, 단기 필립스곡선은 인플레이션율과 실업률을 모두 낮추려는 정책이 가능함을 보여준다.　　O | X

기대인플레이션율이 적응적 기대에 의한다면, 단기 필립스곡선은 우하향으로 인플레이션율과 실업률을 모두 동시에 낮추려는 정책은 가능하지 않음을 보여준다.

0648
□□□

A기업의 생산함수가 $Y = \sqrt{K + L}$일 때, 이 생산함수에서 등량곡선(iso - quant curve)은 원점에 대해 볼록하다.　　O | X

$K = Y^2 - L$인 선형의 생산함수이므로 등량곡선도 선형이다. 선형의 등량곡선에서 생산자 균형은 X축이나 Y축에서 이루어진다. 등량곡선(iso - quant curve)은 우하향하는 직선으로 자본과 노동은 완전대체관계이다.

0649
□□□

A국의 생산함수가 $y = z\sqrt{k}\sqrt{h}$이다. A국의 1인당 $GDP(y)$가 240, 1인당 물적자본스톡(k)이 100, 1인당 인적자본스톡(h)이 64일 때, A국의 생산성(z)은 3이다.　　O | X

A국의 $y = z\sqrt{k}\sqrt{h} = z\sqrt{100}\sqrt{64} = 80z$이다. $y = 80z$에서 $y = 240$이기에 z는 3이다. 따라서 A국의 생산성은 3이다.

정답　0645 ○　　0646 X　　0647 X　　0648 X　　0649 ○

0650

기준년도가 2013년일 때, 2014년 실질 GDP는 220만 원이다.

구분	2013년		2014년	
	생산량	가격	생산량	가격
스마트폰	10	10만 원	10	9만 원
택배	100	1만 원	120	1.2만 원

O | X

당해년도의 생산물에 기준연도의 가격을 곱하여 계산한 것이 실질 GDP이다. 따라서, 2014년 실질 GDP $= 10 \times 10 + 120 \times 1 = 220$만 원이다.

0651

액면가가 동일할 때, 이표이자율은 작고 (시장이자율)금리가 높을수록 채권가격이 싸다.   O | X

이자지급과 원금상환을 보장하는 채권을 이표채권이라 한다. C원씩 이자를 받고 원금이 F인 이표채권의 현재가치는 $PV = \dfrac{C}{(1+r)} + \dfrac{C}{(1+r)^2} + \dfrac{C}{(1+r)^3} + \cdots + \dfrac{C}{(1+r)^n} + \dfrac{F}{(1+r)^n}$ 이다. 따라서 액면가가 동일할 때, 이표이자율은 작고 (시장이자율)금리가 높을수록 채권가격이 싸다.

0652

리카도대등정리(Ricardian Equivalence Theorem)는 정부지출이 경제에 미치는 효과는 정액세로 조달되는 경우와 국채발행으로 조달되는 경우가 서로 다르다고 주장한다.   O | X

정부지출재원을 국채를 통하든 조세를 통하든 국민소득은 전혀 증가하지 않는다는 것을 리카도등가정리라 한다.

2016년

0653

경매(auction)에서 소비자잉여는 (입찰가격 – 낙찰가격) × 물량으로 계산한다.   O | X

소비자의 최대지불의사금액에서 실제지불금액을 차감한 것을 소비자잉여라 하고, (입찰가격 – 낙찰가격) × 물량으로 계산한다.

0654
□□□

정부에서 어떤 도로의 신설 여부를 결정하기 위해 해당 사업에 대해 비용 - 편익 분석을 수행할 경우, 비용 계산 시 사회적 기회비용보다는 실제 지불되는 회계적 비용을 고려해야 한다.   O | X

경제문제 발생 시 편익이 기회비용보다 큰 합리적 선택이 필요하다. 따라서 비용 - 편익 분석에서 비용 계산 시 실제 지불되는 회계적 비용보다 사회적 기회비용을 고려해야 한다.

0655
□□□

어떤 국가의 총생산함수는 $Y = AK^{0.3}L^{0.5}H^{0.2}$이다. 여기서 A, K, L, H는 각각 총요소생산성, 자본, 노동, 인적자본을 의미한다. 총요소생산성 증가율이 1%, 자본 증가율이 3%, 노동 증가율이 4%, 인적자본 증가율이 5%인 경우 이 국가의 경제성장률은 4.9%이다.   O | X

$\dfrac{\triangle Y}{Y} = \dfrac{\triangle A}{A} + \alpha \dfrac{\triangle K}{K} + \beta \dfrac{\triangle L}{L} + \gamma \dfrac{\triangle H}{H}$에서 총요소생산성 증가율($\dfrac{\triangle A}{A}$)이 1%, α가 0.3, 자본 증가율 ($\dfrac{\triangle K}{K}$)이 3%, β가 0.5, 노동 증가율($\dfrac{\triangle L}{L}$)이 4%, γ가 0.2, 인적자본 증가율($\dfrac{\triangle H}{H}$)이 5%이다. 따라서 경제성장률($\dfrac{\triangle Y}{Y} = 1 + 0.3 \times 3 + 0.5 \times 4 + 0.2 \times 5 = 4.9\%$)이다.

0656
□□□

완전경쟁시장에서 어떤 생산자의 한계비용은 $MC = 2Q$, 한계수입은 $MR = 24$이다. 재화 X가 Q만큼 생산될 때 유발되는 환경오염의 한계피해액은 $MEC = Q$이다. 정부가 생산자에게 보조금을 지급하여 X의 생산량을 사회적으로 바람직한 수준으로 감축시키려 할 때, 정부가 지급해야 할 생산량 감축 1단위당 보조금은 6이다.   O | X

$PMC = 2Q$이고 $SMC = 2Q + Q = 3Q$이다. $MR = 24$이기에 $P = 24$이다. $P = PMC$에서 시장 균형산출량은 12이고, $P = SMC$에서 사회적 최적산출량은 8이다. 따라서 사회적 최적산출량 8에서 SMC와 PMC의 차이, 즉 $(3 \times 8) - (2 \times 8) = 8$이다.

0657
□□□

독점기업 A의 서비스에 대한 시장수요함수는 $Q = 4,000 - 5P$이며, 한계비용은 $MC = 400$이다. A가 이윤을 극대화하기 위해 이부가격제를 실시할 경우 고정회비는 400,000원이다.   O | X

이부가격의 경우, $P = MC$에 따라 가격과 산출량을 설정하고 소비자잉여만큼의 고정회비 부과가 가능하다. P는 $Q = 4,000 - 5P$에서 $P = 800 - (1/5)Q$이고, MC는 $MC = 400$이다. $P = MC$에 따라 $Q = 2,000$이고 $P = 400$이다. 소비자잉여는 $P = 800 - (1/5)Q$에서 $Q = 2,000$일 때 최대지불의사금액에서 실제지불금액을 차감한 면적으로 $400 \times 2,000 \times 1/2 = 400,000$이다. 따라서 고정회비는 소비자잉여인 400,000원이다.

0658
□□□

GDP디플레이터는 생산량 변화효과는 제거하고 기준가격에 대한 경상가격의 변화분만 나타내는 지표이다. O | X

GDP디플레이터 $=\dfrac{P_1Q_1}{P_0Q_1}$ 로, GDP디플레이터는 비교년도의 생산량을 기준으로 하기에 생산량 변화효과는 제거하고, 물가상승의 변화분을 측정하는 파셰지수이다.

0659
□□□

A국가의 노동 1단위는 옥수수 3kg을 생산할 수도 있고, 모자 4개를 생산할 수도 있다. 한편 B국가의 노동 1단위는 옥수수 1kg을 생산할 수도 있고, 모자 2개를 생산할 수도 있다. 이 경우 A국은 모자를 생산하는 데 비교우위를 가지고 있다. O | X

옥수수 1단위 생산 기회비용이 A국(모자 4/3단위)이 B국(모자 2/1단위)보다 작기에 A국은 옥수수 생산에 비교우위가 있다. 모자 1단위 생산 기회비용이 B국(옥수수 1/2단위)이 A국(옥수수 3/4단위)보다 작기에 B국은 모자 생산에 비교우위가 있다.

0660
□□□

물가연동제를 실시하는 고용계약의 비중이 클수록 단기 필립스곡선은 더 가파른 기울기를 갖는다. O | X

물가변화에 신축적 대응이 가능할수록 필립스곡선은 수직의 형태에 가까워진다. 물가연동제를 실시하는 고용계약의 비중이 클수록 물가변화에 신축적 대응이 가능하기에 단기 필립스곡선은 더 가파른 기울기를 갖는다.

0661
□□□

A국은 고정환율제도를 채택한 나라이며, 국가 간 자본이동에는 아무런 제약이 없다. B국의 경제불황으로 B국에 대한 A국의 수출이 감소하였을 때, A국 국민소득은 감소한다. O | X

(고정환율제도하)수출감소로 IS곡선이 좌측이동하면, 국내금리가 국제금리보다 작아져 외국자본유출로 환율을 상승시키기에, 환율 유지를 위해 중앙은행은 외화를 매각하고 통화량은 감소한다. 따라서 LM곡선이 좌측이동한다. 고정환율제도에서는 환율 고정으로 BP곡선은 이동하지 않는다. 결국, 국민소득은 감소한다.

0662
□□□

A국이 수입 옷 한 벌당 10%의 명목관세를 부과하면, 자유무역과 비교하여 A국 국내 생산자의 옷 한 벌당 부가가치는 20달러에서 30달러로 증가한다. 이때 A국 국내 생산자의 부가가치 변화율로 바라본 실효보호관세율(effective rate of protection)은 50%이다. O | X

실효보호관세율 $=\dfrac{\text{부과 후 부가가치 - 부과 전 부가가치}}{\text{부과 전 부가가치}}$ 에 따라 실효보호관세율은 $\dfrac{30-20}{20}\times100=50\%$이다.

0663
□□□ 간접세는 직접세와 달리 조세의 전가가 이루어지지 않는다. O | X

직접세는 담세자와 납세자가 일치하는 세제이며, 간접세는 담세자와 납세자가 일치하지 않는 세제이다. 따라서 간접세는 조세의 전가가 이루어져서 담세자와 납세자가 일치하지 않고, 물건 값을 지불한다는 의미가 강하기 때문에 조세에 대한 저항은 약하다.

0664
□□□ 시중금리가 연 6%인 경우, 매년 300만 원씩 영원히 지급받을 수 있는 영구채의 현재가치는 5,000만 원이다. O | X

매년 C원씩 이자를 받는 영구채의 현재가치는 $PV = \dfrac{C}{(1+r)} + \dfrac{C}{(1+r)^2} + \dfrac{C}{(1+r)^3} + \cdots = \dfrac{C}{r}$ 이다. 매년 300만 원의 이자를 받는 영구채권에서, 이자율이 6%일 때 채권가격은 5,000만 원이다.

0665
□□□ 예산집합 면적은 현물보조와 현금보조 사이에 차이가 없다. O | X

현금보조를 실시하면 예산선이 바깥쪽으로 평행이동하고, 현물보조를 실시하면 우측으로 평행이동한다. 따라서 예산집합 면적은 현물급여가 현금급여의 경우보다 작다.

0666
□□□ 수요의 가격탄력도가 1보다 큰 경우, 가격상승을 통해 판매수입 증대를 이룰 수 있다. O | X

판매수입 증대는 수요의 가격탄력도가 탄력적일 때는 가격하락, 비탄력적일 때는 가격상승을 통해 가능하다.

0667
□□□ 화폐수량설에 따르면, 중앙은행이 통화량(M)을 증대시키면, 산출량의 명목가치(PY)는 통화량과는 독립적으로 변화한다. O | X

V는 제도상 일정하고 Y는 고전학파의 경우 완전고용국민소득에서 일정하기에, 고전학파의 화폐수량설 $MV = PY$는 통화량과 물가가 정비례한다는 물가이론으로 볼 수 있다. 따라서, 중앙은행이 통화량(M)을 증대시키면, 산출량의 명목가치(PY)는 통화량과 비례적으로 변화한다.

정답 0663 X 0664 ○ 0665 X 0666 X 0667 X

0668
☐☐☐

화재가 발생하지 않는 경우 철수 집의 가치는 10,000, 화재가 발생하는 경우 철수 집의 가치는 2,500이다. 철수 집에 화재가 발생할 확률은 0.2이며, 철수의 효용함수는 $U(X) = \sqrt{X}$일 때, 위험프리미엄은 400이다.

O | X

0.8의 확률로 화재가 발생하지 않는 경우 철수 집의 자산가치는 10,000, 0.2의 확률로 화재가 발생하는 경우 철수 집의 자산가치는 2,500이 된다. 따라서 기대소득을 구해보면 $0.8 \times 10,000 + 0.2 \times 2,500 = 8,500$이다. 그리고 기대효용을 구해보면 $0.8 \times \sqrt{10,000} + 0.2 \times \sqrt{2500} = 90$이다. 또한 확실성등가를 구하면 $90 = \sqrt{X}$이고 $X = 8,100$이다. 위험프리미엄은 기대소득 - 확실성등가에서 $8,500 - 8,100 = 400$이다.

0669
☐☐☐

A국과 B국은 노동만을 사용하여 옷과 쌀을 생산하며, A국의 명목임금은 12, B국의 명목임금은 6이다. 노동의 한계생산물이 다음 표와 같을 때, 자유무역이 이루어지는 경우 A국은 옷을 수출할 것이다.

구분	A국	B국
$MP_옷$	2	2
$MP_쌀$	3	1

O | X

$VMP_L = MP_L \times P = W$에서 이윤은 극대화된다. 따라서 A국의 $P_옷 = 6$, $P_쌀 = 4$이며, B국의 $P_옷 = 3$, $P_쌀 = 6$이다. 자유무역이 이루어지는 경우 옷의 상대가격$(P_옷 / P_쌀)$이 A국은 6/4이고 B국은 3/6으로 B국이 싸기에 B국은 옷을 수출하고 A국은 쌀을 수출할 것이다.

0670
☐☐☐

기준금리가 제로금리 수준임에도 불구하고 경기가 회복되지 않는 경우 중앙은행은 장기국채매입 등을 통해 시중에 유동성을 직접 공급한다.

O | X

중앙은행의 금리인하를 통한 경기부양 효과가 한계에 봉착했을 때 중앙은행이 장기국채매입 등을 통해 시중에 유동성을 공급하는 정책이 양적완화이다.

0671
☐☐☐

X사와 Y사의 보수행렬이 다음과 같다고 한다. 이 경우 시장에서 Y사만 생산하게 하기 위해 Y사에 2 초과 보조금을 지급해야 한다.

구분		Y사	
		생산	생산 않음
X사	생산	(-1, -2)	(24, 0)
	생산 않음	(0, 20)	(0, 0)

O | X

이 보수행렬에서 (생산, 생산 않음), (생산 않음, 생산)의 2개의 내쉬균형을 얻게 된다. 이때 손해와 관계없이 Y사가 생산자가 되도록 하려면 2 초과 보조금을 지급하면 가능하다.

0672
□□□

한국은행이 기준금리를 인하할 경우 환율(원/$)이 상승하여 국내기업의 달러 표시 해외부채의 원화평가액은 감소한다.　　　　　　　　　　　　　　　　　　　　　　　　　　　　　　　　　　　　O | X

기준금리의 인하로 외국자본유출이 발생하면 환율(원/$)이 상승한다. 기준금리의 인하로 환율(원/$)이 상승하면 달러 표시 원화가치는 하락하기에 국내기업의 달러 표시 해외부채의 실질부담은 커져 그 원화평가액은 증가한다.

2017년

0673
□□□

미국인 A는 1년 동안 한국 소재 기업에서 일하며 총 5,000만 원의 연봉을 받았으며, 한국 소재 어학원에 연 500만 원을 지불하고 한국어를 배웠다. 이것이 한국의 GDP와 GNI에 미친 영향의 차이는 5,000만 원이다.　　　　　　　　　　　　　　　　　　　　　　　　　　　　　　　　　　　　O | X

GDP는 미국 국적의 A에 의한 생산 5,000만 원과 한국 소재 어학원에서 (한국인에 의한) 생산 500만 원의 합인 5,500만 원으로 계산된다. GNI는 한국 소재 어학원에서 (한국인에 의한 생산) 500만 원으로 계산된다. 따라서 GDP와 GNI의 차이는 5,000만 원이다.

0674
□□□

각 경제주체가 자신의 이익을 위해서만 행동한다면 시장실패는 사회 전체의 후생을 감소시키지 않는다.　　　　　　　　　　　　　　　　　　　　　　　　　　　　　　　　　　　　O | X

시장의 가격기구가 효율적인 자원배분을 가져오지 못하는 것을 시장실패라 한다. 각 경제주체가 자신의 이익을 위해서만 행동해도 의도하지 않은 외부효과로 인한 시장실패는 사회 전체의 후생을 감소시킬 수 있다.

0675
□□□

생산가능곡선이 원점에 대해 오목한 것은 재화 생산의 증가에 따른 기회비용이 체증하기 때문이다.　　　　　　　　　　　　　　　　　　　　　　　　　　　　　　　　　　　　O | X

주어진 자원과 기술하, 두 재화의 최대 생산 조합 점들을 연결한 곡선을 생산가능곡선이라 한다. 생산가능곡선이 원점에 대해 오목한 것은 재화 생산의 증가에 따른 한계변환율(MRT)인 기회비용이 체증하기 때문이다.

0676
□□□

어느 독점기업이 직면하는 시장수요함수는 $P = 30 - Q$이며, 한계비용은 생산량과 상관없이 20으로 일정하다. 이 독점기업이 이윤을 극대화할 때의 이윤의 크기는 25이다.　　　　　　　　　　O | X

시장수요함수가 $P = 30 - Q$일 때 MR곡선은 $MR = 30 - 2Q$이고, 한계비용은 $MC = 20$이기에 이윤극대화 생산량은 $MR = MC$에 따라 $Q = 5$이다. $Q = 5$일 때 가격은 $P = 30 - Q$에서 $P = 25$이다. 고정비용이 없고 한계비용이 생산량과 상관없이 20으로 일정하면 평균비용은 20이다. 따라서 이윤은 125(총수입 = 가격 × 생산량) - 100(총비용 = 평균비용 × 생산량) = 25이다.

정답　0672 X　　0673 ○　　0674 X　　0675 ○　　0676 ○

0677

☐☐☐

수요함수가 우하향하는 직선의 형태일 때, 필수재에 비해 사치재의 수요는 가격변화에 대해 보다 비탄력적이다. O | X

필수재에 비해 사치재의 수요는 가격변화에 대해 보다 탄력적이다.

0678

☐☐☐

솔로우(Solow)성장모형에 따르면 자본축적만으로도 지속적인 성장이 가능하다. O | X

솔로우(Solow)성장모형은 지속적인 경제성장은 지속적인 기술진보에 의해서만 가능하다고 본다. 따라서 자본축적만으로는 지속적인 성장이 불가능하다고 본다.

0679

☐☐☐

생산함수가 $Q(L, K) = \sqrt{LK}$ 이고 단기적으로 K가 1로 고정된 기업이 있다. 단위당 임금과 단위당 자본비용이 각각 1원 및 9원으로 주어져 있다. 단기적으로 이 기업은 $0 \leq Q \leq 3$인 생산량 수준에서 규모의 경제가 나타난다. O | X

K가 1로 고정이기에 $Q = \sqrt{LK} = \sqrt{L}$ 이다. K가 1이고 단위당 임금과 단위당 자본비용이 각각 1원 및 9원으로 $C = wL + rK = L + 9$이다. $Q = \sqrt{L}$ 에서 $L = Q^2$이고 $C = L + 9 = Q^2 + 9$이기에 $LAC = Q + \dfrac{9}{Q}$ 이다. $LAC = Q + \dfrac{9}{Q}$ 가 우하향할 때, 즉 LAC를 미분한 값이 음수일 때 규모의 경제를 보인다. 따라서 $\dfrac{dLAC}{dQ} = 1 - \dfrac{9}{Q^2} < 0$에서 $-3 \leq Q \leq 3$이나 생산량은 음수일 수 없기에 $0 \leq Q \leq 3$에서 규모의 경제가 나타난다.

0680

☐☐☐

주당 18시간 이상 일한 무급가족종사자는 실업자에 포함된다. O | X

주당 18시간 이상 일한 무급가족종사자는 취업자이다.

정답 0677 X   0678 X   0679 ○   0680 X

0681
□□□ 동일 제품을 생산하는 복점기업 A사와 B사가 직면한 시장수요 $P = 50 - 5Q$이다. A사와 B사의 비용함수는 각각 $MC_A = 10$ 및 $MC_B = 15$이다. 두 기업이 비협조적으로 행동하면서 이윤을 극대화하는 꾸르노 모형을 가정할 때, 기업 A의 균형생산량은 3이다. O | X

동일 제품을 생산하는 복점기업 A와 B의 이윤을 극대화하는 균형생산량은 $MR_A = MC_A$, $MR_B = MC_B$에서 달성된다. 기업 A의 총수입은 $P = 50 - 5Q$이고 $Q = Q_A + Q_B$일 때, $TR_A = [50 - 5(Q_A + Q_B)] \times Q_A = 50Q_A - 5Q_A^2 - 5Q_A Q_B$이기에 $MR_A = 50 - 10Q_A - 5Q_B$이다. 기업 B의 총수입은 $P = 50 - 5Q$이고 $Q = Q_A + Q_B$일 때, $TR_B = [50 - 5(Q_A + Q_B)] \times Q_B = 50Q_B - 5Q_A Q_B - 5Q_B^2$이기에 $MR_B = 50 - 5Q_A - 10Q_B$이다. 결국, $MR_A = 50 - 10Q_A - 5Q_B = MC_A = 10$과 $MR_B = 50 - 5Q_A - 10Q_B = MC_B = 15$에서 결정된다. 즉, 이를 연립하면 $Q_A = 3$, $Q_B = 2$이다.

0682
□□□ 2기간 소비선택모형에서 소비자의 효용함수는 $U(C_1, C_2) = C_1 C_2$이고, 예산제약식은 $C_1 + \dfrac{C_2}{1+r} = Y_1 + \dfrac{Y_2}{1+r}$이다. Y_1은 100, Y_2는 121, 이자율이 10%일 때, 이 소비자는 1기에 저축을 한다. O | X

$\dfrac{C_2}{C_1} = (1+r)$에서 $C_2 = (1+r)C_1$과 $C_1 + \dfrac{C_2}{1+r} = Y_1 + \dfrac{Y_2}{1+r}$를 통해 $C_1 + C_1 = 2C_1 = Y_1 + \dfrac{Y_2}{1+r}$이다. Y_1은 100, Y_2는 121, r은 10%로 $C_1 = 105$, $C_2 = 115.5$이다. 따라서 1기에 이 소비자는 차입을 한다.

0683
□□□ A국 시중은행의 지급준비율이 0.2이며 본원통화는 100억 달러이다. 현금통화비율이 0일 때, A국의 통화량은 500억 달러이다. O | X

현금통화비율이 0이고 지급준비율이 0.2이기에 통화승수는 $m = \dfrac{1}{c + z(1-c)} = \dfrac{1}{0.2} = 5$이다. 본원통화는 100억 달러로 통화량은 $M^S = \dfrac{1}{c + z(1-c)} \times H = 5 \times 100 = 500$억 달러이다.

0684
□□□ 어느 재화에 대한 수요곡선은 $Q = 100 - P$이다. 이 재화를 생산하여 이윤을 극대화하는 독점기업의 비용함수가 $C(Q) = 20Q + 10$일 때, 이 기업의 러너지수(Lerner index)는 $\dfrac{2}{3}$이다. O | X

수요곡선 $Q = 100 - P$에서 $P = 100 - Q$이고 $MR = 100 - 2Q$이며, 비용함수 $C(Q) = 20Q + 10$에서 $MC = 20$이다. 독점기업의 이윤극대화 가격은 $MR = MC$에서 $100 - 2Q = 20$일 때 $Q = 40$이고 수요곡선 $P = 100 - Q$에서 $P = 60$이다. 따라서 러너지수는 $dm = \dfrac{P - MC}{P} = \dfrac{60 - 20}{60} = \dfrac{2}{3}$이다.

0685 □□□
국내총생산(GDP)은 일정기간 동안 국내 생산과정에서 투입된 중간투입물의 시장가치를 합하여 측정한다. O | X

GDP는 총생산물가치에서 중간투입물가치를 제거한 부가가치의 합이다.

0686 □□□
한계소비성향이 $c=0.5$, 조세수입은 정액세로 $t=0$, 투자지출은 독립투자로 $i=0$, 한계수입성향이 $m=0.3$일 때, 정부지출이 100에서 200으로 증가할 경우 균형국민소득의 변화량은 125이다. O | X

$c=0.5$, 정액세로 $t=0$, 독립적 투자지출로 $i=0$, $m=0.3$일 때, 정부지출승수가 $\dfrac{1}{1-c(1-t)-i+m}=$ $\dfrac{1}{1-0.5+0.3}=1.25$이기에 정부지출이 100에서 200으로 100만큼 증가할 경우 균형국민소득의 변화량은 125이다.

0687 □□□
어느 재화의 시장에서 가격수용자인 기업의 비용함수는 $C(Q)=5Q+\dfrac{Q^2}{80}$이며, 이 재화의 판매가격은 85원이다. 이 기업이 이윤극대화를 할 때, 생산량은 3,200이다. O | X

총비용함수 $C(Q)=5Q+\dfrac{Q^2}{80}$을 미분하면 한계비용은 $MC=5+\dfrac{Q}{40}$이다. 이윤극대화 생산량은 $P=MC$에서 $85=5+\dfrac{Q}{40}$이기에 Q는 3,200이다.

0688 □□□
레온티에프 역설(Leontief paradox)에 의하면 미국에서 수출재의 자본집약도는 수입재의 자본집약도보다 낮은 것으로 나타났다. O | X

자본풍부국으로 여겨지는 미국이 오히려 자본집약재를 수입하고, 노동집약재를 수출하는 현상을 레온티에프 역설이라 한다. 미국에서 수출인 노동집약재의 자본집약도는 수입재인 자본집약재의 자본집약도보다 낮은 것으로 나타났다.

0689 □□□
시장이자율이 상승할 때 동일한 액면가(face value)를 갖는 무이표채의 가격위험은 장기채보다 단기채가 더 크다. O | X

무이표채의 가격위험은 장기채가 시장이자율이 상승할 때 할인되는 값이 커지기에 가격위험은 더 커지게 된다.

정답 0685 X   0686 ○   0687 ○   0688 ○   0689 X

0690
□□□

A국에서는 소득이 5,000만 원 미만이면 소득세를 납부하지 않는다. 다만, 소득이 5,000만 원 이상이면 5,000만 원을 초과하는 소득의 20%를 소득세로 납부한다. 소득이 5,000만 원 이상인 납세자의 소득 대비 소득세 납부액 비중은 소득이 증가할수록 커진다. O | X

A국의 소득세제는 $T = \max[0, 0.2(y - 50,000)]$이다.

소득	조세	최종소득	최종소득/소득	조세/소득
3,000	0	3,000	1	0
4,000	0	4,000	1	0
5,000	0	5,000	1	0
6,000	200	5,800	0.97	0.03
7,000	400	6,600	0.94	0.06

소득이 5,000만 원 이상인 소득 대비 소득세 납부액 비중은 소득이 증가할수록 커진다.

0691
□□□

자본이동이 불완전하고 변동환율제도를 채택한 소규모 개방경제의 $IS - LM - BP$ 모형에서 확장적 재정정책을 실시하는 경우 이자율은 불변이고 총소득은 증가한다. O | X

자본이동이 불완전하고 변동환율제도하 정부지출증가로 IS곡선이 우측이동하면, 국내금리가 국제금리보다 커져 외국자본유입으로 환율이 하락하기에 IS곡선이 좌측이동한다. 그리고 우상향하는 BP곡선이 좌측이동하면 이자율도 높아지고 총소득도 증가한다.

0692
□□□

어느 폐쇄경제에서 총생산함수가 $y = k^{1/2}$, 자본 축적식이 $\triangle k = sy - \delta k$, 국민소득계정 항등식이 $y = c + i$인 솔로우 모형에서 정상상태인 현재 저축률 δ이 40%이다. 저축률이 60%로 상승하면 새로운 정상상태에서의 1인당 소비는 현재보다 크다. O | X

1인당 총생산함수 $y = k^{1/2}$에서 자본소득분배율이 50%로 황금률에서 저축률은 50%이다. 따라서 현재 정상상태의 저축률이 40%로 황금률인 50%로 상승하면 1인당 소비는 증가하나 60%로 상승하면 다시 감소한다.

2018년

0693
□□□

본원통화량이 불변인 경우, 시중은행의 요구불예금 대비 초과지급준비금이 낮아졌다면 통화량이 증가한다. O | X

본원통화량이 불변인 경우 현금보유비율이 작아지고, 지급준비율이 낮을수록 통화승수가 커지기에 통화량은 증가한다. 즉, 예금이 커지고 대출이 늘수록 통화량은 증가한다. 초과지급준비금이 낮아지면 대출이 늘어 통화량을 증가시킬 수 있다.

정답 0690 ○ 0691 X 0692 X 0693 ○

Part 2

2022 해커스공무원 局경제학 핵심 기출 OX 1592

0694
☐☐☐ 최적 선택을 고려할 때 암묵적 비용은 고려대상에 포함되지 않는다. O | X

최적 선택은 비용최소화를 통해 달성될 수 있다. 이 경우 고려대상에는 암묵적 비용과 명시적 비용 모두가 포함된다.

0695
☐☐☐ 자국기업이 국내 공장에서 생산하여 외국 지사에 중간재로 보낸 재화의 양은 국내총생산(GDP)에 포함되지 않는다. O | X

'일정기간 한 나라 안에서 새로이 생산된 모든 최종생산물의 시장가치'를 국내총생산(GDP)이라 한다. 자국기업이 국내 공장에서 생산하여 외국 지사에 중간재로 보낸 경우, 국내에서는 최종생산물이기에 GDP에 포함된다.

0696
☐☐☐ 완전경쟁시장에서 활동하는 A기업의 고정비용인 사무실 임대료가 작년보다 30% 상승했다면 단기균형에서 A기업은 전기 대비 생산량을 30% 감축할 것이다. O | X

완전경쟁시장하 $P = MC$에서 이윤극대화가 달성된다. 고정비용인 사무실 임대료가 작년보다 30% 상승했어도 고정비용은 한계비용에 영향을 줄 수 없기에 이윤극대화 조건인 $P = MC$는 변함이 없다. 따라서 전년 대비 올해의 생산량은 동일하다.

0697
☐☐☐ 소비함수는 $C = 0.75(Y - T) + 200$, 투자지출은 100, 정부지출은 200, 조세수입은 200인 폐쇄경제 국가가 있다. 이때 투자지출은 130으로, 정부지출은 220으로 각각 증가할 경우 균형국민소득의 변화는 200이다. O | X

투자/정부지출승수는 $\dfrac{1}{1-c}$이다. 투자지출이 100에서 130으로 30만큼 증가하고 투자승수가 $4(=\dfrac{1}{1-c} = \dfrac{1}{1-0.75})$이기에 국민소득은 120만큼 증가한다. 정부지출이 200에서 220으로 20만큼 증가하고 정부지출승수가 $4(=\dfrac{1}{1-c} = \dfrac{1}{1-0.75})$이기에 국민소득은 80만큼 증가한다. 따라서 균형국민소득은 200만큼 증가한다.

정답 0694 X   0695 X   0696 X   0697 O

0698
□□□

갑과 을이 150을 각각 x와 y로 나누어 가질 때, 갑의 효용함수는 $u(x) = \sqrt{x}$, 을의 효용함수는 $u(y) = 2\sqrt{y}$ 이다. 이때, 공리주의적 배분에서의 을의 소득은 120이다. O | X

공리주의적 배분은 각각의 한계효용이 일치할 때 달성된다. 갑의 효용함수 $u(x) = \sqrt{x}$ 에서 갑의 한계효용인 $\dfrac{1}{2\sqrt{x}}$ 과, 을의 효용함수 $u(y) = 2\sqrt{y}$ 에서 을의 한계효용인 $\dfrac{1}{\sqrt{y}}$ 이 일치할 때, $\dfrac{1}{2\sqrt{x}} = \dfrac{1}{\sqrt{y}}$, $y = 4x$으로, $x + y = 150$과 연립하면 $x + 4x = 150$에서 $x = 30$, $y = 120$이 공리주의적 배분이다.

0699
□□□

소비자들은 합리적이지 못한 근시안적 단견을 갖고 있다는 것은 리카디안등가(Ricardian Equivalence)정리에 대한 반론이 된다. O | X

소비자들이 근시안적인 소비행태를 보이면, 즉 소비자가 비합리적이면 국채가 발행되더라도 미래조세 증가를 인식하지 못할 수 있다. 따라서 이 정리는 성립하지 않는다.

0700
□□□

시장공급함수는 개별공급함수의 수직합으로 구할 수 있다. O | X

시장공급함수는 개별공급함수의 수평합으로 구할 수 있다.

0701
□□□

두 기간 모형에서 실질이자율이 하락하면, 차입자의 효용은 감소한다. O | X

두기간 모형에서, 예산선의 기울기는 $-(1+r)$이다. 실질이자율이 하락하면, 소득부존점인 E를 지나는 예산선의 기울기가 완만해진다. 부존점 좌측은 약공리에 위반되기에 부존점 우측에서 소비하고 따라서 효용은 감소하지 않는다.

0702
□□□

t기의 실질이자율은 t기의 명목이자율(i_t)에서 t기의 인플레이션율(π_t)을 차감한다. O | X

t기의 실질이자율은 t기의 명목이자율(i_t)에서 t기의 인플레이션율(π_t)을 차감한다.

정답 0698 ○   0699 ○   0700 X   0701 X   0702 ○

0703
□□□

A국가의 생산가능인구는 1,600만 명이고 실업자가 96만 명일 때, 경제활동참가율이 75%라면 실업률은 8%이다.　　　　　O | X

생산가능인구가 1,600만 명일 때, 경제활동참가율이 75%라면 경제활동참가율 $= \dfrac{경제활동인구}{생산가능인구} \times 100$ 에서 경제활동인구는 1,200만 명이다. 경제활동인구가 1,200만 명일 때, 실업자가 96만 명이면 실업률 $= \dfrac{실업자}{경제활동인구} \times 100$ 에서 실업률은 8%이다.

0704
□□□

자유무역을 하는 소규모 경제의 A국이 X재 수입품에 관세를 부과했다면 관세부과 이후 A국의 생산량은 증가하고 정부의 관세수입이 발생한다.　　　　　O | X

(소국)관세가 부과되면, 국내가격의 상승으로 국내생산의 증가와 국내소비의 감소로 수입량이 감소하나 관세수입의 증가 효과가 발생한다.

0705
□□□

교통사고 시 자동차 보험료 할증은 역선택 문제에 대한 대책의 예시이다.　　　　　O | X

사고에 따른 자동차 보험료 할증은 계약 이후의 행동의 문제인 도덕적 해이를 완화시킬 수 있다.

0706
□□□

수입등가정리(Revenue equivalence theorem)는 일정한 가정하에서 영국식 경매, 네덜란드식 경매, 비공개 최고가 경매, 비공개 차가 경매의 판매자 기대수입이 모두 같을 수 있다는 것을 의미한다.　　　　　O | X

수입등가정리(Revenue equivalence theorem)는 위험중립적 등 일정한 가정하에서 영국식 경매, 네덜란드식 경매, 비공개 최고가 경매, 비공개 차가 경매의 판매자 기대수입이 모두 같을 수 있다는 것을 의미한다.

0707
□□□

원화로 대출받으면 1년 동안의 대출 금리가 21%인 반면, 동일한 금액을 엔화로 대출받으면 대출 금리는 10%이다. 현재 환율이 100엔당 1,000원이고, 이자율평가설이 성립한다면 1년 후 예상되는 100엔당 원화가치는 1,100원이다.　　　　　O | X

이자율평가설이 성립한다면, 현재환율(1 + 국내이자율) = 선도환율(1 + 해외이자율)에 따라 1,000원/100엔(1 + 0.21) = 선도환율(1 + 0.1)에서 선도환율 = 1,100원/100엔이다

정답　0703 ○　　0704 ○　　0705 X　　0706 ○　　0707 ○

0708
□□□

구매력평가이론에 따르면 양국 통화의 실질환율은 양국의 물가수준에 따라 결정된다. O | X

구매력평가설에 의하면, $P = e \cdot P_f$에서 명목환율은 양국의 물가수준 P와 P_f에 의해 결정된다. 실질환율은 $\epsilon = \frac{e \times P_f}{P} = \frac{P}{P} = 1$이고 불변이다.

0709
□□□

큰 기업인 A와 다수의 작은 기업으로 구성된 시장이 있다. 작은 기업들의 공급함수를 모두 합하면 $S(p) = 200 + p$, 시장의 수요곡선은 $D(p) = 400 - p$, A의 한계비용은 $MC = 20$이다. 이때 균형가격(p)은 60 이다. O | X

시장수요 $D(p) = 400 - p$에서 군소기업들의 공급함수 $S(p) = 200 + p$를 차감하면 지배적 기업이 직면하는 수요곡선은 $D_A(p) = 400 - p - (200 + p) = 200 - 2p$이다. 즉, $Q = 200 - 2p$에서 $P = 100 - (1/2)Q$이기에 $MR = 100 - Q$이다. 따라서 지배적 기업의 이윤극대화 생산량은 $MR = MC$에 따라 $MR = 100 - Q = MC = 20$에서 $Q = 80$이다. 결국, 가격은 $Q = 200 - 2P$에서 $P = 60$이다.

0710
□□□

어느 경제의 총생산함수는 $Y = AL^{1/3}K^{2/3}$이다. 실질 GDP 증가율이 5%, 노동 증가율이 3%, 자본 증가율이 3%라면 솔로우 잔차(Solow residual)는 2%이다. O | X

총생산함수 $Y = AL^{1/3}K^{2/3}$에서 실질 GDP 증가율이 5%, 노동 증가율이 3%, 자본 증가율이 3%일 때, 솔로우 잔차는 $\frac{\triangle A}{A} = \frac{\triangle Y}{Y} - \alpha \frac{\triangle K}{K} - (1 - \alpha)\frac{\triangle L}{L} = 5 - \frac{1}{3} \times 3 - \frac{2}{3} \times 3 = 2\%$이다.

0711
□□□

장기균형을 이루고 있는 $AD - AS$ 모형이 있다. 오일쇼크와 같은 음(-)의 공급충격이 발생하여 단기 AS곡선이 이동한 경우 단기균형점에서 물가수준은 기존보다 높다. O | X

오일쇼크와 같은 부정적인 공급충격이 발생하면 총공급곡선이 왼쪽으로 이동하기에 실질 GDP가 감소하고 물가가 상승한다. 총공급곡선이 왼쪽으로 이동하기에 단기균형점에서 물가수준은 기존보다 높다.

Part 2

2022 해커스공무원 局경제학 핵심 기출 OX 1592

0712

□□□

A국가의 통화량이 5,000억 원, 명목 GDP가 10조 원, 실질 GDP가 5조 원이라면 화폐수량설이 성립하는 A국가의 화폐유통속도는 20이다. O | X

$MV = PY$에서 M은 통화량, V는 유통속도, PY는 명목국민소득이다. 통화량이 0.5조 원이고, 명목 GDP가 10조 원이기에 유통속도는 $MV = PY$에서 $V = 20$이다.

2019년

0713

□□□

상품 1단위당 5의 세금이 부과된 경우, 균형거래량이 200에서 100으로 줄었으며, 소비자잉여는 450만큼, 생산자잉여는 300만큼 감소하였다. 이 경우 자중손실은 250이다. O | X

조세의 귀착 시 자중손실은 '사회적잉여 감소분 − 조세 총액'을 통해 알 수 있다. 소비자잉여는 450만큼, 생산자잉여는 300만큼 감소하였기에 사회적잉여 감소분은 750이다. 조세총액은 단위당 조세 5와 균형거래량 100의 곱으로 500이다. 따라서 자중손실은 750 − 500으로 250이다.

0714

□□□

정부가 재정적자를 줄이기 위해 조세를 인상하고, 중앙은행은 기존의 통화량을 변함없이 유지한다면, 소득은 감소하고 이자율은 증가한다. O | X

조세를 인상하면 누출증가로 IS곡선은 좌측으로 이동한다. 기존의 통화량을 변함없이 유지한다면 LM곡선은 불변이다. LM곡선이 불변일 때 IS곡선이 좌측으로 이동하면, 소득과 이자율 모두 감소한다.

0715

□□□

중앙은행이 공개시장 매입정책을 실시하는 경우, 이자율은 하락하고 투자지출이 증가하여 총수요곡선이 오른쪽으로 이동한다. O | X

중앙은행이 공개시장 매입정책을 실시하면, 통화량이 증가하여 LM곡선이 우측으로 이동하여 이자율이 하락한다. 이자율이 하락하면 투자가 증가한다. 투자가 증가하면 IS곡선의 우측이동으로 총수요곡선이 오른쪽으로 이동한다.

0716

□□□

확실하게 예상되는 인플레이션은 노동자보다 기업에 더 큰 비용을 초래한다. O | X

확실하게 예상되는 인플레이션 시, 가령 물가상승률이 3%로 확실하게 예상될 때, 노동자는 명목임금의 3% 인상을 요구한다. 이에 기업은 이를 수용하고 가격의 3% 인상을 단행한다. 따라서 양자 모두 비용발생은 미미하다.

정답　0712 ○　0713 ○　0714 X　0715 ○　0716 X

0717

우리나라의 소비자물가지수 산정방식을 적용할 때, 작년을 기준으로 한 올해의 물가지수는 160이다.

구분	작년		올해	
	가격	소비량	가격	소비량
쌀	10만 원	4가마니	15만 원	3가마니
옷	5만 원	2벌	10만 원	6벌

O | X

소비자물가지수는 라스파이레스 방식이다. 라스파이레스 물가지수는 $L_P = \dfrac{P_t \cdot Q_0}{P_0 \cdot Q_0} \times 100 = \dfrac{15 \times 4 + 10 \times 2}{10 \times 4 + 5 \times 2} \times 100 = 160$이다.

0718

영국과 스페인의 치즈와 빵 생산에 관련된 자료가 다음과 같을 때, 영국은 빵 생산에 절대우위가 있고 치즈생산에 비교우위가 있다.

구분	1개 생산에 소요되는 시간	
	치즈	빵
영국	1시간	2시간
스페인	2시간	8시간

O | X

재화 1단위 생산의 기회비용이 작은 국가가 그 재화 생산에 비교우위가 있다. 영국은 치즈와 빵 생산에 모두 절대우위를 가지고 있다. 영국은 빵 생산에 비교우위가 있다.

구분	기회비용	
	치즈	빵
영국	빵1/2	치즈2
스페인	빵1/4	치즈4

0719

수요곡선이 우하향의 직선인 경우 수요의 가격탄력성은 임의의 모든 점에서 동일하다.

O | X

수요곡선이 우하향의 직선인 경우, 중점은 단위탄력적이고, 중점 위는 탄력적이며, 중점 아래는 비탄력적으로 모든 점의 수요의 가격탄력도가 다른 경우이다.

정답 0717 O 0718 X 0719 X

0720
☐☐☐

실업보험제도가 강화될수록 자연실업률은 낮아진다.　　　　　　　　　　O | X

실업보험제도가 강화될수록 가령, 정부가 실업자에게 주는 수당을 인상하면 노동자들이 일자리를 찾을 노력을 덜하게 될뿐아니라 이직률도 높아져 자연실업률은 높아진다.

0721
☐☐☐

한 국가가 유동성함정에 처한 경우, 중앙은행이 통화량을 지속적으로 증가시키는 정책은 기대인플레이션의 상승을 가져와서 실질이자율의 하락을 통해 총수요를 증가시킬 수 있다.　　　　O | X

유동성함정에선 명목이자율이 0에 가까워서 더 이상 변하지 않아 먼델 – 토빈효과가 일어난다. 기대인플레이션율 상승분이 모두 명목이자율 상승으로 반영되지 못하여 실질이자율이 하락하는 효과를 먼델 – 토빈효과라 하고, 먼델 – 토빈효과로 실질이자율이 하락하면 소비와 투자가 증가하므로 총수요가 증가하게 된다.

0722
☐☐☐

현재 완전경쟁시장에서 이윤극대화를 추구하고 있는 어떤 기업이 생산하는 재화의 가격은 350이며, 사적한계비용은 $MC = 50 + 10Q$이다. 한편 이 재화 1단위당 100의 환경오염을 발생시킨다. 사회적 최적생산량은 20이다.　　　　　　　　　　　　　　　　　　　　　　　　　　　　　　　　　　　O | X

$P = SMC$에서 사회적 최적산출량이 달성되고 $P = PMC$에서 시장 균형산출량이 결정된다. 재화의 가격은 $P = 350$이다. 생산측면에서 $PMC = 50 + 10Q$이고, 외부한계비용이 생산량 1단위당 100만큼 발생하기에 $SMC = 150 + 10Q$이다. $P = SMC$에서 $350 = 150 + 10Q$이기에 사회적 최적산출량은 $Q = 20$이다.

0723
☐☐☐

이윤을 극대화하는 독점기업의 균형생산량 수준에서 균형가격은 한계수입보다 크다.　　O | X

독점기업은 $MR = MC$에서 생산량을 결정하고, $MR = MC$의 위에 있는 수요곡선상의 점에서 가격이 결정된다. 즉, $P = AR > MR = MC$이다.

0724
☐☐☐

투자자들이 위험에 대하여 중립적인 경우, 현재 환율이 1달러당 1,000원이고, 1년 만기 채권의 이자율이 미국에서는 1%, 우리나라에서는 2%일 때, 1년 후 1달러당 예상환율은 1,010원이다.　　O | X

이자율평가설, '환율변화율 = 국내이자율 – 해외이자율'에서 환율변화율 = 2 – 1 = 1%이다.
환율이 1달러당 1,000원에서 1% 상승하기에 1년 후 환율이 1달러당 1,010원이 될 것이다.

0725
□□□

변동환율제도하 자본이동이 완전할 때, 소규모 개방경제 국가에서 중앙은행이 긴축적 통화정책을 실시할 때, 실질소득은 감소하고 자국화폐는 평가절하된다. O | X

변동환율제도하 자본이동이 완전할 때, 화폐공급감소로 LM곡선이 좌측이동하면, 국내금리가 국제금리보다 높아져 외국자본유입으로 환율이 하락하기에 IS곡선이 좌측이동한다. BP곡선이 좌측이동하나 수평선이기에 이자율은 불변이나 국민소득은 크게 감소한다.

0726
□□□

헥셔 - 올린(Heckscher - Ohlin)모형에 따르면 생산요소의 국가 간 이동이 불가능한 경우 상품의 국제무역이 발생해도 생산요소의 가격은 불변이다. O | X

각국이 비교우위에 따라 교역한다면 생산요소가 국가 간에 이동되지 않더라도 완전한 자유무역이 생산요소의 가격을 균등화시킨다는 것을 요소가격균등화정리라 한다.

0727
□□□

종량세가 부과된 상품의 대체재가 많을수록 공급자에게 귀착되는 조세부담은 작아진다. O | X

종량세가 부과된 상품의 대체재가 많을수록 수요의 가격탄력도가 크기에 소비자 부담은 적고 공급자에게 귀착되는 조세부담은 커진다.

0728
□□□

인플레이션 조세는 형평성 차원에서 경제 전반에 나타나는 부익부 빈익빈 현상의 완화에 기여한다. O | X

정부가 화폐 공급량을 늘리면 세금을 더 거둔 것과 같은 효과를 올릴 수 있다는 뜻에서 인플레이션 조세(Inflation Tax)라 한다. 예상하지 못한 인플레이션은 금융자산 보유자로부터 실물자산 보유자에게 부를 재분배한다. 이를 통해 부익부 빈익빈 현상을 악화시킬 수 있다.

0729
□□□

조세의 초과부담을 최소화하고 정부의 효용을 극대화하기 위해서는, 조세 때문에 생기는 각 재화 수요량의 감소 비율이 최대한 차이가 나도록 세율 구조가 결정되어야 한다는 조세이론을 램지원칙이라 한다. O | X

조세의 초과부담을 최소화하고 정부의 효용을 극대화하기 위해서는, 조세 때문에 생기는 각 재화 수요량의 감소 비율이 동일하도록 세율 구조가 결정되어야 한다는 조세이론을 램지원칙이라 한다.

정답 0725 X 0726 X 0727 X 0728 X 0729 X

0730
□□□

한 국가의 총생산함수가 $Y = AL^{\frac{2}{3}}K^{\frac{1}{3}}$ 인 솔로우성장모형에서 황금률 수준의 소비율은 $\frac{2}{3}$ 이다. O | X

총생산함수 $Y = AL^{\frac{2}{3}}K^{\frac{1}{3}}$ 에서 자본축적의 황금률하, L 위의 지수 2/3는 노동소득분배율이자 소비율이고, K 위의 지수 1/3은 자본소득 분배율이자 저축률이다. 따라서 솔로우성장모형에서 황금률 수준의 소비율은 2/3이다.

0731
□□□

내생적 성장이론에서 교육에 의하여 축적된 인적자본은 비경합성과 배제가능성을 가지고 있다. O | X

지식은 연구 분야[연구개발(R&D)모형]뿐만 아니라 교육을 통해 노동자 자체에 축적(인적자본모형)될 수 있다. 교육에 의하여 축적된 인적자본은 경합성과 배제가능성을 가지고 있다.

0732
□□□

A국가의 경제주체들은 화폐를 현금과 예금으로 절반씩 보유한다. 또한 상업은행의 지급준비율은 10%이다. A국의 중앙은행이 본원통화를 440만 원 증가시켰을 때 A국의 통화량 증가량은 800만 원이다. O | X

화폐(통화량)를 현금과 예금으로 절반씩 보유한다면, 통화량을 2로 두면 통화량(2) = 현금(1) + 예금(1)이다. '통화량(2) = 현금(1) + 예금(1)'에서 현금/통화량비율은 $c = 0.5$이고, 현금/예금비율은 $k = 1$이다. 또한 지급준비율은 $z = 0.1$이다. 즉, 통화량은 800만 원$[M^S = \dfrac{1}{c + z(1-c)} \times H = \dfrac{1}{0.5 + 0.1(1-0.5)} \times 440]$ 증가한다.

2020년

0733
□□□

음(-)의 값을 갖는 재고투자는 해당 시기의 GDP를 감소시킨다. O | X

재고투자는 기업이 판매를 목적으로 보유 중인 제품과 생산에 투입하기 위해 보유하고 있는 원자재와 미완성 제품 등을 구매하는 것으로, 재고투자는 기업의 생산량의 증가분에 비례한다. 따라서 기업의 생산량이 감소하면 재고투자는 음(-)의 값으로 나타나기에, 음(-)의 값을 갖는 재고투자는 해당 시기의 GDP를 감소시킨다.

0734
□□□

케인즈는 경기변동의 원인으로 총수요의 변화를 가장 중요하게 생각하였다. O | X

케인즈는 불완전경쟁하 수요충격으로 경기변동이 발생한다고 본다.

정답 0730 ○ 0731 X 0732 ○ 0733 ○ 0734 ○

0735
□□□

사업안 A는 0.9의 확률로 100만 원의 수익을, 0.1의 확률로 50만 원의 수익을 낸다. 사업안 B는 0.5의 확률로 200만 원의 수익을, 0.5의 확률로 -10만 원의 수익을 낸다. 갑이 위험을 회피하는(risk averse) 사람인 경우 A안을 선택한다.　　　　　　　O | X

A안과 B안의 기대수익은 모두 95만 원이다. 그러나 A안의 분산은 B안의 분산보다 더 작다. 갑이 위험회피자인 경우, 실패 확률이 0.1로 작은 A안을 선택할 가능성이 더 크다.

0736
□□□

미국산 연필은 1달러, 중국산 연필은 2위안, 미국과 중국의 화폐 교환비율은 1달러당 5위안이다. 이때 미국 연필당 중국 연필로 표시되는 실질환율은 2.5이다.　　　　　　　O | X

미국산 연필 1달러를 해외물가, 중국산 연필 2위안을 국내물가, 미국과 중국의 화폐 교환비율 1달러당 5위안을 명목환율로 보면, 미국 연필당 중국 연필로 표시되는 실질환율은 $\dfrac{\triangle 중국\ 연필}{\triangle 미국\ 연필} = \dfrac{P_{중국\ 연필}}{P_{미국\ 연필}}$ 이므로, 다음과 같다. $\epsilon = \dfrac{e \times P_f}{P} = \dfrac{5 \times 1}{2} = 2.5$ 이다.

0737
□□□

커피에 대한 수요함수가 $Q^d = 2,400 - 2P$ 일 때, 가격 P^*에서 커피 수요에 대한 가격탄력성의 절댓값은 1/2이다. 이때 가격 P^*는 400이다.　　　　　　　O | X

커피에 대한 수요함수 $Q^d = 2,400 - 2P$ 에서 $\dfrac{\triangle Q}{\triangle P} = -2$ 이고, 가격 P^*에서 수요량은 $Q = 2,400 - 2P^*$ 이다. 수요의 가격탄력성은 $-\dfrac{\triangle Q}{\triangle P} \cdot \dfrac{P}{Q} = -(-2) \times \dfrac{P^*}{2,400 - 2P^*} = \dfrac{1}{2}$ 으로 P^*는 400이다.

0738
□□□

독점기업 갑의 제품 A에 대한 수요곡선은 $Q^d = 150 - 5P$, 한계비용은 22이다. 독점에 의한 사회적 후생손실은 40이다.　　　　　　　O | X

완전경쟁기업의 이윤극대화 생산량은 $P = MC$에서 $P = 30 - (1/5)Q$, $MC = 22$이기에 $Q = 40$, $P = 22$이다. 독점기업이 되면서 이윤극대화 생산량은 $MR = MC$에서 $MR = 30 - (2/5)Q$, $MC = 22$이기에 $Q = 20$, 이윤극대화 가격은 $MR = MC$의 위에 있는 수요곡선상의 점에서 $P = 30 - (1/5)Q$에 $Q = 20$을 대입하면 $P = 26$이다. 따라서 경제적 순손실은 $(26 - 22) \times (40 - 20) \times 0.5 = 40$이다.

0739
□□□

소비수요와 투자수요가 이자율에 민감하지 않을수록, 물가와 국민소득의 평면에 그린 총수요곡선의 기울기는 작아진다.　　　　　　　O | X

소비수요와 투자수요가 이자율에 민감하지 않을수록, IS곡선은 급경사이기에 총수요곡선의 기울기도 커진다.

정답　0735 ○　0736 ○　0737 ○　0738 ○　0739 X

0740

중앙은행이 양적완화를 실시하면 본원통화가 증가하여 단기이자율은 상승한다. O | X

중앙은행이 양적완화를 실시하여 장기 국채 등을 매입하면 본원통화가 증가하여 통화량이 증가한다. 통화량이 증가하면 단기이자율은 하락한다.

0741

테일러준칙에서 다른 변수들은 불변일 때 정책당국이 목표인플레이션율을 높이면 정책금리도 높여야 한다. O | X

$i_t = \pi_t + \rho + \alpha(\pi_t - \pi^*) + \beta(u_n - u_t)$에서 목표 인플레이션율($\pi^*$)을 높이면 정책금리($i_t$)는 낮추어야 한다. (단, i_t는 t의 명목이자율, π_t는 t기의 인플레이션율, ρ는 자연율 수준의 실질이자율, π^*는 목표 인플레이션율, u_n은 자연실업률, u_t는 t기의 실업률이며, α와 β는 1보다 작은 양의 상수라고 가정한다)

0742

만기가 서로 다른 채권들이 완전대체재일 경우 유동성프리미엄이 0에 가까워지더라도 양(+)의 값을 갖는다. O | X

만기가 서로 다른 채권들이 완전대체재일 경우 장기채권은 유동성프리미엄이 없기에 유동성 프리미엄은 0의 값을 갖는다.

0743

이자율 평가설(interest rate parity theory)에 따르면 외국의 명목이자율과 자국의 명목이자율이 고정되었을 때 기대환율이 증가하면 외국통화의 가치가 상승한다. O | X

'현재환율(1+ 국내이자율) = 선도환율(1+ 해외이자율)'에서, 해외이자율과 국내이자율이 고정되었을 때 기대(= 선도)환율이 증가하면 현재환율은 상승하기에 외국통화의 가치가 상승한다.

0744

소비자가 근시안적으로 소비수준을 설정하거나 자본시장이 불완전한 경우에는 리카도대등정리가 성립하지 않는다. O | X

소비자들이 근시안적인 소비행태를 보이면, 즉 소비자가 비합리적이면 국채가 발행되더라도 미래조세 증가를 인식하지 못할 수 있다. 따라서 이 정리는 성립하지 않는다. 또한 자본시장이 불완전한 경우 즉, 차입제약이 존재하면 차입이 곤란하여 국채를 발행하고 조세를 감면하면 민간의 가처분소득이 증가하기에 소비가 증가한다. 따라서 리카르도 등가정리가 성립하지 않는다.

정답 0740 X 0741 X 0742 X 0743 ○ 0744 ○

0745
☐☐☐ 갑국의 중앙은행은 금융기관의 초과지급준비금에 대한 금리를 −0.1%로 인하했다. 이 통화정책으로 가계 부문의 저축이 증가할 것이다. O | X

마이너스 금리로 은행의 대출이 늘고 가계의 저축은 감소할 것이다.

0746
☐☐☐ 민간 부문의 투자가 40, 민간 부문의 소비가 60, 세전수익률과 세후수익률이 각각 15%와 10%라면, 사회적 할인율은 12%이다. O | X

사회적 할인율이란 경제전체 상황을 고려하여 결정된 할인율이다. 사회적 할인율 = 민간 부문의 투자 비율 (40%) × 세전 수익률(15%) + 민간부문의 소비 비율(60%) × 세후 수익률(10%) = 12%

0747
☐☐☐ 교역재인 자동차와 비교역재인 돌봄서비스만을 생산하는 갑국과 을국의 생산량과 가격은 다음과 같다. 교역재만을 대상으로 한 환율을 적용하면 을국 1인당 GDP는 갑국 1인당 GDP의 1/10이다.

구분 국가	자동차		돌봄서비스	
	1인당 생산량(대)	가격	1인당 생산량(대)	가격
갑	10	10	100	2
을	1	10	10	1

O | X

교역재만을 대상으로 할 때, 자동차 1대당 갑국 통화 10단위와 을국 통화 10단위의 교환비율은 1 : 1이다. 을국 1인당 GDP는 20(= 1×10 + 10×1)이다. 교역재만을 대상으로 한 환율, 즉 1 : 1을 적용하면, 을국 1인당 GDP 20은 그대로 20이다. 갑국 1인당 GDP는 300(= 10×10 + 100×2)이기에 을국 1인당 GDP는 갑국 1인당 GDP의 1/15이다.

0748
☐☐☐ $\ln Q^d = \beta_1 + \beta_2 \ln P + \epsilon$일 때, β_2가 − 0.0321라면 수요의 가격탄력도는 3.21이다(단, Q^d는 수요량, P는 가격, ϵ은 오차항이다). O | X

자연로그 $\ln(x)$의 변화량은 x의 변화율이다. 즉, $\dfrac{\triangle \ln X}{\triangle X} = \dfrac{1}{X}$, $\triangle \ln X = \dfrac{\triangle X}{X}$ 이다.

따라서 $\dfrac{\triangle \ln Q}{\triangle \ln P} = \dfrac{\dfrac{\triangle Q}{Q}}{\dfrac{\triangle P}{P}} = \dfrac{\triangle Q}{\triangle P} \times \dfrac{P}{Q} =$ 수요의 가격탄력도이다.

$\ln Q^d = \beta_1 + \beta_2 \ln P + \epsilon$에서, $\dfrac{\triangle \ln Q^d}{\triangle \ln P} = \beta_2 = -0.0321$이다. 따라서 $\beta_2 = -0.0321$이 수요의 가격탄력도이다.

결국, 가격 P가 1% 상승하면, 수요량 Q^d가 0.0321% 감소한다.

정답   0745 X   0746 ○   0747 X   0748 X

Part 2

2022 해커스공무원 局경제학 핵심 기출 OX 1592

0749
□□□

1960년대 미국의 경상수지 흑자는 국제 유동성 공급을 줄여 브레튼우즈(Bretton Woods)체제를 무너뜨리는 요인이었다. O | X

베트남전쟁 등 미국의 국제수지 적자는 달러에 대한 신뢰를 하락(닉슨쇼크)시켜 브레튼우즈(Bretton Woods) 체제를 무너뜨리는 요인이었다.

0750
□□□

갑국의 생산함수는 $Y_갑 = A_갑 L_갑^{0.5} K_갑^{0.5}$, 을국의 생산함수는 $Y_을 = A_을 L_을^{0.3} K_을^{0.7}$이다. 두 국가 모두 노동증 가율이 10%, 자본증가율이 20%일 때, 두 국가의 총생산증가율이 같으려면 갑국의 총요소생산성 증가율은 을국의 총요소생산성 증가율보다 2% 포인트 더 높아야 한다. O | X

경제성장의 요인을 요인별로 분석해 보는 것을 성장회계라 하고, $\frac{\triangle Y}{Y} = \frac{\triangle A}{A} + \alpha \frac{\triangle L}{L} + (1-\alpha)\frac{\triangle K}{K}$로 나타낸다. 갑국의 생산함수 $Y_갑 = A_갑 L_갑^{0.5} K_갑^{0.5}$에서 노동증가율이 10%, 자본증가율이 20%일 때, $Y_갑$증 $= A_갑$증 $+ 0.15$이다. 을국의 생산함수 $Y_을 = A_을 L_을^{0.3} K_을^{0.7}$에서 노동증가율이 10%, 자본증가율이 20%일 때, $Y_을$증 $= A_을$증 $+ 0.17$이다. 두 국가의 총생산증가율이 같을 때, $A_갑$증 $+ 0.15 = A_을$증 $+ 0.17$이다. 따라서 갑국의 총요소생산성 증가율은 을국의 총요소생산성 증가율보다 2% 포인트 더 높아야 한다.

0751
□□□

갑국의 1인당 생산함수는 $y = \sqrt{k(1-u)}$ 이다. 자연실업률(u)이 4%, 저축률, 인구성장률, 자본의 감가상각률이 모두 10%일 때, 솔로우(Solow)모형의 균제상태(steady state)에서 1인당 자본량(k)은 0.24이다. O | X

솔로우(Solow)의 경제성장모형하에서 1인당 실제투자액[$sf(k)$]과 1인당 필요투자액[$(n+d)k$]이 일치할 때 1인당 자본량이 불변으로 균제상태를 보인다. 즉, $sf(k) = (n+d)k$, $0.1\sqrt{k(1-u)} = 0.2k$, $\sqrt{k(1-u)} = 2k$ $k(1-u) = 4k^2$ $1-u = 4k$ $k = 0.24$이므로 1인당 자본량(k)은 0.24이다.

0752
□□□

게임상황에서 협력 시 순편익이 그렇지 않을 때의 순편익보다 크다고 해도 협력이 이루어지지 않는 것이 일반적이다. O | X

협력 시 순편익이 그렇지 않을 때 순편익보다 크면 협력이 유지될 수 있다.

정답 0749 X   0750 ○   0751 ○   0752 X

Part 2

2022 해커스공무원 局경제학 핵심 기출 OX 1592

2013년

0753
☐☐☐

어떤 재화의 수요곡선이 $Q_d = 400 - 2P$, 공급곡선이 $Q_s = 100 + 3P$이다. 정부가 이 재화의 수요자들에게 단위당 15의 조세를 부과할 경우 생산자가 부담하는 세금은 6이다. O | X

조세부담은 탄력성에 반비례하고 기울기에 비례하기에 수요의 기울기는 1/2이고 공급의 기울기는 1/3일 때, 소비자부담과 생산자부담은 3 : 2이다. 따라서 소비자부담은 15 중에서 9이고 생산자부담은 6이다.

0754
☐☐☐

A국가와 B국가가 디지털TV와 의복을 1단위 생산하는데 다음과 같은 노동시간이 투입된다. A국가는 디지털TV 생산에 비교우위를 갖고, B국가는 의복 생산에서 비교우위를 갖고 있다.

구분	디지털TV	의복
A국가	10시간	4시간
B국가	20시간	5시간

O | X

디지털TV 1단위 생산의 기회비용은 A국가는 의복 2.5단위이고, B국가는 의복 4단위이다. 따라서 A국가는 디지털TV 생산에서 비교우위를 갖고, B국가는 의복 생산에서 비교우위를 갖고 있다.

0755
☐☐☐

신용카드 사용으로 인해 민간의 현금보유비율이 감소하면 통화량이 증가한다. O | X

민간의 현금보유비율 감소는 통화승수를 증가시켜 통화량의 증가를 가져온다.

0756
☐☐☐

은행들의 주가가 상승하면 국내총생산(GDP)가 증가된다. O | X

'일정기간 한 나라 안에서 새로이 생산된 모든 최종생산물의 시장가치'를 국내총생산(GDP)이라 하고, 부가가치의 합으로 계산할 수 있다. 주가상승은 생산액증가와 관련없기에 국내총생산(GDP)의 추계에 포함되지 않는다.

정답 0753 ○   0754 ○   0755 ○   0756 X

0757

□□□ 이자율평가설에 따르면 미래의 예상환율 변화는 현재의 환율에 영향을 주지 않는다.　　　　O | X

금융시장에서 일물일가의 법칙을 전제로, 국가 간 완전자본 이동이 보장될 때 국내투자수익률과 해외투자수익률이 동일해야 한다는 것이 이자율평가설이다. 이때, 해외투자수익률의 불확실성은 선물계약을 통해 제거할 수 있기에, 무위험이자율평가설은 현재환율(1 + 국내이자율) = 선도환율(1 + 해외이자율)이다. 따라서 이자율평가설에 따르면 미래의 예상환율 변화는 현재의 환율에 영향을 줄 수 있다.

0758

□□□ 합리적 기대이론에 따르면 예측된 정부정책의 변화는 실질변수에 영향을 미치지 않는다.　　　　O | X

합리적 기대이론에 따르면 현재 시점에서 이용 가능한 모든 정보를 이용하기에 예측된 정부정책의 변화는 실질변수에 영향을 미치지 않는다.

0759

□□□ 소규모 폐쇄경제인 A국가의 X재에 대한 수요곡선은 $Q_X^D = 500 - P_X$, 공급곡선은 $Q_X^S = -100 + P_X$이다. 국제가격이 400일 때, A국가가 자유무역을 실시할 경우 사회적잉여 증가분은 10,000이다.　　　　O | X

$Q_X^D = 500 - P_X$, $Q_X^S = -100 + P_X$에서 균형가격은 300이다. 국제가격이 400으로 A국은 수출을 하게 된다. 400일 때 공급량은 300이고 수요량은 100이기에 초과공급인 200만큼을 수출하게 된다. 따라서 $200 \times (400 - 300) \times 1/2 = 10,000$만큼의 사회적 잉여의증가를 초래한다.

0760

□□□ 독점시장에 존재하는 어떤 회사의 한계비용은 50이며, 이 시장의 소비자는 모두 $P = 100 - Q_d$라는 수요함수를 갖고 있다. 이 회사가 이부가격을 설정하여 이윤을 극대화하기 위한 가입비는 1,250이다.　　　　O | X

이부가격의 경우, $P = MC$에 따라 가격과 산출량을 설정하고 소비자잉여만큼의 가입비 부과가 가능하다. P는 $P = 100 - Q$이고, MC는 50이다. $P = MC$에 따라 $Q = 50$이고 $P = 50$이다. 소비자잉여는 $P = 100 - Q$에서 $Q = 50$일 때 최대지불의사금액에서 실제지불금액을 차감한 면적으로 $50 \times 50 \times 1/2 = 1,250$이다.

0761

□□□ 고용률이 증가하면 실업률은 하락한다.　　　　O | X

'고용률 × 100 = (100 − 실업률) × 경제활동참가율'에서, 경제활동참가율을 모르기에 고용률의 변화만으로 실업률의 변화는 알 수 없다.

0762
□□□

주어진 경제적 자원이 모두 고용되더라도 효용가능곡선(utility possibilities curve)상에 있지 않을 수도 있다. O | X

효용가능곡선상의 모든 점은 소비가 파레토효율적으로 이루어지는 점들이다. 따라서 주어진 경제적 자원이 모두 고용되더라도 파레토효율적이지 못하다면 효용가능곡선상에 있지 않다.

0763
□□□

오쿤(Okun)에 따르면 경기적 실업이 증가하면 총생산갭(침체갭)은 증가한다. O | X

오쿤(Okun)의 법칙은 GDP갭과 실업률 사이의 (+)의 상관관계로 경기적 실업이 증가하면 총생산갭(침체갭)은 증가한다.

0764
□□□

소규모 기업인 A기업의 생산함수가 $Y = L^2$로 주어져 있을 때, 한계비용이 평균비용을 통과하는 점에서 효율적 생산량이 존재한다. O | X

$Y = L^2$에서 $MP_L = 2L$이므로 노동 투입량이 증가하면 한계생산물이 증가해 한계 비용곡선이 우하향인 규모의 경제가 나타나고, 평균비용이 지속적으로 하락해 우하향한다. 평균비용이 우하향할 때 한계비용도 평균비용 하방에서 우하향하기에 한계비용곡선과 평균비용곡선은 교차하지 않는다.

0765
□□□

물가가 하락하게 되면 자국화폐로 표시된 실질환율이 상승하여 총수요곡선이 우측으로 이동하므로 경기침체의 해결 방안으로 고려될 수 있다. O | X

물가가 하락하게 되면 자국화폐로 표시된 실질환율이 상승하여 순수출이 증가함으로써 국민소득이 증가한다. 따라서 총수요곡선 상에서 우하방으로 이동한다.

0766
□□□

누진소득세 체제에서는 인플레이션으로 인해 기존과 동일한 실질소득을 얻더라도 세후 실질소득이 하락할 수 있다. O | X

누진소득세 체제에서는 인플레이션으로 인해 기존과 동일한 실질소득을 얻더라도 세후 실질소득이 하락할 수 있다.

0767 현재의 통화수요곡선은 $\dfrac{M^d}{p} = 1,000 - 1,000i$, 외생적 통화공급은 $M^s = 1,700$, 물가는 $P = 2$, 기대물가상 승률은 $\pi^e = 0.05$일 때, 균형실질이자율은 10%이다. O | X

$\dfrac{M^d}{P} = \dfrac{M^s}{P}$에서 $1,000 - 1,000i = 850$이다. 즉, 명목이자율은 $i = 0.15$로 15%이다. 그리고 기대물가상승률은 $\pi^e = 0.05$로 5%이다. 피셔의 방정식에 따르면 '실질이자율 + 기대인플레이션율 = 명목이자율'에서 실질이자율 은 명목이자율 − 기대인플레이션율 $= 15\% - 5\% = 10\%$이다.

0768 어느 폐쇄경제에서 소비함수는 $C = 100 + 0.8(Y - T)$, 투자함수는 $I = 150 - 600r$, 정부지출은 $G = 200$, 세입은 $T = 0.5Y$이다. 균형을 이루는 화폐시장에서 화폐수요는 $\dfrac{M^d}{P} = 2Y - 8,000r$, 화폐공급은 $M^s = 1,000$인 경우, 균형국민소득은 700이다. O | X

소비함수는 $C = 100 + 0.8(Y - T)$이고, 투자는 $I = 150 - 600r$이며, 정부지출은 200이다. 따라서 생산물시장 균형은 $Y = 100 + 0.8(Y - T) + 150 - 600r + 200$에서 달성된다. T가 $0.5Y$이기에 $Y = 750 - 1,000r$이다. 실질화폐수요가 $2Y - 8,000r$이고, 실질화폐공급이 1,000이다. 따라서 화폐시장 균형은 $2Y - 8,000r = 1,000$, 즉, $Y = 500 + 4,000r$에서 달성된다. 결국, 균형이자율과 균형국민소득은 각각 0.05(5%)이고 700이다.

0769 어떤 소비자의 이동전화 통화수요는 $Q_d = 150 - \dfrac{P}{20}$이다. 통신사가 통화시간에 관계없이 월 12만 원을 받는다면, 이 소비자의 소비자잉여는 105,000원이다(이때, Q_d는 분으로 표시한 통화시간을 나타내고, P는 분당 전화 요금을 나타낸다). O | X

A사의 경우, 월 12만 원을 내면 통화시간에 관계없이, 즉 이용요금 없이 이용할 수 있기에 통화시간은 150분 이다. 따라서 150분일 때 최대지불의사금액은 수요곡선 하방의 면적이고 실제지불금액은 고정요금 12만 원이 다. 이때, Y절편은 3,000이고 X절편은 150이기에 소비자잉여는 $3,000 \times 150 \times 1/2 - 120,000 = 105,000$원 이다.

0770 지하철 수요의 가격탄력성은 1.2, 지하철 수요의 소득탄력성은 0.2, 지하철 수요의 시내버스 요금에 대한 교차탄력성은 0.4이다. 앞으로 지하철 이용자의 소득이 10% 상승할 것으로 예상하여, 지하철 회사는 지방 정부에 지하철 요금을 5% 인상하였다. 그런데, 시내버스요금도 20%가 인상되었다면 지하철수요량은 4% 증가한다. O | X

지하철 수요의 가격탄력성은 1.2로 지하철 요금을 5% 인상하면 지하철 수요량은 6% 감소한다. 지하철 수요 의 소득탄력성은 0.2로 지하철 이용자의 소득이 10% 증가하면 지하철 수요량은 2% 증가한다. 지하철 요금이 5% 인상되고 지하철 이용자의 소득이 10% 증가하면 지하철 수요량은 4% 감소한다. 시내버스요금이 20% 증 가하면 지하철 수요량은 8%가 증가한다. 따라서 지하철 수요량은 총 4% 증가한다.

정답 0767 ○   0768 ○   0769 ○   0770 ○

0771
☐☐☐

외부성이 발생하는 경우, 사적 한계편익과 사적 한계비용이 일치할 때 사회적 최적거래량이 결정되고, 사회적 한계편익과 사회적 한계비용이 일치할 때 시장균형거래량이 결정된다. O | X

외부성이 발생하는 경우, 사적한계편익과 사적한계비용이 일치할 때 시장균형거래량이 결정되고, 사회적 한계편익과 사회적 한계비용이 일치할 때 사회적 최적거래량이 결정된다.

0772
☐☐☐

연기자를 고용하는 방송국이 하나만 존재하는 경우를 가정하자. 연기자 시장에서 연기자가 노동조합을 결성하여 단체 교섭을 하면 임금은 높일 수 있으나 고용 인원은 줄어들 수밖에 없다. O | X

연기자가 노동조합을 결성하여 단체 교섭을 하면 최저임금제 실시와 같은 효과가 발생한다. 생산요소시장에서 수요독점의 경우, 최저임금제가 실시되면 고용량이 불변이거나 증가할 수 있고, 최저임금이 MRP_L곡선과 MFC_L곡선이 교차하는 점보다 높은 수준에서 결정되면 고용량이 감소한다.

0773
☐☐☐

컴퓨터 시장은 완전경쟁시장이며 각 생산업체의 장기평균비용함수는 $AC(q_i) = 40 - 6q_i + \frac{1}{3}q_i^2$으로 동일하다고 가정하자. 컴퓨터에 대한 시장수요가 $Q^d = 2,200 - 100P$일 때, 컴퓨터 시장에서 장기균형가격은 13이다. (단, q_i는 개별 기업의 생산량, Q^d는 시장수요량을 나타냄) O | X

완전경쟁시장하에 개별기업은 '장기균형가격 = 장기평균비용의 최소점'에서 장기균형을 달성한다. $AC(q_i) = 40 - 6q_i + \frac{1}{3}q_i^2$은 $q_i = 9$에서 장기평균비용의 최소점은 13이다. 따라서 장기균형가격은 13이다.

0774
☐☐☐

내쉬균형에 도달했을 경우, 더 이상 자신의 전략을 바꿀 유인이 없기에 안정적 모습을 보인다. O | X

상대방의 전략을 주어진 것으로 보고 경기자는 자신에게 가장 유리한 전략을 선택하였을 때 도달하는 균형을 내쉬균형이라 하고, 더이상 자신의 전략을 바꿀 유인이 없기에 안정적 모습을 보인다.

정답 0771 X 0772 X 0773 ○ 0774 ○

Part 2

2022 해커스공무원 **局장제학** 핵심 기출 OX 1592

0775
□□□

완전경쟁기업의 비용구조가 아래와 같다. 이 기업의 고정비용은 100이며 생산품의 시장가격이 30일 경우 이윤극대화를 달성할 때의 기업의 이윤은 -30이다.

생산량	0	1	2	3	4	5	6	7	8	9	10
총비용	100	130	150	160	172	185	210	240	280	330	390

O | X

완전경쟁기업은 $P = MC$에서 이윤이 극대화되기에 시장가격이 30일 때 생산량이 7에서 한계비용도 30이 된다. 따라서 이윤은 $30 \times 7 - 240 = -30$이다.

0776
□□□

어떤 도시의 택시 수는 1만 대이다. 택시 1대가 하루동안 운행하면 500원의 공해비용이 발생한다고 가정하자. 택시 수요곡선이 가격에 대해 비탄력적일수록 조세 부과 후 운행 대수가 크게 감소한다. O | X

택시 수요곡선이 가격에 대해 비탄력적일수록 조세 부과 후 가격상승으로 인한 운행 대수가 적게 감소한다.

0777
□□□

X재와 Y재의 가격이 각각 $P_X = 4$, $P_Y = 3$에서 $P_X = 3$, $P_Y = 4$로 바뀌었다. 가격 변화 후에 소득이 증가하고 X재에 대한 소비가 감소하면 약공리에 위배된다. O | X

현시선호이론에서 예산선의 기울기는 $\dfrac{P_X}{P_Y}$로 $P_X = 4$, $P_Y = 3$에서 $P_X = 3$, $P_Y = 4$로 바뀌었다면 기울기는 완만해진다.

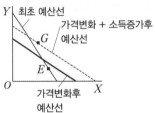

가격 변화 후에 소득이 증가하고 X재에 대한 소비가 감소하여 최초 E점에서 G점으로 이동 시 약공리에 위배되지 않는다.

2014년

0778
□□□

두 나라(A국, B국)만 있는 세계경제에는 사과와 바나나 두 재화만 있다. 폐쇄경제일 때 사과가격을 바나나가격으로 나눈 상대가격이 A국에서는 2이고, B국에서는 5이다. 개방경제하에서 A국의 수입업자는 바나나 100개를 수입하는데 그 대가로 사과 20개를 준다면 교역이 가능하다. O | X

기회비용 사잇값에서 양국이 이득을 볼 수 있는 교역조건이 성립한다. A국의 수입업자는 바나나 100개를 수입하는데 그 대가로 사과 20개를 준다면 사과 1개의 기회비용은 바나나 5개이다. 단, 이 경우 B국은 교역전과 비교할 때 손해를 보지 않기에 교역은 가능하다고 볼 수 있다.

정답 0775 ○ 0776 X 0777 X 0778 ○

0779
□□□

국가 간 자본이동이 어려우면, 예상되는 평가절하는 두 국가 간의 이자율 차이만큼 나타난다. O | X

국가 간 자본이동이 완전히 자유로우면, 이자율평가설에 따라 예상되는 환율변화는 두 국가 간 이자율 차이만큼 나타난다. 따라서 국가 간 자본이동이 어려우면, 예상되는 평가절하는 두 국가 간의 이자율 차이보다 작게 나타날 것이다.

0780
□□□

외국이자율이 상승하면 BP곡선이 우하향 이동한다. O | X

외국이자율의 상승으로 자본유출이 이루어져 국제수지는 적자가 된다. 따라서 국제수지가 균형을 회복하기 위해 이자율은 상승하기에 BP곡선은 좌측(상방)이동한다.

0781
□□□

도시에 거주하는 사람에 대한 농지매입규제가 폐지됨에 따라 농지가격이 상승하였다면 국내총생산(GDP)가 증가한다. O | X

농지가격상승은 생산액증가와 관련 없기에 국내총생산(GDP)의 추계에 포함되지 않는다.

0782
□□□

한계대체율은 동일한 효용수준을 유지하면서 한 재화 소비량을 한 단위 증가시키기 위하여 감소시켜야 하는 다른 재화의 수량을 의미한다. O | X

동일한 효용 수준을 유지하면서 한 재화 소비량을 한 단위 추가 소비 시 감소하는 다른 재화의 변화량을 한계대체율이라 하고, 무차별곡선상 접선의 기울기로 구한다.

0783
□□□

케인즈학파 경제학자들은 화폐수요는 이자율에 대해 상대적으로 비탄력적이며 투자수요는 이자율에 대해 상대적으로 탄력적이기에 경기침체기에 금융정책이 효과를 나타내지 못한다고 생각하였다. O | X

투자의 이자율탄력성이 작아 IS곡선이 급경사이고, 화폐수요의 이자율탄력성이 커서 LM곡선이 완만하기에 금융정책의 유효성은 작아진다.

정답 0779 X 0780 X 0781 X 0782 O 0783 X

0784
□□□
완전고용국민소득수준에서 총공급이 총수요를 초과할 때 발생하는 디플레이션갭은 디플레이션을 탈피하기 위해 증가시켜야 하는 공급의 크기로 측정된다. O | X

완전고용국민소득수준에서 총공급이 총수요를 초과할 때 발생하는 디플레이션갭은 디플레이션을 탈피하기 위해 증가시켜야 하는 유효수요의 크기로 측정된다.

0785
□□□
어느 독점기업이 생산과정에서 오염물질을 배출하고 있다. 독점기업의 수요함수는 $P = 90 - Q$이고, 독점기업의 한계비용은 $MC = Q$이며 생산 1단위당 외부비용은 6이다. 사회적으로 최적인 생산량 수준을 달성하도록 하기 위해서는 정부가 독점기업에 생산 1단위당 지불할 보조금은 36이다. O | X

$PMC = Q$이고 $SMC = Q + 6$이다. $P = 90 - Q$이기에 $P = SMC$에서 사회적 최적산출량은 42이다. 그런데 독점 시 $MR = 90 - 2Q$이기에 $MR = PMC$에서 이윤극대화 생산량은 30이다. 단위당 a의 보조금을 독점기업에게 지급한다면, MC곡선은 단위당 a만큼 하방으로 이동한다. $MR = 90 - 2Q$이고 $PMC = Q - a$이기에 $MR = PMC$에서 이윤극대화 생산량은 사회적 최적산출량인 42이어야 한다. 따라서 a는 36이다.

0786
□□□
어느 경제에서 소비함수가 $C = 50 + 0.85(1 - T)Y$, 세율이 20%, 투자가 $I = 110$, 정부지출이 $G = 208$, 수출이 $X = 82$, 수입이 $M = 10 + 0.08Y$일 때, 균형국민소득은 1,100이다. O | X

총수요와 총소득이 일치하는 점에서 균형국민소득이 결정되기에, $Y = C$(민간소비지출)$+ I$(민간총투자)$+ G$(정부지출)$+ X - M$(순수출)이다. $Y = C + I + G + X - M = 50 + 0.85(1 - T)Y + 110 + 208 + 82 - (10 + 0.08Y)$에서 $T = 0.2$이기에 $Y = 50 + 0.85(0.8Y) + 110 + 208 + 82 - (10 + 0.08Y) = 440 + 0.6Y$이다. 즉, $Y = 1,100$이다.

0787
□□□
정(+)의 실업률하에서 실질 GDP는 잠재적 GDP에 미치지 못한다. O | X

$0 <$ 실제실업률 $<$ 자연실업률하에서 실질 $GDP >$ 잠재적 GDP이고, $0 <$ 자연실업률 $<$ 실제실업률하에서 잠재적 $GDP >$ 실질 GDP이다. 따라서 정(+)의 (실제)실업률하에서도 실질 GDP는 잠재적 GDP를 초과할 수 있다.

0788
□□□
총산출 = 총투입, 중간수요 = 중간투입일 때, 최종수요 - 수입 = 부가가치이다. O | X

중간투입 + 부가가치 = 총투입, 중간수요 + 최종수요 - 수입 = 총산출에서 총산출 = 총투입, 중간수요 = 중간투입일 때, 최종수요 - 수입 = 부가가치이다.

정답 0784 X 0785 O 0786 O 0787 X 0788 O

0789
☐☐☐

자본이동이 자유롭고 변동환율제를 채택하고 있는 소규모개방경제가 있다. 세계 대부자금시장에서 대부자금에 대한 수요가 증가하는 경우 단기에 순수출, 투자, 소득 모두 증가한다. O | X

세계 대부자금시장에서 대부자금에 대한 수요가 증가하면 세계이자율은 상승한다. 세계이자율이 상승하면 외자유출로 국내대부자금시장에서 대부자금에 대한 공급이 감소하여 국내이자율도 상승한다. 즉, *BP*곡선은 상방으로 이동한다. 따라서 투자는 감소한다. 외자유출에 의해 명목환율 상승에 의한 실질환율 상승으로 순수출은 증가한다. 환율상승으로 *IS*곡선이 우측으로 이동하면 국민소득은 증가한다.

0790
☐☐☐

현금지원정책 시 예산선(현금보조 시 예산선)의 기울기가 X재의 재화가격 할인 시 예산선(가격보조 시 예산선)의 기울기보다 작다. O | X

현금보조를 실시하면 예산선이 바깥쪽으로 평행이동하고, 구입가격의 일정 비율을 보조하면 예산선이 회전이동한다. 따라서, 현금지원정책 시 예산선(현금보조 시 예산선)의 기울기가 재화가격 할인 시 예산선(가격보조 시 예산선)의 기울기보다 크다.

0791
☐☐☐

시장수요곡선이 $P = 100 - Q_d$인 시장에서 독점적으로 생산을 하는 기업이 있다. 이 기업은 한계비용이 40이고, 이 기업이 생산하는 재화는 단위당 30만큼의 사회적비용을 발생시킨다. 최적생산량에서 수요의 가격탄력성은 1보다 작다. O | X

$P = 100 - Q_d$이고 $SMC = 70$으로 최적생산량은 $P = SMC$에서 $P = 100 - Q_d = SMC = 70$에 따라 $Q = 30$이다. 최적 가격은 $P = 100 - Q_d$에서 $Q = 30$에 따라 $P = 70$이다. 따라서 최적생산량에서 수요의 가격탄력성은 $-\dfrac{\triangle Q}{\triangle P} \cdot \dfrac{P}{Q} = -(-1) \cdot \dfrac{70}{30} = \dfrac{7}{3}$으로 1보다 크다.

0792
☐☐☐

생산기술이 규모에 대한 수익불변이면 규모의 불경제가 발생할 수 없다. O | X

생산기술이 규모에 대한 수익불변이라도 생산량의 증가로 요소수요가 증가할 때 생산요소 가격이 상승한다면 단위당 생산비용이 상승하게 되기에 장기평균비용곡선은 우상향의 형태가 된다. 따라서 생산기술이 규모에 대한 수익불변이라도 규모의 불경제가 발생할 수 있다.

정답 0789 X   0790 X   0791 X   0792 X

0793
□□□

이윤극대화를 추구하는 A기업은 판매하는 재화에 대한 수요의 가격탄력성은 -5이고 광고비를 1% 증가시키면 재화의 수요량이 1% 증가한다. A기업은 총수익의 20%를 광고비로 지출한다.　　O | X

이윤극대화를 위한 총수익 대비 광고비지출액은 $\dfrac{\text{수요의 광고탄력도}}{\text{수요의 가격탄력도}}$ 이다. 따라서 이윤극대화를 위한 총수익 대비 광고비지출액은 수요의 가격탄력성이 -5이고, 수요의 광고탄력도가 1이기에, $\dfrac{\text{수요의 광고탄력도}}{\text{수요의 가격탄력도}} = \dfrac{1}{5}$ $= 20\%$이다

0794
□□□

A는 월 60만 원의 소득을 음식(F)과 의복(C)을 소비하는 데 모두 지출하며 그의 효용함수는 $U = 2FC$이고, 음식의 가격은 2만 원, 의복의 가격은 1만 원이다. 이 경우 음식(F) 구입량은 15이다.　　O | X

$C - D$형 효용함수인 $U = AX^\alpha Y^\beta$에서 X 구입량은 $X = \dfrac{\alpha}{\alpha+\beta} \cdot \dfrac{M}{P_X}$이고, $Y = \dfrac{\beta}{\alpha+\beta} \cdot \dfrac{M}{P_Y}$이다. $U = 2FC$에서 $\alpha = 1, \beta = 1$이기에 정부지원 전 F 구입량은 $F = \dfrac{1}{2} \cdot \dfrac{60}{2} = 15$이고, C 구입량은 $C = \dfrac{1}{2} \cdot \dfrac{60}{1} = 30$이다.

0795
□□□

어느 재화에 대한 시장수요함수가 $P = 60 - 2Q$이다. 이 재화를 생산하는 지배적 기업 A가 있고 나머지 군소기업들은 지배적 기업이 결정한 가격을 따른다. 군소기업들(B)의 재화의 공급함수는 $P = 2Q_B$이고 지배적 기업의 한계비용함수는 $MC = Q_A$이다. 재화의 가격은 20이다.　　O | X

시장수요 $P = 60 - 2Q$에서 $Q = 30 - \dfrac{1}{2}P$이고, 군소기업들의 공급함수 $P = 2Q_F$에서 $Q_F = \dfrac{1}{2}P$이기에 지배적 기업이 직면하는 수요곡선은 $Q = 30 - P$이다. 따라서 $MR = 30 - 2Q$이고 $MC = Q$이기에 지배적 기업의 이윤극대화 생산량은 $MR = MC$에 따라 $MR = 30 - 2Q = MC = Q$에서 $Q = 10$이다. 결국, 가격은 $Q = 30 - P$에서 $P = 20$이다.

0796
□□□

어느 회사의 직원 A의 효용함수는 $U = \sqrt{10I}$ 이다. 현재 A는 고정급으로 월 1,000만 원을 받고 있다. 이때, 기획사에서 A에게 실적이 10만 개 이상인 경우에는 월 4,000만 원을 지급하고, 실적이 10만 개 미만인 경우에는 월 160만 원을 지급하는 새 계약을 제시했다고 하자. 판매실적이 10만 장 이상일 확률이 25%이면 A는 고정급 계약을 고수한다.　　O | X

월 1,000만 원의 고정급일 때 효용은 $U = \sqrt{10I} = \sqrt{10 \times 1.000} = 100$이다.
음반판매실적이 10만 장 이상일 확률이 25%일 때 월 4,000달러를 지급하고, 10만 장 미만인 경우에는 월 160달러를 지급한다면, 기대효용은 $0.25 \times \sqrt{10 \times 4,000} + 0.75 \times \sqrt{10 \times 160} = 80$이다. 즉, 변동급일 때 기대효용은 80이다. 따라서 A는 고정급 계약을 고수한다.

0797
□□□

중간재가 존재할 경우 요소집약도가 변하지 않더라도 요소가격 균등화가 이루어지지 않는다. O | X

각국의 생산기술이 다르거나 중간재가 존재할 경우 요소집약도가 변하지 않더라도 요소가격 균등화가 이루어지지 않는다.

0798
□□□

중동지역 정세의 불안정으로 인해 에너지가격이 폭등할 경우 단기적으로 필립스곡선이 좌측으로 이동한다. O | X

공급충격을 받아 단기 총공급곡선이 좌측으로 이동하면 물가가 상승하고 실업이 증가한다. 따라서 필립스곡선의 우상방 이동이다.

0799
□□□

립진스키(Rybczynski) 정리에 따르면 풍부한 생산요소가 증가되면 오퍼곡선은 아래축(수입량) 방향으로 수축된다. O | X

일반적으로 풍부한 생산요소가 증가하면 이를 집약적으로 사용하는 재화인 수출재의 생산이 증가하여 오퍼곡선은 오른쪽으로 이동한다. 따라서 수출량과 수입량이 모두 증가한다.

0800
□□□

완전경쟁경제하에 있는 A국의 생산함수는 $Y = AL^{0.6}K^{0.4}$이다. 자본(K)의 감가상각률이 1%, 인구(L)의 증가율이 3%, 기술진보율이 4%이다. 이 국가의 경제가 황금률(Golden Rule)의 자본 수준에 있다고 할 때 자본은 소득의 5배이다. O | X

A국의 생산함수는 $Y = AL^{0.6}K^{0.4}$에서 $MP_K = 0.4AL^{0.6}K^{-0.6}$이다. $n+d+g = 0.08$이다. 따라서 $MP_K = n+d+g$에서 $MP_K = 0.4AL^{0.6}K^{-0.6} = n+d+g = 0.08$이다. 양변에 K를 곱하면 $0.4Y = 0.08K$이다. 따라서 $K = 5Y$로 자본은 소득의 5배이다.

0801
□□□

신빙성이 없는 위협이 포함된 내쉬균형을 제외하고 찾아낸 조합이 (부분게임)완전균형이다. O | X

신빙성이 없는 위협이 포함된 내쉬균형을 제외하고 찾아낸 조합이 (부분게임)완전균형이다.

정답 0797 ○   0798 X   0799 X   0800 ○   0801 ○

0802
□□□

효용극대화를 추구하는 어느 소비자의 예산제약선 상의 어느 한 점에서 X재의 한계효용 MU_X가 120, Y재의 한계효용 MU_Y가 60이며, $P_X = 5$, $P_Y = 50$이다. 이 경우, 예산제약선을 따라 X재의 소비를 늘리고, Y재의 소비를 줄이면 총효용이 증가한다.　　O | X

$MRS_{XY} = \dfrac{MU_X}{MU_Y}(=2) > \dfrac{P_X}{P_Y}(=\dfrac{1}{10})$이다. 따라서 $\dfrac{MU_X}{P_X} > \dfrac{MU_Y}{P_Y}$이다. 즉, X재의 1원당 한계효용은 Y재의 1원당 한계효용보다 크다. 그러므로 X재 구입을 늘리고 Y재 구입을 감소시켜 효용증대가 가능하다.

2015년

0803
□□□

졸업식장에서 사용되는 꽃다발에 대한 수요는 $P = 100 - 2Q$, 공급은 $P = 50 + 3Q$라 한다. 빈곤층을 돕기 위해 시당국은 꽃 한 다발당 20원을 소비세로 부과하기로 하였다. 이때 생산자잉여는 96만큼 감소한다.　　O | X

수요함수가 $P = 100 - 2Q$이고 공급함수가 $P = 50 + 3Q$일 때, 균형거래량은 10이고 균형가격은 80이다. 생산자에게 다발당 20원을 소비세로 부과하면, 수요함수는 $P = 100 - 2Q$이고 공급함수는 $P - (+20) = 50 + 3Q$로 $P = 70 + 3Q$이기에 균형거래량은 6이고 균형가격은 88이다. 따라서 생산자잉여는 $(30 \times 10 \div 2) - (18 \times 6 \div 2) = 96$만큼 감소한다.

0804
□□□

해외 부문이 존재하지 않는 폐쇄경제에서 국민소득이 480이고 소비지출이 350, 정부지출이 100, 조세가 80일 때 민간저축은 50이다.　　O | X

민간저축($S_P = Y - T - C$)은 $480 - 80 - 350 = 50$이다.

0805
□□□

당첨될 경우 16, 그렇지 못할 경우 0의 상금을 얻을 수 있는 복권이 있다. 이 복권에 당첨될 확률과 그렇지 못할 확률은 동일하다. 이 복권 구매자의 효용함수는 $u(W) = \sqrt{W}$이다. 이 경우 위험프리미엄(risk premium)은 4이다.　　O | X

당첨될 확률과 그렇지 못할 확률은 동일하고 당첨될 경우 16, 그렇지 못할 경우 0의 상금을 얻을 수 있는 복권이 있을 때, 기대소득을 구해보면 $0.5 \times 16 + 0.5 \times 0 = 8$이다. 그리고 기대효용을 구해보면 $0.5 \times \sqrt{16} + 0.5 \times \sqrt{0} = 2$이다. 또한 확실성등가를 구하면 $2 = \sqrt{W}$이고 $W = 4$이다. 위험프리미엄은 불확실한 자산을 확실한 자산으로 바꾸기 위해 포기할 용의가 있는 금액이므로 기대소득 - 확실성등가 $= 8 - 4 = 4$이다.

0806
□□□

열등재의 가격이 하락할 때 수요량이 늘어난다면 이는 대체효과가 소득효과보다 작기 때문이다. O | X

열등재의 가격이 하락할 때 수요량이 늘어난다면 이는 기펜재 아닌 열등재로 대체효과가 소득효과보다 크기 때문이다.

0807
□□□

중앙은행이 정한 법정지급준비율이 12%이고, 시중은행의 초과지급준비율이 3%이다. 또한 민간은 통화를 모두 예금으로 보유한다. 만약 중앙은행이 60억 원 상당의 공채를 매입한다면, 시중의 통화량 증가분은 400억 원이다. O | X

통화승수는 $m = \dfrac{1}{c+z(1-c)}$ 이다. 법정지급준비율이 12%이고, 시중은행의 초과지급준비율이 3%이기에 실제지급준비율은 15%이다. 현금통화비율 $c = 0$이면 통화승수 $m = \dfrac{1}{z} = \dfrac{1}{0.15} = \dfrac{20}{3}$ 이기에 중앙은행이 60억 원 상당의 공채를 매입한다면 통화량은 400억 원 증가한다.

0808
□□□

완전경쟁기업의 총비용함수가 $TC(Q) = Q - \dfrac{1}{2}Q^2 + \dfrac{1}{3}Q^3 + 40$이다. 이 기업은 이윤이 0 미만이면 단기에 생산을 중단한다. O | X

생산중단점은 총수입 = 총가변비용이기에, 이윤 = 총수입 - 총가변비용 - 총고정비용에서 이윤 = - 총고정비용이다. 총수입이 총가변비용에 미달하면 단기에도 조업을 중단한다. 따라서 이윤 < - 총고정비용이면 단기에도 조업을 중단한다. 총비용함수가 $TC(Q) = Q - \dfrac{1}{2}Q^2 + \dfrac{1}{3}Q^3 + 40$에서 $Q = 0$일 때, 총고정비용은 40으로 이윤이 -40보다 작으면 단기에도 조업을 중단한다.

0809
□□□

완전경쟁시장에서 대표적 기업의 생산함수가 $f(L, \overline{K}) = 4\sqrt{L}$이다. 노동 1단위당 임금은 4이고 산업에 생산함수가 동일한 1만 개의 기업이 존재한다. 이 경우 단기 시장공급곡선은 $P = \dfrac{1}{20,000}Q$이다. O | X

노동시장의 균형은 $(VMP_L) = MP_L \times P = W$이다. 생산함수가 $Q = 4\sqrt{L}$일 때, MPL은 생산함수 $Q = 4\sqrt{L}$을 미분한 $MP_L = \dfrac{2}{\sqrt{L}}$이다. L은 $MP_L \times P = W$에서 $\dfrac{2}{\sqrt{L}} \times P = 4$를 통해 $L = \dfrac{P^2}{4}$이다. 이를 생산함수 $Q = 4\sqrt{L}$에 대입하면 $Q = 2P$의 AS곡선을 구할 수 있다. 1만 개의 기업이 존재하기에 단기 시장공급곡선은 개별공급곡선을 수평합으로 구한 $Q = 20,000P$이다. 따라서 $P = Q/20000$이다.

정답 0806 X 0807 O 0808 X 0809 O

0810
☐☐☐

해외 부문이 존재하지 않는 폐쇄경제에서 소비함수는 $C = 100 + 0.8(1-t)Y$, 민간투자는 180, 정부지출은 180, 세율은 25%이다. 정부가 정부지출을 200으로 늘린다고 할 때, 국민소득 증가분은 50이다. O | X

정부지출승수는 $\dfrac{1}{1-c(1-t)}$ 이다.

조세율이 0.25일 때, 정부지출승수는 $\dfrac{1}{1-c(1-t)} = \dfrac{1}{1-0.8(1-0.25)} = 2.5$ 이다. 따라서 정부지출을 180에서 200으로 20만큼 증가시키면 국민소득은 50만큼 증가한다.

0811
☐☐☐

어느 독점기업의 수요함수가 $P(Q) = 25 - \dfrac{1}{2}Q$ 이며, 총비용함수는 $TC(Q) = 5Q$이다. 이 독점기업의 이윤을 극대화하는 가격(P)은 15이다. O | X

독점기업은 $MR = MC$에서 생산량을 결정하고, $MR = MC$의 위에 있는 수요곡선상의 점에서 가격이 결정된다. 즉, $MR = 25 - Q$이고, $MC = 5$이기에 $MR = MC$에서 이윤극대화 생산량은 20이다. 따라서 가격은 수요곡선 $P(Q) = 25 - \dfrac{1}{2}Q$에서 15이다.

0812
☐☐☐

독점기업이 정상적인 이윤만을 얻도록 하기 위해서는 정부가 독점가격을 한계비용과 같도록 규제해야 한다. O | X

한계비용가격설정하, $P = MC$로 독점가격을 규제하면, 생산은 효율적이나 적자가 발생한다. 평균비용가격설정하, $P = AC$로 독점가격을 규제하면, 적자는 아니나 생산이 비효율적이다.

0813
☐☐☐

어느 복점시장에서 두 기업A, B가 자신의 이윤을 극대화하고자 할 때 내쉬균형은 2개가 존재한다(단, 괄호 안의 첫 번째 숫자는 기업A의 이윤을, 두 번째 숫자는 기업B의 이윤을 나타냄).

기업A의 전략 \ 기업B의 전략	생산량감소	생산량유지
생산량감소	(100, 100)	(50, 80)
생산량유지	(80, 50)	(70, 70)

O | X

기업B가 생산량감소를 선택하면 기업A는 생산량감소가 최선이고, 기업B가 생산량유지를 선택하면 기업A는 생산량유지가 최선이다. 기업A가 생산량감소를 선택하면 기업B는 생산량감소 선택이 최선이고, 기업A가 생산량유지를 선택하면 기업B는 생산량유지가 최선이다. 따라서 내쉬균형은 (생산량감소, 생산량감소), (생산량유지, 생산량유지)이다. 즉, 내쉬균형(Nash equilibrium)은 2개가 존재한다.

정답 0810 ○ 0811 ○ 0812 X 0813 ○

0814

□□□

노동의 한계생산물이 빠르게 체감할수록 노동수요는 임금탄력적이 된다.　O | X

노동의 한계생산물이 빠르게 체감할수록 한계생산물가치(VMP_L)곡선이 급경사가 되기에 노동수요는 임금비탄력적이 된다.

0815

□□□

알루미늄 시장의 사적 한계비용(PMC)이 10, 사회적 한계비용(SMC)이 15, 수요곡선(D)이 $P = -(1/10)Q + 35$ 이다. 이 시장이 완전경쟁시장일 때, 1단위당 5의 조세를 부과하면 생산자잉여는 감소한다.　O | X

외부성이 발생하는 경우, 사적 한계편익과 사적 한계비용이 일치할 때 시장균형거래량이 결정되고, 사회적 한계편익과 사회적 한계비용이 일치할 때 사회적 최적거래량이 결정된다. 1단위당 5의 조세부과 전후 사적 한계비용곡선은 모두 수평선으로 생산자잉여는 0으로 같다.

0816

□□□

항상소득가설에 따르면, 현재소득이 일시적으로 항상소득 이상으로 증가할 때, 평균소비성향은 일시적으로 상승한다.　O | X

항상소득가설에 따르면, 소비는 항상소득의 일정 비율이다. 따라서 임시소득이 증가하여 현재소득이 일시적으로 항상소득 이상으로 증가할 때, 소비는 그 영향이 미미하기에 평균소비성향은 일시적으로 감소한다.

0817

□□□

현재의 균제상태(steady state)에서 자본의 한계생산성이 0.05이고, 인구증가율이 0.01, 감가상각률이 0.01, 기술진보율은 0.02, 저축률은 0.1이라고 하자. 1인당 소득 증가율은 0.02이다.　O | X

기술진보를 가정한 솔로우모형의 균제상태에서, '1인당 경제성장률 = 기술진보율', '경제성장률 = 인구증가율 + 기술진보율'이다. 따라서, 1인당 소득 증가율은 기술진보율 = 0.02이다.

0818
□□□

서희와 문희가 옥수수 1단위를 생산하는 데 필요한 시간과 고기 1단위를 생산하는 데 필요한 시간은 다음 표와 같다. 교환비율이 고기 1단위당 옥수수 2/3단위라면 두 사람 모두가 이득을 본다.

(단위: 시간)

구분	옥수수	고기
서희	18	10
문희	16	12

O | X

양국의 국내상대가격비, 즉 기회비용 사잇값에서 양국이 이득을 볼 수 있는 교역조건이 성립한다. 고기 1단위 생산 기회비용은 서희의 경우 옥수수 10/18이고 문희의 경우 12/16이다. 따라서 두 사람이 이익을 얻을 수 있는 교역조건은 옥수수 10/18 < 고기 1단위 < 옥수수 12/16이다. 즉, 옥수수 10/18(= 5/9) < 고기 1단위 < 옥수수 12/16(= 3/4)이다. 따라서 고기 1단위당 옥수수 5/9 ~ 3/4단위이면 두 사람이 모두 이득을 볼 수 있다.

0819
□□□

휴대폰을 생산하는 기업 A의 시장수요곡선은 $P = 15,000 - Q$ 이다. 기업 A는 액정부문과 조립 부문으로 이루어져 있다. 액정부문의 비용함수는 $C_L = 2.5Q_L^2$이며, 조립 부문의 비용함수는 $C_H = 1,000Q_H$ 이다. C_L은 액정화면 생산비용, C_H는 조립비용, Q_H는 휴대폰 조립량으로서, $Q = Q_L = Q_H$일 때, 이윤극대화 생산량은 2,000이다.

O | X

기업 A의 이윤극대화 생산량은 다음과 같다. 총수입은 $PQ = (15,000 - Q)Q = 15,000Q - Q^2$이기에 MR은 $MR = 15,000 - 2Q$이다. 총비용은 $C = C_L(= 2.5Q_L^2) + C_H(= 1,000Q_H)$이기에 MC는 $Q = Q_L = Q_H$일 때 $MC = 5Q + 1,000$이다. 따라서 이윤극대화는 $MR = MC$에 따라 $15,000 - 2Q = 5Q + 1,000$에서 $Q = 2,000$이다.

0820
□□□

동일산업에 속하는 기업들이 명시적으로 합의하여 가격이나 생산량을 정하는 카르텔에서는 $MR = MC_A = MC_B$에서 이윤을 극대화한다.

O | X

동일산업에 속하는 기업들이 명시적으로 합의하여 가격이나 생산량을 정하는 카르텔이론은 다공장 독점과 유사하다. 다공장 독점기업의 이윤극대화 조건은 $MR = MC_A = MC_B$이다.

0821
□□□

어느 경제의 단기 총공급곡선은 $Y = \overline{Y} + \alpha(P - P^e)$이다. 경제주체들은 이용가능한 모든 정보를 활용하여 합리적으로 기대를 형성한다. 이 국민경제에서 예상된 물가수준의 상승은 산출량을 증가시키지 못한다.

O | X

합리적기대하 물가수준의 상승이 예상되면 $P = P^e$이기에 총공급곡선은 수직선이 된다. 따라서 예상된 물가수준의 상승은 산출량을 증가시키지 못한다.

정답   0818 ○   0819 ○   0820 ○   0821 ○

0822
☐☐☐

어떤 국가에서 정부가 신용카드 수수료에 대한 세금을 인상하였다고 한다. 화폐수량설과 피셔효과에 따르면 장기적으로 이 경제의 실질이자율은 하락한다. O I X

신용카드 수수료에 대한 세금인상정책으로 신용카드 대신 현금사용이 늘기에 민간의 현금 보유비율은 증가한다. 따라서 통화승수가 감소하여 통화량은 감소한다. 통화량감소에 의한 LM곡선의 좌측이동은 AD곡선의 좌측이동을 초래한다. 이에 따라 물가가 하락하고 LM곡선은 일부 우측이동한다. 단기적으로 이자율은 상승하나 물가는 하락하고 산출은 감소한다. AD곡선의 좌측이동으로 실업이 발생하면 장기적으로 임금하락에 의한 단기총공급곡선의 우측이동을 초래한다. 물가의 추가하락으로 LM곡선은 다시 우측이동한다. 따라서 화폐수량설과 피셔효과에 따르면 장기적으로 실질이자율은 본래 수준으로 복귀한다.

0823
☐☐☐

장기 총공급곡선이 $Y=2,000$에서 수직이고, 단기 총공급곡선은 $P=1$에서 수평이다. 총수요곡선은 $Y=2M/P$이고 $M=1,000$이다. 최초에 장기균형 상태였던 국민경제가 일시적 공급충격을 받아 단기 총공급곡선이 $P=2$로 이동하였을 때, 공급충격이 발생한 후 중앙은행이 새로운 단기균형에서의 국민소득을 장기균형 수준으로 유지하려면 통화량은 $M=1,000$이 되어야 한다. O I X

장기 총공급곡선이 $Y=2,000$에서 수직이고, 단기 총공급곡선은 $P=1$에서 수평이다.
총수요곡선은 $Y=2M/P$이고 $M=1,000$이기에 최초 균형은 $(P:Y)=(1:2,000)$이다. 공급충격으로 단기 균형은 $(P:Y)=(2:1,000)$으로 이동하기에 $P=2$에서, 국민소득을 장기균형 수준인 2,000으로 유지하려면 총 수요곡선인 $Y=2M/P$에서 $P=2$로 통화량은 $M=2,000$이 되어야 한다.

0824
☐☐☐

정부가 확장금융정책을 시행하면서 동시에 재정적자 폭을 줄이는 긴축재정정책을 시행한다. 이자율평가설(interest rate parity)에 따르면, 소규모 개방경제인 이 나라에서는 국내 통화의 가치가 하락한다. O I X

확장금융정책에 의한 LM곡선의 우측이동과 긴축재정정책에 의한 IS곡선의 좌측이동으로 국내이자율은 하락한다. 국내이자율이 하락하면 외자유출로 환율이 상승하기에 국내 통화의 가치가 하락한다.

0825
☐☐☐

중앙은행이 실질이자율을 3%로 유지하는 실질이자율 타게팅(targeting) 규칙을 엄격하게 따른다. 일반적인 IS, LM, AS, AD곡선을 가진 국민경제를 가정하였을 때, 단기 총공급감소 충격을 받는 경우, LM곡선은 좌측으로 이동한다. O I X

단기 총공급감소 충격을 받는 경우, AS곡선이 좌측으로 이동하여 물가가 상승한다. 물가가 상승하면 LM곡선은 좌측으로 이동하여 이자율이 상승하나, 실질이자율 타게팅(targeting) 규칙으로 통화량을 증가시켜 LM곡선은 우측으로 이동하여 본래위치로 돌아오기에 LM곡선은 변하지 않는다.

0826
□□□ 한국의 1년 만기 정기예금 이자율이 2%이고, 미국의 1년 만기 정기예금 이자율이 5%라고 하자. 현재 한국과 미국 통화의 현물환율이 1,000원/달러이다. 무위험 이자율평가설에 따를 때, 1년 만기 선물환율은 약 970원/달러이다. O | X

한국과 미국의 6개월 만기 이자율이 각각 2%와 5%이고, 현재환율이 1,000원/달러이기에 현재환율(1+ 국내이자율) = 선도환율(1+ 해외이자율)에서, $1,000(1+0.02) =$ 선도환율$(1+0.05)$이다. 따라서 선도환율은 대략 970원/달러이다.

0827
□□□ 먼델 - 토빈(Mundell - Tobin) 효과에 따르면 기대인플레이션율이 상승하면 투자가 감소한다. O | X

기대인플레이션율 상승분이 모두 명목이자율 상승으로 반영되지 못하여 실질이자율이 하락하는 효과를 멘델 - 토빈효과라 하고, 멘델 - 토빈효과로 실질이자율이 하락하면 소비와 투자가 증가하므로 총수요가 증가하게 된다. 따라서 먼델 - 토빈 효과에 따르면 기대인플레이션율이 상승하면 실질이자율이 하락하여 투자가 증가한다.

2016년

0828
□□□ 수요곡선은 대체효과의 절댓값이 소득효과의 절댓값보다 클 경우에 우하향한다. O | X

기펜재는 대체효과가 (-)이고, 소득효과가 (+)이나 대체효과보다 소득효과가 더 커서 가격효과는 (+)이다. 협의의 열등재는 대체효과가 (-)이고, 소득효과가 (+)이나 대체효과가 소득효과보다 더 커서 가격효과는 (-)이다. 따라서 대체효과의 절댓값이 소득효과의 절댓값보다 클 경우는 협의의 열등재로 수요곡선은 우하향한다.

0829
□□□ 생산자물가지수(producer price index, PPI)는 파셰(Paasche)방식을 이용하여 작성한다. O | X

생산자물가지수(producer price index, PPI)는 라스파이레스방식을 이용하여 작성한다.

0830
□□□ 변동환율제를 채택하고 있는 어떤 소규모 개방경제에서 현재의 국내 실질이자율이 국제 실질이자율보다 낮다. 국제자본이동성이 완전한 경우 외환시장에서 초과공급이 발생할 것이다. O | X

국내 실질이자율이 국제 실질이자율보다 낮다면 외자유출이 발생한다. 외자유출에 의해 외화수요가 증가하면 환율상승으로 외환시장은 균형상태를 보인다.

정답   0826 ○   0827 X   0828 ○   0829 X   0830 X

0831
☐☐☐
A국 경제는 자본이동이 자유롭고 변동환율제도를 채택하고 있다. A국은 기준금리를 유지하였는데 B국은 기준금리를 인상하였을 때 A국은 단기적으로 무역수지가 개선된다. O | X

외자유출에 의해 B국의 화폐수요가 증가하면 A국의 환율상승(A국통화의 평가절하)으로 A국의 순수출은 증가하고 따라서 A국의 무역수지는 개선된다.

0832
☐☐☐
어떤 재화의 구매자에게 종량세가 부과되더라도 결과적으로는 구매자와 판매자가 공동으로 절반씩 부담한다. O | X

종량세 부과 시 분담 정도는 탄력성에 반비례하기에 구매자와 판매자의 분담 정도는 수요와 공급의 가격탄력도에 따라 결정된다.

0833
☐☐☐
화폐의 교환방정식에 따르면, 통화량이 증가하면 화폐의 유통속도는 증가한다. O | X

통화량이 증가하면 화폐의 유통속도는 제도상 일정하고 국민소득은 완전고용수준에서 일정하기에, 물가만 비례적으로 상승한다.

0834
☐☐☐
X와 Y 두 재화만을 소비하는 소비자가 2015년 현재 소득이 200이며, $P_x = P_y = 1$에서 X와 Y를 각각 100단위씩 소비하고 있다. 소비자의 효용함수는 $U(X, Y) = \sqrt{XY}$ 이며 소비자는 매기 효용을 극대화한다. 2016년에는 P_y는 그대로인데 $P_x = 1.1$로 상승한다면 Y 소비량은 2015년보다 감소한다. O | X

효용함수가 $U(X, Y) = \sqrt{XY}$ 이면 X재 수요함수는 $X = \dfrac{M}{2P_X}$ 이고, Y재 수요함수는 $Y = \dfrac{M}{2P_Y}$ 이다. $P_x = 1.1$로 상승하고 연금지급액이 200이면, $X = \dfrac{M}{2P_X} = \dfrac{200}{2 \times 1.1} = 90.9$이고, $Y = \dfrac{M}{2P_Y} = \dfrac{200}{2 \times 1} = 100$이다. 따라서 소비자는 Y를 전과 동일하게 100단위 소비한다.

0835
☐☐☐
노동시장에 두 가지 유형 A와 B의 노동자들이 각각 p와 $1-p$의 비율로 존재한다. 기업은 A에 대해서는 15의 임금을, B에 대해서는 5의 임금을 지불할 용의가 있다. 기업은 노동자의 유형을 알지 못한 채 모든 노동자를 동일한 임금을 지급하여 고용한다. $p = \dfrac{w}{20} - \dfrac{1}{10}$ 이며, 기업이 위험중립적이라고 할 때 균형임금은 8이다. O | X

'기대 임금 = 유형 A 임금 × 유형 A 비율 + 유형 B 임금 × 유형 B 비율'이다. $w = 15 \times p + 5 \times (1-p) = 10p + 5$이다. 즉, $p = \dfrac{w}{10} - \dfrac{1}{2}$이다. 주어진 $p = \dfrac{w}{20} - \dfrac{1}{10}$ 과 연립하면 $w = 8$이고 $p = 0.3$이다.

정답   0831 ○   0832 X   0833 X   0834 X   0835 ○

0836
□□□

폐쇄경제인 한 국가에서 IS곡선은 우하향하고 LM곡선은 우상향하는 일반적인 형태를 가지며 가계의 한계소비성향이 0.5이고 소득세는 존재하지 않는다고 가정한다. 이 경우 정부지출이 100만큼 증가하면 균형국민소득은 200만큼 증가한다. O | X

IS곡선 이동폭은 독립지출변화분 × 승수이다. 한계소비성향이 c일 때, 소득세가 존재하지 않기에 정부지출승수는 $\frac{1}{1-c}$이다. 한계소비성향은 0.5로 정부지출승수 = 2이다. 따라서 정부지출을 100만큼 늘리면, IS곡선은 200만큼 우측이동한다. 그런데 LM곡선은 우상향하기에 균형국민소득은 200보다 적게 증가한다.

0837
□□□

자본재 가격이 일정할 때 소비재 가격이 상승하면 자본의 한계효율곡선이 우측으로 이동한다. O | X

투자로부터 얻는 수입의 현재가치(PV)와 투자비용(C)이 같아지는 내부수익률을 투자(자본)의 한계효율(m)이라 한다. 자본재 가격이 일정할 때 소비재 가격이 상승하면 기대수익이 증가하기에 내부수익률인 투자(자본)의 한계효율(m)이 증가한다. 따라서 자본의 한계효율곡선이 우측으로 이동한다.

0838
□□□

페인트 산업은 완전경쟁시장이며, 페인트 산업의 한계비용은 $MC = 10Q + 10,000$이다. 페인트 산업이 환경오염을 발생시켜 그에 따른 한계피해액은 $SMD = 10Q$이며, 주어진 가격에 대한 페인트 산업의 시장수요는 $Q = -0.1P + 4,000$이다. 이 경우 사회적 최적산출량을 위해 부과해야 하는 피구세의 크기는 10,000이다. O | X

$PMC = 10Q + 10,000$이고 외부한계비용이 $10Q$이기에 $SMC = 20Q + 10,000$이다. 시장수요는 $Q = -0.1P + 4,000$으로 $P = -10Q + 40,000$이기에 $P = SMC$에서 사회적 최적산출량은 1,000이다. 그런데 완전경쟁 시 $P = PMC$에서 시장 균형생산량은 1,500이다. 따라서 사회적 최적산출량 1,000에서 SMC와 PMC의 차이, 즉 $(20Q + 10,000) - (10Q + 10,000) = 10,000$이다.

0839
□□□

케인즈학파는 생산된 것이 모두 판매되기 때문에 수요부족 상태가 장기적으로 지속될 가능성은 없다고 주장하였다. O | X

케인즈학파는 공급능력은 충분하나 유효수요가 부족하다고 보아 수요측면을 중시한다. 반면 고전학파는 세이의 법칙 전제 아래, 공급은 스스로 수요를 창출하기에 수요부족에 따른 초과공급은 발생하지 않는다고 주장하였다.

정답 0836 X 0837 O 0838 O 0839 X

0840
□□□

노동시장에서 노동공급곡선과 노동수요곡선의 기울기의 절댓값이 서로 동일하다. 근로자와 고용주에게 4대 보험료를 반반씩 나누어 부담시킬 때, 실질적으로도 근로자와 고용주가 보험료를 반반씩 부담한다. O | X

생산자든 소비자든 어느 일방에게 조세를 부과해도 양자가 분담하게 되는 것을 조세의 귀착이라 하고, 분담 정도는 탄력성에 반비례한다. 노동공급곡선과 노동수요곡선의 기울기의 절댓값이 동일하기에 균형점에서 탄력 도는 같다. 따라서 근로자(노동공급자)와 고용주(노동수요자)에게 4대 보험료를 반반씩 나누어 부담시킬 때, 부담분도 동일하여 반반씩 부담한다.

0841
□□□

노동공급의 결정에 있어 여가가 정상재인 경우에 임금 변화에 따른 소득효과와 대체효과가 항상 상쇄된다면 총공급곡선은 우상향한다. O | X

노동공급의 결정에 있어 여가가 정상재인 경우에 임금 변화에 따른 소득효과와 대체효과가 항상 상쇄된다면 노동공급곡선은 수직선으로 도출된다. 노동공급곡선이 수직선이면 물가상승 시 노동수요가 증가해도 고용량은 불변이고 생산량도 불변이기에 총공급곡선은 수직선이다.

0842
□□□

방앗간에서 밀 3톤을 3만 달러에 수입한 뒤, 밀 2톤은 소비자들에게 팔아 3만 달러의 매상을 올리고, 나머지 1톤은 밀가루로 만들어 2만 달러를 받고 제과점에 팔고, 제과점에서는 이 밀가루로 빵을 만들어 3만 달러를 받고 소비자에게 팔았다. 이때 *GDP*증가분은 3만 달러이다. O | X

*GDP*는 일정 기간동안 한 나라 안에서 새로이 생산된 최종생산물의 시장가치의 합이다.
㉠ 밀 2톤(2만 달러) – 소비자(3만 달러): 부가가치 1만 달러 발생
㉡ 밀 1톤(1만 달러) – 제과점(2만 달러): 부가가치 1만 달러 발생
㉢ 제과점(2만 달러) – 소비자(3만 달러): 부가가치 1만 달러 발생
따라서 ㉠ + ㉡ + ㉢ = 3만 달러의 총부가가치가 발생한다.

0843
□□□

개방경제하에서 한계소비성향이 0.8, 정액세가 200조 원, 독립적 투자지출이 150조 원, 한계수입성향이 0.2, 독립적 정부지출이 200조 원이다. 정부가 재정지출을 30조 원 늘리는 경우 균형국민소득 증가분은 75조 원이다. O | X

$Y = \dfrac{1}{1-c(1-t)-i+m}(C_0 - cT_0 + I_0 + G_0 + X_0 - M_0)$에서, $c = 0.8$, 정액세로 $t = 0$, 독립적 투자지출로 $i = 0$, $m = 0.2$이기에 정부지출승수는 $\dfrac{1}{1-0.8+0.2} = 2.5$이다. 재정지출을 30조 원만큼 늘리면 균형국민소득은 $30 \times 2.5 = 75$조 원 증가한다.

0844
□□□

보몰(W. Boumol)의 거래적 화폐수요이론에 따르면 화폐수요에 있어서 규모의 불경제가 존재한다. O | X

보몰의 화폐수요함수는 $M^D = P\sqrt{\dfrac{bY}{2r}}$ (b: 거래비용)이다. 보몰의 화폐수요함수에서 다른 조건이 일정할 때 소득이 2배 증가하면 화폐수요는 2배보다 더 적게 증가한다. 즉, 거래적 화폐수요에는 규모의 경제가 존재한다.

0845
□□□

국민소득은 $Y = C + I + G = 6,000$, 소비지출은 $C = 200 + 0.5(Y - T)$, 조세는 $T = 1,500$, 투자지출은 $I = 1,000 - 40r$, 정부지출은 $G = 3,000$인 경제환경을 가정한다. 이 경우 개인저축의 크기는 2,050이다.
O | X

소비함수는 $C = 200 + 0.5(Y - T)$이고, 투자는 $I = 1,000 - 40r$이며, 정부지출은 3,000이다. 따라서 생산물 시장 균형은 $Y = 200 + 0.5(Y - T) + 1,000 - 40r + 3,000$에서 달성된다. T가 1,500이고 $Y = 6,000$이기에 $r = 11.25$이다. 개인저축은 $Y - T - C = 6,000 - 1,500 - [200 + 0.5(6,000 - 1,500)] = 2,050$이다.

0846
□□□

점수투표제는 전략적 행위를 예방하는 가장 좋은 방식이라고 할 수 있다. O | X

점수투표제는 전략적 행위(어떤 투표자가 다른 투표자의 투표성향을 미리 예측하고 자신의 행동을 이에 맞춰 변화시킴으로써 자기가 원하는 결과를 얻으려 하는 태도)에 취약하다는 문제점이 있다.

0847
□□□

완전경쟁시장에서 개별 기업의 비용함수가 $C(Q) = Q^3 - 6Q^2 + 19Q$이고, 현재 시장에는 15개의 기업이 생산 중에 있다. 시장수요곡선은 $Q = 70 - P$라고 할 때 장기에 이 시장에는 4개 기업이 추가로 진입한다.
O | X

완전경쟁기업의 생산은 장기 평균비용곡선의 최소점에서 이루어진다. $C(Q) = Q^3 - 6Q^2 + 19Q$에서 장기 평균비용은 $LAC = Q^2 - 6Q + 19$이다. 이때 최소점은 장기 평균비용을 미분하여 0이 되는 $Q = 3$일 때 $LAC = 10$이다. 따라서 장기 균형가격은 10이다. 시장수요곡선 $Q = 70 - P$에서 $P = 10$일 때 $Q = 60$이다. 완전경쟁기업의 장기 생산량은 3이기에 장기에는 20개의 동질적인 기업이 존재할 것이다. 현재 시장에는 15개의 기업이 생산 중이기에 5개 기업이 추가로 진입한다.

0848 □□□ 한 경제에 부유한 계층과 가난한 계층이 존재하고 부유한 계층의 한계소비성향은 가난한 계층의 한계소비성향보다 작다. 정부가 경기부양을 위해 조세를 감면하려고 할 때 부유한 계층과 가난한 계층의 한계소비성향의 차이가 작을수록 경기 부양효과가 커진다. O I X

정액조세감면시 승수는 $\dfrac{c}{1-c}$이다. 부유한 계층과 가난한 계층의 한계소비성향의 차이가 커서 가난한 계층의 한계소비성향이 더욱 커진다면 경기 부양효과가 커진다.

0849 □□□ 총수입에서 총비용을 차감한 값인 이윤은 $MR = MC$, 그리고 MR기울기 $< MC$기울기일 때 극대화된다. O I X

총수입에서 총비용을 차감한 값인 이윤은 $MR = MC$, 그리고 MR기울기 $< MC$기울기일 때 극대화된다.

0850 □□□ 어느 사회에서 각 개인의 소비는 50%의 확률로 1, 나머지 50%의 확률로 4의 값을 가진다. 또한 각 개인의 효용함수는 $U(C) = \sqrt{C}$이다. 보험회사가 개인에게 100% 확률로 일정한 소비수준을 보장해 준다고 한다면 보험회사가 받을 수 있는 개인당 최대보험료는 1.75이다. O I X

공정한 보험료와 위험프리미엄의 합을 최대한 보험료라 하고 자산에서 확실성등가를 차감하여 구한다. 기대소비 $= \dfrac{1}{2} \times 1 + \dfrac{1}{2} \times 4 = 2.5$, 기대효용 $= \dfrac{1}{2} \times \sqrt{1} + \dfrac{1}{2} \times \sqrt{4} = 1.5$이다. 또한 확실성등가를 구하면 $1.5 = \sqrt{C}$에서 2.25이다. 최대한 보험료는 자산에서 확실성등가를 차감하여 $4 - 2.25 = 1.75$이다.

0851 □□□ 더이상 파레토개선이 불가능한 배분 상태를 파레토효율성이라 한다. O I X

정부지출의 증가는 일반적으로 그 자체가 즉각적으로 유효수요를 증가시키는 반면 조세의 증가는 소비지출의 감소를 통해서만 유효수요에 영향을 미치기 때문에, 폐쇄경제하에서 정액세만 있는 경우 균형재정승수는 1이다.

Part 2

2022 해커스공무원 局경제학 핵심 기출 OX 1592

정답　0848 X　0849 ○　0850 ○　0851 ○

Chapter 3 국회직　**209**

0852
□□□

정부지출의 증가는 일반적으로 그 자체가 즉각적으로 유효수요를 증가시키는 반면, 조세의 증가는 소비지출의 감소를 통해서만 유효수요에 영향을 미치기 때문에, 폐쇄경제하에서 정액세만 있는 경우 균형재정승수는 1이다. O | X

정부지출의 증가는 일반적으로 그 자체가 즉각적으로 유효수요를 증가시키기에 A만큼의 정부지출증가는 $\frac{1}{1-c} \cdot A$(c는 한계소비성향)만큼의 국민소득을 증가시킨다. 이에 비해 조세증가는 소비지출의 감소를 통해서만 유효수요에 영향을 미치기에 A만큼의 조세증가는 $\frac{-c}{1-c} \cdot A$만큼의 국민소득을 증가시킨다. 따라서 A만큼의 정부지출증가와 조세증가는 A만큼의 국민소득을 증가시키기에 균형재정승수는 1이다.

2017년

0853
□□□

저축자이고 현재소비와 미래소비가 정상재의 경우, 이자율이 상승하면 현재소비는 증가하지만 미래소비는 증가하거나 감소할 수 있다. O | X

저축자이고 현재소비와 미래소비가 정상재의 경우, 이자율상승 시 저축자의 저축 증감여부는 대체효과(이자율↑ → 현재소비의 기회비용↑ → 현재소비↓, 미래소비↑ → 저축↑)와 소득효과(이자율↑ → 실질소득↑ → 현재소비↑미래소비↑ → 저축↓)의 상대적 크기에 의하여 결정된다. 따라서 현재소비는 감소하거나 증가할 수 있고, 미래소비는 반드시 증가한다.

0854
□□□

의류 판매업자인 A씨는 아래와 같은 최대지불용의금액을 갖고있는 두 명의 고객에게 수영복, 수영모자, 샌들을 판매한다. 이 경우 수영복과 샌들을 묶어 팔 때, 따로 파는 것보다 100의 수입을 더 얻을 수 있다.

구분	최대지불용의금액	
	수영복	샌들
고객 (ㄱ)	400	150
고객 (ㄴ)	600	100

O | X

수영복과 샌들을 묶어 팔 때, 따로 파는 것보다 100의 수입을 더 얻을 수 있다. 따로 팔기 시 수영복을 따로 팔아 $400 \times 2 = 800$의 수입과 샌들을 따로 팔아 $100 \times 2 = 200$의 수입으로 총수입은 1,000이다. 묶어팔기 시 수영복과 샌들을 함께 팔아 $550 \times 2 = 1,100$의 총수입이다.

0855
□□□
어떤 제품의 시장수요는 $P = 20 - Q$로 주어지고, 총생산비용은 $TC(Q) = 4Q$라고 한다. 이 제품을 생산하는 기업이 독점기업일 때의 생산량과 완전경쟁기업일 때의 생산량의 차이는 8이다.   O | X

수요곡선이 우하향의 직선일 때 MR은 수요곡선과 y절편은 같고 기울기는 2배이다. 따라서 수요곡선이 $P = 20 - Q$일 때 MR곡선은 $MR = 20 - 2Q$이다. 비용곡선은 $TC = 4Q$일 때 MC곡선은 $MC = 4$이다. 독점기업의 이윤극대화 생산량은 $MR = MC$이기에 $20 - 2Q = 4$에서 $Q = 8$이다. 완전경쟁기업의 이윤극대화 생산량은 $P = MC$이기에 $20 - Q = 4$에서 $Q = 16$이다. 따라서 생산량의 차이는 8이다.

0856
□□□
반도체 시장은 완전경쟁시장이며 개별 기업의 장기 평균비용곡선은 $AC(q_i) = 40 - q_i + \frac{1}{100}q_i^2$으로 동일하다. 또한 반도체 시장수요는 $Q = 25,000 - 1,000P$이다. 반도체 시장 장기균형하에서의 기업의 수는 200개이다.   O | X

개별 기업의 장기 평균비용함수인 $AC(q_i) = 40 - q_i + \frac{1}{100}q_i^2$의 최소점, 즉 LAC를 미분하여 0일 때 $q = 50$, $LAC = 15$에서 개별 기업은 생산이 이루어진다. 완전경쟁시장의 장기균형에서 P(가격) $= LAC$(장기 평균비용)로 가격은 15이다. 가격이 15일 때 시장수요함수인 $Q = 25,000 - 1,000P$에서 시장수요량은 10,000이다. 따라서 시장수요량인 10,000을 위해 동질적인 개별 기업이 각각 50을 생산하기에 완전경쟁시장의 장기균형에서 존재할 수 있는 기업의 수는 200개이다.

0857
□□□
효용함수가 $U(X, Y) = \sqrt{XY}$인 소비자의 전체 소득에서 X재에 대한 지출이 차지하는 비율은 항상 일정하다.   O | X

효용함수 $U = AX^\alpha Y^\beta$에서 X에 대한 수요함수는 $P_X X = \frac{\alpha}{\alpha + \beta}M$이다. $\frac{P_X X}{M} = \frac{1}{2}$이기에 전체 소득에서 X재에 대한 지출이 차지하는 비율은 $\frac{1}{2}$로 항상 일정하다.

0858
□□□
다음 표와 같이 복점시장에서 기업 A와 기업 B가 서로 경쟁한다. 이 경우, 기업 A의 우월전략은 $Q = 3$이다.

(A 이윤, B 이윤)		기업 B	
		$Q = 2$	$Q = 3$
기업 A	$Q = 2$	(10, 12)	(8, 10)
	$Q = 3$	(12, 8)	(6, 6)

  O | X

기업 B가 $Q = 2$를 선택하면 기업 A는 $Q = 3$을, 기업 B가 $Q = 3$을 선택하면 기업 A는 $Q = 2$ 선택이 최선이다. 따라서 기업 A의 우월전략은 존재하지 않는다.

0859
□□□

두 기업이 슈타켈버그(Stackelberg)모형에 따라 행동하며, 기업 1은 선도자로, 기업 2는 추종자로 행동하는 경우 균형에서 기업 1의 생산량은 기업 2의 생산량의 2배이다. O | X

한 기업은 선도기업이고, 한 기업은 추종기업일 때의 슈타켈버그모형은 선도기업의 생산량은 $\left(완전경쟁의 \dfrac{1}{2}\right)$이고, 추종기업의 생산량은 $\left(완전경쟁의 \dfrac{1}{4}\right)$이다. 따라서 기업 1의 생산량은 기업 2의 생산량의 2배이다.

0860
□□□

살충제 시장의 수요곡선은 $P = 150 - \dfrac{5}{2}Q_d$이고, 공급곡선은 $P = \dfrac{5}{2}Q_s$이다. 사회적 한계비용(SMC)은 사적한계비용(PMC)의 2배가 된다. 사회적으로 바람직한 살충제 생산량은 20이다. O | X

$PMC = \dfrac{5}{2}Q_s$이고 SMC는 PMC의 2배로 $SMC = 5Q_s$이다. $P = 150 - \dfrac{5}{2}Q_d$이기에 $P = SMC$에서 사회적 최적산출량은 20이다.

0861
□□□

도덕적 해이의 발생 시 고용주가 근로자의 보수 지급을 연기한다면 도덕적 해이를 해결할 수 있다. O | X

도덕적 해이의 발생 시 고용주가 근로자의 보수 지급을 연기한다면 도덕적 해이를 해결할 수 있다.

0862
□□□

경유 자동차 구매 수요의 경유 가격탄력성은 3, 경유 자동차 구매 수요의 휘발유 가격탄력성은 2이다. 경유 가격을 10% 인상하였다면, 경유 자동차 수요를 20% 감소시키기 위한 휘발유 가격 인상률은 5%이다. O | X

경유 자동차 구매 수요의 경유 가격탄력성은 $\dfrac{경유자동차수요\ 변화율}{경유가격\ 변화율} = 3$이기에 경유 가격을 10% 인상하면 경유 자동차 구매 수요는 30% 감소한다. 경유 자동차 구매 수요의 휘발유 가격탄력성은 $\dfrac{경유\ 자동차\ 수요\ 변화율}{휘발유\ 가격\ 변화율} = 2$이기에 휘발유 가격을 5% 인상하면 경유 자동차 구매 수요는 10% 증가한다. 따라서, 휘발유 가격을 5% 인상하면 경유차의 구매 수요를 현재보다 20% 줄일 수 있다.

0863
□□□

어떤 생산물시장의 수요곡선이 $Q_d = -\dfrac{1}{2}P + \dfrac{65}{2}$로, 공급곡선이 $Q_s = \dfrac{1}{3}P - 5$로 주어졌다. 정부가 가격하한을 55로 설정할 때 사회적잉여는 187.5이다. O | X

가격하한을 55로 설정하면 실효성이 있기에 가격규제 전 균형점에서의 총잉여에서 사중손실을 뺀 값으로 계산한다. 균형거래량은 가격하한 55를 수요곡선 $Q_d = -\dfrac{1}{2}P + \dfrac{65}{2}$에 대입하면 5이다. 5를 공급곡선 $Q_s = \dfrac{1}{3}P - 5$에 대입하면 30이다. 따라서 가격하한 시 총잉여는 $[(65-15) \times 10 \times 1/2] - [(55-30) \times (10-5) \times 1/2] = 187.5$ 이다.

0864
□□□

A는 항상 매달 소득의 1/5을 일정하게 뮤지컬 혹은 영화 티켓 구입에 사용한다. 이 경우, 뮤지컬 혹은 영화티켓의 가격이 10% 상승하면 A의 뮤지컬 혹은 영화티켓 수요량은 10% 감소한다. O | X

소득의 일정 비율로 구매하면, $Q = \dfrac{1}{5} \times M \times P^{-1}$로 수요의 가격탄력도는 1이다. 소득의 1/5을 일정하게 구입하면 $Q = \dfrac{1}{5} \times M \times P^{-1}$으로 수요의 가격탄력도는 1이기에 가격이 10% 상승하면 수요량은 10% 감소한다.

0865
□□□

수요곡선이 $Q_d = 400 - 2P$, 공급곡선이 $Q_s = 100 + 3P$로 주어져 있다. 단위 당 T만큼의 조세를 소비자에게 부과하는 경우, 사회적 후생손실이 135라면 단위당 조세의 크기는 15이다. O | X

조세부과 전 거래량은 $400 - 2P = 100 + 3P$에 따라 $P = 60$, $Q = 280$이다. 조세부과 후 곡선은 $Q^d = 400 - 2T - 2P$로 나타낼 수 있으며, 조세부과 후 거래량은 $P = 60 - \dfrac{2}{5}T$, $Q = 280 - \dfrac{6}{5}T$이다.

거래량감소 × 단위당 조세 × 1/2의 식에 따라 값을 구하면 $[280 - (280 - \dfrac{6}{5}T \times T)] \times \dfrac{1}{2} = 135$, 즉 $T = 15$ 이다.

0866
□□□

K국에서 농산물의 국내수요곡선은 $Q_d = 100 - P$, 국내공급곡선은 $Q_s = P$이고, 농산물의 국제가격은 20이다. 만약 K국 정부가 국내 생산자를 보호하기 위해 단위당 10의 관세를 부과한다면, 사회적 후생손실은 100이다. O | X

국제가격이 20일 때 국내수요량은 국내수요곡선 $Q_d = 100 - P$에서 80, 국내생산량은 국내공급곡선 $Q_s = P$에서 20으로 60만큼 수입한다. 10의 관세부과 시 국내수요량은 70이나 국내생산량은 30으로 40만큼 수입한다. 국내수요량이 80에서 70으로 10만큼 줄고 국내생산량은 20에서 30으로 10만큼 증가한다. 사회적 후생손실은 $10 \times (30-20) \times 1/2 + 10 \times (80-70) \times 1/2 = 100$이다.

0867
□□□

장기 총공급곡선은 $Y = 1,000$에서 수직인 직선이고, 단기 총공급곡선은 $P = 3$에서 수평인 직선이다. 총수요곡선은 우하향 곡선이다. 최초에 장기균형 상태에 있었다고 할 때, 불리한 수요충격을 받을 경우 장기균형에서 $Y = 1,000$, $P < 3$이다.　　　　O | X

불리한 수요충격을 받을 경우 총수요가 잠재GDP에 미달하기에 총수요곡선과 장기 총공급곡선이 변하지 않았다면 물가가 하락하고 임금이 하락하여 단기 총공급곡선이 하방으로 이동함으로써 장기균형에서 $Y = 1,000$, $P < 3$이다.

0868
□□□

정부가 재정지출은 $\triangle G$만큼 늘리는 동시에 조세를 $\triangle G$만큼 증가시키고, 화폐공급량을 $\triangle G$만큼 줄인 경우 IS곡선은 좌측이동하고, LM곡선은 우측이동한다(단, 한계소비성향은 0.75이다).　　　　O | X

한계소비성향이 c일 때, 정부지출승수는 $\dfrac{1}{1-c}$이고, 조세승수는 $\dfrac{-c}{1-c}$이다. 한계소비성향은 0.75이기에 정부지출승수 $= 4$, 조세승수 $= -3$이다. 따라서 재정지출을 $\triangle G$만큼 늘리면, IS곡선은 $4\triangle G$만큼 우측이동이고, 조세를 $\triangle G$만큼 늘리면 IS곡선은 $-3\triangle G$만큼 좌측이동이기에 결국, IS곡선은 $\triangle G$만큼 우측이동이다. 화폐공급량을 $\triangle G$만큼 줄인 경우 LM곡선은 좌측이동이다.

0869
□□□

국민소득과 자연생산량이 같을 때 현재 경기상황을 안정시킬 수 있다.　　　　O | X

국민소득과 자연생산량이 같을 때 현재 경기상황을 안정시킬 수 있다.

0870
□□□

AK모형에서는 기술진보가 이루어지지 않으면 성장할 수 없다.　　　　O | X

AK모형은 솔로우(Solow)모형과 달리 저축률 상승으로도 지속적인 성장이 가능하다고 보아 수준효과뿐만 아니라 성장효과도 갖게 된다.

0871
□□□

투자수요함수가 $I = \overline{I} - dr$, 실질화폐수요함수 $M/P = kY - hr$일 때, d가 클수록 h가 작을수록 금융정책이 상대적으로 강력해진다.　　　　O | X

투자의 이자율탄력성이 클수록, 화폐수요의 이자율탄력성이 작을수록 금융정책의 유효성은 커진다. 투자수요함수가 $I = \overline{I} - dr$일 때 투자의 이자율탄력성인 d가 클수록, 실질화폐수요함수가 $M/P = kY - hr$일 때 화폐수요의 이자율탄력성인 h가 작을수록 금융정책의 유효성은 커진다.

정답　0867 O　0868 X　0869 O　0870 X　0871 O

0872
☐☐☐

기업들이 향후 물가가 하락하여 실질임금이 상승할 것으로 예상하는 경우 총공급곡선이 우측으로 이동한다. O | X

향후 실질임금 상승이 예상되는 경우 기업은 현재 노동수요증가로 노동고용량이 증가하기에 총공급곡선은 우측으로 이동한다.

0873
☐☐☐

변동환율제도를 도입하고 있으며 자본이동이 완전히 자유로운 소규모 개방경제에서, 최근 경기침체에 대응하여 정부가 재정지출을 확대하는 경우 국내통화가 평가절상되고 자본수지가 개선된다. O | X

변동환율제도하 자본이동이 완전할 때, 정부지출의 증가로 IS곡선이 우측이동하면, 국내금리가 국제금리보다 커져 외국자본유입으로 환율이 하락하고 자본수지가 개선된다.

0874
☐☐☐

만성적인 국제수지 적자를 기록하고 있는 나라에서는 확대금융정책의 실시로 단기자본이 유출될 가능성이 있기 때문에 확대재정정책이 보다 더 효과적이다. O | X

만성적인 국제수지 적자 시 확대금융정책은 자본유출로 적자를 심화시키나, 확대재정정책은 자본유입으로 적자를 줄일 수 있다. 따라서 만성적인 국제수지적자를 기록하고 있는 나라에서는 확대재정정책이 확대금융정책보다 더 효과적이다.

0875
☐☐☐

화폐수요의 이자율탄력성이 음의 무한대(-∞)일 때 금융정책은 효과가 없다. O | X

유동성함정은 투기적 화폐수요의 이자율 탄력성이 무한대에 가깝기에, 이자율이 매우 낮은 상태에서 통화량을 증가시켜도 전부 투기적 화폐수요로 흡수되어 LM곡선이 수평이 되는 영역을 뜻한다. 따라서 유동성함정 시 금융정책은 효과가 없다.

0876
☐☐☐

정부가 출산장려금으로 자국민에게 지급하는 금액은 GDP에 포함된다. O | X

'일정기간 한 나라 안에서 새로이 생산된 모든 최종생산물의 시장가치'를 국내총생산(GDP)이라 한다. 정부의 출산장려금 지급은 이전지출로 GDP에 포함되지 않는다.

0877
□□□

소비자물가지수는 대용품 간의 대체성이 배제되어 생활비의 인상을 과대평가하는 경향이 있다. O | X

소비자물가지수(CPI)는 라스파이레스 방식으로 기준 연도 가중치를 사용하여 고정된 가중치를 사용하기에 신상품 도입이나 품질 향상을 반영하지 못하고 대체성이 배제되어 인플레이션을 과장함으로써 생활비의 인상을 과대평가하는 경향이 있다.

0878
□□□

통신사가 서로 다른 유형의 이용자들로 하여금 자신이 원하는 요금제도를 선택하도록 하는 것은 선별(screening)의 한 예이다. O | X

신호발송이란 정보가 풍부한 경제주체가 거래 상대방에게 자신이 가지고 있는 정보를 알리기 위해 행하는 행위를 말한다. 선별이란 정보가 불충분한 경제주체가 상대방의 특성을 파악하려는 노력을 뜻한다. 통신사가 이용자들로 하여금 요금제도를 선택하도록 하는 것은 정보가 불충분한 경제주체의 선별(screening) 사례이다.

0879
□□□

커피와 밀크티는 서로 대체재이다. 커피 원두값이 급등하여 커피 가격이 인상될 경우, 밀크티 시장의 총잉여는 감소한다. O | X

커피 원두값이 급등하여 커피 가격이 인상되면 대체재인 밀크티의 수요는 증가한다. 대체재인 밀크티의 수요가 증가하면 밀크티 시장의 총잉여는 증가한다.

0880
□□□

완전경쟁시장에서 어떤 재화가 거래되고 있다. 이 시장에는 총 100개의 기업이 참여하고 있으며 각 기업의 장기비용함수는 $c(q) = 2q^2 + 10$으로 동일하다. 이 재화의 장기균형가격은 $\sqrt{80}$ 이다. O | X

완전경쟁은 $P = LAC$최소점에서 장기균형을 보인다. 완전경쟁하에 개별기업의 장기비용함수 $c(q) = 2q^2 + 10$에서 장기평균비용은 $LAC = 2q + \dfrac{10}{q}$ 이다. $LAC = 2q + \dfrac{10}{q}$ 에서 최소점은 $\dfrac{dLAC}{dq} = 2 - \dfrac{10}{q^2} = 0$, $q = \sqrt{5}$ 일 때, $LAC = 2q + \dfrac{10}{q} = 4\sqrt{5} = \sqrt{80}$ 이다. 따라서 장기균형가격은 $P = \sqrt{80}$ 이다.

0881
□□□

한 국가의 명목 GDP는 1,650조 원이고, 통화량은 2,500조 원이라고 하자. 이 국가의 물가수준은 2% 상승하고, 실질 GDP는 3% 증가하였으며, 유통속도 변화 $\triangle V = 0.0033$이다. 이 경우에 적정 통화공급 증가율은 4.5%이다. ○ | X

통화량은 $M = 2{,}500$조 원, 명목 GDP는 $PY = 1{,}650$조 원이기에, $MV = PY$에서 $2{,}500 \times V = 1{,}650$, $V = \dfrac{1{,}650}{2{,}500} = 0.66$이다.

$\triangle V = 0.0033$이고 $V = 0.66$이기에 유통속도증가율 $= \dfrac{\triangle V}{V} = \dfrac{0.0033}{0.66}$이다. 물가수준은 2% 상승하고, 실질 GDP는 3% 증가하기에, '통화공급증가율 + 유통속도증가율 = 물가상승률 + 경제성장률'에서 통화공급증가율 $+ [(0.0033/0.66) \times 100] = 2 + 3$이다. 따라서 통화공급증가율은 4.5%이다.

0882
□□□

자본이동이 완전히 자유로운 소규모 개방경제가 변동환율제도를 채택한다. 이 경제의 $IS - LM - BP$ 모형에서 화폐수요가 감소할 경우 평가절하가 이루어지면 순수출이 증가하고 LM곡선이 우측으로 이동하여 국민소득은 감소하게 된다. ○ | X

변동환율제도하에서 화폐수요 감소로 LM곡선이 우측으로 이동하여 환율이 상승, 즉 평가절하가 이루어지면 순수출이 증가하고 IS곡선이 우측으로 이동하여 국민소득은 증가하게 된다.

0883
□□□

물가수준의 상승은 LM곡선을 왼쪽으로 이동시키지만 총수요곡선을 이동시키지는 못한다. ○ | X

물가수준의 상승은 LM곡선을 왼쪽으로 이동시키지만 총수요곡선은 곡선상 이동으로 곡선 자체를 이동시키지는 못한다.

0884
□□□

최저임금이 인상되었을 때, 최저임금이 적용되는 노동자들의 총임금은 노동의 수요보다는 공급의 가격탄력성에 따라 결정된다. ○ | X

최저임금 인상 시 최저임금이 적용되는 노동자들의 총임금은 노동의 공급보다는 수요의 가격탄력성에 따라 결정된다.

0885
□□□

현시선호이론은 소비자의 선호체계에 이행성이 있다는 것을 전제로 한다. ○ | X

전통적인 소비자이론은 관찰 불가능한 선호체계, 효용 등의 개념을 이용하나, 현시선호이론은 효용측정이 불가능하다는 전제하에 소비자의 객관적 구매행위, 즉 관찰된 소비행위인 현시선호를 통해 우하향의 수요곡선을 도출하는 이론이다. 따라서 전통적인 소비자이론이 소비자의 선호체계에 대한 가정이 필요하다.

정답 0881 ○ 0882 X 0883 ○ 0884 X 0885 X

0886
□□□

어떤 기업의 생산함수는 $Q = \dfrac{1}{2000} KL^{\frac{1}{2}}$ 이고 임금은 10, 자본임대료는 20이다. 이 기업이 자본 2,000단위를 사용한다고 가정했을 때, 이 기업의 단기 비용함수는 $20Q^2 + 40,000$이다. O | X

단기비용함수 $C = wL + rK$ 에서 임금은 10, 자본임대료는 20이기에 $C = wL + rK = 10L + 20K$이다. 생산함수 $Q = \dfrac{1}{2000} KL^{\frac{1}{2}}$ 에서 자본이 2,000단위이기에 $Q = \dfrac{1}{2000} KL^{\frac{1}{2}} = L^{\frac{1}{2}}$ 이다. 즉, $L = Q^2$이다. 따라서 단기 비용함수 $C = 10L + 20K$에서 자본이 2,000단위이고 $L = Q^2$이기에 $C = 10Q^2 + 40,000$이다.

0887
□□□

어떤 기업의 초기이윤은 $\pi_0 = 100$이며, 이윤은 매년 $g = 5\%$씩 성장할 것으로 기대된다. 이 기업이 자금을 차입할 경우, 금융시장에서는 $i = 10\%$의 이자율을 적용한다. 이 경우 이 기업의 가치는 2,200이다. O | X

이 기업의 가치는 $\pi_0 = 100$, $g = 5\%$, $i = 10\%$이기에 $\pi_0 \dfrac{1+i}{i-g} = 100 \times \dfrac{1+0.1}{0.1-0.05} = 2,200$이다.

0888
□□□

어떤 경제의 총수요곡선은 $P_t = -Y_t + 2$, 총공급곡선은 $P_t = P_t^e + (Y_t - 1)$이다. 이때, 개인들이 합리적기대를 한다면 P_t^e는 1이다. O | X

개인들이 합리적기대를 한다면 $P_t = P_t^e$로 총공급곡선은 $Y_t = 1$이고, 총수요곡선은 $P_t = -Y_t + 2$이기에 $P_t = 1$, $P_t^e = 1$이다.

0889
□□□

어떤 경제의 주체들이 적응적기대를 형성할 때, 가격이 신축적일수록 필립스곡선의 기울기가 작아진다. O | X

가격이 신축적일수록 필립스(Phillips) 모형은 수직선에 가깝게 된다. 따라서 기울기 값이 커진다.

0890
□□□

기술진보를 가정한 솔로우모형의 균제상태에서 인구증가율의 상승은 1인당 산출량의 증가율에 영향을 미치지 못한다. O | X

기술진보를 가정한 솔로우모형의 균제상태에서 '1인당 경제성장률(자본증가율) = 기술진보율', '경제성장률(자본증가율) = 인구증가율 + 기술진보율'이다. '1인당 경제성장률 = 기술진보율'이기에 인구증가율의 상승은 1인당 경제성장률, 즉 1인당 산출량의 증가율에 영향을 미치지 못한다.

0891 □□□ 어떤 기업의 비용함수가 $C(Q)=100+2Q^2$이다. 이 기업이 완전경쟁시장에서 제품을 판매하며 시장가격은 20일 때, 최적산출량 수준에서 이 기업의 손실은 100이다. O | X

비용함수가 $C(Q)=100+2Q^2$이기에 $MC=4Q$이다. 최적산출량 수준은 $P=MC$에서 $Q=5$로, $P=20$, 총수입은 $PQ=100$, 총비용은 $C(Q)=100+2\times5^2=150$에서 이 기업의 손실은 50이다.

0892 □□□ 신고전학파에 따르면 실질이자율 하락은 자본의 한계편익을 증가시켜 투자의 증가를 가져온다. O | X

자본의 한계생산물가치(VMP_K)와 자본의 사용자비용$[(r+d)P_K]$이 일치하는 수준에서 적정자본량이 결정되고 투자가 이루어진다는 이론이 신고전학파이론이다. 따라서 신고전학파에 따르면 실질이자율 하락은 자본의 사용자비용을 감소시켜 투자의 증가를 가져온다.

0893 □□□ 기술충격이 일시적일 때 소비의 기간 간 대체효과는 크다. O | X

실물적 경기변동이론에 따르면, 기술충격이 일시적일 때, 미래임금이 불변해 현재임금만 상승한다면 소비의 기간 간 대체효과는 커진다.

0894 □□□ 수출수요탄력성과 수입수요탄력성의 합이 1보다 작다면 장기적으로 통화의 실질 절하는 무역수지를 개선한다. O | X

마샬 – 러너조건은 '(자국의 수입수요의 가격탄력성) + (외국의 수입수요의 가격탄력성) > 1'이다. 따라서 평가절하시 경상수지가 개선되기 위해서는 양국의 수입수요의 가격탄력성의 합(= 수입수요의 가격탄력성과 수출공급의 가격탄력성의 합)이 1보다 커야 한다.

0895 □□□ 어떤 소비자의 효용함수는 $U(x,y)=20x-2x^2+4y$이고, 그의 소득은 24이다. 가격이 $P_X=P_Y=2$라면 Y재의 최적 소비량은 8이다. O | X

가격이 $P_X=P_Y=2$인 경우, $U(x,\ y)=20x-2x^2+4y$에서 $MU_X=20-4X$, $MU_Y=4$이기에 $\dfrac{MU_X}{P_X}(=\dfrac{20-4X}{2})=\dfrac{MU_Y}{P_Y}(=\dfrac{4}{2})$이다. 따라서 $X=4$이다. 예산선 $P_X\cdot X+P_Y\cdot Y=M$에서 소득은 $M=24$이기에 $P_X\cdot X(=2\times4)+P_Y\cdot Y(=2\times Y)=M(=24)$이다. 따라서 $Y=8$이다.

정답 0891 X   0892 X   0893 ○   0894 X   0895 ○

0896
□□□

완전경쟁시장에서 물품세가 부과될 때 수요곡선이 수평선으로 주어져있는 경우 물품세의 조세부담은 모두 공급자에게 귀착된다. O | X

생산자든 소비자든 어느 일방에게 조세를 부과해도 양자가 분담하게 되는 것을 조세의 귀착이라 한다. 분담 정도와 조세수입은 탄력성에 반비례한다. 따라서 수요곡선이 수평선으로 주어져 있는 경우, 수요의 가격탄력도가 완전 탄력적으로 물품세의 조세부담은 모두 공급자에게 귀착된다.

0897
□□□

임금이 경직적이면 절약의 역설이 발생하지 않는다. O | X

모든 개인이 저축을 증가시키면 총수요감소로 국민소득이 감소하여 저축이 증가하지 않거나 오히려 감소하는 현상을 절약의 역설이라 한다. 임금의 경직성을 가정하는 케인즈 경제학에서 절약의 역설이 발생한다.

0898
□□□

꾸르노(Cournot) 복점기업 1과 2의 수요함수가 $P = 10 - (Q_1 + Q_2)$이고 생산비용은 0일 때, 꾸르노 균형산출량에서 균형가격은 $\frac{10}{3}$이다. O | X

꾸르노 복점에서 산업 전체의 산출량은 완전경쟁 산출량의 2/3이다. 완전경쟁산출량은 $P = MC$에서 $10 - Q = 0$으로 $Q = 10$이다. 따라서 꾸르노 복점의 산업 전체 산출량은 $Q = \frac{20}{3}$이다. 수요함수 $P = 10 - (Q_1 + Q_2)$에서 꾸르노 균형산출량 $\frac{20}{3}$에서의 균형가격은 $P = 10 - \frac{20}{3} = \frac{10}{3}$이다.

0899
□□□

노동시장에서 현재 고용상태인 개인이 다음 기에도 고용될 확률이 85%, 현재 실업상태인 개인이 다음 기에 고용될 확률을 35%라고 하자. 이 확률이 모든 기간에 항상 동일하다고 할 때, 이 노동시장에서의 균형 실업률은 30%이다. O | X

자연실업률은 $u_N = \dfrac{U}{U+E} = \dfrac{U}{U + \dfrac{f}{s}U} = \dfrac{s}{s+f}$ (s: 실직률, f: 구직률)이다. 현재 고용상태인 개인이 다음 기에도 고용될 확률이 85%이기에 실직률은 $s = 1 - 85\% = 15\%$이다. 현재 실업상태인 개인이 다음 기에 고용될 확률이 35%이기에 구직률은 $f = 35\%$이다. 따라서 자연실업률은 $u_N = \dfrac{s}{s+f} = \dfrac{0.15}{0.15 + 0.35} = 0.3$이다.

정답 0896 ○ 0897 X 0898 ○ 0899 ○

0900
☐☐☐

어떤 마을에 총 10개 가구가 살고 있다. 각 가구는 가로등에 대해 동일한 수요함수 $p_i = 10 - Q(i = 1, \cdots, 10)$ 를 가지며, 가로등 하나를 설치하는 데 소요되는 비용은 20이다. 이 마을의 사회적으로 효율적인 가로등 수량은 8개이다. O | X

공공재의 소비자들은 동일한 양을 서로 다른 편익으로 소비하기에 공공재의 적정공급조건은 $MB_A + MB_B = MC$ 이다. 한계비용이 $MC = 20$이고 총수요가 $P = 100 - 10Q$이기에 마을의 사회적으로 효율적인 가로등 수량은 $P = MC$에서 $Q = 8$개이다.

0901
☐☐☐

어떤 국가의 통신시장은 2개의 기업(A와 B)이 복점의 형태로 수량경쟁을 하며 공급을 담당하고 있다. 기업 A의 한계비용은 $MC_A = 2$, 기업 B의 한계비용은 $MC_B = 4$이고, 시장수요곡선은 $P = 36 - 2Q$이다. 균형 상태에서 기업 A의 생산량은 6개이다. O | X

기업 A의 총수입은 $P = 36 - 2Q$이고 $Q = Q_A + Q_B$일 때, $TR_A = [36 - 2(Q_A + Q_B)] \times Q_A = 36Q_A - 2Q_A^2 - 2Q_A Q_B$이기에 $MR_A = 36 - 4Q_A - 2Q_B$이다. $MC_A = 2$이다. 따라서 기업 A의 균형생산량은 $MR_A = 36 - 4Q_A - 2Q_B$와 $MC_A = 2$가 같을 때 결정된다. 기업 B의 총수입은 $P = 36 - 2Q$이고 $Q = Q_A + Q_B$일 때, $TR_B = [36 - 2(Q_A + Q_B)] \times Q_B = 36Q_B - 2Q_A Q_B - 2Q_B^2$이기에 $MR_B = 36 - 2Q_A - 4Q_B$이다. $MC_B = 4$ 이다. 따라서 기업 B의 균형생산량은 $MR_B = 36 - 2Q_A - 4Q_B$와 $MC_B = 4$가 같을 때 결정된다. 결국, $MR_A = 36 - 4Q_A - 2Q_B = MC_A = 2$와 $MR_B = 36 - 2Q_A - 4Q_B = MC_B = 4$에서 결정된다. 즉, 이를 연립하면 $Q_A = 6, Q_B = 5$이다.

0902
☐☐☐

A국은 상대적으로 K가 풍부하고 B국은 상대적으로 L이 풍부하며, A국은 기술수준이 높지만 B국은 기술수준이 낮다. 만약 현재 상태에서 두 경제가 통합된다면 B국의 실질 임금률은 상승하고 실질 이자율은 하락할 것이다. O | X

A국은 상대적으로 K가 풍부하고 B국은 상대적으로 L이 풍부한 나라다. 따라서 자유무역이 이루어지면 스톨퍼 – 사무엘슨 정리에 따라 노동풍부국인 B국에서는 노동집약재의 상대가격이 상승하기에 임금률은 상승하고 이자율은 하락할 것이다.

2019년

0903
☐☐☐

기업의 단기 한계비용곡선은 단기 평균총비용곡선의 최저점을 통과한다. O | X

단기 한계비용곡선은 단기 평균가변비용곡선의 최저점과 단기 평균총비용곡선의 최저점을 통과한다.

0904

□□□

A국은 콩과 쌀을 국내에서 생산하고, 밀은 수입한다. A국의 *GDP*디플레이터는 113.6이다.

상품	기준 년도		비교 년도	
	수량	가격	수량	가격
콩	2	10	3	15
쌀	3	20	4	20
밀	4	30	5	20

O | X

*GDP*디플레이터에 수입품은 포함시키지 않기에, 콩과 쌀만 고려한다.

GDP디플레이터 $= \dfrac{3 \times 15 + 4 \times 20}{3 \times 10 + 4 \times 20} \times 100 = 113.6\%$이다.

0905

□□□

에지워스 박스를 사용한 일반균형분석에서 재화 X, Y의 가격이 변동할 때 계약곡선은 이동한다.

O | X

두 무차별곡선이 접하는 점들을 연결한 곡선을 소비의 계약곡선이라 한다. 따라서 재화 X, Y의 가격이 변동해도 계약곡선은 이동하지 않는다.

0906

□□□

폐쇄경제에서 $Y = C + I + G + NX$가 성립할 때, 국민저축(national saving)은 500, 조세는 200, 정부지출은 300이라면 이 경제의 민간저축은 600이다.

O | X

민간저축($S_P = Y - T - C$)과 정부저축($T - G$)의 합이 국민저축($S_P + T - G$)이다. 국민저축(500) = 민간저축($S_P = Y - T - C$) + 정부저축($T - G = 200 - 300 = -100$)이다. 따라서 민간저축은 600이다.

0907

□□□

A국은 A국의 주식 및 채권에 대한 외국인 투자자금에 2%의 금융거래세를 부과하고자 한다. A국의 금융거래세 도입은 A국 자본수지의 흑자 요인이다.

O | X

외국인 투자자금에 대해 금융거래세를 부과하면 A국 기업의 외자조달 비용을 높이는 요인으로 작용하여 A국으로의 외환 유입을 줄이게 된다. 외환 유입의 감소는 A국 자본수지의 적자 요인이다.

정답 0904 ○ 0905 X 0906 ○ 0907 X

0908

예상 물가수준이 상승하면 단기 총공급곡선이 오른쪽으로 이동한다.   O | X

루카스 단기 AS곡선인 $Y = Y_N + \alpha(P - P^e)$에서 예상 물가수준이 상승하면 빼는 값인 P^e가 증가하여 Y가 감소함으로써 단기 AS곡선이 좌상방으로 이동한다.

0909

A국의 총생산함수는 $Y = K^\alpha (E \times L)^{1-\alpha}$이다. (단, K는 총자본, L은 총노동, E는 노동효율성, Y는 총생산, α는 자본의 비중을 의미한다) 이때, 저축률과 α의 값이 0.5로 같다면, 균제상태에서 효율노동 1단위당 자본량이 황금률 수준이라고 할 수 있다.   O | X

주어진 생산함수를 효율노동 EL로 나누면 $\dfrac{Y}{EL} = \dfrac{K^\alpha (EL)^{1-\alpha}}{EL} = \left(\dfrac{K}{EL}\right)^\alpha$이다. 효율노동 1단위당 생산량 $y = \dfrac{Y}{EL}$, 효율노동 1단위당 자본량 $k = \dfrac{K}{EL}$로 두면 1인당 생산함수는 $y = k^\alpha$가 된다. 균제상태에서 $sf(k) = (n + \delta + g)k$로 $sk^{\alpha-1} = (n + \delta + g)$이다. 효율노동 1인당 생산함수에서 $MP_K = \alpha k^{\alpha-1}$이다. 황금률에서 $MP_K = n + \delta + g$로 $\alpha k^{\alpha-1} = (n + \delta + g)$이다. 따라서 $s = \alpha$이면 균제상태이자 황금률로 $s = \alpha = 0.5$로 현재 황금률 수준이라고 할 수 있다.

0910

구매력평가설에 따르면 두 나라 화폐의 실질환율은 두 나라 물가수준의 차이를 반영해야 한다.   O | X

구매력평가설에 따르면 두 나라 화폐의 실질환율이 아니라 명목환율이 두 나라 물가수준의 차이를 반영해야 한다.

0911

A기업의 생산함수는 $Q = K^{0.5} L^{0.5}$이고 단기에 자본투입량은 1로 고정되어 있다. 임금이 10, 생산품 가격이 100이라면 이 기업의 단기의 이윤극대화 노동투입량은 10이다.   O | X

생산함수가 $Q = K^{0.5} L^{0.5}$이고 단기에 자본투입량이 1로 고정되어 있기에 $Q = \sqrt{L}$이다. 즉, $Q^2 = L$이다. $Q = \sqrt{L}$에서 $MP_L = \dfrac{1}{2\sqrt{L}}$이고, 임금은 10, 생산품 가격은 100이다. 이윤극대화는 $VMP_L = P \times MP_L = W$에서 $100 \times \dfrac{1}{2\sqrt{L}} = 10$이기에 노동투입량은 $L = 25$이다.

정답   0908 X   0909 O   0910 X   0911 X

0912
□□□

노동이 유일한 변동생산요소일 경우, 기업의 노동에 대한 수요곡선은 노동의 한계생산물수입곡선이다.
O | X

노동시장이 완전경쟁시장일 경우, 기업의 노동에 대한 수요곡선은 노동의 한계수입생산(MRP_L)곡선이다.

0913
□□□

2010년 빵의 가격은 개당 1, 생산량은 100이며 통화량은 5이다. 2019년 빵의 생산량은 2010년 대비 50% 증가하였고 화폐의 유통속도는 절반으로 줄어들었으며 빵의 가격은 변함이 없다. 이 경제가 빵만을 생산하는 폐쇄경제일 때, 화폐수량설이 성립한다면 2019년 통화량은 15이다.
O | X

2010년, 빵의 가격은 개당 1, 생산량은 100이며 통화량은 5이기에, $MV = PY$에서 $V = 20$이다. 2019년, 빵의 생산량은 2010년 대비 50% 증가하여 150이고, 화폐의 유통속도는 절반으로 줄어 10이며, 빵의 가격은 변함이 없기에 개당 1이다. 따라서 $MV = PY$에서 $M = 15$이다.

0914
□□□

어떤 상품시장의 수요함수는 $Q^d = 1,000 - 2P$, 공급함수는 $Q^s = -200 + 2P$이다. 이 시장에서 최고가격이 150으로 설정되는 경우, 사회적 후생손실은 45,000이다.
O | X

최고가격이 150으로 설정되는 경우, 사회적 후생손실은 A와 B의 합으로 $(450 - 150) \times (400 - 100) \times \frac{1}{2}$ $= 45,000$이 된다.

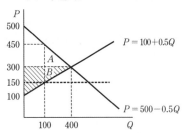

0915
□□□

시장에서 추종기업 A와 선도기업 B가 슈타겔버그경쟁을 한다. 시장수요곡선은 $Q = 30 - P$(단, $Q = Q_A + Q_B$)이고, 한계비용은 $MC_A = MC_B = 0$일 때, B기업의 생산량은 15이다.
O | X

슈타켈버그모형은 선도기업의 생산량이 독점일 때와 동일$\left(완전경쟁의 \frac{1}{2}\right)$하고, 추종기업의 생산량은 선도기업의 절반$\left(완전경쟁의 \frac{1}{4}\right)$이다. 완전경쟁시장하 이윤극대화는 $P = 30 - Q$, $MC = 0$이기에 $P = MC$에서 $Q = 30$이다. 따라서 반응곡선을 알고 있는 B기업이 선도자이기에 완전경쟁의 $\frac{1}{2}$인 15만큼 생산한다.

정답 0912 ○ 0913 ○ 0914 ○ 0915 ○

0916
□□□
갑의 수요곡선이 $P = 10,000 - 2Q$, 을의 수요곡선이 $P = 15,000 - 7.5Q$이다. 시장에 갑과 을 두 명의 소비자만 존재할 때, 가격이 3,000이라면 시장 수요량은 3,500이다. O | X

시장수요곡선은 개별수요곡선의 수평적 합으로 도출된다. 갑의 수요량은 가격이 3,000원일 때, $3,000 = 10,000 - 2Q$에서 $Q = 3,500$이다. 을의 수요량은 가격이 3,000원일 때, $3,000 = 15,000 - 7.5Q$에서 $Q = 1,600$이다. 따라서 시장 수요량은 $3,500 + 1,600 = 5,100$이다

0917
□□□
총수요 - 총공급 분석에서 부정적 수요충격과 일시적인 부정적 공급충격이 발생할 경우 물가수준은 영구적으로 하락하는 반면, 총생산은 잠재생산량 수준으로 돌아간다. O | X

부정적 수요충격과 일시적인 부정적 공급충격이 발생할 경우 총수요가 잠재 GDP에 미달로 침체를 보인다. 총수요곡선과 장기 총공급곡선이 변하지 않았다면 실업이 발생하고 임금이 하락하여 단기 총공급곡선이 하방으로 이동함으로써 장기적으로는 물가는 하락하고 총생산은 잠재생산량 수준으로 돌아간다.

0918
□□□
중앙은행이 긴축적 통화정책을 시행할 때 수입가격의 하락으로 무역수지가 개선된다. O | X

긴축적 통화정책으로 통화공급이 감소하여 이자율이 상승하고, 외자유입증가로 환율이 하락하며, 수입가격의 하락으로 수입이 증가하고, 수출가격이 상승하여 수출이 감소한다.

0919
□□□
시간당 임금이 상승할 때 노동공급이 줄어든다면 소득효과가 대체효과보다 작다. O | X

(여가를 정상재로 가정)대체효과로 노동공급은 증가하고, 소득효과로 노동공급은 감소하기에, 대체효과가 소득효과보다 작다면, 노동공급은 감소한다.

0920
□□□
주어진 자원으로 A국은 단위시간 당 자전거 50대 또는 컴퓨터 25대를 생산할 수 있고, B국은 자전거 20대 또는 컴퓨터 60대를 생산할 수 있다. 컴퓨터 1대당 자전거 3대로 교환이 가능할 때, A국과 B국 사이에 교역이 이루어진다. O | X

컴퓨터 가격의 범위로 표시한 교역조건은 컴퓨터의 기회비용으로 표시할 수 있다. 즉, 컴퓨터의 기회비용 사잇값에서 교역조건이 성립한다. 컴퓨터의 기회비용은 생산가능곡선의 Y축 기울기로 A국 기회비용은 자전거 (50/25 =)2대이고, B국 기회비용은 자전거 (20/60 =)1/3대이다. 따라서 최저는 자전거 1/3대이고, 최고는 자전거 2대이다. 컴퓨터 1대당 자전거 3대는 교역 가능한 조건이 아니다.

0921
☐☐☐
A국 경제 성장의 급격한 둔화로 A국으로 유입되었던 자금이 B국으로 이동할 때, B국의 상품수지는 악화되고, 이자율은 하락한다. O | X

외자유입으로 환율은 하락한다. 외자유입으로 환율이 하락하면 순수출이 감소하여 상품수지는 악화된다. 외자유입으로 통화량이 증가하면 이자율은 하락한다.

0922
☐☐☐
X재의 한 단위를 소비할 때 얻을 수 있는 효용과, Y재 한 단위를 소비할 때 얻을 수 있는 효용이 같을 때 소비자의 효용이 극대화된다. O | X

X재의 한 단위를 소비할 때 얻을 수 있는 효용을 X재 가격으로 나눈 원당 한계효용과 Y재 한 단위를 소비할 때 얻을 수 있는 효용을 Y재 가격으로 나눈 원당 한계효용이 같을 때 소비자의 효용이 극대화된다.

0923
☐☐☐
케인즈 단순모형에서 총소득은 100, 민간소비는 80, 소비승수는 2라고 가정할 때 총소득이 110으로 변화한다면 민간소비는 85이다(정부지출, 조세 및 순수출은 각각 0이다). O | X

소비/투자/정부지출/수출승수는 $\frac{1}{1-c}$ 이다. 소비승수가 $\frac{1}{1-c} = 2$ 이기에 한계소비성향은 0.5이다. 총소득이 100에서 110으로 10만큼 증가했기에 민간소비는 $10 \times 0.5 = 5$ 만큼 증가했다. 따라서 민간소비는 80에서 5만큼 증가하여 85이다.

0924
☐☐☐
X재와 Y재 두 가지 재화만을 소비하는 어떤 소비자의 효용함수는 $U(X, Y) = X + Y$이다. 이 경우, 만약 X재의 가격이 Y재의 가격보다 낮다면, 소득이 증가해도 X재만을 소비한다. O | X

선형의 효용함수 $U(X, Y) = X + Y$에서 한계대체율은 $MRS_{XY} = 1$이다. X재의 가격이 Y재의 가격보다 낮다면, 예산선의 기울기 $\frac{P_X}{P_Y}(<1)$가 한계대체율($MRS_{XY} = 1$)보다 작기에 X재만을 구입한다. 따라서 소득이 증가해도 X재만을 소비한다.

0925
☐☐☐
독점적 경쟁기업이 직면하는 수요곡선이 탄력적일수록 이윤이 커질 가능성이 높다. 따라서 독점적 경쟁기업은 비가격전략을 사용하여 제품을 차별화한다. O | X

차별화된 제품을 공급하여 제품의 이질성이 커질수록 수요는 비탄력적이다. 독점적 경쟁기업이 직면하는 수요곡선이 비탄력적일수록 이윤이 커질 가능성이 높다. 따라서 독점적 경쟁기업은 비가격전략을 사용하여 제품을 차별화한다.

정답 0921 O 0922 X 0923 O 0924 O 0925 X

0926
□□□

완전경쟁시장에서 A기업의 총비용함수는 $TC(q) = 10,000 + 100q + 10q^2$이고 현재 시장가격은 제품 단위당 900원일 때, 이 기업의 이윤극대화 수준에서 생산자잉여는 16,000이다. O | X

생산자잉여는 총수입에서 총가변비용을 차감한 것이다. 완전경쟁시장의 이윤극대화인 $P = MC$에 따라 $P = 900 = MC = 100 + 20q$에서 $q = 40$이다. 생산자잉여는 $TR - TVC = (900 \times 40) - (100 \times 40 + 10 \times 40 \times 40)$ $= 16,000$이다.

0927
□□□

완전경쟁산업인 살충제의 시장공급곡선은 $Q^s = \frac{2}{5}P$이고, 시장수요곡선은 $Q^d = 60 - \frac{2}{5}P$이다. 살충제 생산으로 인한 환경오염으로 초래되는 한계외부비용의 크기가 살충제 생산의 한계사적비용의 크기와 동일할 때, 사회적 최적생산량은 20개이다. O | X

살충제의 시장공급곡선 $Q^s = \frac{2}{5}P$에서 $PMC = 2.5Q$이고, 외부한계비용도 동일한 $2.5Q$이기에 $SMC = 2.5Q + 2.5Q = 5Q$이다. 시장수요곡선 $Q^d = 60 - \frac{2}{5}P$에서 $P = 150 - 2.5Q$이다. 사회적으로 바람직한 사회적 최적산출량은 $P = SMC$에 따라 $P = 150 - 2.5Q = SMC = 5Q$에서 $Q = 20$이다.

2020년

0928
□□□

시장수요가 $Q = 120 - 2P$이며 총비용이 $C = 0.5Q^2 + 50$인 독점기업이 현재 규제에 의해 가격과 한계비용이 일치하도록 가격을 설정하고 있다. 이 기업의 생산자잉여는 800이다. O | X

가격과 한계비용이 일치하도록 가격을 설정하면, $P = 60 - 0.5Q$와 $MC = Q$가 만나는 점에서 생산량 $Q = 40$과 $P = 40$을 통해 구한 생산자잉여는 $40 \times 40 \times 0.5 = 800$이다.

0929
□□□

정부지출과 조세를 같은 규모만큼 증가시키면 IS곡선이 우측으로 이동한다. O | X

정부지출과 조세를 같은 규모만큼 증가시키면 정부지출 증가분 × 균형재정승수만큼 IS곡선이 우측으로 이동한다.

0930
□□□

은행이 대출이자율을 높이면 위험한 사업에 투자하려는 기업들이 자금 차입을 하는 경우가 늘어나는 것은 도덕적해이의 사례이다. O | X

은행이 대출이자율을 높이면 안전한 사업에 투자하려는 기업들은 대출을 줄이고, 위험한 사업에 투자하려는 기업들이 자금 차입을 하는 경우가 늘어난다면 이는 역선택이다.

0931
□□□

위험선호자는 확실성등가가 복권의 기대수익 이상이다. O | X

불확실성이 내포된 자산을 동일 액수의 확실한 자산보다 더 선호하는 사람을 위험선호자라 한다. 위험선호자의 경우 확실성등가가 기대치보다 크기에, 확실성등가가 복권의 기대수익 이상이다.

0932
□□□

빵과 옷만을 소비하는 A씨의 선호체계는 완비성, 이행성, 연속성, 단조성을 모두 만족시킨다. A씨가 주어진 예산제약 아래 빵과 옷 두 재화만을 소비하여 효용을 극대화할 때, 예산제약 아래 A씨가 가장 선호하는 빵과 옷에 대한 소비량은 항상 유일하다. O | X

예산제약 아래 무차별곡선의 형태가 바뀐다면 A씨가 가장 선호하는 빵과 옷에 대한 소비량은 변경될 수 있다.

0933
□□□

A사는 노동(L)과 자본(K)을 사용하여 자동차를 생산하며, A사의 생산함수는 $Q = K\sqrt{L}$로 주어져 있다. 단기에서 A사의 자본량은 $K = 4$로 고정되어 있고, 노동의 가격은 $W = 2$로 주어져 있으며 자본의 가격은 $r = 1$로 주어져 있다. 이 경우 A사는 $P = \dfrac{Q}{4}$에서 이윤극대화를 달성할 수 있다. O | X

$Q = K\sqrt{L}$에서 $K = 4$일 때 $MP_L = \dfrac{4}{2\sqrt{L}} = \dfrac{2}{\sqrt{L}}$이다. $W = 2$이기에, $VMP_L(= P \cdot \dfrac{2}{\sqrt{L}}) = W(=2)$, $P = \sqrt{L} = \dfrac{Q}{4}$에서 A사는 단기 이윤극대화를 달성할 수 있다.

0934
□□□

두 재화 X와 Y만을 소비하는 어느 소비자의 효용함수가 $U(X, Y) = 2\sqrt{X} + Y$이다. X재와 Y재의 가격이 모두 1일 때, 이 소비자에게 X재는 정상재이다.　　　　O | X

효용함수 $U(X, Y) = 2\sqrt{X} + Y$에서 무차별곡선은 $Y = -2\sqrt{X} + \overline{U}$이다. X재와 Y재의 가격이 모두 1일 때, 예산선은 $X + Y = M$이다. 효용극대화는 무차별곡선의 접선의 기울기인 $MRS_{XY} = \dfrac{MU_X}{MU_Y} = \dfrac{1}{\sqrt{X}}$과 예산선의 기울기인 $\dfrac{P_X}{P_Y} = \dfrac{1}{1} = 1$이 일치할 때, 즉, $X = 1$에서 달성된다. $X = 1$이기에 $X = 1 \cdot M^0 \cdot P^0$이다. 따라서 소득탄력도가 0으로 이 소비자에게 X재는 정상재도 열등재도 아니다.

0935
□□□

중앙은행이 화폐를 추가로 발행하면 통화승수가 커진다.　　　　O | X

중앙은행이 화폐를 추가로 발행해도 통화승수와는 직접적 관련이 없다.

0936
□□□

안도(A. Ando)와 모딜리아니(F. Modigliani)의 생애주기가설에 따르면 사람들의 평균소비성향은 유·소년기와 노년기에는 높고 청·장년기에는 낮다.　　　　O | X

안도(A. Ando)와 모딜리아니(F. Modigliani)의 생애주기가설에 따르면 사람들의 평균소비성향은 유·소년기와 노년기에는 소득보다 소비가 크기에 1보다 높고, 청·장년기에는 소득보다 소비가 작기에 1보다 낮다.

0937
□□□

A국에서 생산된 자동차에 들어갈 부품을 납품한 뒤 받은 대가는 A국의 GDP에 포함되지 않는다.　　　　O | X

A국에서 생산된 자동차에 들어갈 부품을 납품한 뒤 받은 대가는 최종생산물이 아니기에 GDP에 포함되지 않는다.

0938
□□□

우리나라의 실질이자율을 r, 미국의 실질이자율을 r^f라 하자. 이자율평가설에 따르면 $r < r^f$일 경우 다른 조건이 일정할 때 미래환율은 상승할 것으로 예상된다.　　　　O | X

유위험이자율평가설에 따르면, '환율변화율 = 국내이자율 − 해외이자율'에서, $r < r^f$일 경우 다른 조건이 일정할 때 환율변화율이 (−)로 미래환율은 하락할 것으로 예상된다.

정답　0934 X　0935 X　0936 ○　0937 ○　0938 X

0939
□□□

A국과 B국의 주민들은 쌀과 옷 한단위 생산에 다음과 같은 노동시간을 사용한다. 두 국가 사이에 무역이 이루어지면 쌀 1kg은 최대 옷 2/3벌과 교환될 수 있다.

노동투입량	A국	B국
쌀	2h	3h
옷	3h	4h

O | X

기회비용 사잇값, 즉, 옷2/3벌 ≤ 쌀1kg ≤ 옷3/4벌 에서 두 국가 사이에 무역이 이루어지기에, 쌀 1kg은 최대 옷 3/4벌과 교환될 수 있다.

기회비용	A국	B국
쌀	옷 2/3벌	옷 3/4벌
옷	쌀 3/2kg	쌀 4/3kg

0940
□□□

두 재화 X와 Y만을 소비하는 사람이 있다. 기준연도 $t=0$에서의 가격은 $P^0=\left(P_X^0,\,P_Y^0\right)=(12,\,25)$이고 소비는 $\left(X^0,\,Y^0\right)=(20,\,10)$이었다. 비교연도 $t=1$에서의 가격은 $P^1=\left(P_X^1,\,P_Y^1\right)=(15,\,15)$이고 소비는 $\left(X^1,\,Y^1\right)=(15,\,12)$이었다면 비교연도에 비해 기준연도의 후생수준이 높았다고 할 수 있다. O | X

기준연도에서 $P_X=12, P_Y=25$일 때 $(X=20, Y=10)$을 선택하였기에 소득은 490이다. 기준연도 $P_X=12$, $P_Y=25$일 때 비교연도 선택점 $(X=15, Y=12)$은 480의 소득이 필요하다. 따라서 비교연도 선택점은 최초에도 구입 가능하다. 결국, 소비조합 $(X=20, Y=10)$은 소비조합 $(X=15, Y=12)$보다 현시선호되었다. 따라서 비교연도에 비해 기준연도의 후생수준이 높았다.

0941
□□□

100명이 사용하는 공공재가 있다. 100명 중 40명의 공공재에 대한 수요함수는 $P=150-3Q$로 표현되고 나머지 60명의 공공재에 대한 수요함수는 $P=200-2Q$로 표현된다. 공공재 생산의 한계비용이 $MC=3,000$일 때, 사회적으로 바람직한 이 공공재의 생산량은 62.5이다. O | X

공공재의 시장수요곡선은 개별수요곡선을 수직으로 합하여 도출한다. 40명의 공공재에 대한 수요함수 $P=150-3Q$를 수직합으로 구하면 $P=6,000-120Q$이다. 60명의 공공재에 대한 수요함수 $P=200-2Q$를 수직합으로 구하면 $P=12,000-120Q$이다. 40명의 공공재에 대한 시장수요함수와 60명의 공공재에 대한 시장수요함수를 수직합으로 구하면 $P=18,000-240Q$이다. 공공재의 적정공급조건은 $P=MC$에 따라 $P=18,000-240Q$와 한계비용 3,000이 만나는 $Q=62.5$이다.

0942
□□□

국민소득이 $Y = C + I + G = 5,000$, 세금이 $T = 800$, 정부지출이 $G = 1,200$, 소비가 $C = 250 + 0.75(Y - T)$, 투자가 $I = 1,100 - 50r$인 경제를 가정할 때, 균형이자율(r)은 14%이다. ○ | X

$Y = C + I + G = 250 + 0.75(Y - T) + 1,100 - 50r + 1,200$에서, $Y = 5,000$, $T = 800$이기에 $r = 14$이다.

0943
□□□

X재 시장에 두 소비자 A와 B만이 존재한다. 소비자 A의 수요함수가 $Q_A = 10 - 2P$, 소비자 B의 수요함수가 $Q_B = 45 - 3P$이고 X재의 가격이 $P = 2$일 때, X재에 대한 시장수요의 가격탄력성은 $\frac{2}{9}$이다. ○ | X

소비자 A의 수요함수 $Q_A = 10 - 2P$와 소비자 B의 수요함수 $Q_B = 45 - 3P$를 수평합으로 구하면, 시장수요 곡선은 $Q = 55 - 5P$이다. 시장수요곡선 $Q = 55 - 5P$에서 $P = 2$일 때 $Q = 45$이고, $\frac{\triangle Q}{\triangle P} = -5$로, 시장수요의 가격탄력성은 $-\frac{\triangle Q}{\triangle P} \times \frac{P}{Q} = -(-5) \times \frac{2}{45} = \frac{2}{9}$이다.

0944
□□□

정상재는 가격 변화 시 소득효과와 대체효과가 반대 방향으로 작용한다. ○ | X

정상재의 소득효과는 (-)이고, 대체효과는 (-)이기에, 가격 변화 시 소득효과와 대체효과가 같은 방향으로 작용한다.

0945
□□□

물가수준이 하락할 때 $IS - LM$모형에서 실질화폐공급이 증가하여 실질이자율이 하락하고 투자가 증가한다. ○ | X

물가수준이 하락하면, $IS - LM$모형에서 실질화폐공급이 증가하여 LM곡선이 우측으로 이동함으로써 실질이자율이 하락하고 투자가 증가한다.

0946
□□□

가격수용자인 기업의 단기 평균비용곡선이 $AC(Q) = \frac{300}{Q} + 12 + 3Q$이다. 생산물의 가격이 132인 경우 이 기업의 이윤은 900이다. ○ | X

단기 평균비용곡선 $AC(Q) = \frac{300}{Q} + 12 + 3Q$에서 $TC(Q) = 300 + 12Q + 3Q^2$이다. 따라서 $MC = 12 + 6Q$이다. 이윤은 총수입(TR) - 총비용(TC)이다. 생산물의 가격이 132인 경우, $P = MC$에 따라 $132 = 12 + 6Q$에서 $Q = 20$이다. 따라서 이윤은 $TR - TC = 132 \times Q - (300 + 12Q + 3Q^2)$에서 $Q = 20$일 때, 900이다.

정답 0942 ○ 0943 ○ 0944 X 0945 ○ 0946 ○

0947
□□□

일반적인 우상향의 공급곡선과 우하향의 수요곡선을 가정할 때, 정부가 생산을 장려하기 위해 생산자에게 보조금을 S만큼 지급하였다면 이 정책의 시행으로 사회적 후생이 증가한다. O | X

이 보조금 정책의 시행으로 필요한 세금의 양이 소비자잉여와 생산자잉여 양자의 증가분보다 크기 때문에 사회적 후생은 감소한다.

0948
□□□

경기침체갭이 존재하면 장기 조정과정에서 임금이 하락한다. O | X

균형국민소득이 완전고용국민소득보다 더 작으면 경기침체갭이 존재하여 실업이 발생하고 장기 조정과정에서 임금이 하락한다.

0949
□□□

솔로우(R. Solow)의 경제성장모형에서 저축률이 증가하면 균제상태에서의 1인당 소비가 감소한다. O | X

황금률 이전의 균제상태에서 저축률이 증가하면 균제상태에서의 1인당 소비가 증가한다.

0950
□□□

어떤 나라의 소비가 $C = 120 + 0.8 Y_d$, 세입이 $T = 100 + 0.25 Y$, 투자가 $I = 80 + 0.2 Y$, 수출이 $EX = 160$, 수입이 $IM = 60 + 0.2 Y$이다. 이 나라에서 정부이전지출을 50만큼 증가시키고 이에 대한 재원 마련을 위해 정부지출을 50만큼 감소시키기로 했다. 이 경우 전체적으로 국민소득은 25만큼 증가한다. O | X

이전지출승수는 $\dfrac{c}{1 - c(1-t) - i + m} = \dfrac{0.8}{1 - 0.8(1-0.25) - 0.2 + 0.2} = 2$이다.

정부지출승수는 $\dfrac{1}{1 - c(1-t) - i + m} = \dfrac{1}{1 - 0.8(1-0.25) - 0.2 + 0.2} = 2.5$이다.

정부이전지출을 50만큼 증가시키면 국민소득은 100만큼 증가한다. 정부지출을 50만큼 감소시키면 국민소득은 125만큼 감소하여 전체적으로 국민소득은 25만큼 감소한다.

0951
□□□

수요가 $Q = 200 - 2P$인 독점기업이 있다. 이 기업의 한계비용은 $MC = 2Q + 10$이다. 이 기업이 생산하는 재화는 단위당 40의 공해비용이 발생한다. 사회적 최적생산량은 20이다. O | X

사회적 최적생산량은 $P = SMC$에서 달성된다. 즉, 수요함수인 $Q = 200 - 2P$에서 $P = 100 - 0.5Q$와 외부한계비용인 40과 사적 한계비용인 $PMC = 2Q + 10$의 합인 사회적 한계비용인 $SMC = 2Q + 500$이 일치할 때 생산량은 $Q = 20$이다.

정답 0947 X 0948 ○ 0949 X 0950 X 0951 ○

0952
☐☐☐

우리나라 기업들의 해외공장 설립이 증가하면, 원화가치가 하락한다.

O | X

우리나라 기업들의 해외공장 설립이 늘어나면 외화수요가 증가하여 환율이 증가하고, 원화가치가 하락한다.

Part 3

공감보노
기출문제

0953
□□□

세 재화를 소비하는 한 소비자의 효용함수가 $u(x_1, x_2, x_3) = \min\{2x_1, x_2, 3x_3\}$이고 소득이 70, 재화의 가격이 $(p_1, p_2, p_3) = (1, 2, 3)$일 때, x_1의 효용 극대화 소비량은 10이다.　　　O | X

효용함수가 $U = \min\{2X_1, X_2, 3X_3\}$이기에 소비자균형에서 $2X_1 = X_2 = 3X_3$, 예산제약식 $X_1 + 2X_2 + 3X_3 = 70$이 동시에 성립해야 한다. $X_2 = 2X_1$, $X_3 = (2/3)X_1$을 예산제약식에 대입하면 $X_1 + (2 \times 2X_1) + 3 \times (2/3)X_1 = 70$, $X_1 = 10$이다.

0954
□□□

두 소비자의 최대지불용의금액이 아래 표와 같을 때 디지털카메라와 스마트폰을 결합하여 판매하는 경우 이윤극대화를 위한 가격하에서 소비자잉여는 55이다(단, 소비자별로 가격차별을 할 수 없다).

구분	디지털카메라	스마트폰
소비자 1	125	90
소비자 2	50	110

O | X

독점기업이 두 재화를 결합 판매하는 경우, 디지털카메라와 스마트폰의 묶음에 대해 소비자 1이 지불할 용의가 있는 최대금액은 215, 소비자 2가 지불할 용의가 있는 최대금액은 160이기에 결합 판매할 때는 가격을 160으로 설정할 것이다. 결합 판매 시 이 독점기업의 총수입 및 이윤은 320이 된다. 소비자 1은 디지털카메라와 스마트폰의 묶음에 대해 지불할 용의가 있는 금액이 215이나 실제로 묶음 상품 구입 시에 지불한 금액이 160이기에 55만큼의 소비자잉여를 얻는다. 그런데 소비자 2는 자신이 지불할 용의가 있는 최대금액인 160을 지불하고 묶음 상품을 구입하기에 소비자잉여가 0이 된다.

0955
□□□

용의자의 딜레마 게임에서, 게임을 반복할 경우에도 균형은 달라지지 않는다.　　　O | X

게임이 1회만 이루어지면 담합이 이루어지기 어려우나 동일한 게임이 반복되는 상황에서는 두 경기자 중 한 경기자가 담합을 위반하면 상대방도 위반할 것이기에 보수가 담합을 유지할 때보다 작아진다. 그러므로 반복 게임의 상황에서는 담합이 유지될 가능성이 상당히 크다. 즉, 반복게임의 상황에서는 균형이 바뀔 수도 있다.

정답　0953 ○　　0954 ○　　0955 X

0956
☐☐☐

영화배우 A씨는 영화제작사와 새 영화에 출연하는 대가로 영화가 성공할 경우 추가로 3,600만 원, 실패할 경우 1,600원을 받는 출연계약을 맺었다. 영화가 성공할 확률은 0.5, A씨의 출연료(m)에 대한 기대효용함수는 $U(m) = \sqrt{m}$ 이라고 할 때, 만약 A씨가 동료 영화배우 B씨에게 이 출연계약을 이전할 수 있다면 최소요구금액은 2,000만 원이다. O | X

영화배우 A가 새 영화에 출연할 때의 기대소득과 기대효용은 각각 다음과 같다.
• 기대소득: $E(m) = (0.5 \times 1,600) + (0.5 \times 3,600) = 2,600$만 원
• 기대효용: $E(U) = (0.5 \times \sqrt{1,600}) + (0.5 \times \sqrt{3,600}) = 50$
기대효용이 50이기에 최소한 50만큼의 효용을 얻을 수 있는 금액을 받아야만 계약을 영화배우 B에게 이전하고자 할 것이다. 영화배우 A의 효용함수가 $U = \sqrt{m}$ 이기에 $\sqrt{m} = 50$으로 두면 50만큼의 효용을 얻을 수 있는 확실한 금액인 확실성등가(CE)가 2,500만 원이다.

0957
☐☐☐

A국과 B국이 교역하는 헥셔 - 올린(Heckscher - Ohlin)모형을 고려해 보자. A국은 상대적 자본풍부국이며, B국은 상대적 노동풍부국일 때, 무역을 하면 A국에서 노동의 자본에 대한 상대요소가격은 상승한다. O | X

자유무역이 이루어지면 각국에서 풍부한 생산요소의 소득이 증가하기에 A국에서는 상대적으로 자본임대료가 상승한다. 즉, A국에서는 노동의 자본에 대한 상대요소가격이 하락한다.

0958
☐☐☐

시장수요함수가 $Q^D = 50 - 0.5P$이고, 시장공급함수는 $Q^S = 2P$인 재화시장에서 소비자에게 단위당 10의 구매보조금을 지급할 때 예상되는 시장의 자중손실(deadweight loss)은 20이다. O | X

수요곡선과 공급곡선을 P에 대해 정리하면 $P = 100 - 2Q$, $P = (1/2)Q$이다. 수요곡선과 공급곡선을 연립해서 풀면 $Q = 40$, $P = 20$이다. 소비자에게 단위당 10의 구매보조금을 지급하였을 때, 수요곡선 식이 $P = 110 - 2Q$로 바뀌게 된다. 이제 보조금 지급 이후의 균형은 $110 - 2Q = (1/2)Q$에서 $Q = 44$, $P = 22$이다. 소비자에게 단위당 10의 보조금이 지급되면 균형거래량이 4단위 증가하고, 균형가격은 2만큼 상승한다. 따라서 보조금 지급에 따른 후생손실의 크기는 $10 \times 4 \times 1/2 = 20$이다.

0959
☐☐☐

평균비용곡선이 우하향하는 자연독점기업으로 하여금 평균비용과 일치하는 가격을 설정하게 한다면, 이윤극대화 생산량에 비해 생산량이 감소한다. O | X

독점기업이 이윤극대화인 $MR = MC$에서 생산량을 결정할 때보다 $P = AC$에서 결정할 때 생산량이 더 많다.

0960
□□□

코즈정리에 따르면 거래비용의 크기에 관계 없이 재산권이 확립되어 있으면 당사자 간 자발적인 협상을 통하여 외부효과에 따른 시장실패를 해결할 수 있다. O | X

재산권이 확립되어 있더라도 거래비용이 너무 크면 협상이 곤란하다. 따라서 거래비용이 너무 크면 자발적인 협상을 통하여 외부효과에 따른 시장실패를 해결할 수 없다.

0961
□□□

한 국가가 배추와 김치만 생산하며, 김치 회사는 배추를 유일한 중간투입물로 이용하여 김치를 생산한다. 두 회사의 비용과 생산물 가치가 다음과 같을 때, 노동소득분배율은 70%이다.

구분	배추 회사	김치 회사
중간투입물 비용	0	150
임금	100	250
생산물 가치	150	500

O | X

이 국가의 GDP는 배추 회사의 부가가치(150)와 김치 회사의 부가가치(350)의 합인 500이고 이 국가의 임금은 배추 회사의 임금(100)과 김치 회사의 임금(250)의 합인 350이다. 따라서 노동소득분배율은 GDP(500)에서 임금(350)이 차지하는 비율로 70%이다.

0962
□□□

한계소비성향이 0.6이며 정부가 세금을 500억 원 감소시키면 총수요는 750억 원 증가한다(단, 이자율이 고정되어 있고 물가수준이 일정한 폐쇄경제이다). O | X

한계소비성향이 0.6일 때 감세승수 $\dfrac{dY}{dT} = \dfrac{c}{1-c} = \dfrac{0.6}{1-0.6} = 1.5$이기에 정부가 세금을 500억 원 감면하면 총수요가 750억 원 증가한다.

0963
□□□

수요함수가 $q = 10 - p$로 주어진 생산물시장에서 두 기업 1과 2가 꾸르노경쟁을 하고 있다. 기업 1의 비용함수는 $c_1(q_1) = 3q_1$이고 기업 2의 비용함수는 $c_2(q_2) = 2q_2$라 할 때, 균형에서 시장생산량은 5이다. O | X

$p = 10 - (q_1 + q_2)$이고 $q = q_1 + q_2$일 때, 기업 1의 총수입은 $TR_1 = pq_1 = 10q_1 - q_1^2 - q_1 q_2$, $MR_1 = 10 - 2q_1 - q_2$이다. $c_1(q_1) = 3q_1$이기에 $MC_1 = 3$이다. 따라서 기업 1의 균형생산량은 $MR_1 = 10 - 2q_1 - q_2$와 $MC_1 = 3$이 같을 때 결정된다. 기업 2의 총수입은 $TR_2 = pq_2 = 10q_2 - q_1 q_2 - q_2^2$이기에 $MR_2 = 10 - q_1 - 2q_2$이다. $c_2(q_2) = 2q_2$이기에 $MC_2 = 2$이다. 따라서 기업 2의 균형생산량은 $MR_2 = 10 - q_1 - 2q_2$와 $MC_2 = 2$가 같을 때 결정된다. 결국, $10 - 2q_1 - q_2 = 3$과 $10 - q_1 - 2q_2 = 2$를 연립하면 $q_1 = 2$, $q_2 = 3$이다. 따라서 시장의 균형생산량은 $q_1 + q_2 = 5$이다.

정답 0960 X   0961 O   0962 O   0963 O

0964
□□□

하루 24시간 중 잠자는 8시간을 제외한 나머지 16시간을 여가(ℓ)와 노동(L)에 사용하는 노동자가 있다 ($L=16-\ell$). 이 노동자는 8시간 이하의 노동에 대해서는 시간당 임금 10을 받고, 8시간을 초과하는 노동에 대해서는 추가로 시간당 α의 임금을 더 받는다. 노동수입은 모두 식료품(c) 구입에 사용되며, 이때 노동자는 $u(\ell, c)=\ell c$의 효용을 얻는다. 이 노동자가 $L=10$에서 효용을 극대화할 때 α는 10이다(단, 식료품의 가격은 1이다).   O | X

$L=10$이기에 $l=6$이다. 따라서 여가와 소득 간 한계대체율과 예산의 기울기가 같은 $MRS_{lc}=\dfrac{\Delta c}{\Delta l}=\dfrac{MU_l}{MU_c}$ $=\dfrac{c}{l}=(10+\alpha)$에서 효용극대화가 이루어진다. $l=6$이기에 $c=60+6\alpha$이다. 노동시간이 10시간이고 소득은 모두 식료품 구입에 지출하기에 예산선은 $c=(10\times8)+(2\times(10+\alpha))$이다. 무차별곡선과 예산선 $c=(10\times8)+(2\times(10+\alpha))$이 접하는 점인 $c=60+6\alpha$에서 효용이 극대화되기에 이를 연립하여 풀면 $\alpha=10$이다.

0965
□□□

대국(large country)이 수입재에 대하여 종량세 형태의 관세를 부과할 때 관세부과 후 소비자가 지불하는 가격은 관세부과 이전 국제시장가격에 관세를 더한 금액과 일치한다.   O | X

대국이 관세를 부과하면 국제가격이 하락하여 수입가격이 관세부과 전보다 낮아지기에 국내가격은 단위당 관세액보다 적게 상승한다.

0966
□□□

수입재 산업 위주의 경제성장이 일어나면 교역조건이 악화되어 경제성장 이전보다 사회후생 수준이 하락할 수 있다.   O | X

경제성장 이전보다 후생수준이 낮아지는 궁핍화성장이 일어나기 위해서는 수입재가 아니라 수출재 위주의 경제성장이 이루어져야 한다.

0967
□□□

신용경색과 부동산 가격하락으로 인해 단기적으로 물가수준이 상승한다.   O | X

투자와 소비가 위축되면 총수요곡선이 왼쪽으로 이동하기에 물가수준이 하락하고, 국민소득도 감소한다.

0968
□□□

임대주택이 제공하는 주택서비스의 가치는 GDP에 포함되지만, 자가주택의 주택서비스 가치는 GDP에 포함되지 않는다.   O | X

자가주택으로부터 얻는 주거서비스의 가치인 귀속임대료는 시장에서 거래되지 않더라도 GDP에 포함된다.

정답 0964 O 0965 X 0966 X 0967 X 0968 X

0969
□□□
변동환율제도를 채택하고 자본이동이 완전히 자유로운 소규모 개방경제에서 정부지출의 증가는 경상수지를 악화시킨다. O | X

정부지출 증가로 IS곡선이 우측 이동하면, 국내금리가 국제금리보다 커져 외국자본 유입(자본수지 개선)으로 환율이 하락하기에 IS곡선이 좌측이동한다(경상수지 악화).

0970
□□□
2010년의 실제실업률은 5%, 자연실업률은 4%, 잠재 GDP는 1,100조 원이었다면, 실제 GDP는 1,100조 원보다 크다. O | X

2010년도에는 실제실업률(5)이 자연실업률(4)보다 높기에 경기침체 상태로 실제 GDP는 잠재 GDP인 1,100조 원보다 작다.

0971
□□□
미국의 빅맥 가격은 3달러, 스위스의 빅맥 가격은 6.3스위스프랑이다. 실제 환율이 1.3스위스프랑/달러라면, 구매력평가환율이 적용될 경우 환율이 상승할 것으로 예상된다. O | X

스위스프랑의 구매력평가환율을 계산해보면 스위스프랑/달러 = 6.3/3 = 2.1이다. 실제 환율을 구매력평가환율과 비교해보면 구매력평가환율이 실제 환율보다 높기에 스위스프랑은 고평가되었다. 따라서 구매력평가 환율이 적용될 경우 환율이 상승할 것으로 예상된다.

0972
□□□
현재 경제가 IS곡선과 LM곡선 상방의 점에 있다. 이 상황에서 이자율이 변하지 않고 국민소득만 감소하면 생산물의 초과공급량이 축소된다. O | X

현재 경제는 IS곡선 상방이기에 생산물시장이 초과공급이다. 여기서 이자율이 변하지 않고 국민소득만 감소하면 초과공급이 감소하기에 생산물시장의 초과공급량이 축소된다.

2012년

0973
□□□
길동이는 옥수수 한 개에서 얻는 한계효용이 감자 두 개에서 얻는 한계효용과 같다고 한다. 이 때 감자로 표시한 옥수수의 한계대체율은 $\frac{1}{2}$이다. O | X

$MRS_{XY} = -\frac{\triangle Y}{\triangle X} = \frac{MU_X}{MU_Y}$ 는 정확히 표현하면 'Y재로 표시한 X재의 한계대체율'이다. 옥수수의 한계효용 $MU_{옥수수}$가 감자의 한계효용 $MU_{감자}$의 2배이므로 감자로 표시한 옥수수의 한계대체율 $MRS_{옥수수감자} = \frac{MU_{옥수수}}{MU_{감자}} = 2$이다.

정답 0969 ○ 0970 X 0971 ○ 0972 ○ 0973 X

0974

완전경쟁시장에서 어떤 기업의 한계비용함수가 다음처럼 표시된다. 시장가격이 5일 때 이 기업의 이윤을 극대화하는 생산량은 5이다.

생산량	1	2	3	4	5	6
한계비용	6	5	4	3	4	6

O | X

완전경쟁시장에서 이윤극대화의 조건은 $P = MC$이다. 시장가격이 5이므로 $P = MC$인 점은 생산량이 2인 점과 생산량이 5인 점 두 개이지만, 생산량이 2일 때는 한계비용이 체감하는 구간으로 손실극대화가 이루어지므로 이윤극대화 생산량은 5이다.

0975

지원이는 고정된 소득으로 X재와 Y재만을 소비한다. X재 가격이 하락함에 따라 X재 소비량과 Y재 소비량이 모두 증가하였을 경우, X재의 수요는 가격에 대해 비탄력적이다. O | X

최초의 균형점 E_0와 가격하락 이후의 균형점 E_1을 연결한 가격소비곡선은 우상향이다. 가격소비곡선이 우상향할 때 X재 수요의 가격탄력성은 비탄력적이다.

0976

영수는 지금 소득 210을 가지고 있다. 두기간 모형에서 현재의 소비량이 x_0, 미래의 소비량이 x_1일 때, 영수의 효용함수는 $U(x_0, x_1) = x_0 x_1$이다. 재화의 가격이 1이고 이자율은 r이라면 현재의 소비량 $x_0 = \dfrac{210}{(2+r)}$이다. O | X

예산선은 $x_0 + \dfrac{1}{1+r} x_1 = 210$이다. 소비자균형에서 $MRS = (1+r)$로, $\dfrac{x_1}{x_0} = (1+r)$이다. 이를 정리하면 $x_1 = (1+r)x_0$이고, 이를 예산선에 대입하면 $2x_0 = 210$이기에 현재의 소비량은 $x_0 = 105$이다.

0977

효용함수가 $U = x^{0.5} + y^{0.5}$일 때, X재는 소득탄력성이 1보다 큰 사치재이다. O | X

한계대체율을 계산해 보면 $MRS_{XY} = \dfrac{MU_X}{MU_Y} = \dfrac{0.5X^{-0.5}}{0.5Y^{-0.5}} = \sqrt{\dfrac{Y}{X}}$ 이다. 수요함수를 구하기 위해 $MRS_{XY} = \dfrac{P_X}{P_Y}$ 로 두면 $\sqrt{\dfrac{Y}{X}} = \dfrac{P_X}{P_Y}$, $Y = \dfrac{P_X^2}{P_Y^2} X$가 성립한다. 이를 예산제약식 $(P_X \cdot X + P_Y \cdot Y = M)$에 대입하면 $P_X \cdot X + P_Y \cdot (\dfrac{P_X^2}{P_Y^2} X) = M$, $P_X \cdot X(1 + \dfrac{P_X}{P_Y}) = M$이기에 X재 수요함수는 $X = \dfrac{M^1}{P_X(1 + \dfrac{P_X}{P_Y})}$이다. 따라서 X재의 소득탄력성이 1임을 알 수 있다.

0978
□□□

제품의 차별화와 규모의 경제는 산업내무역을 발생시킨다.　　　　　　　　　　O | X

산업내무역은 주로 규모의 경제와 독점적경쟁에 의해 두 나라가 동일 산업에서 생산되는 재화를 수출한다.

0979
□□□

휘발유 가격이 리터당 1,800원에서 2,000원으로 올라도 휘발유 판매액이 변화가 없다고 한다. 이 때 휘발유 수요의 탄력성은 1이다.　　　　　　　　　　O | X

가격이 변할 때 판매수입의 증감 여부는 수요의 가격탄력성에 달려있다. (판매수입 = 가격 × 판매량) 수요의 가격탄력성이 1이라면 가격이 1% 상승할 경우 판매량이 1% 감소하므로 판매수입이 변하지 않는다. 그러므로 휘발유 수요의 가격탄력성은 1임을 알 수 있다.

0980
□□□

단순한 $IS-LM$모형을 상정할 때, 통화량 확대정책이 국민소득에 미치는 효과가 커지도록 하려면 화폐수요의 이자율에 대한 탄력성이 커져야 한다.　　　　　　　　　　O | X

화폐수요의 이자율탄력성이 작아 화폐수요곡선이 급경사이면 통화량이 증가할 때 이자율이 큰 폭으로 하락한다. 이자율이 하락하면 투자가 증가하게 되는데, 투자의 이자율탄력성이 클수록 투자가 큰 폭으로 증가한다.

0981
□□□

생산함수가 $Q(K, L) = \sqrt{3KL}$이고 요소가격이 일정할 때 규모수익 체감 현상이 발생한다.　　　　　　　　　　O | X

$Q(K, L) = \sqrt{3KL}$은 1차동차 C - D생산함수이기에 규모에 대한 수익불변이다.

0982
□□□

에지워스상자 내에서 두 등량곡선이 접하는 점들은 파레토 효율적이며, 생산가능곡선상의 점들로 표현 가능하다.　　　　　　　　　　O | X

에지워스상자 내 두 등량곡선이 접하는 점들은 생산이 파레토 효율적이며, 모두 생산가능곡선상의 점들로 표현 가능하다.

0983
□□□

두 기업 A전자와 B전자의 반도체생산 증산 또는 감산에 대한 보수행렬이 다음과 같다. 이 경우 내쉬균형은 1개이다.

구분		B전자	
		증산	감산
A전자	증산	(파산, 파산)	(이득, 손해)
	감산	(손해, 이득)	(유지, 유지)

O | X

보수행렬을 보면 두 기업 중 한 기업이 증산하면 경쟁기업은 감산하는 것이 최선이고, 두 기업 중 한 기업이 감산하면 경쟁기업은 증산하는 것이 최선이다. 그러므로 내쉬균형은 (증산, 감산)과 (감산, 증산), 2개가 된다.

0984
□□□

어떤 독점기업의 비용함수와 국내 수요함수가 $TC = Q^2$, $D = 11,500 - P$이다. 이 기업은 외국시장에서도 독점적이고 외국의 수요함수는 $D^* = 5,000 - P^*$이다. 이 경우 이 기업은 외국에 수출하지 않을 것이다.

O | X

국내수요함수가 $P = 11,500 - Q$이기에 한계수입 $MR = 11,500 - 2Q$, 비용함수를 미분하면 $MC = 2Q$이다. 국내에서만 판매할 때 $MR = MC$로 두면 $11,500 - 2Q = 2Q$, $Q = 2,875$, $P = 8,625$이고, Q를 한계수입곡선 및 한계비용곡선 식에 대입하면 $MR = MC = 5,750$임을 알 수 있다. 그러나 해외에서의 한계수입 $MR = 5,000 - 2Q$이다. 해외시장에서는 판매량이 0일 때의 한계수입이 $5,000$이고, 판매량이 증가하면 한계수입이 $5,000$보다 낮아진다. 그런데 이 기업이 국내에 판매할 때의 한계수입이 $5,750$으로 해외에서 판매할 때의 한계수입보다 크기에 수출하지 않을 것이다.

0985
□□□

어떤 완전경쟁기업의 생산량 중 일부는 불량품이며, 판매가 불가능하다. 생산량이 증가함에 따라 한계비용이 감소하면, 불량률(= 불량품 수량/생산량)이 올라갈수록 이윤극대화 생산량은 감소한다. O | X

불량품은 판매가 불가능하기에 불량률이 높아지는 것은 한계비용이 상승하는 것과 동일하다. 즉, 불량률이 상승하면 한계비용곡선이 상방으로 이동하기에 이윤극대화 생산량이 감소한다.

0986
□□□

정보를 많이 가진 사람은 정보를 덜 가진 사람에 비하여 항상 피해의 규모가 작다. O | X

중고차시장에서 정보가 적은 구매자들이 평균적인 품질을 기준으로 가격을 지불할 경우 좋은 차를 가진 판매자는 차를 팔 수 없거나, 자기 차의 품질에 해당하는 가격보다 낮은 가격을 받을 수밖에 없다. 정보가 많은 사람이 정보가 적은 사람에 비해 항상 피해 규모가 작은 것은 아니다.

Part 3

2022 해커스공무원 **局경제학** 핵심 기출 OX 1592

정답 0983 X   0984 ○   0985 ○   0986 X

0987
□□□

국내에서 X재를 생산하는 우리나라 기업이 A국의 시장에 신규로 진입하려고 한다. 다른 조건이 일정할 때, 국내생산의 규모의 경제가 클수록 수출보다 해외직접투자가 더 유리하다.　O | X

국내생산에 있어 규모의 경제가 크다면 국내생산량이 늘어나면 생산비가 큰 폭으로 하락한다. 그러므로 국내생산에 있어 규모의 경제가 크다면 해외에 공장을 설립하여 해외에서 생산하는 것보다 국내에서 대량으로 생산하여 그중 일부를 수출하는 것이 더 유리하다.

0988
□□□

자유무역이 이루어진다면 노동집약적인 재화를 수출하는 국가에서는 자본에 대한 노동의 상대가격이 상승한다.　O | X

자유무역이 이루어짐에 따라 노동풍부국에서 노동집약재의 생산이 늘어나면 노동에 대한 수요가 증가하기에 노동의 상대가격이 상승한다. 또한 노동풍부국에서는 노동집약재인 X재의 상대가격이 무역이전보다 상승한다.

0989
□□□

GDP디플레이터의 산정 대상은 우리나라 GDP에 계상되는 모든 재화와 서비스다.　O | X

GDP디플레이터는 GDP에 포함되는 모든 재화와 서비스를 포함한다.

0990
□□□

다른 조건이 일정할 때, 우리나라 물가가 다른 나라 물가보다 더 큰 폭으로 하락하면 순수출은 감소한다.　O | X

우리나라 물가가 다른 나라 물가보다 더 큰 폭으로 하락하면 우리나라에서 생산된 재화의 상대가격이 하락한다. 우리나라에서 생산된 재화의 상대가격이 하락하면 수출은 증가하고 수입은 감소할 것이기에 순수출이 증가한다.

0991
□□□

한계소비성향이 증가하면 균형국민소득도 증가한다.　O | X

한계소비성향이 증가하면, $\dfrac{1}{1-c(1-t)+m}$ 에서 승수가 커지기에 균형국민소득도 증가한다.

0992
□□□

금융당국이 인플레이션에 비례하여 목표이자율이 설정되는 준칙을 채택하였다고 하자. 이 경우 LM곡선은 우상향의 직선이 된다. O | X

중앙은행이 이자율을 금융정책의 목표로 사용한다는 것은 이자율을 항상 일정하게 유지한다는 의미이다. 국민소득에 관계 없이 화폐시장의 균형이자율이 일정하게 유지된다면 화폐시장의 균형선인 LM곡선은 중앙은행의 목표이자율 수준에서 수평선이 된다.

2013년

0993
□□□

소득 300만 원으로 두 재화 X, Y재를 소비하는 어떤 소비자의 효용함수가 $u(X, Y) = X^a Y^b$라 하자($a, b > 0$). 이 소비자가 효용 극대 상황에서 소득 중 200만 원을 X재에 지출한다고 할 때, $\frac{b}{a}$는 $\frac{1}{2}$이다. O | X

$\frac{b}{a+b}$는 Y재 구입액이 소득에서 차지하는 비율로 $\frac{b}{a+b} = \frac{1}{3}$이다. 따라서 $a = 2b$, $\frac{b}{a} = \frac{1}{2}$이다.

0994
□□□

노동시장과 생산물시장에서 완전경쟁인 기업의 단기 생산함수가 $f(L) = 100L - L^2$이다. 이윤을 극대화하는 기업이 노동(L) 35단위를 고용하고 있으며, 노동의 단위당 임금이 300일 때, 생산물가격은 10이다. O | X

MP_L은 단기 생산함수 $f(L) = 100L - L^2$을 L에 대해 미분하여 $MP_L = 100 - 2L$로 구할 수 있다. 이윤극대화 조건인 $MP_L \times P = W$에서 $MP_L = 100 - 2L$, $W = 300$이기에 $100P - 2PL = 300$이다. $L = 35$이기에 생산물가격은 $P = 10$이다.

0995
□□□

숙련노동(L_1)과 비숙련노동(L_2)만을 생산요소로 사용하는 어떤 기업의 생산함수가 $q = \min\{3L_1, 2L_2\}$라고 할 때, 장기 평균비용곡선은 수평선이다. O | X

$q = \min\{3L_1, 2L_2\}$은 1차동차 레온티에프 생산함수이기에 규모에 대한 수익 불변이다. 따라서 장기 평균비용곡선이 수평선의 형태로 도출된다.

0996
□□□

모든 다른 조건이 일정할 때, 금융통화위원회의 기준금리 인상은 국내 통화가치를 상승시킨다. O | X

기준금리가 인상되면 해외로부터 자본유입이 이루어지기에 외환의 공급이 증가한다. 외환의 공급이 증가하면 환율이 하락하기에 국내통화의 가치가 상승한다.

정답 0992 X 0993 ○ 0994 ○ 0995 ○ 0996 ○

0997
□□□

대국(large country)경제의 정부가 수입하고 있던 한 재화에 대하여 단위당 t만큼의 관세를 부과하여 국제시장가격이 하락하였을 경우, 관세부과 이전과 비교하여 사회적 후생이 감소한다. O | X

관세가 부과되면 수입량감소로 국제시장에서 초과공급이 발생하여 국제가격(수입가격)이 하락하여 교역조건은 개선되고, 단위당 T원의 관세가 부과되면 하락한 국제가격에서 T원만큼 상승하기에 국내가격이 T원보다 더 적게 상승한다. 따라서 소국에 비해 대국의 경우 작은 관세부과 효과가 발생한다. 그리고 소비자잉여는 감소, 생산자잉여는 증가하고, 재정수입 증가나 사회적 후생은 감소 또는 증가일 수 있다.

0998
□□□

시장수요곡선이 우하향하고 시장공급곡선이 우상향하는 시장에서 정부가 생산자에게 단위당 10원의 생산보조금을 지급하면 생산자잉여와 소비자잉여 모두 증가한다. O | X

생산보조금이 지급되면 소비자잉여와 생산자잉여가 모두 증가한다.

0999
□□□

다음은 경기자 1, 2의 행동에 따른 보수행렬이다. $c < g < a < e$, $f < h < b < d$일 때, 이 게임은 강우월전략 균형을 가지며 균형보수는 파레토 열등하다.

(1보수, 2보수)	A_2	B_2
A_1	a, b	c, d
B_1	e, f	g, h

O | X

경기자 1의 우월전략은 B_1, 경기자 2의 우월전략은 B_2이기에 우월전략균형에서 각 경기자의 보수는 (g, h)이다. 그런데 $a > g$, $b > h$의 관계가 성립하기에 경기자 1이 A_1, 경기자 2가 A_2전략을 선택하면 두 경기자의 보수는 우월전략균형에서보다 더 커진다. 따라서 우월전략균형에서의 균형보수가 파레토 열등하다.

1000
□□□

어떤 경제의 국내총생산이 잠재 실질 GDP 수준에 있을 때 민간의 예상과 달리 정부가 확장적 재정정책을 수행한다고 한다면, 단기적으로는 실제 GDP가 잠재 GDP보다 커지지만 장기에는 다시 잠재 GDP 수준으로 복귀한다. O | X

경제가 잠재 GDP 상태에 있는 상태에서 확장적 재정정책을 실시하면 총수요가 증가하기에 단기적으로 실제 GDP가 잠재 GDP보다 커지게 된다. 실제 GDP가 잠재 GDP를 초과하는 상태에서는 노동력 부족이 발생하기에 점차 임금이 상승한다. 임금이 상승하면 단기 총공급곡선이 왼쪽으로 이동하여 다시 잠재 GDP로 복귀하게 된다.

정답   0997 X   0998 O   0999 O   1000 O

1001

기대인플레이션율이 하락하면 단기 필립스곡선 자체가 상방으로 이동한다.　　　　　O | X

기대인플레이션율이 하락하면 단기 필립스곡선 자체가 상방이 아닌 하방으로 이동한다.

1002

자본이동이 완전히 자유롭고 변동환율제도를 채택한 소규모 개방경제의 $IS-LM-BP$모형을 고려할 때, 정부 이전지출의 증가는 국민소득을 증가시킨다.　　　　　O | X

변동환율제도하, 자본이동이 완전한 경우, 재정정책은 전혀 효과가 없지만 금융정책은 매우 효과적이다. 정부의 이전지출 증가는 확장적 재정정책으로 국민소득에 아무런 영향을 미칠 수 없다.

1003

우하향하는 수요곡선상에서 가격이 100에서 98로 하락할 때 탄력성을 ϵ_1이라 하고 가격이 80에서 78로 하락할 때의 탄력성을 ϵ_2라 하자. 이때 $\epsilon_1 < \epsilon_2$이다.　　　　　O | X

수요곡선이 우하향의 직선이면 가격이 똑같이 2원 하락하더라도 수요곡선상의 우하방으로 이동할수록 수요의 가격탄력성이 작아지기에 ϵ_1이 ϵ_2보다 크다.

1004

노동과 자본을 생산요소로 사용하고 있는 어떤 완전경쟁기업의 생산함수는 $q=\sqrt{LK}$이다. 자본량이 고정된 단기비용함수는 $C^S(q)=\dfrac{q^2}{4}+16$이다. 이 기업은 생산물의 시장가격이 0을 초과하는 한, 이 기업은 생산을 중단하지 않는다.　　　　　O | X

한계비용은 $MC=\dfrac{1}{2}q$이고, 평균가변비용은 $AVC=\dfrac{1}{4}q$이다. 따라서 모든 생산량 수준에서 MC가 AVC상방에 위치하기에 시장가격이 0을 초과하는 한 항상 생산을 할 것이다.

1005

소비자가 하루 24시간을 여가(l)와 노동($L=24-l$)에 배분한다. 노동소득은 모두 식료품 구입에 충당되며, 여가(l)와 식료품(f)에 대한 소비자의 효용함수는 $u(l,f)=l^2f$이다. 효용을 극대화하는 여가시간은 16시간이다. O | X

노동자의 효용함수가 $u(l,f)=l^2f$이기에 한계대체율 $MRS_{lf}=\dfrac{MU_l}{MU_f}=\dfrac{2lf}{l^2}=\dfrac{2f}{l}$이다. 시간당 임금이 w, 노동시간이 $L=24-l$일 때, 노동자의 노동소득은 $w(24-l)$이다. 소득이 모두 식료품 구입(f)에 사용되고 소비재의 가격이 P_f일 때, 노동자의 예산선은 $P_f \cdot f=w(24-l)$이다. 즉, $f=\dfrac{w}{P_f}(24-l)$이다. 따라서 예산선의 기울기(절댓값)는 $\dfrac{w}{P_l}$이다. 소비자균형에서 $\dfrac{2f}{l}=\dfrac{w}{P_f}$, 즉 $f=\dfrac{wl}{2P_f}$이다. 이를 예산선에 대입하면 $\dfrac{wl}{2P_f}=\dfrac{w}{P_f}(24-l)$, $l=16$이다.

1006

실업률이 10%이고 경제활동참가율이 50%라면 고용률은 45%이다. O | X

실업률이 10%일 때, 취업률을 90%이다.
고용률 = 경제활동참가율 × 취업률에 따라 고용률은 $0.5\times0.9=0.45$로 45%이다.

1007

과거에 비해 와인의 가격이 상승하였고, 더 많은 사람들이 와인을 마신다면, 소비자물가지수는 물가상승을 과대평가한다. O | X

사람들이 비싸진 재화를 상대적으로 가격이 낮아진 다른 재화로 대체하는 것이 아니라 오히려 이전보다 더 많이 구입한다면 구입량이 기준연도와 동일하다고 가정하는 라스파이레스 방식으로 계산된 소비자물가지수는 물가상승을 과소평가하게 된다.

1008

미래소득이 0인 소비자가 현재소득을 현재소비와 미래소비에 배분하여 효용을 얻는 두기간 모형에서 현재소비가 열등재라면 이자율이 상승할 때, 저축은 반드시 증가한다. O | X

이자율의 상승으로 실질소득이 증가할 때 현재소비가 열등재라면 소득효과에 의해서도 현재소비가 감소하고 저축이 증가한다. 그러므로 현재소비가 열등재라면 이자율이 상승할 경우 저축이 반드시 증가한다.

정답   1005 ○   1006 ○   1007 X   1008 ○

1009
☐☐☐

한 나라의 경제에서 가처분소득에 대한 한계소비성향이 0.8이고, 소득세는 세율이 25%인 비례세로 징수된다. 한계수입성향과 유발투자계수가 모두 0.1이고, 수출과 정부지출은 독립변수일 때, 수출승수는 2.5이다. ○ | X

한계소비성향 $c=0.8$, 비례세의 세율 $t=0.25$, 한계수입성향 $m=0.1$, 유발투자계수 $i=0.1$이므로

수출승수 $\dfrac{dY}{dX} = \dfrac{1}{1-c(1-t)-i+m} = \dfrac{1}{1-0.8(1-0.25)-0.1+0.1} = \dfrac{1}{0.4} = 2.5$이다

1010
☐☐☐

한 나라의 생산함수가 $Y = A\sqrt{KL}$이다. 여기서 Y는 총생산, A는 기술, K는 자본, L은 노동이다. 근로자 1인당 소득증가율은 3%이고 근로자 1인당 자본증가율은 2%이다. 이때 기술증가율은 2%이다. ○ | X

문제에 주어진 총생산함수를 1인당 생산함수로 바꾸어 쓰면 $y = A\sqrt{k} = Ak^{\frac{1}{2}}$이 된다. 이를 증가율로 나타내면 $\dfrac{\Delta y}{y} = \dfrac{\Delta A}{A} + \dfrac{1}{2}(\dfrac{\Delta k}{k})$이다. 근로자 1인당 소득증가율($\dfrac{\Delta y}{y}$)이 3%, 1인당 자본증가율($\dfrac{\Delta k}{k}$)이 2%이기에 $3\% = \dfrac{\Delta A}{A} + (\dfrac{1}{2} \times 2\%)$에서 $\dfrac{\Delta A}{A} = 2\%$이다.

1011
☐☐☐

어떤 경제의 국내총생산이 잠재 실질 GDP 수준에 있을 때 민간의 예상과 달리 정부가 확장적 재정정책을 한다면, 단기적으로 실제 GDP가 잠재 GDP보다 커지지만 장기에는 다시 잠재 GDP 수준으로 복귀하게 된다. ○ | X

경제가 잠재 GDP 상태에 있는 상태에서 확장적인 재정정책을 실시하면 총수요가 증가하기에 단기적으로 실제 GDP가 잠재 GDP보다 커지게 된다. 실제 GDP가 잠재 GDP를 초과하는 상태에서는 노동력 부족이 발생하기에 점차 임금이 상승한다. 임금이 상승하면 단기총공급곡선이 왼쪽으로 이동하기에 결국에는 다시 잠재 GDP로 복귀하게 된다.

1012
☐☐☐

대부자금시장모형에서 정부가 조세삭감을 시행했을 때 소비자들이 조세삭감만큼 저축을 늘리는 경우 자금수요가 감소하고 균형이자율이 하락한다. ○ | X

정부가 조세를 감면하면 정부저축이 감소하게 되는데, 민간저축이 동액만큼 증가하면 대부자금의 공급이 변하지 않는다. 정부저축이 감소할 때 민간저축이 동액만큼 증가하면 대부자금의 공급곡선이 이동하지 않기에 균형이자율과 대부자금의 거래량도 변하지 않는다.

정답 1009 ○ 1010 ○ 1011 ○ 1012 X

1013
□□□

어느 독점시장에서 수요곡선은 우하향하는 직선이다. 이 독점기업이 현재 가격을 10% 올리면, 이 기업의 총수입은 5% 증가할 것으로 예상된다. 이 기업이 현재 가격을 20% 올리면, 이 기업의 총수입은 10% 증가한다. ○ | X

총수입 = 가격 × 판매량이기에 가격을 10% 인상할 때 총수입이 5% 증가한다는 것은 판매량이 5% 감소함을 의미한다. 따라서 수요의 가격탄력도는 0.5로 비탄력적이다. 현재 비탄력적인 구간에서 가격을 20% 인상할 때 수요의 가격탄력성이 1보다 큰 구간으로 이동한다면 총수입이 얼마나 증가할지는 불분명하다.

1014
□□□

어느 소비자의 효용함수가 $u(x,y) = x + 2y$ 이다. Y재의 가격이 5천 원일 때, 효용을 극대화하는 이 소비자는 30만 원을 가지고 Y재만을 소비하고 있다. 그런데 이 소비자가 멤버십에 가입하면 X재를 2천 원에 구입할 수 있다고 한다면, 이 소비자의 멤버십 가입을 위한 최대지불용의금액은 6만 원이다. ○ | X

소득이 30만 원이기에 Y재 가격이 5천 원일 때 Y재 구입량은 60단위이다. 효용함수가 $U = X + 2Y$이기에 Y재를 60단위 소비할 때 효용은 120이다. 이제 멤버십에 가입하면 2천 원의 가격으로 X재를 살 수 있게 되는데, X재 소비를 통해 120의 효용을 얻으려면 X재 소비량이 120단위가 되어야 한다. 2천 원의 가격으로 X재 120단위를 구입하는 데는 24만 원이 소요되기에 멤버십에 가입하기 위해 지불할 용의가 있는 최대금액은 6만 원이 된다.

1015
□□□

기업의 생산함수가 $Y = \min\left\{\dfrac{L}{2}, K\right\}$ 이다. 노동의 단위당 임금이 100, 자본의 단위당 임대료가 50인 경우에 이 기업의 한계비용은 250이다. ○ | X

생산함수가 $Y = \min\left\{\dfrac{L}{2}, K\right\}$ 이기에 생산자균형에서 $Y = (L/2) = K$이다. 노동의 단위당 임금이 100, 자본의 단위당 임대가 50이기에 비용함수는 $C = wL + rK = (100 \times 2Y) + (50 \times Y) = 250Y$이다.
따라서 생산함수 $C = 250Y$를 Y에 대해 미분하면 한계비용은 $MC = 250$이다.

1016
□□□

총비용이 체증적으로 증가하는 기업의 한계비용곡선은 U자형이다. ○ | X

총비용은 체증적으로 증가하기에 총비용곡선의 접선기울기로 측정되는 한계비용은 지속적으로 증가한다. 즉, 한계비용곡선은 우상향의 형태로 도출된다.

정답 1013 X 1014 ○ 1015 ○ 1016 X

1017
□□□

다른 조건이 같다면 필립스곡선이 가파를수록 희생률이 크다.　　　　　　　　　　　　　　　O | X

필립스곡선이 매우 가파르다면 인플레이션율을 낮추더라도 실업률이 별로 상승하지 않기에 GDP 상실분이 작아진다. 따라서 필립스곡선이 가파를수록 희생비율이 작아진다.

1018
□□□

혼잡하지 않은 유료도로는 소비가 비경합적이나 배제가 가능한 재화이다.　　　　　　　　　　　O | X

소비가 비경합적이나 배제가 가능한 재화로 혼잡하지 않은 유료도로가 해당된다.

1019
□□□

시장에 두 가지 유형(고품질과 저품질)의 제품이 각각 절반의 확률로 존재한다. 고품질 판매자의 최소요구 금액은 1,000만 원, 저품질 판매자들의 최소요구금액은 600만 원이다. 소비자들은 제품의 품질을 모르며, 고품질은 최대 1,400만 원에, 저품질은 최대 800만 원에 구매할 의사가 있다. 이 경우 시장에는 저품질만 거래된다.　　　　　　　　　　　　　　　　　　　　　　　　　　　　　　　　　　　　　O | X

$p = 0.5$일 때, 구매자의 지불용의 금액은 $600p + 800 = 1,100$만 원이다. 고품질 판매자들은 최소 1,000만 원을 받아야 판매할 의향이 있고, 저품질 판매자들은 최소 600만 원을 받아야 판매할 의향이 있기에, 모든 품질의 제품이 거래된다.

1020
□□□

두기간 모형에서 한 소비자의 예산제약식은 $C_1 + \dfrac{C_2}{1+r} = Y$이고, 효용함수는 $U(C_1, C_2) = C_1 C_2$라고 하자. 1기의 한계소비성향은 0.5이다.　　　　　　　　　　　　　　　　　　　　　　　　　O | X

소비자균형점 $(1+r) = \dfrac{C_2}{C_1}$와 예산제약식 $C_1 + \dfrac{C_2}{1+r} = Y$를 연립하면, $C_1 + \dfrac{(1+r)C_1}{1+r} = Y$에서 $2C_1 = Y$, $C_1 = 0.5Y$이다. 즉, 항상소득의 절반을 1기 소비에 지출하고 있다. 따라서 1기 한계소비성향은 0.5이다.

1021
□□□

총생산함수가 $Y = AL^{0.7}K^{0.3}$인 국가의 경제성장률은 4%, 노동 증가율은 3%, 자본 증가율은 2%이다. 이 때 총요소생산성 증가율은 2%이다. O | X

총생산함수 $Y = AN^{0.7}K^{0.3}$을 근사치로 변형하면, $(\frac{\Delta Y}{Y}) = (\frac{\Delta A}{A}) + 0.7(\frac{\Delta N}{N}) + 0.3(\frac{\Delta K}{K})$이다. $(\frac{\Delta Y}{Y}) = 4\%, (\frac{\Delta N}{N}) = 3\%, (\frac{\Delta K}{K}) = 2\%$를 대입하면, $4\% = (\frac{\Delta A}{A}) + (0.7 \times 3\%) + (0.3 \times 2\%)$에서 $(\frac{\Delta A}{A})$ $= 1.3\%$이다.

1022
□□□

실업자가 일자리를 구할 확률은 0.8이며, 취업자가 일자리를 잃을 확률은 0.2라고 하자. 실업률이 변하지 않는 장기균형 상태에서의 실업률은 40%이다. O | X

s가 0.2, f가 0.8이기에 자연실업률하, 즉 균제상태에서의 실업은 $u_n = \frac{s}{f+s} = \frac{0.2}{0.8+0.2} = 0.2$이다. 즉, 장기균형 상태에서의 실업률은 20%이다.

1023
□□□

다음은 어떤 독점기업의 생산량, 한계비용, 한계수입이 다음과 같을 때, 이윤극대화 생산량은 4이다.

생산량	1	2	3	4	5
한계비용	200	100	150	200	250
한계수입	200	180	160	140	120

O | X

3개를 생산할 때는 한계수입이 한계비용보다 크기에 재화 3개를 생산하면 이윤이 증가하나 4개를 생산할 때는 한계수입이 한계비용보다 적기에 재화 4개를 생산하면 오히려 이윤이 감소한다. 그러므로 재화를 3개 생산할 때 이윤이 극대화된다.

1024
□□□

독점적 경쟁시장의 장기균형에서 초과이윤이 발생하지 않는다. O | X

독점적 경쟁시장에서는 진입과 퇴거가 자유롭기에 초과이윤이 발생하면 계속해서 새로운 기업이 진입하고 손실이 발생하면 일부 기업이 퇴거하기에 독점적 경쟁기업은 장기에는 정상이윤만을 얻는다. 즉, 장기균형에서는 항상 $P = AC$가 성립한다.

정답 1021 X 1022 X 1023 X 1024 ○

252 해커스공무원 학원·인강 gosi.Hackers.com

1025
☐☐☐

소국인 A국 밀 시장의 국내 수요곡선(D)은 $P=-0.5Q+60$, 국내 공급곡선(S)은 $P=Q$이다. 밀의 국제시장가격은 단위당 50일 때, 밀의 자유무역이 허용되면 A국은 밀을 10단위 수출한다. O | X

밀의 자유무역이 허용되면 국내가격이 40에서 50으로 상승한다. 따라서 밀 가격이 50일 때 A국의 국내수요량은 20이고, 국내공급량은 50이기에 A국은 30단위의 밀을 수출하게 될 것이다.

1026
☐☐☐

총수요함수는 $P=a-bY$, 총공급함수는 $P=P_{-1}+d(Y-\overline{Y})$이다. 현재 이 경제의 균형국민소득이 잠재 GDP를 초과하는 점에서 균형을 이룬다면, 장기에는 균형국민소득이 하락하고 물가가 상승한다. O | X

현재는 균형국민소득이 잠재 GDP를 초과하는 경기과열 상태이다. $(Y-\overline{Y})$가 0보다 크면 공급자들이 받고자 하는 가격이 높아진다. 즉, 총공급곡선이 상방으로 이동한다. 따라서 장기에는 균형국민소득이 잠재 GDP 수준까지 하락하고 물가는 상승하게 된다.

1027
☐☐☐

시간선호율이 상승하면 명목이자율이 상승한다. O | X

사람들이 현재소비를 더 좋아하게 됨에 따라 시간선호율이 상승하면 저축이 감소한다. 저축이 감소하면 대부자금의 공급이 감소하기에 이자율이 상승한다.

1028
☐☐☐

폐쇄경제의 소비가 $C=200+0.5(Y-T)$, 투자가 $I=100$, 정부지출이 $G=100$, 조세수입이 $T=100$이다. 정부가 조세수입을 200으로 늘릴 때 국민저축은 불변이다. O | X

조세승수 $\dfrac{dY}{dT}=\dfrac{-c}{1-c}=\dfrac{-0.5}{1-0.5}=-1$이다. 조세승수가 -1이기에 정부가 추가로 조세를 100만큼 걷으면 국민소득이 100만큼 감소한다. 따라서 민간의 처분가능소득($Y-T$)이 200만큼 감소한다. 한계소비성향과 한계저축성향의 합은 항상 1이기에 한계소비성향이 0.5이면 한계저축성향도 0.5이다. 한계저축성향이 0.5일 때 처분가능소득이 200만큼 감소하면 민간저축이 100만큼 감소하고, 정부가 조세를 100만큼 걷으면 정부저축 ($T-G$)는 100만큼 증가하기에 민간저축과 정부저축을 합한 국민저축은 변하지 않는다.

Part 3

2022 해커스공무원 局경제학 핵심 기출 OX 1592

1029 자국통화로 표시한 외국통화 1단위의 가치인 명목환율이 7% 올랐고, 자국과 외국의 물가상승률은 각각 2%와 7%였다. 이때, 실질환율의 변화는 12%이다.　　　　　O | X

□□□

두 나라에서 생산된 재화의 상대가격을 의미하는 실질환율($\epsilon = \dfrac{e \times P_f}{P}$)을 증가율 형태로 바꾸어 나타내면

$\dfrac{d\epsilon}{\epsilon} = \dfrac{de}{e} + \dfrac{dP_f}{P_f} - \dfrac{dP}{P} = 7\% + 7\% - 2\% = 12\%$이다. 즉, 실질환율 변화율은 12%이다.

1030 솔로우(Solow)성장모형에서 경제가 균제상태에 있었다. 그런데 외국인 노동자의 유입에 대한 규제가 완화되어 인구 증가율이 높아졌다고 하자. 초기 균제상태와 비교할 때 새로운 균제에서 1인당 소득증가율은 하락한다.　　　　　O | X

□□□

최초의 균제상태에서는 1인당 소득이 불변이기에 1인당 소득증가율이 0이다. 인구증가율이 상승한 이후에 새로운 균제상태에 도달하면 더 이상 1인당 소득이 변하지 않기에 1인당 소득증가율은 0이 된다. 즉, 인구증가율이 높아지더라도 1인당 소득증가율은 변하지 않는다.

1031 $IS-LM$모형에서 민간투자의 이자율탄력성이 낮을수록 확장적인 재정정책의 소득증가 효과가 커진다.　　　　　O | X

□□□

구축효과가 작게 나타나려면 이자율이 상승하더라도 투자가 별로 감소하지 않아야 한다. 즉, 투자의 이자율탄력성이 작아야 한다(IS곡선 급경사).

1032 내생적 성장이론에서 자본의 한계생산이 체감하지 않으므로 국가 간 소득수준의 수렴현상이 빠르게 발생한다.　　　　　O | X

□□□

내생적 성장이론 중 AK모형에서는 자본에 대해 수확체감 현상이 발생하지 않는다. 자본의 한계생산이 체감하지 않으면 경제성장률은 1인당 자본량에 관계없이 결정되기에 소득이 동일한 수준으로 수렴하는 수렴현상이 나타나지 않는다.

2015년

1033 세계 경제의 불황으로 원유 수요가 감소하였다. 원유 공급곡선의 기울기가 가파를 때, 원유 가격은 대폭 하락하지만 거래량은 소폭 감소한다.　　　　　O | X

□□□

어떤 재화에 대한 수요가 감소할 때 가격이 큰 폭으로 하락하는 것은 수요와 공급이 매우 비탄력적일 때이다.

정답　1029 ○　　1030 X　　1031 ○　　1032 X　　1033 ○

1034
☐☐☐

진영이는 고정된 소득으로 X재와 Y재만을 소비한다. 두 재화의 가격이 동일하게 10% 하락할 때, 진영이의 X재 소비량은 변하지 않는 반면, Y재 소비량은 증가한다. 진영이에게 Y재는 정상재이다. O | X

두 재화의 가격이 모두 10% 하락하면 소득이 10% 증가한 것과 동일하다. 소득이 증가하였을 때 X재 소비량은 변하지 않았기에 X재 수요의 소득탄력성은 0이고, Y재 소비량은 증가하였기에 Y는 정상재이다.

1035
☐☐☐

어느 기업의 생산함수는 $Q = L + 2K$이다. 노동의 단위당 임금이 1이고 자본의 단위당 임대료가 3인 경우 이 기업의 비용함수(C)는 $C = Q$이다. O | X

문제에 주어진 생산함수를 정리하면 $K = -(1/2)L + (1/2)Q$이기에 등량곡선은 기울기가 1/2(절댓값)인 우하향의 직선임을 알 수 있다. 한편, $w = 1$, $r = 3$이기에 등비용선 기울기 $w/r = 1/3$(절댓값)이다. 등량곡선이 우하향의 직선이면서 등비용선보다 기울기가 더 크기에 이 기업은 항상 노동만 투입할 것이다. 따라서 $K = 0$을 생산함수에 대입하면 $Q = L$이 된다. 그러므로 이 기업의 비용함수는 $C = wL + rK = (1 \times Q) + (3 \times 0) = Q$이다.

1036
☐☐☐

현재 한국의 1년 만기 국채수익률은 3%이고 미국의 1년 만기 국채수익률은 1%이다. 유위험이자율평가설이 성립할 때 향후 1년간 환율 2% 상승이 예상된다. O | X

유위험이자율평가설에 의하면 환율의 예상변화율은 두 나라의 이자율 차이와 같아진다. 한국의 1년 만기 국채수익률은 3%이고 미국의 1년 만기 국채수익률은 1%이기에 환율의 예상변화율은 2%이다.

1037
☐☐☐

완전경쟁시장에서 생산을 하는 기업의 생산량 대비 총비용이 다음 표와 같다. 이 기업의 조업(생산)중단가격은 10이다.

생산량	0	1	2	3	4	5
총비용	100	110	130	160	200	250

O | X

생산량이 0일 때 총비용이 100이기에 총고정비용은 100이다. 그러므로 총가변비용과 평균가변비용은 아래의 표와 같다. 완전경쟁기업은 가격이 최소평균가변비용에 미달하면 조업을 중단하기에 조업중단가격은 최소평균가변비용인 10이다.

생산량	0	1	2	3	4	5
총가변비용	0	10	30	60	100	150
평균가변비용	–	10	15	20	25	30

1038
□□□

헥셔 - 올린(Heckscher - Ohlin)모형은 국가 간 생산함수에 차이가 있다고 가정한다. O I X

헥셔 - 올린정리는 2국 - 2재화 - 2요소가 존재하고 생산요소의 국가 간 이동은 불가능하며, 생산함수가 동일하고 선호가 동일하다고 가정한다.

1039
□□□

2010년도의 실제실업률이 5%, 자연실업률이 4%이며 잠재 GDP가 1,100조 원이다. 이 경우, 실제 GDP는 1,100조 원보다 크다. O I X

2010년도에는 실제실업률(5)이 자연실업률(4)보다 높기에 경기침체 상태로 실제 GDP는 잠재 GDP인 1,100조 원 보다 작다.

1040
□□□

대학생 K는 매월 30만 원을 용돈으로 받아 생활을 하고 있었다. 그러던 중 2014년에 취업이 확정되어 2015년 1월부터 매월 300만 원을 급여로 받을 예정이다. 절대소득가설에 따르면 취업이 확정된 직후, 2014년 소비는 증가한다. O I X

절대소득가설에 따르면, 소비는 현재의 (가처분)소득에 의해 결정되기에 미래의 소득증가가 예상되더라도 현재소비는 변하지 않는다.

1041
□□□

어떤 소비자에게 공산품 소비가 늘어날수록 한계효용이 감소하고, 오염물질이 증가할수록 한계비효용은 증가한다고 한다. 공산품 소비량을 수평축, 오염물질 소비량을 수직축에 표현할 경우, 무차별곡선은 우상향하는 아래로 오목한 곡선이다. O I X

한계효용이 (-)인 오염물질(Y 재)의 양이 증가할 때 동일한 효용이 유지되려면 한계효용이 (+)인 공산품(X 재)의 양이 증가해야 한다. 따라서 무차별곡선이 우상향의 형태로 도출된다. 오염물질이 많아질수록 한계비효용이 증가하는 반면 공산품의 한계효용은 체감한다면, 오염물질의 양이 많아질 때 동일한 효용수준을 유지하기 위해서는 공산품의 양이 점점 더 증가해야 한다.

1042
□□□

자본이동이 완전히 자유로운 소규모 개방경제의 $IS - LM - BP$모형에서 외환수요가 증가할 때, 고정환율제하에서 균형국민소득은 불변인 반면 변동환율제하에서는 균형국민소득이 증가한다. O I X

변동환율제도에서는 외환수요가 증가하면 환율이 상승한다. 평가절하가 이루어지면 순수출이 증가하기에 IS곡선도 오른쪽으로 이동한다. 그러므로 국민소득은 대폭 증가하게 된다. 고정환율제도에서는 외환에 대한 수요증가로 환율상승 압력이 발생하면 중앙은행은 환율을 일정하게 유지하기 위해 외환을 매각해야 한다. 중앙은행이 외환을 매각하면 통화량이 감소한다. 통화량이 감소하면 다시 LM곡선이 왼쪽으로 이동하기에 최초의 균형으로 복귀하게 된다. 따라서 고정환율제도하에서는 국민소득이 전혀 변하지 않는다.

정답　1038 X　1039 X　1040 X　1041 ○　1042 ○

1043
☐☐☐

어느 기업의 비용함수가 $C = 1,000 + 10Q^2$이다. 이 기업의 평균비용과 한계비용이 동일하다면, 이 기업의 생산량은 10이다. O | X

비용함수가 $C = 1,000 + 10Q^2$인 경우 한계비용은 비용함수를 Q로 미분한 $MC = 20Q$이고, 평균비용은 비용함수를 Q로 나눈 $AC = \dfrac{1,000}{Q} + 10Q$이다. 한계비용과 평균비용을 같게 두면, $20Q = \dfrac{1,000}{Q} + 10Q$에서 $10Q^2 = 1,000$이므로 $Q = 10$이다.

1044
☐☐☐

어느 마을에 폐기물 처리장이 들어설 예정이다. 주민들의 효용(u)은 일반재화 소비량(y)과 폐기물 처리장 규모(x)의 함수로서 모두 $u = y - 2x$로 동일하다. 개별주민의 소득이 100이며 일반재화의 가격은 1이고 폐기물 처리장 규모 한 단위당 정부가 주민 각자에게 1씩을 보조해준다고 하자. 주민들의 효용을 극대화하는 폐기물처리장 규모는 0이다. O | X

주민들의 효용함수가 $u = y - 2x$이기에 폐기물 처리장 규모(x)가 한 단위 커지면 주민들의 효용이 2만큼 감소하나 폐기물 처리장 규모 한 단위당 1만큼의 보조금을 지급받는다. 따라서 폐기물 처리장 규모가 한 단위 커질 때마다 주민들의 효용의 순증가분은 −1이기에 폐기물처리장 규모가 0일 때 주민들의 효용이 극대화된다.

1045
☐☐☐

두 국가 A, B가 옷과 식료품만 생산·소비한다고 하자. 이 두 국가 노동이 유일한 생산요소로서 각 재화 1단위를 생산하는데 소요되는 노동력은 다음 표와 같다. 교역이 이루어지면 A국은 옷 생산에 특화할 것이다.

국가	옷	식료품
A	2	4
B	3	9

O | X

두 나라에서 각 재화 생산의 기회비용을 계산해 보면 아래의 표와 같다. 교역이 이루어진다면 A국은 식료품 생산에 특화하고 B국은 옷 생산에 특화하게 될 것이다.

국가	옷	식료품
A	0.5	2
B	0.33	3

Part 3
2022 해커스공무원 局경제학 핵심 기출 OX 1592

1046
□□□

어떤 경제의 소비(C), 투자(I), 정부지출(G), 순수출(NX)이 $C = 200 + 0.8Y$, $I = 50$, $G = 50$, $NX = 300 - 0.3Y$이다. 경기에 대한 불확실성 때문에 투자가 50에서 0으로 감소할 때 순수출의 증가분은 30이다.

O | X

한계소비성향이 0.8, 한계수입성향이 0.3이기에 투자승수 $\dfrac{dY}{dI} = \dfrac{1}{1-c+m} = \dfrac{1}{1-0.8+0.3} = 2$이다. 투자승수가 2이기에 투자가 50만큼 감소하면 국민소득이 100만큼 감소한다. 순수출 $NX = 300 - 0.3Y$이기에 국민소득(Y)이 100만큼 감소하면 순수출이 30만큼 증가한다.

1047
□□□

어떤 경제에 서로 대체 관계인 국채와 회사채가 있다고 하자. 회사채의 신용위험(credit risk)이 증가했을 때, 위험프리미엄은 증가한다.

O | X

회사채의 신용위험이 커지면 회사채의 수요가 감소하고 국채수요가 증가한다. 이에 따라 국채 가격은 상승하여 수익률이 하락하고, 회사채 가격은 하락하여 수익률이 증가한다. 그러므로 국채수익률과 회사채 수익률의 차이로 측정되는 위험프리미엄은 커진다.

1048
□□□

완전경쟁시장의 단기균형에서 가격은 평균비용과 같다.

O | X

완전경쟁기업은 단기에 초과이윤을 얻을 수도 있고, 손실을 볼 수도 있기에 단기균형에서 항상 $P = AC$가 성립하는 것은 아니다.

1049
□□□

완전경쟁시장에서 기업들의 비용구조는 동일하며 이들은 정수 단위로 제품을 생산한다. 개별기업의 장기 총비용은 $C = 10Q + Q^2$이다. 장기 균형에서 생산이 이루어진다면, 개별기업의 생산량은 1이다. O | X

장기균형에서 개별기업은 장기 평균비용곡선 최소점에서 생산한다. 장기 총비용 $C = 10Q + Q^2$이기에 장기 평균비용 $LAC = 10 + Q$이다. 그러므로 $Q = 0$일 때 최소 장기 평균비용은 10임을 알 수 있다. $Q = 0$일 때 장기 평균비용이 최소화되나 문제에서 장기균형에서 생산이 이루어지며, 각 기업은 정수 단위로 생산을 하는 것으로 주어져 있기에 장기균형에서 개별기업의 생산량은 1이다.

1050

□□□

A국은 사과와 딸기 두 재화만을 생산하며, 각 재화의 생산량과 가격은 다음 표와 같다. 기준연도가 2013년일 때, 2014년의 전년 대비 GDP디플레이터 상승률은 10%이다.

연도	사과		딸기	
	생산량	가격	생산량	가격
2013	10	1	5	2
2014	8	2	6	1

O | X

2013년의 GDP디플레이터는 $(20/20 \times 100 =)100$이다.
2014년의 GDP디플레이터는 $(22/20 \times 100 =)110$이다.
따라서 GDP디플레이터 상승률은 100에서 110으로 전년 대비 10%이다.

1051

□□□

어떤 거시경제의 생산함수가 $Y = AN^{0.7}K^{0.3}$이다. 실질 GDP 성장률이 4%, 총요소생산성의 증가율이 1%, 노동투입량의 증가율이 3%인 경우 자본투입량의 증가율은 5%이다.　　　O | X

$(\frac{\triangle Y}{Y}) = (\frac{\triangle A}{A}) + 0.7(\frac{\triangle N}{N}) + 0.3(\frac{\triangle K}{K})$에서 총생산증가율$(\frac{\triangle Y}{Y}) = 4\%$, 총요소생산성 증가율$(\frac{\triangle A}{A}) = 1\%$,
노동 증가율$(\frac{\triangle N}{N}) = 3\%$이다.
$4\% = 1\% + (0.7 \times 3\%) + (0.3 \times (\frac{\triangle K}{K}))$이기에 자본증가율 $(\frac{\triangle K}{K}) = 3\%$이다.

1052

□□□

A은행의 예금이 200, 지급준비금이 60이다. 법정지급준비율이 10%라고 가정할 때 해피은행이 보유하고 있는 초과지급준비금을 신규로 대출하는 경우 은행제도의 신용창조를 통한 최대 통화량의 증가분은 400이다.　　　O | X

예금이 200, 법정지급준비율이 10%이기에 법정지급준비금이 20이다. 그런데 해피은행은 실제지급준비금으로 60을 보유하고 있기에 초과지급준비금은 40이다. 해피은행이 초과지급준비금 40을 대출할 때 은행제도 전체를 통해 증가할 수 있는 예금통화는 $400[= (1/z_l) \times 40]$이다.

2016년

1053

□□□

두 재화를 소비하는 소비자에게 한 재화가 기펜재일 때 그 재화의 가격이 오르면 다른 재화의 수요량은 감소한다.　　　O | X

X재가 기펜재라면 X재 가격이 상승할 때 X재의 수요량이 증가하기에 같은 소득으로 소비할 수 있는 다른 재화의 수요량은 감소하게 된다.

정답 　1050 O 　1051 X 　1052 O 　1053 O

1054
☐☐☐

소비자의 돈 m원에 대한 기대효용함수는 $U(m) = 2\sqrt{m}$ 이다. 한 증권이 $\frac{1}{3}$의 확률로 81원이 되고, $\frac{2}{3}$의 확률로 36원이 될 때 이 소비자의 증권에 대한 위험프리미엄은 2이다.　　　O | X

불확실한 증권을 갖고 있을 때의 자산의 기대치는 $E(m) = \left(\frac{1}{3} \times 81\right) + \left(\frac{2}{3} \times 36\right) = 51$이고, 기대효용은

$E(U) = \left(\frac{1}{3} \times 2\sqrt{81}\right) + \left(\frac{2}{3} \times 2\sqrt{36}\right) = 6 + 8 = 14$이다.

효용함수가 $U(m) = 2\sqrt{m}$ 이기에 확실성등가(CE)를 구하면 $2\sqrt{CE} = 14$에서 $CE = 49$원으로 계산된다. 자산의 기대치가 51원이고, 확실성등가가 49원이기에 위험프리미엄은 2원이다.

1055
☐☐☐

한 소비자의 효용함수는 $U = 4XY$이다. 이 소비자의 소득은 400이고, X재 가격은 10, Y재 가격은 40이다. 이 소비자가 효용극대화 할 때의 X재 소비량은 20이다.　　　O | X

효용함수가 $U = 4XY$이기에 X재와 Y재의 수요함수는 각각 $X = \dfrac{M}{2P_X}$, $Y = \dfrac{M}{2P_Y}$이다. X재의 수요함수에 문제에 주어진 수치를 대입하면 효용극대화가 이루어지는 X재 수요량은 $X = \dfrac{M}{2P_X} = \dfrac{400}{2 \times 10} = 20$단위이다.

1056
☐☐☐

베짱이는 하루 16시간을 노래 부르기(s)와 진딧물(b)사냥으로 보낸다. 베짱이는 시간당 30마리의 진딧물을 사냥할 수 있으며, 매일 개미가 베짱이에게 진딧물 60마리를 공짜로 제공한다. 베짱이의 효용함수는 $u(s,b) = s^{2/3}b^{1/3}$이다. 효용을 극대화하는 베짱이의 진딧물 소비량은 180마리이다.　　　O | X

베짱이의 효용함수가 $u(s,b) = s^{2/3}b^{1/3}$이기에 한계대체율 $MRS_{sb} = \dfrac{MU_s}{MU_b} = \dfrac{\frac{2}{3}s^{-1/3}b^{1/3}}{\frac{1}{3}s^{2/3}b^{-2/3}} = \dfrac{2b}{s}$이다. 베짱이는 시간당 30마리의 진딧물을 사냥할 수 있고 노래 부르는 시간(s)을 제외한 시간은 진딧물(b) 사냥에 사용하며, 매일 개미로부터 60마리의 진딧물을 공짜로 받기에 베짱이의 예산선은 $30(16-s) + 60 = b$, $b = 540 - 30s$이다. 따라서 예산선의 기울기(절댓값)는 30이기에 소비자균형에서 $2b/s = 30$, 즉 $b = 15s$이다. 이를 예산선에 대입하면 $s = 12$, $b = 180$이다.

1057
☐☐☐

변동환율제도를 채택하고 있는 A국 중앙은행이 보유하던 미국 달러를 매각하고 자국 통화를 매입하였다. 이때 A국 통화가치가 미국 달러 대비 하락한다.　　　O | X

중앙은행이 달러를 매각하면 외환공급이 증가하기에 환율이 하락한다. 즉, 달러 대비 자국통화의 가치가 상승한다.

정답　1054 ○　1055 ○　1056 ○　1057 X

1058
□□□

완전경쟁시장에서 한 기업의 단기 비용함수는 $C = 5q^2 - 2kq + k^2 + 16$이다. 장기에 자본량을 변경할 때 조정비용은 없다. 이 기업의 장기 비용함수는 $C = 4q^2 + 16$이다.　O | X

자본량을 변경할 때 조정비용이 소요되지 않는다면 기업은 장기에 총비용이 극소가 되게끔 k값을 조정할 것이다. 단기 비용함수를 k에 대해 미분한 후에 0으로 두면 $\dfrac{dC}{dk} = -2q + 2k = 0$, $k = q$이다. 주어진 단기 비용함수에 $k = q$를 대입하면 장기 비용함수가 $C = 4q^2 + 16$이다.

1059
□□□

생산가능곡선이 $X + 5W = 100$이고 2명의 개인의 효용함수가 $U = 2YZ$이고 생산된 사적재를 절반씩 소비할 때, 두 개인의 효용의 합을 최대로 하는 공공재 생산량은 20이다(단, X는 사적재 생산량, W는 공공재 생산량, U는 효용수준, Y는 사적재 소비량, Z는 공공재 소비량이다).　O | X

개인 A의 사적재 소비량 X_A, 개인 B의 사적재 소비량 X_B, 그리고 각 개인의 공공재 소비량을 W로 두면 두 사람의 효용함수는 각각 $U^A = 2WX_A$, $U^B = 2WX_B$로 바꾸어 쓸 수 있다. 두 사람의 한계대체율을 구해보면 각각 다음과 같다.

- 김씨의 한계대체율: $MRS_{WX}^A = \left(\dfrac{MU_W}{MU_X}\right)^A = \dfrac{2X_A}{2W} = \dfrac{X_A}{W}$

- 이씨의 한계대체율: $MRS_{WX}^B = \left(\dfrac{MU_W}{MU_X}\right)^B = \dfrac{2X_B}{2W} = \dfrac{X_B}{W}$

$X_A + X_B = X$이기에 두 사람의 한계대체율을 합하면 $\sum MRS_{WX} = \dfrac{X_A + X_B}{W} = \dfrac{X}{W}$이고, 한계변환율은 생산가능곡선의 기울기(절댓값)로 측정되기에 $MRT_{WX} = 5$이다. 이제 공공재의 최적생산량을 구하기 위해 $\sum MRS_{WX} = MRT_{WX}$로 두면 $X/W = 5$, $X = 5W$이다. 이를 생산가능곡선 식 $X + 5W = 100$에 대입하면 $W = 10$, $X = 50$이다. 그러므로 두 사람의 효용이 극대화되는 공공재 생산량은 10단위임을 알 수 있다.

1060
□□□

이씨는 항상소득가설을 따르며, 소비함수는 $C_t = 0.5Y_t^P$, $Y_t^P = 0.5Y_t + 0.3Y_{t-1}$이며, 소득은 t기에 120, $t-1$기에 80이다(단, C_t는 t기의 소비, Y_t^P는 t기의 항상소득, Y_t는 t기의 소득이다). 이씨의 C_t/Y_t는 1보다 크다.　O | X

이씨의 t기 소득은 $Y_t = 120$이고, $(t-1)$기 소득은 $Y_{t-1} = 80$이기에 t기의 항상소득은 $Y_t^P = (0.5 \times 120) + (0.3 \times 80) = 84$이다. $Y_t^P = 84$를 $C_t = 0.5Y_t^P$에 대입하면 이씨의 t기 소비는 42이다. 이씨의 t기 소득이 120이고, t기의 소비가 42이기에 t기의 평균소비성향은 $C_t/Y_t = 0.35$이다.

1061
□□□ A국의 2014년 명목 GDP가 8조 달러이고, 2014년 실질 GDP가 10조 달러이다. 이 경우 기준연도 대비 2014년 GDP디플레이터 하락률은 20%이다. O | X

GDP디플레이터는 명목 GDP를 실질 GDP로 나눈 후에 100을 곱한 값이기에 2014년의 GDP디플레이터 $80(= (8/10) \times 100)$이다. 기준연도의 GDP디플레이터는 항상 100이기에 2014년의 GDP디플레이터가 80이라면 2014년에는 기준연도에 비해 GDP디플레이터가 20% 하락하였음을 알 수 있다.

1062
□□□ 어떤 폐쇄경제의 소비(C), 투자(I), 정부지출(G)이 $C = 100 + 0.6(Y-T)$, $I = 50$, $G = 30$, $T = 30$일 때, 정부가 조세를 20만큼 삭감하면 소비는 30 증가한다. O | X

한계소비성향(MPC)이 0.6이고, 조세는 정액세만 부과되고 있기에 조세승수 $\dfrac{dY}{dT} = \dfrac{-c}{1-c} = \dfrac{-0.6}{1-0.6} = -1.5$ 이다. 조세승수가 -1.5이기에 조세가 20만큼 감면되면 국민소득(Y)이 30만큼 증가한다. 국민소득(Y)이 30 증가하고, 정액세(T)가 20만큼 감면되면 가처분소득($Y-T$)가 50만큼 증가한다. 한계소비성향이 0.6이기에 가처분소득이 50만큼 증가하면 소비는 30만큼 증가한다.

1063
□□□ 한 기업이 임금율 w인 노동(L), 임대율 r인 자본(K)을 고용하여 재화 y를 다음과 같이 생산하고 있다.
$$y(L, K) = \sqrt{L} + \sqrt{K}$$
y의 가격이 p로 주어진 경우 이 기업의 이윤극대화 생산량은 $\dfrac{w+r}{2wr}p$이다. O | X

이 기업의 이윤함수는 $\pi = py - (wL + rK) = p(\sqrt{L} + \sqrt{K}) - (wL + rK)$이다. 이윤이 극대가 되는 요소투입량을 구하기 위해 이윤함수를 L과 K에 대해 미분한 후 0으로 두면 다음과 같다.

- $\dfrac{d\pi}{dL} = p \times \dfrac{1}{2}L^{-1/2} - w = 0 \rightarrow \dfrac{p}{2\sqrt{L}} = w \rightarrow \sqrt{L} = \dfrac{p}{2w}$
- $\dfrac{d\pi}{dK} = p \times \dfrac{1}{2}K^{-1/2} - r = 0 \rightarrow \dfrac{p}{2\sqrt{K}} = r \rightarrow \sqrt{K} = \dfrac{p}{2r}$

이를 생산함수에 대입하면 이윤이 극대가 되는 생산량은 $y = \dfrac{p}{2w} + \dfrac{p}{2r} = \left(\dfrac{r}{2wr} + \dfrac{w}{2wr}\right)p = \dfrac{w+r}{2wr}p$이다.

1064
□□□ A국과 B국의 독점적 경쟁시장에서 생산되는 자동차를 고려하자. 두 국가가 무역을 하면 각국의 생산자잉여를 증가시키지만, 소비자잉여를 감소시킨다. O | X

또한 경쟁력을 가진 기업들은 무역 이후 국내 판매뿐만 아니라 수출까지 하게 되기에 무역 이전보다 생산량이 증가한다. 기업들의 생산량이 증가하면 규모의 경제 효과가 나타나기에 가격도 하락하게 된다. 자동차 가격이 하락하면 소비자잉여가 무역잉여보다 증가하게 된다.

정답 1061 ○ 1062 ○ 1063 ○ 1064 X

1065
□□□

노동(L)과 자본(K)을 사용하여 X재와 Y재를 생산하는 헥셔 - 올린(Heckscher - Ohlin)모형을 고려하자. X재가 노동집약재, Y재가 자본집약재일 때, X재 가격이 상승하면 상대임금이 상승한다. O | X

노동집약재인 X재 가격이 상승하면 X재 생산이 증가할 것이고 그에 따라 상대적으로 노동수요가 크게 증가하기에 상대임금(w/r)이 상승한다.

1066
□□□

정부가 재정지출을 축소할 때 필립스곡선은 하방 이동한다. O | X

정부가 재정지출을 축소하면 총수요곡선이 왼쪽으로 이동하기에 물가가 하락하고 국민소득이 감소한다. 즉, 물가상승률은 낮아지고 실업률은 상승한다. 따라서 긴축적인 재정정책을 실시하면, 단기 필립스곡선상에서 경제가 우하방의 점으로 이동한다.

1067
□□□

케인즈학파는 경제가 내재적으로 불안정하므로 정부가 장기적으로는 경기변동을 완화하는 안정화정책을 실시하고, 단기적으로는 총공급능력을 확충해야 한다고 주장하였다. O | X

케인즈학파는 경제가 내재적으로 불안정하기에 단기적으로는 경기변동을 완화하는 안정화정책을 실시하고, 장기적으로는 총공급능력을 확충해야 한다고 주장하였다.

1068
□□□

한 재화의 수요곡선은 $D = 80 - 2P$, 공급곡선은 $S = 2P - 16$이다. 이 재화를 생산할 때는 환경오염물질이 배출되어 외부효과가 발생한다. 그리고 이 환경오염물질을 처리하는 비용은 재화 가격의 40%이다. 사회적 최적생산량은 24이다. O | X

사적인 한계비용(PMC)과 동일한 공급함수를 P에 대해 정리하면 $P = 8 + (1/2)Q$이다. 재화가격 40%에 해당하는 오염물질 처리비용이 발생한다면 사회적 한계비용(SMC)은 PMC의 1.4배이기에 $SMC = \left(8 + \frac{1}{2}Q\right)$

$\times 1.4 = \left(8 + \frac{1}{2}Q\right) \times \frac{7}{5} = \frac{56}{5} + \frac{7}{10}Q$이다. 수요함수가 $P = 40 - (1/2)Q$이기에 사회적인 최적생산량을 구하

기 위해 $P = SMC$로 두면 $40 - \frac{1}{2}Q = \frac{56}{5} + \frac{7}{10}Q$, $\frac{12}{10}Q = \frac{144}{5}$, $6Q = 144$, $Q = 24$이나.

Part 3

2022 해커스공무원 경제학 핵심 기출 OX 1592

1069

정부지출을 축소하는 한편, 국민소득이 일정하게 유지되도록 통화정책을 실시할 경우 이자율이 하락한다.

O | X

정부지출이 감소하면 IS곡선이 왼쪽으로 이동하기에 중앙은행이 통화정책을 통해 국민소득이 일정하게 유지되도록 하려면 통화량을 증가시켜야 한다. 통화량을 증가시키면 LM곡선이 우측이동한다. IS곡선이 좌측, LM곡선이 우측으로 이동하면 이자율이 하락한다.

1070

화폐수요의 소득탄력성과 투자의 이자율탄력성이 클수록 구축효과가 작아진다.

O | X

구축효과의 크기는 화폐수요의 소득탄력성과 이자율탄력성, 그리고 투자의 이자율탄력성에 의해 결정된다. 화폐수요의 소득탄력성이 크면 국민소득이 증가할 때 화폐수요가 많이 증가하기에 이자율이 대폭 상승한다. 이자율이 큰 폭으로 상승하면 민간투자도 대폭 감소하기에 구축효과가 크게 나타나게 된다. 투자의 이자율탄력성이 크면 이자율이 상승할 때 민간투자가 큰 폭으로 감소하기에 구축효과가 커진다. 그러므로 화폐수요의 소득탄력성이 클수록, 화폐수요의 이자율탄력성이 작을수록 그리고 투자의 이자율탄력성이 클수록 구축효과가 크게 나타난다.

1071

주어진 소득과 이자율하에서 2기에 걸쳐 소비를 선택하는 소비자의 효용함수는 $U(C_1, C_2) = \sqrt{C_1} + \beta\sqrt{C_2}$, 예산제약은 $C_1 + \frac{1}{1+r}C_2 = Y_1 + \frac{1}{1+r}Y_2$이다. 소비 선택의 최적 조건에서 1기의 소비와 2기의 소비는 그 크기가 같다고 할 때, 이자율과 할인인자의 관계는 $\beta(1+r) = 1$이다.

O | X

주어진 효용함수를 C_1에 대해 미분하면 $MU_{C_1} = 1/2\sqrt{C_1}$, C_2에 대해 미분하면 $MU_{C_2} = \beta/2\sqrt{C_2}$ 이기에 한계대체율 $MRS_{C_1 C_2} = \frac{M_{C_1}}{M_{C_2}} = \frac{1}{\beta}\sqrt{\frac{C_2}{C_1}}$ 이다. 소비자균형에서는 무차별곡선과 예산선이 서로 접하기에 $MRS_{C_1 C_2} = (1+r)$로 두면 $\frac{1}{\beta}\sqrt{\frac{C_2}{C_1}} = (1+r)$이 된다. 문제에서 소비 선택의 최적 조건에서 1기의 소비와 2기의 소비의 크기가 같은 것으로 주어져 있기에 $C_1 = C_2$를 소비자균형 조건에 대입하면 $1/\beta = (1+r)$, $\beta(1+r) = 1$의 관계가 도출된다.

1072

자본이동이 완전히 자유로운 고정환율제도하에서 확장적 통화정책을 실시하면 총소득이 증가한다.

O | X

고정환율제도하에서 확장적 통화정책을 실시하면 LM곡선이 우측 이동하기에 이자율이 하락한다. 그럼 자본유출이 발생하고, 외환(달러)에 대한 수요가 증가한다. 이때 중앙은행이 외환시장에 개입하지 않으면 환율이 상승한다. 그러므로 고정환율제도하에서는 통화팽창이 이루어진 이후 환율을 일정하게 유지하려면 중앙은행은 외환을 매각하여야 한다. 매각하면 원화가 중앙은행으로 유입되기에 통화량이 다시 감소하고, LM곡선이 원래 위치로 복귀한다. 그러므로 고정환율제도하에서 확대적인 금융정책을 실시하더라도 국민소득은 전혀 변하지 않는다.

정답 1069 ○ 1070 X 1071 ○ 1072 X

1073
□□□

어느 소비자의 효용함수는 $U(C_1, C_2) = C_1 C_2$이고, 예산제약식은 $C_1 + \dfrac{C_2}{1+r} = Y_1 + \dfrac{Y_2}{1+r}$이다. 소비자는 주어진 소득($Y_1 = Y_2 = 100$)에서 효용을 극대화한다. 이자율이 높아지면 극대화된 효용은 항상 증가한다.

O | X

현재·미래소비 간의 한계대체율 $MRS_{C_1 C_2} = \dfrac{M_{C_1}}{M_{C_2}} = \dfrac{C_2}{C_1}$이다. 소비자균형에서 예산선과 무차별곡선이 접하기에 $MRS_{C_1 C_2} = (1+r)$로 두면 $C_2 / C_1 = (1+r)$, $C_2 = (1+r)C_1$이다.

이를 예산제약식 $C_1 + \dfrac{C_2}{1+r} = 100 + \dfrac{100}{1+r}$에 대입하면 $C_1 + \dfrac{(1+r)C_1}{1+r} = 100 + \dfrac{100}{1+r}$, $C_1 = 50 + \dfrac{50}{1+r}$이고 이를 예산제약식에 대입하면 2기 소비 $C_2 = 50(1+r) + 50$이다. 이자율(r)이 0과 1 사이의 값이기에 1기 소비는 항상 100보다 작다. 따라서 이 소비자는 이자율 수준과 관계없이 저축자임을 알 수 있다. 이자율이 상승하면 저축자의 소비가능영역이 커지기에 저축자의 효용은 반드시 증가한다.

1074
□□□

어느 소비자는 X재와 Y재만을 소비하고, 우하향하고 원점에 대해 볼록한 무차별곡선을 가진다. 주어진 가격에서 이 소비자의 효용극대화 소비점은 $a = (X_a, Y_a)$이다. X재의 가격이 하락하고 Y재의 가격은 변화하지 않은 경우, 효용극대화 소비점은 $b = (X_b, Y_b)$가 된다. 대체효과에 따른 X재의 소비량이 X_b인 경우, X재의 보상수요곡선 기울기가 보통의 수요곡선 기울기보다 가파르다.

O | X

X재 가격이 하락함에 따라 X재 구입량이 X_a에서 X_b로 변하였을 때 대체효과에 따른 X재 소비량이 X_b라는 것은 소득효과가 0임을 의미한다. 이때 통상적인 수요곡선과 보상수요곡선이 일치한다.

1075
□□□

X재 시장은 완전경쟁시장으로, 이윤극대화를 하는 600개 기업이 존재한다. 노동만을 투입하여 X재를 생산하는 모든 개별 기업의 노동수요곡선은 $l = 8 - \dfrac{w}{600}$로 동일하다. X재 생산을 위한 노동시장은 완전경쟁시장으로, 100명의 노동자가 있으며 노동 공급은 완전비탄력적이다. 노동시장의 균형임금은 4,500이다.

O | X

노동수요곡선은 $l = 8 - \dfrac{w}{600}$로 동일한 기업이 600개 있기에 시장노동수요곡선은 $L = 4,800 - w$이다. 노동시장에 100명의 노동자가 있기에 노동공급이 완전비탄력적이기에 시장노동공급곡선은 $L = 100$이다. 이제 시장 전체의 노동수요곡선과 노동공급곡선을 연립해서 풀면 $4,800 - w = 100$이기에 시장의 균형임금 $w = 4,700$이다.

1076
□□□

레몬 문제는 판매자가 구매자보다 제품에 더 많은 정보를 가지고 있어 나타나는 문제이다. 품질보증은 소비자가 제품에 대한 정보가 충분하지 않더라도 평균 품질에 해당하는 가격 이상으로 구매를 가능하게 한다.

O | X

품질보증은 높은 품질의 재화를 생산하는 판매자가 자신이 생산하는 재화의 품질에 대한 신호를 보내는 역할을 수행한다. 생산자가 품질보증을 약속하면 구매자는 그 재화의 품질이 높다고 판단하고 평균 품질에 해당하는 가격보다 높은 가격으로 그 재화를 구입할 수도 있다.

1077
□□□

완전경쟁시장인 X재 시장에서 시장수요는 $Q_d = 200 - P$, 시장공급은 $Q_s = -40 + 0.5P$이다. X재 한 단위당 30씩 세금을 부과할 때, 세금을 제외하고 공급자가 받는 가격은 140이다.

O | X

공급함수가 $P = 80 + 2Q$이기에 단위당 30의 세금이 부과되면 공급곡선 식이 $P = 110 + 2Q$로 바뀌게 된다. 수요함수와 조세 부과 후의 공급함수를 연립해서 풀면 $200 - Q = 110 + 2Q$, $3Q = 90$, $Q = 30$이다. $Q = 30$을 수요함수(혹은 조세 부과 후의 공급함수)에 대입하면 조세 부과 후의 균형가격 $P = 170$으로 계산된다. 단위당 30의 조세가 부과되었을 때 조세 부과 후의 가격이 170이기에 세금을 제외하고 공급자가 받는 가격은 140이 된다.

1078
□□□

하루에 생산할 수 있는 X재와 Y재의 조합을 나타내는 생산가능곡선은 갑의 경우 $2Q_X + Q_Y = 16$, 을의 경우 $Q_X + 2Q_Y = 16$이다. 이 때, 갑에 있어서 Y재의 기회비용은 X재 2개이고, 을에 있어서 X재의 기회비용은 Y재 1/2개이다.

O | X

갑의 생산가능곡선 $Q_Y = 16 - 2Q_X$에서 갑의 경우는 X재 생산의 기회비용은 Y재 2단위, Y재 생산의 기회비용은 X재 1/2단위이다. 을의 생산가능곡선 $Q_Y = 8 - (1/2)Q_X$에서 을의 경우는 X재 생산의 기회비용은 Y재 1/2단위, Y재 생산의 기회비용은 X재 2단위이다.

1079
□□□

Y재 생산에 있어서 노동과 자본을 2배보다 적게 투입하였는데 생산량이 2배만큼 증가했다면, Y재 생산에는 규모에 대한 수익체증이 발생한다.

O | X

Y재 생산에서 노동과 자본을 2배보다 적게 투입해도 생산량이 2배로 증가하기에 노동과 자본을 2배만큼 투입하면 생산량이 2배보다 더 많이 증가한다. 따라서 규모에 대한 수익체증이 발생함을 알 수 있다.

1080

☐☐☐ A국은 자본풍부국, B국은 노동풍부국이다. 생산요소이동으로 인해 B국에서 A국으로 노동이동이 이루어 졌을 때, A국 토지소유자의 실질소득은 감소한다. O | X

외국에서 자국으로 노동이동이 이루어지면 토지의 한계생산물이 증가하기에 자국에서 토지소유자의 실질소득은 증가하게 된다.

1081

☐☐☐ 자본이동이 완전히 자유로운 변동환율제를 채택하고 있는 어떤 소규모 개방경제에서 중앙은행이 팽창적 통화정책을 실시할 경우 환율은 상승한다. O | X

팽창적인 통화정책을 실시하면 LM곡선이 하방으로 이동하기에 이자율이 하락한다. 이자율이 하락하면 자본유출이 이루어지기에 외환수요 증가로 환율이 상승한다.

1082

☐☐☐ 중앙은행의 재무상태표(대차대조표)에 따르면 중앙은행의 보유자산인 국채가 감소하고, 외화자산이 증가하였다. 부채는 불변 때, 환율상승(자국 통화가치의 하락)을 유도하기 위한 중앙은행의 외환시장개입 중 불태화 개입(sterilized intervention)이 있었음을 알 수 있다. O | X

환율상승을 유도하려면 중앙은행이 외환시장에서 외환을 매입해야 한다. 중앙은행이 외환을 매입하면 중앙은행이 보유한 외환자산이 증가하고, 외환매입 대금을 지불하면 중앙은행의 부채인 본원통화가 증가한다. 그런데 불태화 개입이 있었다는 것은 외환시장 개입에 따른 통화량의 변화를 상쇄하는 정책을 동시에 실시하였다는 것을 뜻한다. 외환매입에 따른 통화량증가분을 상쇄하려면 중앙은행이 국채를 매각하여 증가한 본원통화를 다시 환수할 것이기에 본원통화는 본래 수준으로 돌아오고 중앙은행이 보유한 국내자산인 국채가 감소하게 된다.

1083

☐☐☐ 실질이자율이 명목이자율보다 작다면, 기대인플레이션은 양(+)의 값을 가진다. O | X

피셔효과에 의하면 '실질이자율 = 명목이자율 − 예상인플레이션율'의 관계가 성립하므로 예상인플레이션율이 양(+)의 값이면 실질이자율은 명목이자율보다 낮다.

1084

X재를 생산하며 이윤극대화를 추구하는 어느 기업은 X재의 단위당 생산비용이 10% 증가하여 가격 인상을 고려하고 있다. X재의 수요의 가격탄력성이 단위탄력적인 경우, 가격을 인상하면 X재로부터 얻는 이윤은 변화하지 않으나 판매수입은 증가한다. O | X

수요의 가격탄력성이 1일 때는 가격을 인상하더라도 기업의 판매수입은 변화지 않고, 완전탄력적일 때는 가격을 인상하면 판매량이 0이 되므로 판매수입도 0이 된다.

1085

어느 기업의 장기 총비용곡선은 우상향하는 곡선이고, 장기 평균비용곡선과 단기 평균비용곡선은 U자형이다. 현재 생산량에서 장기 평균비용이 60이고, 장기 한계비용이 60이며, 생산량과 관계없이 생산요소가격은 일정하다. 생산량이 현재의 2배가 되면, 총비용은 현재의 2배보다 크다. O | X

생산량을 현재 수준의 2배로 증가시키면 장기 평균비용이 상승하므로 장기 총비용은 현재의 2배보다 크게 증가한다.

1086

X재 시장은 완전경쟁시장이고, 시장수요곡선은 $Q = 1,000 - P$이다. 모든 개별기업의 장기평균비용곡선(AC)은 $AC = 40 - 10q + q^2$이다. X재의 가격이 15인 경우, 장기적으로 개별기업은 양(+)의 경제적 이윤을 얻는다. O | X

$q = 5$이고 $P = 15$일 때 평균비용 $AC = 40 - 10q + q^2 = 40 - 10 \times 5 + 5^2 = 15$이다. 개별기업은 총수입(75 = 15 × 5단위) − 총비용(75 = 15 × 5단위) = 0의 정상이윤만을 얻는다. 경제적 이윤은 0이다.

1087

다음 보수행렬(payoff matrix)을 갖는 게임의 내쉬균형에서 두 경기자는 서로 다른 전략을 선택한다.

(A보수, B보수)		경기자 2	
		A	B
경기자 1	A	(7, 7)	(4, 10)
	B	(10, 4)	(3, 3)

O | X

경기자 2가 전략 A를 선택하면 경기자 1은 전략 B를 선택하고, 경기자 2가 전략 B를 선택하면 경기자 1은 전략 A를 선택한다. 한편, 경기자 1이 전략 A를 선택하면 경기자 2는 전략 B를 선택하고, 경기자 1이 전략 B를 선택하면 경기자 2는 전략 A를 선택한다. 그러므로 (A, B), (B, A) 두 개의 내쉬균형이 존재한다.

1088
□□□

수익률곡선이 상승하는 모습을 보이고 있을 때 단기이자율이 미래에 상승할 것으로 기대된다.   O | X

기대이론에 의하면, 장기이자율은 현재의 단기이자율과 미래 예상되는 단기이자율의 평균이다. 만기가 긴 채권일수록 수익률이 높아진다는 것은 미래에 단기이자율이 상승할 것임을 뜻한다.

1089
□□□

폐쇄경제에서 IS곡선의 함수는 $0.25Y = 425 - 25r$, LM곡선의 함수는 $500 = Y - 100i$이며, 피셔방정식을 만족할 때, 기대 인플레이션이 0%에서 -1%로 변화할 경우 실질이자율은 상승한다(r은 실질이자율, i는 명목이자율을 나타낸다).   O | X

기대인플레이션율이 0일 때, IS곡선 $r = 17 - 0.01Y$와 LM곡선 $r = -5 + 0.01Y$를 연립하면 $r = 6\%$이다. 기대인플레이션율이 0일 때 명목이자율과 실질이자율이 동일하기에 명목이자율도 6%이다. 기대인플레이션율이 -1%일 때, IS곡선 $r = 17 - 0.01Y$와 LM곡선 $r = -4 + 0.01Y$를 연립하면 $r = 6.5\%$이다. 실질이자율이 6.5%이고 기대인플레이션율이 -1%이기에 명목이자율은 5.5%이다.

1090
□□□

생산함수가 $Y = K^{1/2}(\overline{L})^{1/2}$, 자본의 실질가격과 실질이자율이 각각 $P_K = 100$, $r = 2\%$, 고정된 노동량과 감가상각률이 각각 $\overline{L} = 100$, $\delta = 8\%$인 경제가 있다. 실질이윤율 $MP_K - P_K(r + \delta)$이 0인 경제의 정상상태에서 자본량은 $\frac{1}{4}$이다.   O | X

MP_K는 생산함수 $Y = K^{1/2}(\overline{L})^{1/2}$을 K에 대해 미분하여 구할 수 있다. 즉, $MP_K = \frac{1}{2}K^{-1/2}(\overline{L})^{1/2} = \frac{1}{2}\sqrt{\frac{\overline{L}}{K}}$ 이고, $\overline{L} = 100$을 대입하면 $MP_K = 5/\sqrt{K}$이다. 정상상태에서는 자본량의 변화가 없기에 실질이윤율은 0이다. 즉, 실질이윤율 $= 5/\sqrt{K} - P_K(r + \delta) = 0$에서, $P_K = 100$, $r = 2\%$, $\delta = 8\%$를 대입하면 $\frac{5}{\sqrt{K}} - 100(0.02 + 0.08) = 0$, $\frac{5}{\sqrt{K}} = 10$, $K = \frac{1}{4}$이다.

1091
□□□

새케인즈학파(new Keynesian)의 경직적 가격 모형에 따르면 가격을 신축적으로 조정하는 기업이 많아질수록 총공급곡선의 기울기가 커진다.   O | X

가격을 신축적으로 조정하는 기업이 많아질수록 총공급곡선은 수직선에 가깝게 되기에 기울기가 커진다.

정답   1088 ○   1089 ○   1090 ○   1091 ○

1092
□□□

한 개방경제의 소비함수가 $C=100+0.6(Y-T)$, 투자가 $I=100$, 정부지출이 $G=50$, 조세수입이 $T=50$, 수출과 수입이 각각 $X=70$와 $M=20+0.1Y$이다. 정부지출이 40만큼 증가하는 경우, 순수출은 8 감소한다.　　　　　　　　　　　　　　　　　　　　　　　　　　　　　　O | X

비례세는 존재하지 않고 한계소비성향이 0.6, 한계수입성향이 0.1이므로 정부지출승수 $\dfrac{dY}{dG}=\dfrac{1}{1-c+m}$ $=\dfrac{1}{1-0.6+0.1}=2$이다. 정부지출승수가 2이므로 정부지출이 40만큼 증가하면 국민소득이 80만큼 증가한다. 한계수입성향이 0.1이므로 국민소득이 80만큼 증가하면 수입이 8만큼 증가한다. 수출이 외생적으로 고정된 상태에서 수입이 8만큼 증가하면 순수출이 8만큼 감소하게 된다.

2018년

1093
□□□

두 기업 A, B만이 존재하는 복점 시장의 수요가 $y=10-p$로 주어져 있다. 두 기업의 한계비용이 1일 때 기업 A가 선도자, 기업 B가 추종자로서 슈타켈버그 경쟁 (Stackelberg competition)을 한다면 시장 공급량은 9이다.　　　　　　　　　　　　　　　　　　　　　　　　　　　　O | X

슈타켈버그 모형에서 선도자의 생산량은 완전경쟁의 1/2, 추종자의 생산량은 완전경쟁의 1/4이기에 기업 A의 생산량은 4.5단위, 기업 B의 생산량은 2.25단위이다. 그러므로 시장공급량은 6.75단위가 된다.

1094
□□□

세 기업만이 활동하는 완전경쟁시장의 수요곡선은 $y=10-p$이다. 각 기업의 한계비용은 5로 고정되어 있다. 만약 세 기업이 합병을 통해 독점기업이 되면 한계비용은 2로 낮아진다. 합병 후 소비자잉여는 16이다.　　　　　　　　　O | X

합병으로 독점이 되면 독점기업은 한계수입과 한계비용이 일치하는 점에서 생산량을 결정한다. 수요함수가 $p=10-y$이기에 한계수입 $MR=10-2y$이다. 합병 이후에는 한계비용이 2로 낮아졌기에 $MR=MC$로 두면 $10-2y=2$이기에 $y=4$, $p=6$이다. 따라서 합병 이후의 소비자잉여는 $8[=1/2\times4\times(10-6)]$이다.

1095
□□□

어떤 산에서 n명의 사냥꾼이 토끼 사냥을 하면 $10\sqrt{n}$ (kg)만큼의 토끼 고기를 얻을 수 있다. 토끼 고기는 kg당 2만 원이며, 사냥꾼 한 명이 사냥을 하는 데 드는 비용은 2만 원이다. 만약 이 산이 공유지라면 사냥꾼의 수는 100이다.　　　　　　　　　　　　　　　　　　　　　　　　　　　　　　O | X

산이 공유지라면 개별 사냥꾼의 입장에서 보면 사냥을 할 때의 순편익이 0보다 크면 사냥에 참가하는 것이 낫다. 따라서 사냥에 따른 순편익이 0보다 크면 사냥꾼 수는 계속 늘어나게 될 것이다. 결국, 사냥꾼의 수는 순편익이 0이 되는 수준으로 결정될 것이다. 따라서 $NB=0$으로 두면 $20\sqrt{n}-2n=0$, $n=10\sqrt{n}$, $n=100$ 으로 계산된다.

정답　1092 ○　　1093 X　　1094 X　　1095 ○

1096
□□□

한 기업이 Y재를 공장 1, 2에서 생산한다. 두 공장의 비용함수는 $c_1(y_1) = 5y_1^2 + 50$, $c_2(y_2) = 10y_2^2 + 10$이다. 이 기업이 최소의 비용으로 Y재 60단위를 생산한다면 공장 1의 생산량은 40이다. O | X

각 공장의 비용함수를 y에 대해 미분하면 $MC_1 = 10y_1$, $MC_2 = 20y_2$이다. 총비용이 극소화되려면 각 공장의 한계비용이 같아야 하기에 $MC_1 = MC_2$로 두면 $10y_1 = 20y_2$, $y_1 = 2y_2$이다. 그리고 기업 전체의 생산량이 60단위이기에 $y_1 + y_2 = 60$이다. 두 식을 연립해서 풀면 $y_1 = 40$, $y_2 = 20$이다.

1097
□□□

두 소비자 1, 2가 두 재화 x, y만을 소비한다. 두 소비자의 효용함수가 $u(x, y) = x + \sqrt{y}$로 같을 때, 각 소비자의 한계대체율은 x재 소비량과 무관하게 결정된다. O | X

두 소비자의 한계대체율 $MRS_{XY} = \dfrac{MU_X}{MU_Y} = 2\sqrt{y}$ 이기에 개인 1과 2의 한계대체율은 x재와 무관하게 y재 소비량에 의해 결정된다.

1098
□□□

강 상류에 있는 제철소의 철강생산은 환경을 오염시키는 공해물질을 배출한다. 철강의 가격이 단위당 10이며, 제철소의 비용함수가 $C_S(s, x) = s^2 - 10x + x^2$이다. ($s$는 철강 생산량, x는 공해물질 배출량을 나타낸다). 공해물질 배출규제가 없는 경우 공해물질 배출량은 5이다. O | X

제철소의 이윤함수는 철강 가격이 10이고, 제철소의 비용함수가 $C_S(s, x) = s^2 - 10x + x^2$이기에 제철소의 이윤함수는 $\pi = 10s - (s^2 - 10x + x^2)$이다. 공해물질 배출규제가 없는 경우, 제철소의 이윤함수를 공해물질 배출량인 x에 대해 미분하여 0으로 두면, $\dfrac{d\pi}{dx} = 10 - 2x = 0$, $x = 5$이다. 따라서 공해물질 배출규제가 없다면 제철소는 5단위의 공해물질을 배출할 것이다.

1099
□□□

다음 표는 완전경쟁시장에서 생산활동을 하는 어떤 기업의 비용을 나타낸 것이다. 평균비용이 최소가 되는 점에서 AC와 AVC의 차이에 Q를 곱한 값은 14이다.

생산량	1	2	3	4	5	6
총비용	30	36	44	56	72	92
가변비용	16	22	30	42	58	78

O | X

평균비용과 평균가변비용의 차이는 평균고정비용에 해당된다. 평균고정비용에다 생산량을 곱한 것이 총고정비용이기에 이 문제는 단순히 총고정비용의 크기를 묻는 문제이다. 생산량이 1단위일 때 총비용이 30이고, 총가변비용이 16이기에 총고정비용은 14이다.

1100
□□□

대국의 수입관세부과는 대국의 교역조건을 악화시킨다.　　　　　　　　　O | X

소국이 관세를 부과하면 교역조건이 변하지 않지만 대국이 관세를 부과하면 수입가격이 하락하기에 교역조건이 개선된다.

1101
□□□

다른 조건이 일정할 때, 한 국가의 수입관세가 높을수록 그 국가로의 해외직접투자가 일어날 가능성은 커진다.　　　　　　　　　O | X

수입국에서 높은 과세를 부과하고 있다면 국내에서 생산하여 수출하는 것보다 그 국가에 직접 공장을 설립하여 생산하는 것이 유리하기에 해외직접투자가 일어날 가능성이 커진다.

1102
□□□

솔로우(solow)성장모형에서, 생산함수가 $y = k^{1/4}$일 때, 황금률하 저축률은 25%이다.　　　O | X

1인당 생산함수가 $y = k^{1/4}$이기에 총생산함수는 $Y = K^{1/4}L^{3/4}$이다. 황금률에서는 자본소득분배율과 저축률이 같아지기에 황금률하 저축률은 25%이다.

1103
□□□

미국의 명목이자율이 8%이고, 우리나라의 명목이자율이 12%라고 하며, 두 나라의 실질이자율은 동일하다고 한다. 두 나라의 실질환율이 일정하다고 할 때, 달러로 표시되는 원화의 가치는 4% 하락한다.O | X

우리나라의 명목이자율이 미국의 명목이자율보다 $4\%p$ 높지만 실질이자율이 동일하다는 것은 우리나라의 인플레이션율이 미국보다 $4\%p$ 높다는 것을 의미한다. 실질환율$\left(\varepsilon = \dfrac{e \times P_f}{P}\right)$을 증가율로 바꾸면 $\dfrac{d\varepsilon}{\varepsilon} = \dfrac{de}{e} + \dfrac{dP_f}{P_f} - \dfrac{dP}{P}$로 나타낼 수 있다. 실질환율이 일정하기에 $\dfrac{d\varepsilon}{\varepsilon} = 0$이고, 우리나라의 인플레이션율이 미국의 인플레이션율보다 $4\%p$ 높기에 $\left(\dfrac{dP_f}{P_f} - \dfrac{dP}{P}\right) = -4\%$이다. 그러므로 명목환율 변화율 $\dfrac{de}{e} = 4\%$임을 알 수 있다. 즉, 원화의 가치가 4% 하락할 것임을 추론할 수 있다.

1104

어느 경제의 2017년 노동시장에서 15세이상인구와 경제활동참가율, 실업률은 변화가 없다. 실업자의 20%가 취업하고, 취업자의 5%가 실업자가 되었을 때, 실업률은 20%이다.　　　　O | X

실업자의 20%가 취업하고, 실업자의 5%가 직장을 잃었을 때 실업률과 경제활동참가율이 변화가 없다면 균형 실업률 $u_N = \dfrac{s}{f+s} = \dfrac{0.05}{0.2+0.05} = 0.2$이다. 따라서 실업률은 20%이다.

1105

예금 대비 지급준비금의 비율은 10%이고 예금 대비 현금의 비율은 50%인 경제에서 본원 통화량이 3억 달러 증가하면 통화량의 증가분은 9억 달러이다.　　　　O | X

지급준비율이 $z = 0.1$이고, 현금 – 예금 비율 $k = 0.5$이기에 통화승수 $m = \dfrac{k+1}{k+z} = \dfrac{0.5+1}{0.5+0.1} = 2.5$이다. 통화 승수가 2.5이기에 본원통화가 3억 달러 증가하면 통화량은 7.5억 달러 증가한다.

1106

노동시장의 수요곡선은 $L^d = 500 - w$, 공급곡선은 $L^s = 100 + w$일 때, 최저임금을 300으로 하는 최저임금제를 실시할 경우 노동자가 받는 총임금(total wage)은 60,000이다.　　　　O | X

$w = 300$의 임금에서 최저임금제가 실시되면 노동공급량은 $100 + 300 = 400$, 노동수요량은 $500 - 300 = 200$이기에 고용량 $L = 200$이다. 최저임금제 실시 이후에는 임금 $w = 300$, 고용량 $L = 200$이기에 노동자의 총임금 $wL = 60,000$임을 알 수 있다.

1107

물가가 상승하면, LM곡선이 좌측으로 이동한다.　　　　O | X

실질통화량(M/P)이 증가할수록 LM곡선이 오른쪽으로 이동한다. 따라서 물가(P)가 상승하면 LM곡선이 좌측으로 이동한다.

1108

아버지가 운영 중인 식당에서 매일 2시간 무급으로 일하면서 구직활동을 하고 있는 28세 남성은 실업자로 분류된다.　　　　O | X

주당 18시간 이상 일한 무급가족종사자가 취업자로 분류되기에, 일주일에 14시간을 무급으로 일하면서 구직활동을 하고 있는 사람은 실업자로 분류된다.

정답　1104 ○　1105 X　1106 ○　1107 ○　1108 ○

1109
□□□

고전학파이론에 따르면 기업의 이윤을 극대화하는 노동량 수준에서 명목임금은 재화의 가격과 노동의 한계생산물의 곱이다. O | X

고전학파에 의하면 노동시장이 완전경쟁이기에 노동시장의 균형에서는 $w = MP_L \times P$가 성립한다.

1110
□□□

A국과 B국 모두에서 노동투입량(L)과 자본투입량(K)이 각각 300으로 동일하다고 하자. 두 나라의 생산함수는 A국이 $Y = L^{0.25}K^{0.75}$, B국이 $Y = L^{0.75}K^{0.25}$이다. A국의 노동의 한계생산물이 B국의 노동의 한계생산물보다 크다. O | X

두 나라의 생산함수를 노동 L에 대해 미분하면 $MP_L^A = 0.25L^{-0.75}K^{0.75} = 0.25\left(\dfrac{K}{L}\right)^{0.75}$, $MP_L^B = 0.75L^{-0.25}K^{0.25}$
$= 0.75\left(\dfrac{K}{L}\right)^{0.25}$ 이다. 여기 $L = 300$, $K = 300$을 대입하면 $MP_L^A = 0.25$, $MP_L^B = 0.75$이다.

1111
□□□

16억 원 가치의 상가를 보유하고 있는 A는 화재에 대비하여 손해액 전액을 보상하는 화재보험을 가입하려고 한다. 상가에 화재가 발생하여 7억 원의 손해를 볼 확률이 20%이고, 12억 원의 손해를 볼 확률이 10%이다. A의 재산에 대한 효용함수가 $u(x) = \sqrt{x}$라고 한다면, 지불할 용의가 있는 최대금액의 보험료는 3.04억 원이다. O | X

재산의 기대치는 $E(x) = (0.1 \times 4) + (0.2 \times 9) + (0.7 \times 16) = 13.4$억이다.
기대효용은 $E(U) = (0.1 \times \sqrt{4}) + (0.2 \times \sqrt{9}) + (0.7 \times \sqrt{16}) = 3.6$이다.
이제 불확실한 상태에서와 동일한 효용을 얻을 수 있는 확실한 현금의 크기인 확실성등가를 CE로 두면 $\sqrt{CE} = 3.6$이 성립한다. 이를 풀면 $CE = 12.96$이다. 최대한의 보험료는 재산의 크기에서 확실성등가를 뺀 값이기에 $16 - 12.96 = 3.04$억 원이다.

1112
□□□

코즈(Coase)정리에 따르면 거래비용이 없고 재산권이 설정되어 있으면 이해당사자들의 자유로운 협상을 통해 자원의 효율적 배분을 달성할 수 있다. O | X

코즈정리는 거래비용 없이 협상을 할 수 있다면, 외부효과로 인해 초래되는 비효율성을 시장에서 스스로 해결할 수 있다는 원리이다.

정답 1109 ○ 1110 X 1111 ○ 1112 ○

Part 3

2022 해커스공무원 局경제학 핵심 기출 OX 1592

2011년

1113
□□□

2009년과 2010년의 명목 GDP와 GDP디플레이터가 다음 표와 같다. 2009년 대비 2010년의 실질 GDP 증가율은 5%이다.

연도	명목 GDP(10억 원)	GDP디플레이터
2009	9,600	120
2010	10,500	125

O | X

실질 GDP를 구하려면 각 연도의 명목 GDP를 GDP디플레이터로 나누어주면 된다.

2009년의 실질 $GDP_{2009} = \dfrac{9,600}{120} \times 100 = 8,000$이고, 2010년의 실질 $GDP_{2010} = \dfrac{10,500}{125} \times 100 = 8,400$이기

에 2010년의 실질 GDP증가율(= 경제성장률)은 $\dfrac{8400 - 8000}{8000} \times 100 = 5(\%)$이다.

1114
□□□

효용함수가 $U = X + Y$이고, X재의 가격이 Y재의 가격보다 낮을 때 X재만을 소비한다.　O | X

X재의 가격이 Y재의 가격보다 낮다면, 예산선의 기울기 $\dfrac{P_X}{P_Y}(<1)$가 한계대체율($MRS_{XY} = 1$)보다 작기에

X재만을 구입한다.

1115
□□□

절대적 구매력평가설에 의하면 국내 인플레이션율과 해외 인플레이션율은 항상 같다.　O | X

절대적 구매력평가설을 증가율로 나타낸 상대적 구매력평가설에 의하면 환율변화율은 양국의 인플레이션율

차이와 같다. 즉, 상대적 구매력평가설에 의하면 $\dfrac{de}{e} = \dfrac{dP}{P} - \dfrac{dP_f}{P_f}$가 성립하기에 환율변화율은 국내외 인플레

이션율 차이와 같아진다.

정답 1113 ○　　1114 ○　　1115 X

1116

甲이 가지고 있는 복권 상금의 기대가치는 500이고 이 복권을 최소 450에 팔 용의가 있다면, 50을 甲의 위험프리미엄(risk premium)으로 볼 수 있다. O | X

위험프리미엄 = 기대치 − 확실성등가이기에 복권 상금의 기대치인 500에서 확실성등가인 450을 빼면 위험프리미엄은 50이다.

1117

X재와 Y재만을 소비하는 甲의 효용함수는 $U = -\sqrt{X} + Y$이며, 예산제약식은 $3X + 2Y = 10$이다. 효용을 극대화하는 甲의 Y재에 대한 수요량은 5이다. O | X

한계대체율 $MRS_{XY} = \dfrac{MU_X}{MU_Y} = -\dfrac{1}{2\sqrt{X}}$이고, $\dfrac{P_X}{P_Y} = \dfrac{3}{2}$이기에 $MRS_{XY} = \dfrac{P_X}{P_Y}$로 두면 $\sqrt{X} = -\dfrac{1}{3}$이다. X재는 (−)로 소비할 수 없기에 X재 소비량은 0이다. 따라서 Y재 가격이 2이고, 소득이 10이기에 Y재 소비량은 5이다.

1118

경제성장모형에서 생산함수가 $Y = AK$일 때, 노동량이 증가할 때 생산량은 증가한다. O | X

생산량은 자본량에 의해서만 결정되기에 노동량의 증가와 생산량의 증가는 무관하다.

1119

생산함수가 $Q = 5L^{0.4}K^{0.6}$일 때, $L = K$일 경우 노동의 한계생산은 일정하다. O | X

노동의 한계생산물 $MP_L = 0.4 \times 5L^{-0.6}K^{0.6} = 2\left(\dfrac{K}{L}\right)^{0.6}$이기에 $L = K$이면 노동의 한계생산물은 2로 일정한 값을 갖는다.

1120

갑과 을이 2인 비협조게임을 진행한다고 할 때, 내쉬균형 상태에서는 갑과 을 중 그 누구도 선택을 변경함으로써 추가적인 이득을 얻는 것이 불가능하다. O | X

갑과 을이 2인 비협조게임을 진행한다고 할 때, 내쉬균형 상태에서는 갑과 을 중 그 누구도 선택을 변경함으로써 추가적인 이득을 얻는 것이 불가능하다.

정답 1116 ○   1117 ○   1118 X   1119 ○   1120 ○

1121

□□□

A은행은 현재 예금은 4,000억 원, 대출은 3,000억 원 만큼 보유하고 있으며 지급준비금은 1,000억 원 만큼 가지고 있다. 법정지급준비율이 10%일 때, A은행이 법정지급준비율을 제외한 지급준비금을 대출한다면 통화량 증가분은 6,000억 원이다(단, 민간은 현금을 보유하지 않고 모두 예금한다).   O | X

법정지급준비율이 10%이고, 예금액이 4,000억 원 이기에 법정지급준비금은 400억 원 이다. 그런데 A은행이 실제지급준비금이 1,000억 원이기에 A은행은 600억 원 만큼을 대출할 수 있다. 법정지급준비율이 10%이기에 A은행이 600억 원을 대출할 경우 최대로 증가할 수 있는 예금통화의 크기는 6,000억 원$(= \dfrac{600억\ 원}{0.1})$이다.

1122

□□□

적응적 기대가설하에서 정부의 재량적 안정화정책은 단기적으로 실업률을 낮출 수 있다.   O | X

적응적 기대가설하에서 단기 필립스곡선은 우하향으로 도출되기에 정부의 재량적인 안정화정책(미조정)을 통해 물가안정이나 고용안정 중 하나는 달성할 수 있다.

1123

□□□

코즈(Coase)정리에 의하면 재산권이 설정되더라도 시장실패는 시장에서 해결될 수 없다.   O | X

코즈정리에 의하면 재산권이 명확히 설정되면 시장기구 내에서 외부성 문제가 해결될 수 있다.

1124

□□□

기대 인플레이션율이 상승하면 명목이자율은 상승한다.   O | X

피셔효과에 의하면 '명목이자율 = 실질이자율 + 기대인플레이션율'의 관계가 성립한다. 그러므로 피셔효과가 성립한다면 기대인플레이션율이 상승하면 명목이자율이 비례적으로 상승한다.

1125

□□□

현재의 이자율과 국민소득의 조합점이 IS곡선보다 위쪽에 있다면, 생산물시장에서 수요가 공급을 초과하고 있음을 의미한다.   O | X

*IS*곡선 상방은 생산물시장에서 초과공급, 하방은 초과수요가 존재하는 영역이다.

정답 1121 ○   1122 ○   1123 X   1124 ○   1125 X

1126
☐☐☐

한계비용이 평균총비용보다 작은 구간에서는 평균총비용이 상승한다.   O | X

한계비용이 평균비용보다 낮은 구간에서는 평균비용이 하락하고, 한계비용이 평균비용보다 높은 구간에서는 평균비용이 상승한다.

1127
☐☐☐

새고전학파(New Classical School)는 예측되는 정책은 항상 긍정적인 효과가 있다고 주장한다.   O | X

새고전학파에 의하면 예상된 정책은 단기에도 효과를 나타낼 수 없다(정책무력성정리).

1128
☐☐☐

통화공급 증가는 총수요곡선을 좌측으로 이동시킨다.   O | X

통화공급이 증가하면 LM곡선이 오른쪽으로 이동하기에 총수요곡선도 오른쪽으로 이동한다.

1129
☐☐☐

고전학파의 대부자금설이 성립할 경우, 정부가 저축을 촉진하기 위해 이자소득세를 인하하고 동시에 투자를 촉진하는 투자세액공제제도를 도입할 때 균형이자율 등락은 불분명하고 균형거래량은 증가한다. O | X

이자소득세를 인하하면 저축이 증가하고 투자세액공제가 시행되면 투자가 증가한다. 저축이 증가하면 대부자금의 공급곡선이 우측이동하고, 투자가 증가하면 대부자금의 수요곡선이 우측이동한다. 결과적으로 대부자금의 거래량은 증가하나 이자율은 대부자금 수요곡선과 공급곡선의 상대적인 이동폭에 따라 상승할 수도 있고, 하락할 수도 있다.

1130
☐☐☐

교정적 조세는 경제적 효율을 향상시키면서 정부의 조세수입도 증대시킨다.   O | X

교정적 조세(corrective taxation)란 피구세와 같이 외부성을 교정하기 위해 부과하는 조세를 말한다. 교정적 조세가 적절히 부과되면 자원배분의 효율성을 제고하면서도 정부는 조세수입을 얻을 수 있다.

1131

독점기업이 시장을 A, B로 구분하여 가격차별을 통해 이윤을 극대화하고 있다. 독점기업의 한계비용은 생산량과 관계없이 10으로 일정하고 현재 A, B 두 시장의 수요의 가격탄력성은 각각 2와 3이다. A시장에서 독점기업이 설정하는 가격은 20이다. O | X

한계수입과 가격 그리고 수요의 가격탄력성 간에는 $MR = P[1-(1/\varepsilon)]$의 관계가 성립한다. 이윤극대화는 $MR = MC$인 점에서 이루어지기에 균형에서는 $MR = MC = P[1-(1/\varepsilon)]$가 성립한다. 이를 정리하면 $P = \dfrac{MC}{1-(1/\varepsilon)}$가 된다. 따라서 A시장에서 설정하는 가격은 $P_A = \dfrac{MC}{1-(1/\varepsilon_A)} = \dfrac{10}{1-(1/2)} = 20$이다.

1132

생산함수가 $Q = 2L+3K$일 때 노동과 자본 간의 대체탄력성(elasticity of substitution)은 무한대(∞)이다. O | X

문제에 주어진 생산함수는 선형생산함수로 등량곡선이 우하향의 직선이다. 선형생산함수의 대체탄력성은 무한대이다.

2012년

1133

제품의 가격이 10원이고 노동 한 단위의 가격은 5원, 자본 한 단위의 가격은 15원이다. 기업 A의 노동의 한계생산이 3이고, 자본의 한계생산은 1일 때, 비용극소화를 위하여 노동의 투입량은 늘리고 자본의 투입량은 줄일 것이다. O | X

$\dfrac{MP_L}{w} = \dfrac{3}{5} = \dfrac{9}{15}$이고, $\dfrac{MP_K}{r} = \dfrac{1}{15}$이기에 노동에 1원을 지출할 때 추가로 생산되는 재화의 양이 자본에 1원을 지출할 때 추가로 생산되는 재화의 양보다 더 많다. 그러므로 이윤극대화를 위해서는 노동투입량을 증가시키고 자본투입량을 감소시켜야 한다.

1134

시장수요가 $Q = 100-P$이고 독점기업의 비용함수가 $C = 20Q$인 독점시장의 균형에서 수요의 가격탄력성은 2이다. O | X

수요함수가 $P = 100-Q$이기에 $MR = 100-2Q$이고, 비용함수를 미분하면 $MC = 20$이다. 이윤극대화 생산량을 구하기 위해 $MR = MC$에서 $100-2Q = 20$, $Q = 40$이고, $P = 60$이다. 수요곡선이 기울기의 절댓값이 1인 우하향 직선이기에 가격이 60이고 수량이 40일 때 수요의 가격탄력성은 $1 \times \dfrac{60}{40} = 1.5$이다.

1135
☐☐☐

기업 A의 비용함수는 $C = \sqrt{Q} + 50$이다. 이 기업이 100개를 생산할 경우 이윤이 0이 되는 가격은 0.6 이다. O | X

$Q = 100$을 비용함수에 대입하면 총비용 $C = 60$이기에 평균비용 $AC = 0.6$이다. 가격과 평균비용이 일치하면 기업이 이윤이 0이 될 것이기에 이윤이 0이 되는 가격은 0.6원이다.

1136
☐☐☐

규모의 경제는 생산량증가에 따라 장기 평균비용이 낮아지는 현상으로, 투입되는 노동과 자본의 양이 증가하더라도 생산량이 더 빠르게 증가하면 발생 가능하다. O | X

규모의 경제는 생산량증가에 따라 장기 평균비용이 낮아지는 현상으로, 투입되는 노동과 자본의 양이 증가하더라도 생산량이 더 빠르게 증가하면 발생 가능하다.

1137
☐☐☐

시간당 임금에 대해 근로소득세율이 상승할 경우, 노동공급이 항상 감소한다. O | X

근로소득세율 상승 시 대체효과에 의해 노동시간이 감소하나 소득효과로 인해 노동시간이 증가하기에 노동시간의 증감 여부는 대체효과와 소득효과의 상대적인 크기에 의해 결정된다.
대체효과에 따르면 근로소득세율 ↑ → 세후 실질임금↓ → $P_{여가}$↓ → 여가소비 ↑ → 노동공급↓이고,
소득효과에 따르면 근로소득세율 ↑ → 세후 실질임금↓ → 실질소득↓ → 여가소비 ↓ → 노동공급↑이다.

1138
☐☐☐

A국은 자본이 상대적으로 풍부하고 B국은 노동이 상대적으로 풍부하다. 양국 간의 상품이동이 완전히 자유로워지는 경우, A국 노동자의 실질소득이 감소하는 반면, B국 노동자의 실질소득은 증가한다. O | X

스톨퍼 - 사무엘슨정리에 의하면 자유무역이 이루어지면 각국에서 풍부한 생산요소의 소득이 증가하고, 희소한 생산요소의 소득이 감소한다. A국이 자본풍부국이기에 자유무역이 이루어지면 A국에서는 자본가의 실질소득은 증가하고 노동자의 실질소득은 감소한다.

1139
☐☐☐

개방경제의 국민소득계정에서 국민소득이 소비 투자 정부지출의 합보다 큰 경우에 순수출은 반드시 양 (+)이 된다. O | X

$Y = C + I + G + (X - M)$이기에 $Y > (C + I + G)$이면 순수출 $(X - M)$은 반드시 0보다 크다.

1140
□□□

피구효과(Pigou effect)에 의하면 물가수준이 하락할 때 곡선이 IS 우측으로 이동하여 국민소득이 증가한다.

O | X

피구효과란 물가가 하락하면 실질자산이 증가하고 그에 따라 민간소비가 증가하는 효과를 말한다. 민간소비가 증가하여 IS 곡선이 오른쪽으로 이동하면 국민소득이 증가한다.

1141
□□□

고전학파의 화폐수량설에 따를 때, 통화량이 증가하는 경우 물가가 비례적으로 상승한다.

O | X

고전학파에 의하면 실질국민소득 Y 는 완전고용산출량 수준에서 주어진 값이고, 유통속도 V 또한 일정하다. 그러므로 $MV = PY$ 에서 통화량 M 이 증가하면 비례적으로 물가가 상승한다.

1142
□□□

한국인이 해외에서 벌어들인 이자수입은 한국의 GDP 에 포함된다.

O | X

우리나라 사람이 외국에서 벌어들인 이자수입은 우리나라의 GDP 에는 포함되지 않는다.

1143
□□□

기업 A의 생산함수는 $Q = LK$ 이다. 노동과 자본의 가격이 각각 1원일 때 노동의 한계생산은 체감한다.

O | X

주어진 생산함수를 L 에 대해 미분하면 $MP_L = K$ 이기에 노동투입량에 관계 없이 노동의 한계생산물이 일정하다.

1144
□□□

단위당 동일한 종량세율로 생산자 또는 소비자에게 부과하는 조세에 조세부담의 귀착(tax incidence)은 조세당국과 생산자 및 소비자 간의 협상능력에 의존한다.

O | X

종량세가 부과될 때 상대적인 조세부담의 귀착은 수요자와 공급자의 협상능력이 아니라 수요 및 공급의 가격탄력성의 상대적인 크기에 의해 결정된다.

Part 3

2022 해커스공무원 局경제학 핵심 기출 OX 1592

1145
□□□

선풍기 시장에서 대체재인 에어컨 생산기술의 발전으로 더 저렴한 비용으로 에어컨을 생산할 수 있게 되면 선풍기 균형가격은 상승한다. O | X

에어컨의 생산비가 하락하여 에어컨의 공급이 증가하면 에어컨 가격이 하락한다. 에어컨 가격이 하락하면 사람들의 에어컨 구입량이 늘어나기에 선풍기 수요가 감소한다. 선풍기 수요가 감소하면 선풍기의 가격이 하락한다.

1146
□□□

동전을 던져 앞면이 나오면 9,000원을 따고 뒷면이 나오면 10,000원을 잃는 도박이 있다. 도박에 참여하는 대가로 500원을 준다 해도, 위험기피자인 甲은 도박에 참여하지 않을 것이다. O | X

앞면과 뒷면이 모두 나올 확률이 모두 1/2이기에 게임의 기대치는 $-500 = [(0.5 \times 9,000) + 0.5 \times (-10,000))]$ 이다. 도박에 참가하는 대가로 500원을 주면 이 게임에 참가할 때의 기대치는 0으로 바뀌게 된다. 게임의 기대치가 0으로 바뀌더라도 위험기피자인 갑은 여전히 게임에 참가하지 않는다.

1147
□□□

효용극대화를 추구하는 소비자 甲의 효용함수가 $U(x,y) = \min\{x,y\}$일 때, 甲의 수요의 소득탄력성은 1 이다. O | X

효용함수가 $U = \min(X, Y)$로 주어지는 것은 두 재화가 완전보완재일 때이다. 두 재화가 완전보완재이면 가격소비곡선과 소득소비곡선이 모두 원점을 통과하는 우상향의 직선이다. 소득소비곡선이 원점을 통과하는 우상향의 직선이 되는 것은 수요의 소득탄력성이 1일 때이다.

1148
□□□

실물경기변동이론(real business cycle theory)에서 생산성은 경기역행적(counter - cyclical)이다. O | X

경기호황기에는 노동의 평균생산성이 높아지고, 경기불황기에는 평균생산성이 낮아지기에 노동의 평균생산성은 경기순응적이다.

1149
□□□

실질변화율GDP(%) = 3% − 2×(실업률(%)의변화)가 성립할 때 실업률이 변화하지 않을 경우 실질GDP는 3% 증가한다. O | X

실업률의 변화율이 0일 경우 실질GDP변화율은 3%이기에 실질GDP는 3% 증가한다.

정답 1145 X   1146 ○   1147 ○   1148 X   1149 ○

1150 □□□

현금보유의 실질 수익률은 실질이자율의 마이너스 값이다.   O | X

5%의 인플레이션이 발생하면 화폐의 구매력이 5% 하락하기에 현금보유의 실질수익률은 –5%이다. 그러므로 현금보유의 실질수익률은 인플레이션율에 (–) 부호를 붙인 값이 된다. 즉, 인플레이션율의 마이너스 값이 된다.

1151 □□□

마찰적 실업의 원인은 노동자들이 자신에게 가장 잘 맞는 직장을 찾는 데 시간이 걸리기 때문이다.   O | X

노동시장의 정보불완전성으로 이직 과정에서 발생하는 실업을 마찰적 실업이라 한다.

1152 □□□

단기적으로 실업률을 낮추기 위해서는 정부지출을 감소시켜야한다.   O | X

확대적인 재정정책이 필요하기에 정부지출을 증가시켜야 한다.

1153 □□□

위험애호적(risk - loving)인 사람의 폰 노이만 - 모겐스턴 효용함수는 볼록함수이며, 확실성등가가 기대소득보다 크므로 위험프리미엄이 0보다 작다.   O | X

위험선호자의 효용함수는 아래쪽에서 볼록한 형태이기에 확실성등가가 기대소득보다 크다. 그러므로 기대치에서 확실성등가를 뺀 위험프리미엄은 음(–)의 값을 갖는다.

1154 □□□

두 생산요소 자본 K와 노동 L을 투입하는 A기업의 생산함수가 $Q = (\min\{L, 3K\})^{0.5}$로 주어져 있다. 산출물의 가격은 p, 노동의 가격은 $w = 4$, 자본의 가격은 $r = 6$인 경우, 이윤을 극대화하는 A기업의 공급(Q_S)곡선은 $Q_S = \dfrac{p}{12}$이다.   O | X

생산함수의 양변을 제곱하면 $Q^2 = \min[L, 3K]$이고 생산자균형에서는 항상 $Q^2 = L = 3K$의 관계가 성립하기에 이 기업의 비용함수는 다음과 같이 도출된다. $C(Q) = wL + rL = 6Q^2$ 이제 비용함수를 Q에 대해 미분하면 한계비용 $MC = 12Q$이다. 완전경쟁시장에서는 항상 가격과 한계비용이 일치하기에 $P = MC$로 두면 $P = 12Q$이다. 그러므로 이 기업의 공급함수는 $Q = \dfrac{1}{12}P$가 된다.

1155
□□□

A기업이 직면하고 있는 수요곡선은 $Q_D = 400 - P$이다. A기업이 가격을 100으로 책정할 때 한계수입은 -200이다.　　O | X

수요함수가 $P = 400 - Q$로 주어져 있다면 $P = 100$일 때 $Q = 300$이고, 수요의 가격탄력성 $\epsilon = -\dfrac{\triangle Q}{\triangle P} \times \dfrac{P}{Q}$ $= \dfrac{1}{3}$이다. 따라서 한계수입 $MR = P\left(1 - \dfrac{1}{\epsilon}\right) = -200$이다.

1156
□□□

우하향하는 직선의 수요곡선상에서 수요량이 증가할수록 가격탄력성은 감소한다.　　O | X

우하향의 수요직선에서 중점은 단위탄력적이고, 중점 위는 탄력적이며, 중점 아래는 비탄력적으로 모든 점의 수요의 가격탄력도가 다른 경우이다.

1157
□□□

외부효과가 존재하는 A시장의 수요곡선은 $P = 100 - Q$이고, 사적 한계비용은 $PMC = 40 + 0.5Q$이다. 생산량 한 단위당 30의 추가적인 사회적 비용이 발생하는 경우 사회적 최적생산량을 달성하기 위해 부과해야 하는 조세의 크기는 30이다.　　O | X

사회적인 최적생산량이 20인데 시장기구에 맡겨두면 40단위의 재화가 생산되기에 20단위의 재화가 과잉생산된다. 이 경우 생산량을 사회적인 최적수준으로 감소시키려면 단위당 30의 조세를 부과하여 공급곡선(PMC)을 상방으로 이동시켜 PMC와 SMC가 일치하도록 해주면 된다.

1158
□□□

폐쇄경제의 $IS-LM$모형에서 지급준비율과 현금/예금 보유비율이 이자율의 감소함수일 때, 두 비율이 상수일 때 보다 통화정책의 효과가 커진다.　　O | X

통화승수 $m = \dfrac{k+1}{k+z}$이기에 지급준비율(z)과 현금/예금 보유비율(k)이 이자율의 감소함수인 경우 이자율이 상승하면 통화승수가 커진다. 이자율이 상승할 때 통화승수가 커지면 통화공급이 이자율의 증가함수가 된다. 이처럼 통화공급이 이자율의 증가함수일 때는 통화공급이 외생적일 때보다 LM곡선이 더 완만한 형태로 도출된다. LM곡선이 완만해지면 통화정책의 효과는 작아진다.

1159
□□□

모든 시장이 완전경쟁적인 B국의 총생산량이 $Y = AL^{1-\theta}K^{\theta}$으로 결정될 때 총요소생산성이 증가하면, 노동소득분배율 대비 자본소득분배율의 상대적 비율이 증가한다(단, $0 < \theta < 1$이다).　　O | X

총요소생산성 A가 증가하더라도 θ의 크기는 변하지 않기에 노동소득분배비율과 자본소득분배비율은 변하지 않는다.

정답 1155 ○　　1156 ○　　1157 ○　　1158 X　　1159 X

1160

재정적자가 증가할 경우 민간저축에 변화가 없었다면 투자와 순수출의 합계가 감소한다.　O | X

재정적자증가는 정부저축이 감소를 의미한다. 국민저축은 민간저축과 정부저축을 합한 것이기에 민간저축이 일정한 상태에서 정부저축이 감소하면 국민저축이 감소한다. 국민소득항등식 $Y = C + I + G + (X - M)$을 정리하면, $S_p + (T - G) = I + (X - M)$이기에 민간저축($S_p$)이 고정된 상태에서 재정적자증가로 정부저축($T - G$)가 감소하면 $I + (X - M)$도 감소함을 알 수 있다.

1161

상품시장과 노동시장은 모두 완전경쟁이다. A국의 총생산함수는 $Y = 20\sqrt{L}$, 노동공급함수는 $w = \sqrt{L}$라고 할 때, 노동시장에서의 균형노동량(L^*)은 10이다.　O | X

총생산함수 $Y = 20\sqrt{L}$를 L에 대해 미분하면 $MP_L = 10L^{-\frac{1}{2}} = \dfrac{10}{\sqrt{L}}$이다. 기업은 $w = MP_L$에서 노동을 고용하기에 노동수요곡선이 $w = \dfrac{10}{\sqrt{L}}$이 된다. 노동수요곡선과 노동공급곡선 식을 연립해서 풀면 $\dfrac{10}{\sqrt{L}} = \sqrt{L}$이기에 균형노동량 $L^* = 10$이 된다.

1162

갑은 100만 원을 투자하려고 한다. 상황에 따른 각 투자안별 수익(원금 포함)이 다음과 같을 때 갑은 X투자안을 선택한다.

확률	0.1	0.9
X 투자안	100만 원	110만 원
Y 투자안	400만 원	70만 원

O | X

투자안 X의 기대수익은 9만 원이고, 투자안 Y의 기대수익은 3만 원이기에 갑의 입장에서는 투자안 X를 선택하는 것이 유리하다.
투자안 X의 기대수익 $= (0.1 \times 0) + (0.9 \times 10) = 9$만 원
투자안 Y의 기대수익 $= (0.1 \times 300) + [0.9 \times (-30)] = 3$만 원

1163

발전회사들이 석탄을 사용하여 전력을 생산하고 있다. 석탄보다 발전비용 측면에서 저렴한 셰일가스를 채굴할 수 있는 기술이 개발되어 공급된다면 석탄의 시장가격은 하락하고 생산량은 감소한다.　O | X

석탄보다 발전비용이 저렴한 셰일가스가 공급되면 석탄수요가 감소한다. 석탄수요가 감소하면 석탄가격이 하락하기에 석탄공급량도 감소한다.

정답　1160 O　1161 O　1162 O　1163 O

1164
□□□

세 사람 A, B, C로 이루어진 어떤 경제에서 공공재에 대한 세 사람의 수요함수(Q_A, Q_B, Q_C)는 각각 $Q_A = 10 - P_A$, $Q_B = 10 - \frac{1}{3}P_B$, $Q_C = 5 - \frac{1}{2}P_C$ 이고, 공공재의 한계비용은 20으로 일정할 때, 사회적 후생을 극대화시키는 공공재 생산량은 5이다. O | X

각자의 공공재 수요함수를 P에 대해 정리하면 $P_A = 10 - Q_A$, $P_B = 30 - 3Q_B$, $P_C = 10 - 2Q_C$이다. 이를 합하면 공공재의 시장수요곡선 $P = 50 - 6Q$이다. 사회적인 최적생산량을 구하기 위해 $P = MC$로 두면 $Q = 5$이다.

1165
□□□

A재의 시장수요곡선은 $Q_D = 200 - P$이고, 시장공급곡선은 $Q_S = P$이다. 균형상태에서 정부가 단위당 100의 물품세를 부과할 때 정부의 조세수입 중 소비자가 부담하는 조세의 크기는 2,500이다. O | X

이제 단위당 100의 조세가 부과되면 공급곡선이 100만큼 상방으로 이동하기에 공급곡선식이 $P = 100 + Q$로 바뀌게 된다. 수요곡선과 조세 부과 후의 공급곡선을 연립해서 풀면 $Q = 50$, $P = 150$이다. 단위당 조세가 100, 거래량이 50이기에 총 조세수입은 5,000이며, 공급곡선과 수요곡선의 기울기가 동일하기에 소비자부담과 생산자부담이 동일하다. 따라서 소비자는 $5,000/2 = 2,500$만큼 부담한다.

1166
□□□

A기업의 생산함수는 $Q = \sqrt{KL}$, 자본(K)의 가격은 r, 노동(L)의 가격은 w이다. 생산량이 Q_0으로 주어졌을 때, 비용이 극소화되는 최적 상태에서 노동 1단위당 자본투입량은 $\frac{r}{w}$이다. O | X

주어진 생산함수의 한계기술대체율은 $MRTS_{LK} = \dfrac{MP_L}{MP_K} = \dfrac{0.5K^{0.5}L^{-0.5}}{0.5K^{-0.5}L^{0.5}} = \dfrac{K}{L}$이다. 생산자균형에서 한계기술대체율과 요소의 상대가격이 일치하기에 $MRTS_{LK} = \dfrac{K}{L} = \dfrac{w}{r}$이다. 즉, 노동 1단위당 자본투입량($\dfrac{K}{L}$)은 $\dfrac{w}{r}$이다.

1167
□□□

독점기업이 8,000개의 상품을 판매하고 있다. 이때 가격은 1만 원, ATC는 1만 2,000원, AVC는 8,000원이며, 한계비용과 한계수입은 6,000원으로 같다. 이 경우 단기적으로 손실을 보더라도 생산을 지속하는 것이 유리하다. O | X

$Q = 8,000$일 때, $AC = 12,000$원, $AVC = 8,000$원이기에 $AFC = 4,000$원이고, 총고정비용 $TFC = 3,200$만원이다. 기업이 생산을 중단하더라도 단기에는 여전히 고정비용은 지출되기에 생산을 중단할 때의 손실은 3,200만원이다. 따라서 이 경우는 가격이 평균가변비용을 상회하기에 단기적으로 손실을 보더라도 생산을 지속하는 것이 유리하다.

1168
☐☐☐

소규모개방경제에서 수입 소비재 A에 관세를 부과할 때 국내소비는 감소한다.　　O | X

소국이 단위당 T원의 관세를 부과하면 국내가격이 T원만큼 상승하기에 국내소비량은 감소하고 생산량은 증가한다.

1169
☐☐☐

기대인플레이션율의 상승은 단기 필립스곡선을 아래쪽으로 이동시킨다.　　O | X

단기 필립스곡선은 $\pi = \pi^e - a(u - u_N)$이기에 기대인플레이션율(π^e)이 상승하는 경우에도 단기 필립스곡선이 우상방으로 이동한다.

1170
☐☐☐

유동성함정에서 확장적 재정정책은 이자율을 상승시켜 총수요 확대효과가 없다.　　O | X

LM곡선이 수평선인 유동성함정에서는 확대적인 재정정책을 실시하여 IS곡선이 오른쪽으로 이동하더라도 이자율이 상승하지 않기에 구축효과가 발생하지 않는다. 그러므로 경제가 유동성함정에 놓여 있을 때는 재정정책이 매우 효과적이다.

1171
☐☐☐

국가 간 자본이동이 완전히 자유롭고 변동환율제를 채택하고 있는 소규모개방경제에서 확장적인 통화정책을 시행하였다면 물가가 고정된 단기에서 국민소득이 증가한다.　　O | X

확장적인 통화정책을 실시하면 LM곡선이 오른쪽으로 이동하기에 이자율이 하락하고 그에 따라 자본유출이 발생한다(자본수지 악화). 변동환율제도하에서는 자본유출이 이루어지면 외환의 수요증가로 인해 환율이 상승한다. 환율이 상승하면 순수출이 증가하기에 IS곡선도 오른쪽으로 이동한다(경상수지 개선). 이처럼 변동환율제도하에서는 확대적인 통화정책을 실시하면 IS곡선과 LM곡선이 모두 오른쪽으로 이동하기에 국민소득이 큰 폭으로 증가하게 된다.

1172
☐☐☐

구매력평가설이 성립할 때, 외국의 양적완화 정책으로 외국의 물가가 상승하면, 자국의 실질 순수출이 증가한다.　　O | X

외국의 양적완화 정책으로 외국물가가 상승하더라도 실질환율이 1로 전혀 변하지 않기에 자국의 실질 순수출도 변하지 않는다.

정답　1168 ○　　1169 X　　1170 X　　1171 ○　　1172 X

1173
□□□

사과 수요의 가격탄력성은 0.4이고, 배 가격에 대한 교차탄력성은 0.2이다. 사과와 배 가격이 각각 5% 하락한다면 사과의 수요는 불변이다. O | X

사과 수요의 가격탄력성이 0.4이기에 사과 가격이 5% 하락하면 사과 수요량이 2% 증가한다. 사과 수요의 배 가격에 대한 교차탄력성이 0.2이기에 배 가격이 5% 하락하면 사과 수요량이 1% 감소한다. 그러므로 사과와 배의 가격이 모두 5% 하락하면 사과 수요량은 1% 증가한다.

1174
□□□

X재의 시장수요함수가 $P = 200 - Q$이고 시장공급함수가 $P = -40 + 2Q$이다. 정부가 가격상한을 100으로 책정하는 경우 수요를 충족시키기 위하여 생산자에게 지급해야 하는 X재 1단위당 보조금액은 60이다. O | X

$P = 100$을 수요함수와 공급함수에 대입하면 수요량이 100이고, 공급량이 70이다. 그러므로 $P = 100$을 가격상한으로 설정하면 30의 초과수요가 발생한다. 정부가 초과수요를 해소하기 위해 단위당 S원의 보조금을 지급하면 공급곡선이 S만큼 하방으로 이동하기에 공급곡선 식이 $P = -(40 + S) + 2Q$로 바뀌게 된다. 바뀐 공급곡선 식에 $P = 100, Q = 100$을 대입하면 $S = 60$이다.

1175
□□□

A는 슈타켈버그(Stackelberg) 모형의 선도자, B는 추종자로 행동할 때 A와 B의 생산량(Q_A, Q_B)은 (30, 15)이다.

(A이윤, B이윤)		기업 B의 생산량		
		15	20	30
기업 A의 생산량	15	(450,450)	(375,500)	(225,450)
	20	(500,375)	(400,400)	(200,300)
	30	(450,225)	(300,200)	(0,0)

O | X

기업 A가 선도자라면 기업 A는 사전에 각 전략을 선택할 때의 이윤을 따져 보고 자신의 이윤이 가장 커지는 생산량을 선택할 것이다. 기업 A가 15단위를 생산하면 기업 B는 20단위를 생산할 것이고, A가 20단위를 생산하면 B는 20단위를 생산, A가 30단위를 생산하면 B는 15단위를 생산할 것이다. 이 중 A의 이윤이 가장 큰 조합은 (450, 225)이므로, A는 30단위, B는 15단위를 생산하게 된다.

1176
□□□

독점기업의 수요함수는 $Q = 10 - P$이고, 한계비용은 0이다. 이 기업이 이윤극대화를 할 때 발생하는 자중손실(deadweight loss)은 12.5이다. O | X

수요함수가 $P = 10 - Q$이기에 한계수입 $MR = 10 - 2Q$이다. 이윤극대화 생산량을 구하기 위해 $MR = MC$로 두면 $Q = 5$, $P = 5$이다. 시장구조가 완전경쟁이면 $P = MC$에서 $Q = 10$, $P = 0$이다. 시장구조가 완전경쟁에서 독점화되면 생산량이 5단위 감소하고 가격도 5원 상승한다. 따라서, 독점으로 인한 후생손실의 크기는 $12.5(= \frac{1}{2} \times 5 \times 5 = 12.5)$이다.

정답 1173 X   1174 ○   1175 ○   1176 ○

1177
□□□

효용을 극대화하는 근로자 甲의 시간당 임금에 근로소득세를 부과하면 甲의 노동공급이 증가한다(단, 甲에게 여가는 정상재이다). O | X

노동공급곡선이 우상향하다 후방으로 굴절하는 형태이면 비례적인 근로소득세가 부과되어 세후 시간당 임금이 하락할 때 노동시간이 증가할 수도 있고 감소할 수도 있다.

1178
□□□

$U = \sqrt{Y}$ 의 효용함수를 갖는 소비자가 100만 원의 가치가 있는 자전거를 소유하고 있다. 자전거의 도난확률이 0.5일 때 위험프리미엄은 250,000원이다. O | X

자전거의 가치가 1,000,000원, 도난확률이 0.5, 효용함수가 $U = \sqrt{Y}$ 이기에 자전거의 기대가치 및 기대효용을 계산해 보면 각각 다음과 같다.
기대가치 $= (0.5 \times 0) + (0.5 \times 1,000,000) = 500,000$
기대효용 $= (0.5 \times \sqrt{0}) + (0.5 \times \sqrt{1,000,000}) = 500$
이제 불확실한 상태에서와 동일한 효용을 얻을 수 있는 확실한 현금의 크기인 확실성등가를 구해보자. 효용함수가 $U = \sqrt{Y}$ 이고, 불확실한 상태에서의 기대효용이 500이기에 확실성등가를 CE로 두면 $\sqrt{CE} = 500$, $CE = 250,000$이다. 그러므로 위험한 기회를 다른 사람에게 전가할 때 지급할 용의가 있는 추가보상액에 해당하는 위험프리미엄은 250,000원임을 알 수 있다.

1179
□□□

생산함수가 $Y = AK^{0.7}L^{0.3}$인 경제에서 총요소생산성(A)이 2%, 자본투입(K)이 10%, 노동투입량(L)이 5% 증가한다면 노동자 1인당 소득의 증가율은 5.5%이다. O | X

생산함수를 증가율 형태로 바꾸어 나타내면 $\frac{\triangle Y}{Y} = \frac{\triangle A}{A} + 0.7(\frac{\triangle K}{K}) + 0.3(\frac{\triangle L}{L})$ 의 식을 얻을 수 있다.
이 식에 $\frac{\triangle A}{A} = 2\%, \frac{\triangle K}{K} = 10\%, \frac{\triangle L}{L} = 5\%$를 대입하면 $\frac{\triangle Y}{Y} = 10.5\%$이다. 1인당 경제성장률은 경제성장률에서 인구증가율을 차감한 값으로 구할 수 있다. 경제성장률이 10.5%, 노동증가율이 5%이기에 노동자 1인당 소득증가율(1인당 경제성장률)은 5.5%가 된다.

1180
□□□

물가가 하방경직적일 때 총수요는 단기적으로 실질GDP에 영향을 미친다. O | X

물가가 하방경직적일 때 총공급곡선은 우상향하기에 총수요가 증가하면 실질GDP가 증가한다.

1181

총공급곡선이 $Y = \overline{Y} + \alpha(P - P^e)$인 총수요 - 총공급모형에서 경제가 현재 장기 균형상태에 있다. 이 경제의 중앙은행이 통화량을 감소시킬 경우, 물가 예상이 합리적으로 형성되고 통화량감소가 미리 예측된다면 물가는 즉시 감소하고 실질 GDP는 원래 수준을 유지한다. O | X

물가예상에 대한 기대가 합리적으로 형성되고 통화량감소가 미리 예측되면 단기에도 통화량 변화는 실질 GDP에 아무런 영향을미치지 않는다. 그러나 물가수준은 즉각 하락하게 된다. 왜냐하면 통화량이 감소하면 총수요곡선이 왼쪽으로 이동하게 되는데 통화량 감소가 예상되면 노동자들이 임금하락을 받아들이기 때문에 단기 총공급곡선도 오른쪽으로 이동하기 때문이다.

1182

단기 필립스곡선은 $\pi_t = \pi^e - 0.5(u_t - u^n)$이다. 중앙은행이 실업률을 u^n수준으로 달성하기 위해서는 통화량 증가율을 공표한 수준보다 더 높은 수준으로 바꾼다. O | X

$\pi_t = \pi^e$가 성립하면 실제실업률과 자연실업률이 일치하기에 자연실업률을 달성하려면 경제주체들이 인플레이션율을 정확하게 예상하도록 만들어주어야 한다. 중앙은행이 통화량 증가율을 일정 수준으로 유지한다고 발표한 후 이를 따르면 경제주체들이 인플레이션율을 정확하게 예상할 것이기에 실제실업률과 자연실업률이 같아진다.

1183

X재에 대한 수요곡선은 $P = -Q + 100$이다. X재의 시장이 독점시장이라면 독점기업이 이윤극대화를 할 때 설정하는 가격은 50원 이상이다. O | X

수요곡선이 우하향의 직선이면 중점에서는 수요의 가격탄력성이 1이기에 수요의 가격탄력성이 1일 때의 가격이 50원이다. 독점기업은 항상 수요의 가격탄력성이 1보다 큰 구간에서 재화를 생산하기에 독점기업이 설정하는 가격은 50원 이상이다.

1184

효용함수가 $U = X^6 Y^4$이고 예산제약식이 $3X + 4Y = 100$일 때 효용이 극대화되는 X재의 구매량은 $X = 20$이다. O | X

효용함수가 $U = X^6 Y^4$이면 X재의 수요함수는 $X = \dfrac{6}{10} \cdot \dfrac{M}{P_X}$이다. X재의 수요함수에 $P_X = 3$, $M = 100$을 대입하면 $X = 20$이다.

정답 1181 ○ 1182 X 1183 ○ 1184 ○

1185
□□□
완전경쟁시장에서 생산하는 A기업의 생산함수는 $Q = L^{0.5}K^{0.5}$이고, 단기적으로 자본을 2단위 투입한다. 노동과 자본의 가격이 각각 1일 경우, 이 기업의 손익분기점에서 시장가격은 2이다. O | X

단기에 자본이 2단위로 고정되어 있기에 생산함수 $Q = \sqrt{LK}$에 $K = 2$를 대입하면 단기생산함수 $Q = \sqrt{2L}$이다. 단기생산함수의 양변을 제곱하면 $Q^2 = 2L$, $L = (1/2)Q^2$이고, 노동과 자본의 가격이 모두 1이기에 단기비용함수 $C = L + K = (1/2)Q^2 + 2$이다. 비용함수를 Q로 나눈 평균비용 $AC = \frac{1}{2}Q + \frac{2}{Q}$이고, AC곡선 최소점이 손익분기점이기에 $\frac{dAC}{dQ} = \frac{1}{2} - \frac{2}{Q^2} = 0$, $Q = 2$이다. $Q = 2$를 평균비용곡선 식에 대입하면 $AC = 2$이다. 최소단기평균비용이 2이기에 시장가격이 2로 주어지면 이 기업은 정상이윤만을 얻는다. 그러므로 손익분기점에서의 시장가격은 2이다.

1186
□□□
과수원주인인 甲과 양봉업자인 乙이 경제활동을 하고 있는데, 과수원 덕분에 乙의 꿀 생산이 증가하고, 많은 꿀벌 덕분에 甲의 과수원 수확이 늘어났다. 甲과 乙은 서로 양의 외부성을 주고받았기에 시장실패에 대한 교정은 불필요하다. O | X

두 사람이 서로 상대방에게 양의 외부성을 미치고 있으나 각자의 생산활동에 의해 발생하는 외부효과의 정도가 같지 않다면 시장기구에 맡겨둘 경우 최적생산이 이루어지지 않는다. 과소생산이 되기에 시장실패에 대한 교정이 필요하다.

1187
□□□
분리된 두 시장 A, B에서 판매하고 있는 독점기업에 대한 수요곡선이 각각 $P_A = -Q_A + 20$이고, $P_B = -0.5Q_B + 10$이다. 한계비용이 5이고 이윤극대화를 추구하는 이 기업의 두 시장에서의 가격 차이는 5이다. O | X

시장 A에서의 수요함수가 $P_A = 20 - Q_A$이기에 한계수입 $MR_A = 20 - 2Q_A$, 시장 B에서의 수요함수가 $P_B = 10 - 0.5Q_B$이기에 한계수입 $MR_B = 10 - Q_B$이다. 가격차별 독점기업의 이윤극대화 조건 $MR_A = MR_B = MC$에서 한계비용 $MC = 5$로 일정하기에 $Q_A = 7.5$, $Q_B = 5$이다. $Q_A = 7.5$를 시장 A의 수요함수에 대입하면 $P_A = 12.5$, $Q_B = 5$를 시장 B의 수요함수에 대입하면 $P_B = 7.5$이다. 따라서 가격 차이는 5이다.

1188
□□□
솔로우(Solow)성장모형에 따를 때, 자본의 한계생산성 감소에 의해 저축의 증가가 지속적인 성장을 초래한다. O | X

저축률이 증가하여 1인당 자본량이 증가하면 자본의 한계생산물이 지속적으로 감소하기에 새로운 균제상태에 도달하면 경제성장률이 최초의 균제상태에서와 같아진다. 따라서 솔로우모형에서는 자본에 대한 수확체감현상 때문에 저축률이 상승하더라도 지속적으로 경제성장률이 높아지지 않는다.

정답 1185 ○ 1186 X 1187 ○ 1188 X

1189

루카스 *AS*가 우상향하는 것은 재화가격에 대한 불완전정보 때문이다.　　O | X

루카스의 불완전정보모형에서는 재화가격에 대한 정보불완전성 때문에 단기 총공급곡선이 우상향하는 것으로 설명한다.

1190

화폐수요함수가 $\dfrac{M}{P} = 500 + 0.2Y - 1,000i$ 이다. $Y = 1,000$, $i = 0.1$일 때 $P = 200$이라면 화폐유통속도는 $\dfrac{10}{6}$ 이다.　　O | X

화폐수요함수에 $Y = 1,000$, $i = 0.1$, $P = 200$을 대입하면 $M = 120,000$이다. 교환방정식 $MV = PY$에 $P = 200$, $Y = 1,000$, $M = 120,000$을 대입하면 $V = \dfrac{10}{6}$ 이다.

1191

신고전학파의 투자이론에서 감가상각률을 고려하지 않으면 자본재 1단위에 대한 투자의 기회비용은 자본재 1단위의 매매가격과 같다.　　O | X

일반적으로 자본재 1단위를 사용할 때의 기회비용을 의미하는 자본의 사용자비용 $C = (r + d)P_K$이나 감가상각이 없다면 자본재 1단위를 구입할 때의 기회비용은 자본재의 매매가격이 아니라 rP_K가 된다.

1192

실업급여를 계속 받기 위해 채용될 가능성이 낮은 곳에서만 일자리를 탐색하며 실업 상태를 유지하는 사람들이 실업자가 아니라 비경제활동인구로 분류될 때, 실업률과 경제활동참가율 모두 낮아진다.　O | X

채용될 가능성이 낮은 곳에서만 일자리를 탐색하면서 실업자로 지내는 사람을 경제활동인구에 속하는 실업자가 아니라 비경제활동인구로 분류하면 실업자와 경제활동인구가 모두 감소한다. 실업자 수와 경제활동인구의 수가 모두 감소하면 실업률도 낮아지고, 경제활동참가율도 낮아진다.

2015년

1193

시장수요곡선은 완전탄력적이고, 시장공급곡선은 우상향한다. 정부가 생산자에게 세금을 부과하여 공급곡선이 상방으로 이동하였다면, 생산자잉여는 감소한다.　　O | X

수요가 완전탄력적인 경우 조세가 부과되어 공급곡선이 상방으로 이동하면 균형거래량은 감소하나 시장가격은 전혀 변하지 않는다.

정답　1189 ○　　1190 ○　　1191 X　　1192 ○　　1193 ○

1194

베이글과 베이컨은 서로 대체재이다. 베이글의 원료인 밀가루 가격의 급등에 따라 베이글의 생산비용이 상승하였을 때, 베이컨 시장의 총잉여는 변함이 없다. O | X

베이글의 가격이 상승하면 대체재인 베이컨의 수요가 증가한다. 베이컨의 수요곡선이 오른쪽으로 이동하면 소비자잉여와 생산자잉여는 모두 증가하게 된다.

1195

기펜재(Giffen goods)는 절댓값을 기준으로 소득효과가 대체효과보다 작다. O | X

기펜재는 대체효과보다 소득효과가 더 크다.

1196

소득 – 여가 결정모형에서 시간당 임금이 하락할 경우, 소득효과가 대체효과보다 크다면 노동공급은 증가한다. O | X

임금하락 시에는 대체효과에 의해서는 노동공급이 감소하고 소득효과에 의해서는 노동공급이 증가하기에 소득효과가 대체효과보다 크면 노동공급이 증가한다.

1197

한 지역의 두 주유소 A, B가 꾸르노(Cournot)경쟁을 하고 있다. 이 지역의 휘발유에 대한 시장수요함수는 $Q = 8,000 - 2P$이고, A와 B의 한계비용은 1,000원으로 일정하다. 시장 전체의 생산량은 4,000이다. O | X

완전경쟁일 때의 생산량을 구해보자. 수요함수가 $P = 4,000 - \frac{1}{2}Q$이고, 한계비용 $MC = 1,000$으로 일정하기에 $P = MC$로 두면 $4,000 - \frac{1}{2}Q = 1,000$, $Q = 6,000$이다. 즉, 시장구조가 완전경쟁이면 6,000단위의 재화가 생산된다. 꾸르노모형에서 두 기업의 생산함수가 동일하다면 시장 전체의 생산량은 완전경쟁일 때의 $\frac{2}{3}$만큼 이기에 4,000단위가 된다.

1198

항상소득가설에 의하면 임시소비는 임시소득에 의해 결정된다. O | X

항상소득가설에 의하면 임시소득과 임시소비 사이에는 아무런 관계가 없다.

정답 1194 X 1195 X 1196 ○ 1197 ○ 1198 X

1199
☐☐☐

오쿤의 법칙(Okun's Law)에 따라 실업률이 1%p 증가하면 실질 GDP는 약 2%p 감소한다. 만약, 중앙은행이 화폐공급 증가율을 낮추어 인플레이션율은 10%에서 8%로 하락하였으나 실업률은 4%에서 8%로 증가하였을 경우, 희생비율은 2이다.　　　　　　　　　　　　　　　　　　　　　　O | X

실업률이 1%p 높아질 때 실질 GDP가 2%p 감소하기에 긴축적인 통화정책으로 실업률이 4%p 상승하는 경우 실질 GDP는 8%p 감소한다. 긴축적인 통화정책으로 인플레이션율이 2%p 하락하고 실질 GDP가 8%p 감소하기에 실질 GDP 감소율을 인플레이션율 하락률로 나눈 희생비율은 4로 계산된다.

1200
☐☐☐

광공업생산지수는 동행종합지수이다.　　　　　　　　　　　　　　　　　　　　O | X

동행종합지수는 현재의 경기상태를 나타내는 지표로서 광공업생산지수, 소매판매액지수, 비농림어업취업자수 등과 같이 국민경제 전체의 경기변동과 거의 동일한 방향으로 움직이는 7개 지표로 구성된다.

1201
☐☐☐

甲국과 乙국의 무역 개시 이전의 X재와 Y재에 대한 단위당 생산비가 다음과 같다. 교역조건(P_X/P_Y)이 0.55일 때 무역이 이루어진다.

구분	X재	Y재
甲국	5	10
乙국	8	13

O | X

자유무역이 이루어질 때 두 나라가 모두 무역의 이득을 얻기 위해서는 교역조건이 양국의 국내가격비 사이에서 결정되어야 한다. 각국의 X재 생산의 기회비용을 계산해보면 甲국에서는 $0.5(=\frac{5}{10})$이고, 乙국에서는 $0.62(=\frac{8}{13})$이기에 교역조건이 0.55일 때는 교역이 이루어진다.

1202
☐☐☐

외국인의 국내주식 구입은 국제수지표의 경상수지에 포함된다.　　　　　　　　　　O | X

외국인의 국내주식 구입은 경상수지가 아니라 자본·금융계정의 금융계정(증권투자)에 포함되는 거래이다.

1203

甲의 효용함수는 $U(x,y) = xy$이고, X재와 Y재의 가격이 각각 1과 2이며, 甲의 소득은 100이다. 예산제약하에서 甲의 효용을 극대화시키는 Y재의 소비량은 25이다. O | X

효용함수가 $U = XY$인 경우 X재와 Y재의 수요함수는 각각 $X = \dfrac{M}{2P_X}$, $Y = \dfrac{M}{2P_Y}$이다. 각 재화의 수요함수에 $P_X = 1$, $P_Y = 2$, $M = 100$을 대입하면 X재 소비량은 50단위, Y재 소비량은 25단위이다.

1204

효용함수 $U(x,y) = x + y$일 때 동일한 무차별곡선상에서 한계대체율은 체감한다. O | X

효용함수 $U = X + Y$를 Y에 대해 정리하면 $Y = -X + U$이기에 무차별곡선은 기울기(절댓값)가 1인 우하향의 직선임을 알 수 있다. 무차별곡선이 우하향의 직선이면 한계대체율이 일정하다.

1205

甲기업의 생산함수는 $f(K, L) = K^{\frac{1}{2}} L^{\frac{1}{4}}$이고, 산출물의 가격은 4, K의 가격은 2, L의 가격은 1일 때, 이윤을 극대화하는 甲기업의 자본고용량은 1이다. O | X

생산함수가 $Q = K^{\frac{1}{2}} L^{\frac{1}{4}}$이기에 이윤함수 $\pi = TR - TC$에서 $TR = P \times Q$, $TC = (wL + rK)$이기에 $\pi = 4K^{\frac{1}{2}} L^{\frac{1}{4}} - L - 2K$이다. 이제 이윤이 극대화되는 요소투입량을 구하기 위해 이윤함수를 L과 K에 대해 미분한 후에 0으로 두면

$$\frac{d\pi}{dL} = K^{\frac{1}{2}} L^{-\frac{3}{4}} - 1 = 0, \quad \frac{d\pi}{dK} = 2K^{-\frac{1}{2}} L^{\frac{1}{4}} - 2 = 0$$ 이기에 $K = L$의 관계가 도출된다. $K = L$을 위의 식에 대입하면 $K = 1$, $L = 1$이다.

1206

갑은 시장 내 노동수요독점자이며, 시장의 노동공급곡선은 $w = 800 + 10L$, 노동의 한계수입생산은 $MRP_L = 2,000 - 10L$이다. 이윤극대화를 추구하는 갑이 결정하는 임금은 1,200이다. O | X

총요소비용 $TFC_L = w \cdot L = 800L + 10L^2$이기에 이를 L에 대해 미분하면 한계요소비용 $MFC_L = 800 + 20L$이다. 이윤극대화 요소고용량을 구하기 위해 $MRP_L = MFC_L$에서 $2,000 - 10L = 800 + 20L$이기에 $L = 40$이다. $L = 40$을 노동공급곡선 식에 대입하면 $w = 1,200$이다.

1207
□□□ 수요곡선이 우하향의 직선인 경우 한계비용이 양(+)의 값을 갖는 독점기업의 단기균형에서 수요의 가격 탄력성은 1보다 크다. O | X

수요곡선이 우하향의 직선인 경우 수요의 가격탄력성이 1인 점에서는 한계수입이 0이고, 수요의 가격탄력성 이 1보다 작은 구간에서는 한계수입이 (−)이다. 그러므로 독점기업이 이윤극대화를 추구한다면 항상 수요의 가격탄력성이 1보다 큰 구간에서 생산한다.

1208
□□□ 독점기업 甲의 시장수요함수는 $P = 1,200 - Q_D$이고, 총비용함수는 $C = Q^2$이다. 정부가 甲기업에게 제품 한 단위당 200원의 세금을 부과할 때, 甲기업의 이윤극대화 생산량은 200이다. O | X

총비용함수에서 한계비용 $MC = 2Q$이다. 정부가 독점기업에게 단위당 200원의 조세를 부과하면 한계비용이 200원 상승하기에 조세 부과 후의 한계비용 $MC + T = 200 + 2Q$가 된다. 한편, 수요함수가 $P = 1,200 - Q$ 이기에 한계수입 $MR = 1,200 - 2Q$이다. 조세 부과 후의 이윤극대화 생산량을 구하기 위해 $MR = MC + T$ 로 두면 $1,200 - 2Q = 200 + 2Q$이기에 $Q = 250$이다.

1209
□□□ 甲기업이 새로운 프로젝트의 투자비용으로 현재 250원을 지출하였다. 1년 후 120원, 2년 후 144원의 수익을 얻을 수 있다. 할인율이 20%일 때, 이 프로젝트의 순현재가치(Net Present Value)는 50원이다. O | X

이자율이 20%이고, 투자안의 1년 뒤의 수익이 120원, 2년 뒤의 수익이 144원이기에 투자안의 현재가치는 $PV = \dfrac{120}{(1+0.2)} + \dfrac{144}{(1+0.2)^2} = 200$원이다. 투자비용이 250원이고, 투자안의 현재가치가 200원이기에 현재 가치에서 투자비용을 차감한 순현재가치는 −50원이다.

1210
□□□ 甲은행은 요구불예금 5,000만 원, 지급준비금 1,000만 원을 보유한다. 법정지급준비율이 5%라면 甲은행이 보유하고 있는 초과지급준비금은 750만 원이다. O | X

요구불예금이 5,000만 원이고 법정지급준비율이 5%이기에 법정지급준비금은 250만 원이다. 그런데 甲은행은 1,000만 원의 실제지급준비금을 보유하고 있기에 초과지급준비금은 750만 원이다.

1211
□□□ 甲국의 생산함수는 $Y = AK^{\frac{1}{3}} L^{\frac{2}{3}}$ 이다. 노동자 1인당 생산량증가율이 10%이고, 총요소생산성증가율은 7% 일 경우, 성장회계에 따른 노동자 1인당 자본량증가율은 9%이다. O | X

문제에 주어진 총생산함수의 양변을 L로 나누어 1인당 생산함수로 바꾸어 쓰면 $y = Ak^{\frac{1}{3}}$ 이다. 이를 증가율 로 나타내면 $\dfrac{\triangle y}{y} = \dfrac{\triangle A}{A} + \dfrac{1}{3}(\dfrac{\triangle k}{k})$이며, $10\% = 7\% + \dfrac{1}{3}(\dfrac{\triangle k}{k})$이기에 1인당 자본량 증가율 $\dfrac{\triangle k}{k} = 9\%$이다.

정답 1207 ○ 1208 X 1209 X 1210 ○ 1211 ○

1212

원/달러 명목환율, 한국과 미국의 물가지수가 다음과 같다. 2013년을 기준연도로 하였을 때, 2014년의 원/달러 실질환율은 상승률은 7%이다.

구분	2013년	2014년
원/달러 명목환율	1,000	1,100
한국의 물가지수	100	105
미국의 물가지수	100	102

O | X

두 나라에서 생산된 재화의 상대가격을 의미하는 실질환율($\epsilon = \dfrac{e \times P_f}{P}$)을 증가율 형태로 바꾸면

$\dfrac{d\epsilon}{\epsilon} = \dfrac{de}{e} + \dfrac{dP_f}{P_f} - \dfrac{dP}{P}$이다. 명목환율 상승률이 10%, 한국의 물가상승률이 5%, 미국의 물가상승률이 2%

이기에 실질환율 변화율은 $\dfrac{d\epsilon}{\epsilon} = 10\% + 2\% - 5\% = 7\%$이다.

2016년

1213

X재의 시장수요함수와 시장공급함수가 각각 $Q_D = 3,600 - 20P$, $Q_S = 300$이다. 정부가 X재 한 단위당 100원의 세금을 소비자에게 부과할 때 자중손실(deadweight loss)은 발생하지 않는다. O | X

공급함수 식 $Q_S = 300$은 재화 가격에 관계 없이 공급량이 300으로 고정되어 있다는 것을 뜻한다. 이는 공급곡선 식이 수직선이라는 의미이다. 공급곡선이 수직선인 경우 물품세가 부과되더라도 거래량이 전혀 변하지 않는다. 그러므로 물품세가 부과되더라도 사중적손실(deadweight loss)이 발생하지 않는다.

1214

소비자의 효용함수가 $U = 2XY$일 때, 한계대체율은 체감한다. O | X

효용함수가 $U = 2XY$일 때 $MRS_{XY} = \dfrac{MU_X}{MU_Y} = \dfrac{Y}{X}$이기에 한계대체율이 체감한다.

1215

甲기업의 단기 총비용함수가 $C = 25 + 5Q$일 때, 모든 생산량 수준에서 평균가변비용과 한계비용은 같다. O | X

총비용함수가 $C = 25 + 5Q$이기에 총고정비용 $TFC = 25$, 총가변비용 $TVC = 5Q$이다. 총가변비용을 Q에 대해 미분하면 한계비용 $MC = 5$이고, 총가변비용을 Q로 나누면 평균가변비용 $AVC = 5$이다.

정답 1212 ○ 1213 ○ 1214 ○ 1215 ○

1216
□□□

독점기업 甲은 X재를 판매하고 있다. 생산에 있어서 甲의 한계비용은 0이고, 甲이 직면하는 수요함수는 $Q = a - bP$이다. 甲이 각 시장에서 이윤극대화를 한 결과 재화의 가격은 $\frac{a}{2b}$이다. O | X

수요함수로부터 한계수입은 $MR = \frac{a}{b} - \frac{2}{b}Q$이다. 한계비용이 0이기에 $MR = \frac{a}{b} - \frac{2}{b}Q = 0$으로 두면 $\frac{2}{b}Q = \frac{a}{b}$, $Q = \frac{a}{2}$이다. 이를 수요함수에 대입하면 $P = \frac{a}{b} - \frac{1}{b} \cdot \frac{a}{2} = \frac{a}{2b}$이다.

1217
□□□

완전경쟁시장에서 이윤을 극대화하는 개별기업의 장기 비용함수가 $C = Q^3 - 4Q^2 + 8Q$이다. 완전경쟁시장의 장기 균형가격(P)은 4이다. O | X

완전경쟁시장의 장기균형에서 개별기업은 장기 평균비용곡선 최소점에서 재화를 생산하며, 장기 균형가격은 개별기업의 최소 장기 평균비용과 일치한다. 장기 평균비용은 장기 비용함수를 Q로 나눈 $AC = Q^2 - 4Q + 8$이며, 최소점은 Q로 미분하여 0으로 두고 구할 수 있다. $2Q - 4 = 0$, $Q = 2$이다. 이를 장기 평균비용함수에 대입하면 장기균형가격 $P = 4$이다.

1218
□□□

A국의 민간소비가 $C = 2 + 0.5Y$, 투자가 $I = 2 - r$, 정부지출이 $G = 3$이며, 실질화폐수요가 $\frac{M^D}{P} = 4 + 0.5Y - r$, 명목화폐공급이 $M^S = 3$이라면, 총수요곡선은 $Y = 4 + \frac{4}{P}$이다. O | X

$Y = C + I + G = (2 + 0.5Y) + (2 - r) + 3$이고 r에 대해 정리하면 IS곡선은 $r = 7 - 0.5Y$이다. $\frac{M^d}{P} = \frac{M^s}{P}$, $4 + 0.5Y - r = \frac{3}{P}$를 r에 대해 정리하면 LM곡선은 $r = (4 - \frac{3}{P}) + 0.5Y$이다. IS곡선과 LM곡선을 연립해서 풀면 $Y = 3 + \frac{3}{P}$이다.

1219
□□□

실물경기변동이론(real business cycle theory)에 따르면 불경기에는 생산의 효율성이 달성되지 않는다. O | X

실물적 경기변동론자들은 실물적인 충격이 발생하면 가계와 기업을 비롯한 경제주체들의 최적화 행동의 결과로 경기변동이 발생한다고 설명한다.

정답 1216 ○ 1217 ○ 1218 X 1219 X

1220
□□□

본원통화를 공급할 때 민간은 현금 보유분을 제외하고는 모두 은행에 예금하며, 은행은 예금 중 지급준비금을 제외하고는 모두 대출한다. 현금/예금비율이 0.2, 지급준비율이 0.1이면 통화승수의 크기는 4이다.

O | X

현금 - 예금비율 $k = 0.2$, 지급준비율 $z = 0.1$이기에 통화승수 $m = \dfrac{k+1}{k+z} = \dfrac{0.2+1}{0.2+0.1} = 4$이다.

1221
□□□

A국의 단기 필립스곡선은 $\pi = \pi^e - 0.4(u - u_n)$이다. 현재 실제인플레이션율과 기대인플레이션율은 동일하고, 기대인플레이션율이 불변일 경우, 실제인플레이션율을 2%p 낮추기 위해서는 실업률이 5%p 높아져야 한다.

O | X

문제에 주어진 필립스곡선 식을 보면 실제실업률(u)이 1%p 상승하면 인플레이션율(π)이 0.4%p 하락함을 알 수 있다. 그러므로 실제인플레이션율을 2%p 낮추려면 실업률이 5%p 높아져야 한다.

1222
□□□

솔로우(Solow)경제성장모형에서 1인당 생산함수는 $y = 2k^{1/2}$이다. 감가상각률이 0.2, 인구증가율과 기술진보율이 모두 0이라면, 이 경제의 황금률에서의 1인당 소비는 5이다.

O | X

인구증가율과 기술진보율이 모두 0인 경우 황금률에서는 $MP_K = d$가 성립한다. 1인당 생산함수를 k에 대해 미분하면 $MP_K = k^{-\frac{1}{2}} = \dfrac{1}{\sqrt{k}}$이기에, $\dfrac{1}{\sqrt{k}} = 0.2, k = 25$이다. $k = 25$를 1인당 생산함수에 대입하면 1인당 생산량 $y = 10$이다. 황금률에서는 노동소득분배율과 소비율이 동일하고, 자본소득분배과 저축률이 동일하다. 1인당 생산량 $y = 10$이고, 노동소득분배율이 50%이기에 황금률에서의 1인당 소비는 5이다.

1223
□□□

현재 소비자 甲은 주어진 소득 3,000원을 모두 사용하여 가격이 60원인 X재 20단위와 가격이 100원인 Y재 18단위를 소비하고자 한다. 이때 X재와 Y재의 한계효용이 각각 20으로 동일하다면 X재의 소비량은 증가시키고 Y재의 소비량은 감소시켜야 한다.

O | X

현재 상태에서는 $\dfrac{20}{60} = \dfrac{MU_X}{P_X} > \dfrac{MU_Y}{P_Y} = \dfrac{20}{100}$이기에 X재 1원어치의 효용이 Y재 1원어치의 효용보다 더 크다. 그러므로 효용을 극대화하려면 X재 소비량을 증가시키고 Y재 소비량을 감소시켜야 한다.

1224
□□□

甲의 효용함수는 $U(x,y) = xy$이고, X재와 Y재의 가격이 각각 2,000원과 8,000원이며, 소득은 100,000원이다. 예산제약하, 甲의 효용이 극대화되는 소비점에서 한계대체율(MRS_{XY})은 0.25이다.   O | X

소비자균형에서는 무차별곡선과 예산선이 접하기에 $MRS_{XY} = (P_X/P_Y)$가 성립한다. 즉, 효용이 극대화되는 점에서는 한계대체율이 두 재화의 상대가격과 일치한다. X재 가격이 2,000원, Y재 가격이 8,000원이기에 소비자균형에서 한계대체율은 상대가격 ($\frac{P_X}{P_Y}$)와 동일한 0.25이다.

1225
□□□

독점적 경쟁시장에서 개별기업의 장기적 이윤은 0이다.   O | X

독점적 경쟁시장에서는 진입과 퇴거가 자유롭기에 초과이윤이 발생하면 새로운 기업이 진입하고 손실이 발생하면 일부기업이 퇴거한다. 그러므로 장기균형에서 개별기업의 초과이윤은 0이 된다.

1226
□□□

독점기업의 한계수입곡선은 우상향하는 반면, 완전경쟁기업의 한계수입곡선은 우하향한다.   O | X

독점기업이 직면하는 수요곡선은 우하향의 형태이기에 수요곡선 하방에 위치하는 한계수입곡선도 우하향한다. 이에 비해 완전경쟁기업이 직면하는 수요곡선은 수평선이기에 수요곡선과 한계수입곡선이 일치한다. 그러므로 완전경쟁기업의 한계수입곡선은 수평선이다.

1227
□□□

甲기업의 공급함수는 $Q = 100 + 2P$이다. $P > 0$일 때 甲의 공급에 대한 가격탄력성 e는 모든 점에서 단위탄력적이다.   O | X

공급함수를 P에 대해 정리하면 $P = -50 + \frac{1}{2}Q$이기에 공급곡선이 수량 축을 통과하는 우상향의 직선임을 알 수 있다. 공급곡선이 수량 축을 통과하는 우상향의 직선일 때는 공급곡선 상의 모든 점에서 공급의 가격탄력성이 1보다 작다.

1228
□□□
甲은 X재와 Y재 두 재화를 1:1 비율로 묶어서 소비한다. 소득이 1,000이고 Y재의 가격이 10일 때 甲의 X재 수요함수는 $Q = 500 - P$이다. O | X

X재와 Y재를 1:1로 소비하는 소비자의 효용함수는 $U = \min[X, Y]$이기에 소비자균형에서는 항상 $X = Y$가 성립한다. 또한 소비자균형은 예산선 상에서 이루어지기에 예산제약식 $P_X \cdot X + P_Y \cdot Y = M$이 성립한다.

이 두 식을 연립해서 풀면 $X(P_X + P_Y) = M$이기에 X재 수요함수는 $X = \dfrac{M}{P_X + P_Y}$이다. 이 식에 $M = 1{,}000$, $P_Y = 10$을 대입하면 $Q_X = \dfrac{1{,}000}{10 + P_X}$이다.

1229
□□□
A국의 생산가능인구는 500만 명, 취업자 수는 285만 명, 실업률이 5%일 때, A국의 경제활동참가율은 60%이다. O | X

취업자 수 285만 명일 때 실업률(u)이 5%이기에 $u = \dfrac{U}{285 + U} = 0.05$가 성립하여, 실업자 수($U$) = 15만 명으로 계산된다. 취업자가 285만 명이고 실업자가 15만 명이기에 이를 합한 경제활동인구는 300만 명이다. 생산가능인구가 500만 명이고, 경제활동인구가 300만 명이기에 경제활동참가율은 60%이다.

1230
□□□
폐쇄경제인 A국의 국민소득(Y)이 5,000이고 정부지출(G)이 1,000이며 소비(C)와 투자(I)가 각각 $C = 3{,}000 - 50r$, $I = 2{,}000 - 150r$과 같이 주어진다. 균형상태에서의 총저축은 1,250이다. O | X

문제에 주어진 수치를 GDP항등식 $Y = C + I + G$에 대입하면 균형이자율 $r = 5$이다. $r = 5$를 투자함수 $I = 2{,}000 - 150r$에 대입하면 $I = 1{,}250$이다. 폐쇄경제에는 국내총저축과 총투자가 일치하기에 균형에서의 총저축도 1,250임을 알 수 있다.

1231
□□□
A국의 총생산함수가 $Y = K^{1/2}L^{1/2}$일 때, 자본량이 일정할 때, 인구가 증가하면 1인당 국민소득은 감소한다. O | X

자본량이 일정할 때 인구가 증가하면 1인당 자본량(k)이 감소하기에 1인당 국민소득(y)도 감소한다.

1232
□□□
개방경제인 A국의 $GDP(Y)$는 100, 소비(C)는 $0.7Y$, 투자(I)는 $I = 30 - 2r$이다. r이 5일 경우, A국의 순수출은 5이다. O | X

$Y = 100$을 소비함수에 대입하면 $C = 70$이고, $r = 5$를 투자함수에 대입하면 $I = 20$이다. 정부부문이 없기에 GDP항등식은 $Y = C + I + (X - M)$이다. GDP항등식에 문제에 주어진 수치를 대입하면 순수출$(X - M) = 10$이다.

정답 1228 X   1229 ○   1230 ○   1231 ○   1232 X

1233
□□□

복점(duopoly)시장에서 기업 A와 B의 보수행렬이 다음과 같을 때 내쉬균형은 3개이다.

(A 보수, B 보수)		B		
		전략 1	전략 2	전략 3
A	전략 1	(7, 7)	(5, 8)	(4, 9)
	전략 2	(8, 5)	(6, 6)	(3, 4)
	전략 3	(9, 4)	(4, 3)	(0, 0)

O | X

기업 B가 전략 1을 선택하면 A는 전략 3선택이 최선이다. 기업 B가 전략 2를 선택하면 기업 A도 전략 2를, 기업 B가 전략 3을 선택하면 기업 A는 전략 1선택이 최선이다. 기업 A가 전략 1을 선택하면 B는 전략 3 선택이 최선이고, 기업 A가 전략 2를 선택하면 기업 B도 전략 2, 기업 A가 전략 B을 선택하면 기업 B는 전략 1을 선택하는 것이 최선이다. 그러므로 이 게임에는 (전략 1, 전략 3), (전략 2, 전략 2), (전략 3, 전략 1)의 세 개의 내쉬균형이 존재한다.

1234
□□□

현재 생산량에서 한계수입이 한계비용보다 높은 상태라면 독점기업은 이윤극대화를 위하여 가격을 인상하여야 한다.

O | X

현재 생산량 수준에서 $MR > MC$라면 이윤극대화를 위해서는 생산량을 증가시켜야 하는데, 독점기업이 직면하는 수요곡선은 우하향하기에 생산량을 증가시키면 가격이 하락한다. 그러므로 $MR > MC$라면 독점기업은 가격을 인하해야 한다.

1235
□□□

완전경쟁시장에서 개별기업의 단기 총비용곡선이 $STC = 30 + \dfrac{q^2}{100}$ 일 때 단기 공급곡선은 $q_s = 50P$이다.

O | X

총비용함수를 미분하면 한계비용 $MC = \dfrac{1}{50}q$이다. 완전경쟁시장에서 개별기업의 공급곡선은 한계비용곡선이기에 $P = MC$로 두면 공급곡선 식을 구할 수 있다. 그러므로 개별기업의 공급곡선 식은 $P = \dfrac{1}{50}q$ 혹은 $q = 50P$가 된다.

정답 1233 ○ 1234 X 1235 ○

1236
□□□

X재와 Y재 소비에 대한 乙의 효용함수는 $U = 12x + 10y$이고, 소득은 1,500이다. X재의 가격이 15일 때 乙은 효용극대화를 위해 X재만 소비한다. 만약 乙이 멤버십에 가입하면 Y재를 단위당 10에 구매할 수 있다. 乙이 멤버십에 가입하기 위해 지불할 용의가 있는 최대금액은 300이다. O | X

을의 소득이 1,500이기에 X재 가격이 15일 때 X재만 구입하였다면 X재 구입량은 100단위이다. 을의 효용 함수가 $U = 12x + 10y$이기에 X재를 100단위 소비할 때 을의 효용은 1,200이다. 이제 을이 일정 금액을 내고 Y재를 멤버십에 가입하면 Y재를 단위당 10의 가격으로 구입할 수 있게 되는데, Y재 소비를 통해 1,200의 효용을 얻으려면 Y재 소비량이 120단위가 되어야 한다. 10의 가격으로 Y재 120단위를 구입하는 데는 1,200이 소요되기에 을이 멤버십에 가입하기 위해 지불할 용의가 있는 최대금액은 300이 된다.

1237
□□□

현재 미국의 빅맥 가격은 3달러이고, 영국의 빅맥 가격은 2파운드이며, 현재 시장환율이 1파운드에 2달러이다. 빅맥 가격을 기준으로 구매력평가설이 성립할 때, 현재 파운드는 고평가되었다. O | X

영국에서는 빅맥 가격이 2파운드이고 미국에서는 3달러이기에 구매력평가로 보면 환율이 1파운드 = 1.5달러가 되어야 한다. 그런데 현재 시장환율이 1파운드 = 2달러이기에 파운드가 구매력평가에 비해 약 33% 고평가된 상태이다.

1238
□□□

소비자물가지수를 구성하는 소비지출 구성이 다음과 같다면, 소비자물가지수 상승률은 7%이다.

구분	식료품비	교육비	교통통신비	주거비	기타
구성비	40%	20%	10%	20%	10%
물가 상승률	10%	10%	–	5%	–

O | X

소비자물가지수에서 차지하는 식료품비의 가중치가 40%, 교육비의 가중치가 20%, 주거비의 가중치가 20%이고, 각각의 상승률이 10%, 10%, 5%이기에 소비자물가 상승률은 다음과 같이 계산한다.
소비자물가상승률 $= (0.4 \times 10) + (0.2 \times 10) + (0.2 \times 5) = 7\%$

1239
□□□

단기 총공급곡선이 가파를수록 단기 필립스곡선은 가파른 모양을 가진다. O | X

필립스곡선과 단기 총공급곡선은 동일한 속성을 나타내기에 물가 변화에 신축적 대응이 가능할수록 총공급곡선과 필립스곡선은 수직의 형태에 가까워진다.

Part 3

2022 해커스공무원 局경제학 핵심 기출 OX 1592

1240
☐☐☐

미국인의 국내 주식에 대한 투자 증가는 원/달러 환율의 하락(원화 강세)을 야기한다. O | X

미국인의 국내 주식에 대한 투자가 증가하면 외환의 공급증가로 환율이 하락한다.

1241
☐☐☐

리카디언 등가정리(Ricardian equivalence theorem)가 성립할 경우 정부지출 확대정책은 어떠한 경우에도 경제에 영향을 줄 수 없다. O | X

리카디언 등가정리의 내용은 정부지출 확대정책이 경제에 영향을 미치지 않는다는 것이 아니라 확대적인 재정정책을 실시할 때 재원 조달 방식을 조세에서 국채로 바꾸더라도 정책의 효과가 달라지지 않는다는 것이다.

1242
☐☐☐

폐쇄경제인 A국에서 화폐수량설과 피셔방정식(Fisher equation)이 성립한다. 화폐유통속도가 일정하고, 실질 경제성장률이 2%, 명목이자율이 5%, 실질이자율이 3%인 경우 통화증가율은 4%이다. O | X

피셔효과에 의하면 명목이자율은 실질이자율과 인플레이션율의 합으로 나타내어지기에 명목이자율이 5%, 실질이자율이 3%이면 인플레이션율이 2%이다. 유통속도가 일정하고 실질경제성장률과 인플레이션율이 각각 2%이기에 교환방정식 $MV = PY$를 증가율 형태로 나타낸 식 $\frac{dM}{M} + \frac{dV}{V} = \frac{dP}{P} + \frac{dY}{Y}$에 대입하면 $\frac{dM}{M} + 0\%$ $= 2\% + 2\%$으로 통화증가율 $(dM/M) = 4\%$임을 알 수 있다.

1243
☐☐☐

소득이 600인 소비자 甲은 X재와 Y재만을 소비하며 효용함수는 $U = x + y$이다. $P_X = 20$, $P_Y = 15$이던 두 재화의 가격이 $P_X = 20$, $P_Y = 25$로 변할 때 X재 소비를 30단위 증가시킨다. O | X

효용함수 $U = X + Y$를 정리하면 $Y = -X + U$이기에 무차별곡선은 기울기가 1인 우하향의 직선이다. $P_X = 20$, $P_Y = 15$이면 예산선의 기울기 $\frac{P_X}{P_Y} = \frac{4}{3}$이기에 무차별곡선이 예산선보다 완만하기에 소득 600 전부를 Y재 구입에 지출할 것이므로 재화구입량은 $(X, Y) = (0, 40)$이다. 두 재화의 가격이 $P_X = 20$, $P_Y = 25$로 바뀌면 예산선의 기울기 $\frac{P_X}{P_Y} = \frac{4}{5}$이기에 예산선이 무차별곡선보다 더 완만해지기에 가격변화 이후에는 소비자는 소득 전부를 X재 구입에 지출할 것이므로 재화구입량은 $(X, Y) = (30, 0)$이다. 결과적으로 X재 구입량은 30단위 증가하고 Y재 구입량은 40단위 감소함을 알 수 있다.

1244 □□□ 완전경쟁시장에서 이윤극대화를 추구하는 기업들의 장기 비용함수는 $C = 0.5q^2 + 8$로 모두 동일하다. 시장 수요함수가 $Q_D = 1,000 - 10P$일 때, 장기균형에서 시장 참여기업의 수는 240개이다. O | X

개별기업의 장기 비용함수 $C = 0.5q^2 + 8$에서 장기 평균비용 $LAC = 0.5q + \dfrac{8}{q}$이다. 장기 평균비용함수를 Q에 대해 미분한 뒤 0으로 두면 $\dfrac{dLAC}{dq} = 0.5 - \dfrac{8}{q^2} = 0$, $q = 4$이고, $q = 4$를 장기 평균비용함수에 대입하면 최소 장기 평균비용은 4임을 알 수 있다. 장기 균형가격이 4이므로 시장수요함수에 대입하면 장기 시장균형생산량은 $1,000 - 10 \times 4 = 960$이다. 개별기업 장기 균형생산량이 4이므로 장기에 $960 \div 4 = 240$개의 기업이 존재한다.

1245 □□□ 사과 수요의 감귤 가격에 대한 교차탄력성은 0.9, 사과 수요의 배 가격에 대한 교차탄력성은 -1.5이다. 이때, 사과는 배와 대체재이고 사과는 감귤과 보완재이다. O | X

교차탄력성이 0보다 크면 두 재화는 서로 대체재이고, 교차탄력성이 0보다 작으면 두 재화는 서로 보완재이기에 사과와 감귤은 대체재, 사과와 배는 보완재이다.

1246 □□□ 영화관 A의 티켓에 대한 수요함수가 $Q = 160 - 2P$일 때, A의 판매 수입이 극대화되는 티켓 가격은 40이다. O | X

판매자의 총수입은 수요의 가격탄력성이 1일 때 극대가 되는데, 수요함수가 $P = 80 - 0.5Q$이기에 우하향의 직선이다. 수요함수가 우하향의 직선일 때는 중점에서 수요의 가격탄력성이 1이기에 판매자의 총수입이 극대가 되는 가격은 40임을 알 수 있다.

1247 □□□ 어느 마을에 염소를 방목할 수 있는 공동목초지가 있다. 염소를 방목하여 기를 때 얻는 총수입은 $R = 10 - (20X - X^2)$이고, 염소 한 마리에 소요되는 비용은 20이다. 만약 주민들이 아무런 제한 없이 각자 염소를 목초지에 방목하면 방목하게 되는 염소의 수는 18마리이다. O | X

염소를 방목할 때의 총수입 $TR = 200X - 10X^2$이고, 염소 한 마리에 소요되는 비용이 20이기에 총비용 $TC = 20X$이다. 그러므로 이윤함수 $\pi = TR - TC = (200X - 10X^2) - 20X$이다. 마을 주민들이 아무런 제약 없이 염소를 목초지에 방목하는 경우 이윤이 0보다 크다면 계속해서 방목하는 염소의 수가 늘어날 것이기에 결국 염소의 수는 이윤이 0이 되는 수준에서 결정된다. 이윤함수를 0으로 두면 $\pi = 180X - 10X^2 = 0$이기에 양변을 X로 나누어주면 $180 - 10X = 0$, $X = 18$이다.

정답 1244 ○ 1245 X 1246 ○ 1247 ○

1248 □□□ 자연실업률은 구조적 실업만이 존재하는 실업률이다. O | X

자연실업률은 구조적 실업만 존재할 때의 실업률이 아니라 마찰적 실업과 구조적 실업만 있을 때의 실업률이다.

1249 □□□ 실물경기변동이론에 따르면 불경기에도 가계는 기간별 소비 선택의 최적 조건에 따라 소비를 결정한다. O | X

외부충격에 의한 경제주체들의 최적화 결과로 경기변동이 발생한다는 것을 새고전학파의 경기변동론이라 한다. 최적화 결과로 사회적 후생손실은 없다고 보기에, 경기변동을 기본적으로 균형현상으로 파악한다.

1250 □□□ 자본이동이 완전히 자유롭고 고정환율제인 먼델 - 플레밍모형에서 해외이자율이 상승할 경우, 환율은 불변이고, 생산량은 감소한다. O | X

자본이동이 완전히 자유로운 경우 소국의 BP곡선은 주어진 국제이자율 수준에서 수평선이기에 국제이자율이 상승하면 BP곡선이 상방으로 이동한다($BP_0 \rightarrow BP_1$). 또한 국제이자율이 상승하면 외국으로 자본유출이 이루어지기에 외환수요가 증가하여 환율상승 압력이 발생하기에 고정환율제도하에서는 환율을 일정하게 유지하기 위해서 중앙은행이 외환을 매각해야 한다. 따라서 통화량이 감소하고, LM곡선이 왼쪽으로 이동하기에 국민소득이 감소한다($LM_0 \rightarrow LM_1$).

1251 □□□ 중앙은행이 시중은행으로부터 채권을 매입하면 통화량이 감소한다. O | X

중앙은행이 시중은행으로부터 채권을 매입하면 중앙은행에서 시중은행으로 자금이 공급되기에 본원통화가 증가한다. 본원통화가 증가하면 통화량이 증가하게 된다.

1252 □□□ 효율성임금(efficiency wage)이론에 따르면 효율성임금을 지급하면 노동자의 생산성을 높일 수 있다. O | X

효율성임금이론에 의하면 기업이 효율성임금을 지급하면 노동자들의 근무 태만(도덕적 해이)이 줄어들기 때문에 노동자의 생산성을 높일 수 있다.

정답 1248 X   1249 ○   1250 ○   1251 X   1252 ○

1253
□□□

주간 근무자 수당은 1만 원, 야간 근무자의 수당은 1만 5천 원인 것은 가격차별이다. O | X

야간 근무자에게 주간 근무자보다 더 높은 수당을 지급하는 것은 근무여건의 차이에 따라 서로 다른 임금을 지급하는 것이기에 가격차별로 볼 수 없다. 근무가 힘든 야간 근무자에게 주간 근무자보다 더 높은 수당을 지급하는 것은 보상격차에 해당한다.

1254
□□□

완전경쟁시장에서 개별기업은 장기 평균비용의 최저점에서 생산한다. O | X

개별 기업의 이윤극대화점은 장기 평균비용의 최저점과 같다. 즉, 개별 기업은 장기 평균비용의 최저점에서 생산한다.

1255
□□□

기업 A의 생산함수는 $Q = \min\{L, K\}$일 때 비용함수는 $C(w, r, Q) = (w+r)Q$로 표시된다. O | X

생산함수가 $Q = \min\{L, K\}$이기에 생산자균형에서는 $Q = L = K$가 성립한다. 그러므로 비용함수 $C = wL + rK$를 $C = (w+r)Q$와 같이 나타낼 수 있다.

1256
□□□

효용을 극대화하는 甲은 1기의 소비(c_1)와 2기의 소비(c_2)로 구성된 효용함수 $U(c_1, c_2) = c_1 c_2^2$을 가지고 있다. 甲은 두기간 모형에서 1기에 3,000만 원, 2기에 3,300만 원의 소득을 얻고, 이자율 10%로 저축하거나 빌릴 수 있다. 갑은 1기에 1,000만 원을 저축할 것이다. O | X

효용함수가 $U(C_1, C_2) = C_1 C_2^2$이기에 현재소비와 미래소비 간의 한계대체율을 구해보면 $MRS_{C_1 C_2} = \dfrac{M_{C_1}}{M_{C_2}} = \dfrac{C_2}{2C_1}$이다. 소비자균형에서는 무차별곡선과 예산선이 접하기에 $MRS = (1+r)$로 두면 $\dfrac{C_2}{2C_1} = 1.1$, $C_2 = 2.2 C_1$이 성립한다. 1기 소득 $Y_1 = 3,000$, 2기 소득 $Y_2 = 3,300$, 이자율 $r = 0.1$을 두기간 모형의 예산제약식 $\left(Y_1 + \dfrac{Y_2}{(1+r)} = C_1 + \dfrac{C_2}{(1+r)}\right)$에 대입하면 $3,000 + \dfrac{3,300}{1.1} = C_1 + \dfrac{C_2}{1.1}$이다. 이제 소비자 균형 조건 $C_2 = 2.2 C_1$과 예산제약식 $3,000 + \dfrac{3,300}{1.1} = C_1 + \dfrac{C_2}{1.1}$을 연립해서 풀면 $3C_1 = 6,000$, $C_1 = 2,000$이다. 현재 소득이 3,000이고, 현재 소비가 2,000이기에 1기 저축은 1,000임을 알 수 있다.

정답 1253 X   1254 ○   1255 ○   1256 ○

1257
□□□

두 생산요소 노동(L)과 자본(K)을 투입하는 생산함수 $Q=2L^2+2K^2$에서 규모수익은 체감한다. O | X

생산함수의 L과 K를 모두 t배하면 $2(tL)^2+2(tK)^2=t^2Q$이기에 주어진 생산함수는 2차 동차함수이다. 생산함수가 1차 동차보다 클 때는 규모에 대한 수익이 체증한다. 생산함수를 L에 대해 미분하면 $MP_L=4L$이기에 노동의 한계생산물이 체증함을 알 수 있다.

1258
□□□

솔로우경제성장모형에서 균제 상태에 있으면, 총자본스톡 증가율과 인구 증가율이 같다. O | X

솔로우모형에서는 자본 증가율($\frac{sf(k)}{k}$)과 인구 증가율(n)이 동일할 때, $\frac{sf(k)}{k}=n$에서 자본과 노동이 모두 완전고용되는 균제상태가 달성된다.

1259
□□□

모든 시장이 완전경쟁 상태인 경제에서 총생산함수는 $Y=AL^{2/3}K^{1/3}$이다. 매년 L, K, A가 각각 3%씩 증가하는 경제에서 경제성장률은 3%이다. O | X

$\frac{\Delta Y}{Y}=\frac{\Delta A}{A}+\frac{2}{3}\times\frac{\Delta L}{L}+\frac{1}{3}\times\frac{\Delta K}{K}$에서 L, K, A가 모두 3% 증가하면 생산량이 6% 증가한다. 그러므로 경제성장률은 6%이다.

1260
□□□

위험자산의 수익률 평균은 수직축, 수익률 표준편차는 수평축에 나타낼 때, 투자자의 무차별곡선 형태는 위험기피적인 경우 우상향하고, 위험애호적인 경우 우하향하며, 위험중립적인 경우에는 수평이다. O | X

위험기피자에게 있어서는 위험이 (−)의 효용을 주는 비재화(bads)이기에 위험기피자의 무차별곡선은 우상향의 형태가 된다. 이에 비해 위험애호자에게는 위험이 (+)의 효용을 주는 재화(goods)이기에 무차별곡선이 우하향의 형태로 그려진다. 위험중립자의 효용은 위험의 크기에 관계 없이 오로지 기대수익에 의해서만 결정된다. 즉, 위험중립자에게 있어서는 위험(표준편차)이 중립재이기에 위험중립자의 무차별곡선은 수평선의 형태가 된다.

정답 1257 X   1258 ○   1259 ○   1260 ○

1261
□□□

총수요 - 총공급모형에서 일시적인 음(-)의 총공급 충격이 발생한 경우 확장적 통화정책은 국민소득을 감소시킨다. O | X

확장적 통화정책을 실시하면 LM곡선이 오른쪽으로 이동하여 총수요곡선이 오른쪽으로 이동한다. 그러므로 국민소득과 물가는 증가한다.

1262
□□□

경기안정화 정책에서 소득세가 비례세보다는 정액세일 경우에 정부지출의 국민소득 증대 효과는 크게 나타난다. O | X

비례세가 존재하면 정액세만 있을 때보다 승수가 작아지기에 확대재정정책을 실시할 때 국민소득이 작게 증가한다.

1263
□□□

乙국의 정부는 규제가 없는 노동시장에 균형임금보다 높은 수준에서 최저임금제를 도입하려고 한다. 이때 甲국은 노동시장에서 초과공급이 발생한다. O | X

균형임금보다 높은 임금에서 최저임금제가 실시되면 수요량이 감소하고 공급량이 증가하기에 노동시장에서 초과공급이 발생한다.

1264
□□□

주유소에서 휘발유를 구입하는 모든 소비자들은 항상 "5만 원어치 넣어주세요"라고 한다. 현재의 균형상태에서 휘발유의 공급이 감소한다면, 휘발유의 가격은 상승한다. O | X

휘발유 소비자들은 항상 일정 금액의 휘발유를 구입하기에(정액구매) 수요곡선이 직각쌍곡선이다. 수요곡선이 직각쌍곡선이면 우하향의 형태이기에 휘발유 공급이 감소하면 휘발유 가격이 상승한다.

1265
□□□

평균비용곡선이 U자 형태일 때, 총평균비용이 하락하는 구간에서는 한계비용이 총평균비용보다 크다. O | X

평균비용곡선이 U자 형태일 때 평균비용이 하락하는 구간에서는 한계비용곡선이 평균비용곡선 하방에 위치하고, 평균비용이 증가하는 구간에서는 한계비용곡선이 평균비용곡선의 상방에 위치한다.

정답 1261 X   1262 ○   1263 ○   1264 ○   1265 X

1266

甲의 효용함수는 $U = \sqrt{LF}$ 이며 하루 24시간을 여가(L)와 노동($24-L$)에 배분한다. 甲은 노동을 통해서만 소득을 얻으며, 소득은 모두 식품(F)을 구매하는 데 사용한다. 시간당 임금은 10,000원, 식품의 가격은 2,500원이다. 甲이 예산제약하에서 효용을 극대화할 때, 여가시간은 12시간이다. O | X

효용함수가 $U = \sqrt{LF}$ 이기에 한계대체율 $MRS_{LF} = \dfrac{M_L}{M_F} = \dfrac{F}{L}$ 이다. 소비자는 노동을 통해 얻은 소득을 모두 가격이 2,500원인 식품 구입에 지출하기에 예산제약은 $2,500F = 10,000(24-L)$, $F = 4(24-L)$이 된다. 소비자균형에서는 무차별곡선과 예산선이 접하기에 $\dfrac{F}{L} = 4$가 성립한다. 이를 예산제약식과 연립해서 풀면 $L = 12$, $F = 48$이다.

1267

소비자 甲이 두 재화 X, Y를 소비하고 효용함수는 $U(x,y) = \min(x+2y, \ 2x+y)$이다. 무차별곡선은 45°선을 기준으로 꺾어진 형태로 도출된다. O | X

주어진 효용함수 $U = \min[X+2Y, \ 2X+Y]$는 레온티에프 생산함수의 변형으로 무차별곡선이 꺾어진 형태로 도출된다. $X+2Y > 2X+Y$, $Y > X$이면 $U = 2X+Y$이다. 이를 Y에 대해 정리하면 $Y = -2X+U$이기에 $Y > X$인 45°선 위쪽 영역에서는 무차별곡선 기울기(절댓값)가 2인 우하향의 직선이다. 한편, $X+2Y < 2X+Y$, $Y < X$이면 $U = X+2Y$이다. 이를 Y에 대해 정리하면 $Y = \dfrac{1}{2}X + \dfrac{1}{2}U$이기에 $Y < X$인 45°선 아래쪽 영역에서는 무차별곡선은 기울기가 $-\dfrac{1}{2}$(절댓값)인 우하향의 직선이다.

1268

정부의 이전지출은 GDP증가 요인이다. O | X

정부의 이전지출은 구매력 이전이기에 GDP에 포함되지 않는다.

1269

루카스(R. Lucas)는 정책이 변하면 경제주체의 기대도 바뀌게 되는 것을 고려해야 한다고 주장하였다. O | X

경제상황과 관계없이 소비성향, 투자성향 등이 일정하다는 가정하에서 이루어진 분석은 타당하지 않다는 것이 루카스 비판으로, 정책효과를 달성하기 위해서는 정책변화에 따른 경제구조 변화를 고려하여 정책을 수립하고 집행해야 한다는 주장이다.

정답 1266 ○ 1267 ○ 1268 X 1269 ○

1270

수량방정식($MV = PY$)과 피셔효과가 성립하는 폐쇄경제에서 화폐유통속도(V)가 일정하고, 인플레이션율이 2%, 통화 증가율이 5%, 명목이자율이 6%라고 할 때, 실질경제성장률은 3%이다.　　O | X

유통속도가 일정하기에 $\dfrac{dV}{V} = 0$이고, 인플레이션율이 2%이기에 $\dfrac{dP}{P} = 2\%$, 통화 증가율이 5%이기에 $\dfrac{dM}{M} = 5\%$

이다. 이 수치를 $MV = PY$를 증가율로 나타낸 $\dfrac{dM}{M} + \dfrac{dV}{V} = \dfrac{dP}{P} + \dfrac{dY}{Y}$에 대입하면 실질경제성장률이 3%

임을 알 수 있다.

1271

투자자 甲은 100으로 x만큼 기업 A, 나머지를 B의 주식에 투자한다. 표는 기업 A의 신약 임상실험 성공 여부에 따른 기업 A, B의 주식투자 수익률이다. 결과와 관계없이 동일한 수익을 얻을 수 있도록 하는 x는 40이다.

수익률　　　　A의 성공 여부	성공	실패
기업 A	30%	0%
기업 B	− 10%	10%

O | X

기업 A에 x, 기업 B에 $(100-x)$를 투자할 때 기대수익은 임상실험이 성공할때와 실패할 때로 나누어 구할 수 있다.
- 성공할 때의 기대수익: $(0.3 \times x) + [-0.1 \times (100 - x)] = 0.4x - 10$
- 실패할 때의 기대수익: $(0 \times x) + (0.1 \times (100 - x)) = -0.1x + 10$

임상실험 결과와 관계없이 기대수익이 동일하기에 $0.4x - 10 = -0.1x + 10$으로 두면 $x = 40$이다.

1272

한국 기업이 외국인 투자자에게 배당금을 지불하는 것은 국제수지표의 금융계정(financial account)에 포함된다.　　O | X

배당금 지불은 금융계정이 아니라 경상수지(본원소득수지)에 포함된다.

Part 3

2022 해커스공무원 局경제학 핵심 기출 OX 1592

1273
□□□

이윤극대화를 추구하는 독점기업 M이 직면한 수요곡선은 $P=10,000-2Q$이고 총비용곡선은 $TC=2,000Q$라고 한다. 이 기업의 독점으로 인한 사회적 손실은 $4,000,000$이다. ○ | X

수요함수가 $P=10,000-2Q$이기에 한계수입 $MR=10,000-4Q$이고, 비용함수를 미분하면 $MC=2,000$이다. 이윤극대화 생산량을 구하기 위해 $MR=MC$로 두면 $10,000-4Q=2,000$이기에 $Q=2,000$, $P=6,000$이다. 독점에 따른 사회적인 후생손실은 $4,000,000(=1/2×2,000×4,000)$으로 계산된다.

1274
□□□

국내총생산(GDP)은 일정기간 동안 한 나라 안에서 생산된 모든 생산물의 시장가치이다. ○ | X

GDP는 일정기간 동안 한 나라 안에서 생산된 '모든 생산물'의 시장가치가 아니라 '모든 최종생산물'의 시장가치이다.

1275
□□□

물가가 하락하면 LM곡선은 좌측으로 이동한다. ○ | X

물가가 하락하면 실질통화량이 증가하기에 LM곡선이 우측으로 이동한다.

1276
□□□

미국 달러에 대한 원화가격이 1달러당 1,100원에서 1,200원으로 상승할 때 미국으로 우리나라의 자본이 유출되어 자본수지가 악화된다. ○ | X

환율이 상승하면 경상수지가 개선되는데, 경상수지와 자본수지는 균형을 이루기에 자본수지는 악화된다.

정답 1273 ○ 1274 X 1275 X 1276 ○

1277
☐☐☐
부동산 가격의 급락할 때 가계의 자산가치가 감소하여 소비가 감소하므로 총수요곡선이 왼쪽으로 이동한다.

O | X

부동산 가격하락으로 민간이 보유한 자산의 가치가 감소하면 민간소비가 위축된다. 민간소비가 감소하면 총수요곡선이 왼쪽으로 이동하기에 물가가 하락하고 실질 GDP가 감소한다.

1278
☐☐☐
C국가의 중앙은행은 아래와 같은 통화정책 반응함수에 의하여 이자율을 결정한다.

$$r = 0.02 + 0.5 \times (\pi - 0.02) - \frac{0.5(Y^* - Y)}{Y^*}$$

전기의 인플레이션율은 4%였고 잠재총생산과 실제총생산은 동일하였다. 이번 기에는 인플레이션율이 3%이었고 잠재총생산 대비 경기침체 갭($Y^* - Y$)이 1% 발생하였다. 이 경우 이자율은 2%이다. O | X

전기에는 인플레이션율 $\pi = 0.04$이고, 잠재총생산 대비 경기침체 갭 $\frac{Y^* - Y}{Y^*} = 0$이기에 주어진 식에 대입하면 전기 이자율은 3%임을 알 수 있다. 이번 기에는 인플레이션율 $\pi = 0.03$이고, 잠재총생산 대비 경기침체 갭 $\frac{Y^* - Y}{Y^*} = 0.01$이기에 문제의 식에 대입하면 이번 기 이자율은 2%로 계산된다. 즉, 이자율을 3%에서 2%로 1%만큼 내려야한다.

1279
☐☐☐
두 재화 (X, Y)를 소비하는 甲의 효용함수가 $U(X, Y) = (X+1)(Y+2)$이고 Y재로 표시한 X재의 한계대체율(MRS_{XY})이 2일 때 甲의 X재 소비량이 10이었다면 Y재 소비량은 20이다. O | X

한계대체율은 한계효용의 비로 표시할 수 있기에 $MRS_{XY} = \frac{MU_X}{MU_Y}$이다. $MU_X = Y+2$, $MU_Y = X+1$이기에 한계대체율 $MRS_{XY} = \frac{Y+2}{X+1}$이다. 한계대체율 식에 문제에서 주어진 $X = 10$을 대입하면 $MRS_{XY} = \frac{Y+2}{10+1} = 2$이기에 $Y = 20$임을 알 수 있다.

1280
☐☐☐
한계비용곡선과 장·단기 평균비용곡선이 U자 형태를 취할 때 한계비용곡선이 우상향하는 것은 수확이 체감하기 때문이고, 장기 평균비용곡선이 우상향하는 것은 규모에 대한 보수가 감소하기 때문이다.

O | X

단기에 한계생산물과 한계비용 간에 $MC = \frac{w}{MP_L}$의 관계가 성립하기에 한계생산물이 감소하면 한계비용이 증가한다. 그러므로 단기에 MC곡선이 우상향하는 것은 수확체감의 법칙 때문이다. 한편, 규모에 대한 수익이 체증할 때는 장기 평균비용곡선이 우하향하고, 규모에 대한 수익이 체감할 때는 장기 평균비용곡선이 우상향한다.

정답 1277 ○ 1278 ○ 1279 ○ 1280 ○

1281
□□□

한 경제가 유동성함정의 구간에 있을 때 *LM*곡선은 수직의 형태이고 총수요곡선은 수평의 형태이다.
O | X

경제가 유동성함정 구간에 놓여 있을 때는 화폐수요의 이자율탄력성이 무한대로 *LM*곡선이 수평선이다. *LM*곡선이 수평선이면 *IS*곡선이 변해도 *Y*값은 변하지 않으므로 *AD*곡선은 수직선의 형태이다.

1282
□□□

IS − *LM*모형에서 화폐시장의 조정속도가 생산물시장의 조정속도보다 더 빠른 경우, 초기에 통화량증가의 충격을 화폐시장이 모두 흡수하기 위하여 이자율이 급격히 하락하며, 이후 국민소득이 증가함에 따라 화폐수요가 늘어나면서 이자율은 상승한다.
O | X

통화공급증가로 *LM*곡선이 우측으로 이동하면 최초의 균형점 *E*는 *LM*곡선 상방의 점이기에 화폐시장이 초과공급 상태에 놓이게 된다. 화폐시장에서 조정이 즉각적으로 이루어진다면 초기에는 이자율이 급격히 하락한다. 즉, 초기에는 생산물시장이 초과수요인 상태로 이동한다. 생산물시장에서 초과수요가 발생하면 생산이 증가하기에 국민소득이 서서히 증가한다. 국민소득이 증가하면 화폐수요가 증가하기에 이자율도 점차 상승한다.

1283
□□□

처음 10명의 노동자가 인형을 생산할 때 평균생산량은 21개였다. 이때 1명의 노동자를 더 고용하자 평균생산량은 20개가 되었다. 이 노동자의 한계생산량은 10개이다.
O | X

10명의 노동자가 생산할 때의 평균생산물이 21이면 총생산물은 210이고, 11명의 노동자가 생산할 때의 평균생산물이 20이면 총생산물은 220이다. 노동자 수가 11명으로 증가할 때 생산량이 10단위 증가하기에 11번째 노동자의 한계생산물은 10단위이다.

1284
□□□

근로자 甲이 산업재해사고를 당하지 않을 때의 소득은 100만 원, 산업재해를 당할 때의 소득은 25만 원이다. 甲이 사고를 당할 확률은 0.2이고 소득(*W*)으로 표시한 甲의 효용함수는 $U(W) = \sqrt{W}$ 이다. 최대보험료는 190,000이다.
O | X

확실성등가를 *CE*로 두면, $\sqrt{CE} = 900$이 성립해야 하므로 *CE* = 810,000이다. 최대한의 보험료는 자산에서 확실성등가를 차감한 $1,000,000 - 810,000 = 190,000$이다.

1285
□□□

무역수지 흑자의 경우 국민소득이 국내지출(소비 + 투자 + 정부지출)보다 크다.
O | X

*GDP*항등식 $Y = C + I + G + (X - M)$에서 경상수지가 흑자이면 $(X - M)$이 0보다 크므로 *GDP*는 $(C + I + G)$보다 크다.

정답   1281 X   1282 ○   1283 ○   1284 ○   1285 ○

1286
□□□

A 기업의 생산함수는 $Y = \sqrt{K+L}$ 이다. 이 기업은 이윤극대화를 위해 자본과 노동 중 하나만 사용해도 된다. O | X

이 기업의 등량곡선은 우하향의 직선이다. 등량곡선이 우하향의 직선일 때 생산자균형에서 기업은 노동 또는 자본만 고용한다.

1287
□□□

예금자보호를 위한 정부의 안정망이 있는 경우 예금자는 이자율만 보고 예금할 은행을 결정하기 때문에 시장은 역선택의 위험에 노출된다. O | X

예금자보호제도로 인해 개인들이 도산위험은 고려하지 않고 이자율만 보고 예금할 은행을 결정할 경우 은행이 예금자에게 높은 이자를 지급하기 위해 위험이 큰 사업에 대출을 늘릴 수밖에 없다. 그러므로 예금자보호제도 가 시행되면 도덕적 해이가 발생할 가능성이 크다.

1288
□□□

D국가의 명목 GDP는 20,000달러이고, 통화량은 8,000달러이다. 이 나라의 물가수준은 20% 상승하고 통화량은 10% 증가, 실질 GDP는 10% 증가할 경우 화폐 유통속도는 3이다. O | X

명목 GDP인 $PY = 20,000$, $M = 8,000$을 교환방정식 $MV = PY$에 대입하면 최초의 유통속도 $V = 2.5$이다. 물가상승률 $\left(\dfrac{\triangle P}{P}\right) = 20\%$, 통화 증가율 $\left(\dfrac{\triangle M}{M}\right) = 10\%$, 실질 GDP 증가율 $\left(\dfrac{\triangle Y}{Y}\right) = 10\%$를 $\left(\dfrac{\triangle M}{M} + \dfrac{\triangle V}{V}\right)$ $= \dfrac{\triangle P}{P} + \dfrac{\triangle Y}{Y}$ 에 대입하면 유통속도 증가율 $\left(\dfrac{\triangle V}{V}\right) = 20\%$이다. 최초의 유통속도가 2.5이고, 유통속도 증가율이 20%이므로 유통속도는 $2.5 \times 1.2 = 3.0$이다.

1289
□□□

재화의 상대가격이 변동하면 생산점이 생산가능곡선상을 따라 우하방의 점으로 이동한다. O | X

생산가능곡선상의 어떤 점에서 생산이 이루어질 것인지는 사회구성원들의 선호에 의해 결정된다. 사회구성원 들이 X재를 더 선호하게 되면 X재에 대한 수요가 증가하고, 그에 따라 X재 가격이 상승한다. 상대적으로 X재 의 가격이 상승하면 생산자들은 X재를 더 많이 생산할 것이기에 사회 내의 자원 중 더 많은 부분이 X재 생산 에 투입될 것이다. 그러므로 생산점이 생산가능곡선상의 우하방의 점으로 이동하게 된다.

1290
□□□

수요곡선이 $P = -2Q + 100$이고, $P = 80$, $Q = 10$인 경우 수요의 가격탄력성은 4이다. O | X

수요의 가격탄력성은 (수요곡선 기울기의 역수 $\times \dfrac{P}{Q}$) 이기에 $\varepsilon = \dfrac{50}{100} \times \dfrac{80}{10} = 4$이다.

정답 1286 ○ 1287 X 1288 ○ 1289 ○ 1290 ○

1291

공공재 Z재에 대한 소비자 甲의 수요함수는 $Q = 450 - 3P$, 乙의 수요함수는 $Q = 320 - 2P$이고, 한계비용이 $MC = 30 + (1/3)Q$이다. 사회적으로 바람직한 공공재 공급량은 240이다. O | X

소비자 갑의 공공재 수요함수가 $P = 150 - \frac{1}{3}Q$, 을의 수요함수가 $P = 160 - \frac{1}{2}Q$이기에 사회 전체의 공공재 소비에 따른 한계편익을 나타내는 시장 전체의 공공재 수요함수는 $P = 310 - \frac{5}{6}Q$이다. 최적수준의 공공재 공급량을 구하기 위해 $P = MC$로 두면 $310 - \frac{5}{6}Q = 30 + \frac{1}{3}Q$, 정리하면 $\frac{7}{6}Q = 280$, $Q = 240$이다.

1292

F국가의 필립스곡선이 $\pi = \pi^e + 3.2 - 0.8u$ 일 때 장기 필립스곡선은 자연실업률이 4.0%인 점에서 수직인 형태를 취한다. O | X

장기에는 인플레이션을 정확하게 예측하기에 장기 필립스곡선은 $\pi = \pi^e$ 로 두면 자연실업률 $u = 4.0$인 점에서 수직선으로 도출된다.

2012년

1293

고전학파 경제에서 총생산함수가 $Y = AK^\alpha L^\beta (\alpha + \beta = 1)$일 때 총요소생산성이 증가하면 노동수요곡선이 우측으로 이동한다. O | X

총요소생산성이 증가하면 노동의 한계생산물이 커지기에 노동수요가 증가한다. 즉, 노동수요곡선이 우측이동한다.

1294

생산함수에서 단기에는 고정투입요소가 존재한다. O | X

생산이론에서는 한 가지 이상의 고정요소가 존재하는 기간을 단기, 모든 생산요소가 가변요소인 기간을 장기라고 한다. 즉, 가변요소와 고정요소가 공존하는 기간이 단기, 모든 요소가 가변요소인 기간이 장기이다.

1295

노동시장에서 쌍방독점이 존재할 때, 완전경쟁 노동시장에서 결정되는 임금보다 낮은 수준으로 임금이 결정되면 고용은 완전경쟁 노동시장의 고용보다 증가한다. O | X

임금은 두 당사자의 협상력의 크기에 따라 생산요소시장이 완전경쟁일 때보다 더 높은 수준으로 결정될 수도 있고, 더 낮은 수준으로 결정될 수도 있다. 그런데 고용량은 항상 완전경쟁일 때보다 더 적은 수준으로 결정된다.

정답 1291 ○ 1292 ○ 1293 ○ 1294 ○ 1295 X

1296
☐☐☐

X재와 Y재만 소비하는 소비자의 무차별곡선이 $Y = 200$ 이라면 X재가 중립재이고 Y재가 정상재이다.

O | X

X재가 한계효용이 0인 중립재라면 효용은 Y재 소비량에 의해서만 결정된다. 즉 X재가 아무리 늘어도 효용이 변하지 않기에 무차별곡선은 X축과 수평인 형태로 도출된다.

1297
☐☐☐

화폐수요곡선이 $\dfrac{M^D}{P} = aY + br + c$, 화폐공급곡선이 $\dfrac{M^S}{P} = M_0 + dr$ 로 주어져 있다. 화폐공급이 예금화폐공급을 포함할 경우, 일반적으로 d는 양수이다.

O | X

은행조직에 의한 예금화폐공급을 포함할 경우 이자율이 상승하면 통화공급이 증가하기에 d는 양수가 된다.

1298
☐☐☐

유동성함정 구간에서는 LM곡선이 수평으로 나타난다.

O | X

채권가격이 일정 수준 이상이 되어 가격이 하락할 것으로 예상되면 모든 사람이 채권보다는 화폐를 보유하고자 할 것이기에 채권가격은 더이상 상승하지 않고 화폐수요량만 증가한다. 모든 사람이 자산을 화폐로 보유하고자 함에 따라 화폐수요곡선이 수평선이 되는 구간을 유동성함정이라고 한다. 유동성함정 구간에서는 화폐수요의 이자율탄력성이 무한대이기에 LM곡선이 수평선의 형태가 된다.

1299
☐☐☐

완전경쟁시장에서 모든 생산량에서 한계수입이 가격과 일치한다.

O | X

완전경쟁시장에서는 개별기업이 인식하는 수요곡선이 수평선이기에 항상 $P = AR = MR$이 성립한다.

1300
☐☐☐

생애주기가설은 소비가 현재소득 뿐 아니라 미래소득과 자에도 영향을 받는다는 사실을 이론화했다는 점에서 항상소득가설과 흡사하다.

O | X

일생동안 소득의 변화는 불규칙하나 생애 전체 소득의 현재가치를 감안하여 소비는 일정하게 유지한다는 가정 아래 소비는 소득과 자산의 크기에 영향을 받는다는 것이 생애주기가설이다. 소비는 자신의 자산으로부터 매기 예상되는 평균수입인 항상소득의 일정 비율이라는 항상소득가설과 흡사하다.

정답 1296 ○   1297 ○   1298 ○   1299 ○   1300 ○

1301
□□□

화폐는 무위험자산이니 수익성 있는 증권(채권)과 적당히 나눠서 자산을 선택하는 것은 보몰 – 토빈 (Baumol – Tobin)의 화폐재고관리모형이다. O | X

보몰 – 토빈모형은 거래적 동기의 화폐수요에 대해 설명하는 것이기에 자산으로써 화폐를 보유하는 것은 아니다.

1302
□□□

총공급 – 총수요($AS - AD$)모형에서 총수요의 변동이 경기변동의 요인이라고 보는 견해에 따르면, 물가는 경기와 반대로 움직인다는 경기역행성이 지지된다. O | X

총수요의 변동으로 경기변동이 발생하면 경기와 물가가 같은 방향으로 움직이기에 물가는 경기순응적이 된다.

1303
□□□

1차동차 생산함수의 등량곡선에서 자본투입량이 $\overline{K}$로 고정되었을 때, 노동투입량이 2배로 증가하면 생산량도 2배로 증가한다. O | X

1차동차함수의 경우 노동에 대한 수확체감이 성립하기에 자본투입량이 K_2로 고정되어 있을 때 노동투입량이 2배로 증가하면 생산량은 2배보다 적게 증가한다.

1304
□□□

협회를 통한 사업자 간 동일 가격의 결정은 시장지배적 지위의 남용에 해당된다. O | X

지위의 남용이 아닌 담합에 해당된다.

1305
□□□

완전경쟁시장에서 개별 기업은 노동의 한계생산물가치와 실질임금이 일치하도록 노동량을 고용한다. O | X

개별기업은 명목임금과 노동의 한계생산물가치가 일치하는 수준까지 노동을 고용하기에 노동의 적정고용조건은 $w = MP_L \times P = VMP_L$이다.

정답 1301 X 1302 X 1303 X 1304 X 1305 X

1306

독점기업 A는 이윤극대화 생산량에서 한계수입과 한계비용, 그리고 평균비용이 모두 같다. 이때, 독점기업 A는 양(+)의 경제적 이윤을 얻는다.　　　　O | X

독점기업의 이윤이 극대인 생산량에서 $MR = MC = AC$가 성립하는 것은 AC곡선 최소점에서 한계수입곡선과 한계비용곡선이 교차할 때이다. 독점의 경우 항상 $P > MR$이므로 이윤극대화 생산량에서 $MR = MC = AC$라면 $P > AC$이다. 이윤극대화 생산량에서 $P > AC$이면 초과이윤을 얻는 상태이다.

1307

균제상태(steady state)의 1인당 소득을 극대화하는 1인당 자본량을 황금률(golden rule) 자본량이라고 한다.　　　　O | X

자본축적의 황금률이란 1인당 소비가 극대가 되는 균제상태를 말한다.

1308

사회구성원들의 공공재에 대한 지불용의 금액을 모두 더한 것과 공공재의 한계비용이 일치하는 수준에서 공공재의 적정공급량이 결정된다.　　　　O | X

사회구성원들의 공공재에 대한 지불용의 금액을 모두 더한 사회적 한계편익과 공공재의 한계비용이 일치하는 수준에서 공공재의 적정공급량이 결정된다.

1309

각 재화 한 단위 생산에 필요한 노동량이 아래와 같을 때, A국은 감자 생산에 비교우위를 갖고 스마트폰 생산에 비교 열위를 갖는다.

구분	A국	B국
감자	5	10
스마트폰	10	15

O | X

두 나라에서 각 재화를 생산할 때의 기회비용을 계산해 보면 감자 생산의 기회비용은 A국이 더 낮고 스마트폰 생산의 기회비용은 B국이 더 낮음을 알 수 있다. A국은 감자 생산에 비교우위를 갖고, B국은 스마트폰 생산에 비교우위를 갖는다.

<각 재화 생산의 기회비용>

구분	A국	B국
감자	0.5	0.67
스마트폰	2.0	1.5

Part 3

2022 해커스공무원 局경제학 핵심 기출 OX 1592

정답　1306 ○　1307 X　1308 ○　1309 ○

1310
□□□
만기가 1년인 수익률이 15% 한국채권과 6%인 미국채권이 있다. 현재 환율이 1,000원/달러이고 1년 후에는 환율이 1,100원/달러가 될 것이라고 예상될 때, 현재 한국의 투자자가 미국채권을 매입한다면 기대수익률은 16.6%이다.　　　　　　　O | X

현재 환율이 1달러 = 1,000원이므로 한국의 투자자가 1,000원을 1달러로 바꾸어 미국채권을 구입하면 채권의 만기 시점인 1년 뒤에 1.06달러를 받을 수 있다. 1.06달러를 1년 뒤의 환율인 1달러 = 1,100원의 환율로 원화로 바꾸면 1,166원이 되기에 한국투자자가 미국채권에 투자할 때의 예상수익률은 16.6%이다.

1311
□□□
민간은 현금통화를 보유하지 않고 모두 예금하며, 은행은 초과지급준비금 없이 법정지급준비금만 보유한다. 법정지급준비율이 5%이며 본원통화가 100만큼 공급되었다면, 이로 인해 창출되는 통화량은 2,000만원이다.　　　　　　　O | X

은행의 현금통화비율(c)이 0이고, 실제지급준비율(z)이 5%이면 통화승수($= \dfrac{1}{c+z(1-c)}$)가 20이므로 100만 원의 본원통화가 공급되면 통화량이 2,000만 원 증가한다.

1312
□□□
A재의 가격은 2,000원이고, B재의 가격은 3,000원이다. 소비자 甲은 A재 한 단위를 더 소비하는 것과 B재 두 단위를 더 소비하는 것의 효용을 동일하게 느낀다. 甲은 효용을 증가시키기 위해서 A재 소비를 줄이고 B재 소비를 늘린다.　　　　　　　O | X

갑에게는 A재 한 단위의 효용과 B재 두 단위의 효용이 동일하나 A재 한 단위의 가격은 2,000원인 데 비해 B재 두 단위의 가격은 6,000원이다. B재 소비를 줄이고 A재 소비를 늘리면 갑의 효용이 증가할 것이다.

2013년

1313
□□□
자동차 가격인하는 국내생산 자동차의 수요곡선을 우상향으로 이동시킨다.　　　　　　　O | X

자동차 가격이 하락하면 자동차 수요곡선상의 우하방의 점으로 이동한다.

1314
□□□
불완전경쟁시장에서는 $MRP_L > VMP_L$가 성립된다.　　　　　　　O | X

생산물시장이 불완전경쟁이면 $P > MR$이므로 $VMP_L > MRP_L$의 관계가 성립한다.

정답　1310 ○　1311 ○　1312 X　1313 X　1314 X

1315
☐☐☐

A와 B 두 국가의 1단위 재화 생산에 필요한 노동투입량이 다음과 같을 때, X재와 Y재의 국제 가격비가 2/5인 경우, 두 국가 사이에는 무역이 발생한다.

구분	X재	Y재
국가 A	30	60
국가 B	30	90

O | X

무역을 통해 두 나라가 이득을 얻기 위해서는 교역조건이 두 나라의 X재 생산의 기회비용 사이에서 결정되어야 한다. A국의 X재 생산의 기회비용은 0.5, B국의 Y재 생산의 기회비용은 0.33이다. 즉, $0.33 < (\frac{P_X}{P_Y})^T < 0.5$ 가 성립할 경우 두 나라가 모두 무역의 이득을 얻을 수 있게 된다.

1316
☐☐☐

재화 X와 Y에 대한 효용함수는 $U = \min[X, \frac{1}{3}Y]$ 이다. X재의 가격이 4이고 Y재의 가격이 2이며 소비자의 소득이 100일 때, 효용을 최대화하기 위한 Y재의 최적소비량은 30이다.

O | X

소비자균형에서는 $X = \frac{1}{3}Y$가 성립하므로 $Y = 3X$를 예산제약식 $4X + 2Y = 100$에 대입하면 $10X = 100$, $X = 10$으로 계산된다. $X = 10$을 다시 예산제약식에 대입하면 $Y = 30$임을 알 수 있다.

1317
☐☐☐

효용극대화를 추구하는 소비자 甲이 2010년도 선택한 소비조합은 A이다. 2011년도에 재화들의 상대가격이 변화하였지만 여전히 소비조합 A를 소비할 수 있을 때, 2011년에는 소비자가 A점에서 소비하지 않을 것이다.

O | X

위의 그림과 같이 2011의 예산선이 2010년의 구입점인 A를 통과하고 있다면 2011년에는 소비자는 A점이 아니라 2011년 예산선상의 A점과 B점 사이의 어떤 점을 구입할 것이다.

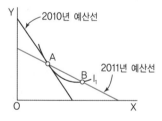

1318
□□□

두 기업이 전략을 동시에 선택하는 게임의 보수행렬이 다음과 같을 때, {a1, b2}를 제외한 나머지 전략조합이 모두 내쉬균형이 된다.

(A 보수, B 보수)		기업 B	
		b1	b2
기업 A	a1	(3, 2)	(0, 0)
	a2	(3, 2)	(3, 2)

O | X

어떤 전략의 조합이 내쉬균형인지의 여부를 판단하려면 경기자 중 누군가가 전략을 변경해서 이득을 얻을 수 있는지의 여부를 따져 보면 된다. 문제에 주어진 게임에서 전략조합 {a1, b2}를 제외한 나머지 전략조합에서는 경기자 둘 중 모두 전략을 바꾸더라도 보수가 전혀 증가하지 않는다. 따라서 {a1, b2}를 제외한 나머지 전략조합이 모두 내쉬균형이 된다.

1319
□□□

동질적인 상품을 생산하는 기업 A와 기업 B가 동시에 산출량으로 경쟁하는 꾸르노(Cournot)시장에서 시장수요가 $P = 120 - Q$이고, 기업 A와 B의 한계비용이 각각 30이다. 이 상품의 시장가격은 60이다.

O | X

먼저 시장구조가 완전경쟁일 때의 생산량을 구해보자. 완전경쟁시장에서는 항상 가격과 한계비용이 일치하므로 $P = MC$로 두면 $120 - Q = 30$, $Q = 90$이다. 꾸르노모형에서의 시장 전체생산량은 완전경쟁의 2/3이므로 꾸르노모형 전체의 생산량은 60단위가 될 것이다. 이제 $Q = 60$을 시장수요함수에 대입하면 꾸르노모형에서의 시장가격 $P = 60$으로 계산된다.

1320
□□□

실업률과 자연실업률 간의 차이인 실업률 갭(unemployment gap)이 양(+)인 경우 물가상승 압력이 높은 것으로 해석될 수 있다.

O | X

실업률과 자연실업률의 차이가 0보다 크다면 경기가 침체한 상태이므로 물가하락 압력이 발생한다.

1321
□□□

내부자 - 외부자이론의 주장이 맞는다면, 경제활동인구 중 노동조합원의 비율이 증가할 때 실업률이 하락할 것이다.

O | X

내부자 - 외부자이론에 의하면 경제활동인구 중 노동조합원(내부자)의 비율이 높아지면 임금경직성이 커질 것이므로 실업률이 상승할 가능성이 높다.

정답   1318 ○   1319 ○   1320 X   1321 X

1322
☐☐☐
코우즈정리(Coase Theorem)는 양의 외부성, 음의 외부성 모두 적용될 수 있다.　　O | X

코우즈정리는 외부경제와 외부불경제의 경우 모두 적용될 수 있다.

1323
☐☐☐
A기업의 생산함수가 $Q=3L^{2/3}K^{1/3}$이고, 자본의 단위가격이 20, 노동의 단위가격이 40이며, 생산요소 투입에 사용할 수 있는 총비용은 600이다. 이윤극대화를 추구하는 A기업의 생산량은 30이다.　　O | X

생산자균형에서는 한계기술대체율과 요소가격비가 일치하기에 $MRTS_{LK}=\dfrac{w}{r}$로 두면 $\dfrac{2K}{L}=\dfrac{40}{20}$, $L=K$가 성립한다. 한편, 임금이 40, 자본임대료가 60, 총투입비용이 600이기에 비용제약은 $40L+20K=600$, $2L+K=30$이다. 생산자균형조건 $L=K$와 비용제약 $2L+K=30$이기에, $L=10$, $K=10$이다. 이를 생산함수에 대입하면 $Q=3\times10^{\frac{2}{3}}\times10^{\frac{1}{3}}=30$이다.

1324
☐☐☐
현재 실업률이 5%이고, 실업자 수가 120만 명이라면 취업자 수는 2,280만 명이다.　　O | X

경제활동인구에서 실업자가 차지하는 비율인 실업률이 5%이고 실업자 수가 120만 명이라면 경제활동 인구는 2,400만 명이다. 취업자와 실업자를 합한 경제활동인구 2,400만 명 중 실업자가 120만 명이기에 취업자는 2,280만 명임을 쉽게 알 수 있다.

1325
☐☐☐
국제 반도체 시장에서 원 – 달러 환율이 하락(원화의 평가절상)하여 수출물량이 감소하고, 수입물량은 증가하였다.　　O | X

환율이 하락하면 수입가격이 하락하여 수출물량이 감소하고 수입물량이 증가한다.

1326
☐☐☐
철이는 사과나 배의 소비량에 상관없이 항상 1개의 사과를 얻기 위해 2개의 배를 교환할 의사가 있다. 이때 사과와 배는 완전대체재의 관계이다.　　O | X

철이는 항상 사과 1개와 배 2개를 교환할 용의가 있다면 철이에게 있어 사과와 배는 완전대체재이다.

1327
□□□

기업 A의 생산함수가 $Q = 2K + L$이고, 단위당 노동의 가격이 1이고 자본의 가격은 3이다. 10개를 생산하기 위한 최소비용은 10이다.   O | X

생산함수를 K에 대해 정리하면 등량곡선은 기울기(절댓값)가 $\frac{1}{2}$인 우하향의 직선이고, $\frac{w}{r} = \frac{1}{3}$이기에 등비용선은 기울기(절댓값)가 $\frac{1}{3}$인 우하향의 직선이다. 이 경우 등량곡선이 등비용선보다 더 급경사이기에 전부 노동만 투입하는 것이 최적이다. 생산량 $Q = 10$이 되려면 노동 10단위를 투입해야 하고, 노동의 가격이 1이기에 10단위의 재화를 생산할 때의 최소비용은 10이 된다.

1328
□□□

비행기 항공권 가격이 상승하였을 때, 자동차여행 수요의 항공여행 가격에 대한 교차탄력성이 크다면 교통사고 사망률이 높아질 수 있다.   O | X

비행기 항공권 가격이 상승하는 경우, 자동차여행 수요의 항공여행 가격에 대한 교차탄력성이 크다면 비행기여행 수요가 감소하고 자동차여행의 수요가 증가한다. 교통사고 사망률은 비행기보다 자동차가 더 높은 것으로 알려져 있는데, 자동차여행이 증가하기에 교통사고 사망이 높아질 수 있는 것이다.

1329
□□□

개방경제에서 IS곡선은 폐쇄경제에 비해 실질환율 변화에 의해 영향을 덜 받는다.   O | X

폐쇄경제에서는 IS곡선이 실질환율의 영향을 받지 않는데 비해 개방경제에서는 실질환율이 변하면 수출입이 변하기에 IS곡선이 실질환율의 영향을 받게 된다.

1330
□□□

구축효과는 확장적 재정정책이 이자율을 상승시키기 때문에 발생한다.   O | X

구축효과는 확장적 재정정책을 실시할 때 이자율이 상승함에 따라 민간투자와 민간소비가 감소하는 효과를 말한다.

1331
□□□

로렌츠곡선은 교차하지 않는다.   O | X

소득분배상태의 변화에 따라 로렌츠곡선은 서로 교차할 수도 있다. 로렌츠곡선이 서로 교차하는 경우에는 소득분배의 개선 혹은 악화여부를 판단하기 어려울 수도 있다.

정답   1327 O   1328 O   1329 X   1330 O   1331 X

1332

공공재는 비경합성과 배제성이 있는 재화이다.   O | X

공공재는 소비가 비경합적일 뿐만 아니라 생산비를 부담하지 않은 개인도 배제가 불가능하다.

2014년

1333

두 기간을 사는 소비자의 효용함수는 $U = \sqrt{C_1 C_2}$ 로 주어져 있으며, 이 소비자는 1기 소득은 Y이며 2기 소득은 없다. 저축에 대한 이자율은 $r > 0$일 때, 이 소비자의 최적 소비조합은 $C_1 = C_2$이다.   O | X

효용함수가 $U = \sqrt{C_1 C_2}$ 이기에 현재소비와 미래소비 간의 한계대체율을 구해보면 $MRS_{C1C2} = \dfrac{MU_{C1}}{MU_{C2}}$

$= \dfrac{C_2}{C_1}$ 이다. 예산제약식을 C_2에 대해 정리하면 $C_2 = -(1+r)C_1 + (1+r)Y$이다. 소비자균형에서는 무차별

곡선과 예산선이 접하기에 $MRS = (1+r)$로 두면 $\dfrac{C_2}{C_1} = (1+r)$이기에 소비자균형에서는 $C_2 = (1+r)C_1$이다.

예산제약식에 대입하면 $C_1 = \dfrac{1}{2}Y$이고, $C_2 = (1+r)\dfrac{1}{2}Y$이다. $r > 0$이기에 2기 소비는 1기 소비보다 크다.

1334

공급곡선이 원점을 지나는 직선이고, 수요의 증가로 가격이 1% 상승할 때, 판매액(매출액)의 증가율은 2%이다.   O | X

공급곡선상의 모든 점에서 공급의 가격탄력성이 1이기에 수요의 증가로 가격이 1% 상승하였다면 거래량(판매량)도 1% 증가한다. '판매액 = 가격 × 판매량'이기에 이를 증가율로 나타내면 '판매액 변화율 = 가격변화율 + 판매량변화율'이다. 가격이 1% 상승하고 판매량도 1% 증가하면 판매액은 약 2% 증가한다.

1335

한계비용곡선이 우하향의 형태로 도출되는 경우, 한계생산물체감법칙이 성립한다.   O | X

한계비용과 한계생산물 간에는 $MC = \dfrac{w}{MP_L}$ 의 관계가 성립하기에 생산량이 증가할 때 한계생산물(MP_L)이 체감하면 한계비용이 증가한다. 생산량이 증가할 때 한계비용이 증가하면 한계비용곡선은 우상향의 형태로 도출된다.

1336

□□□ 가격차별에서 수요의 가격탄력성이 더 높은 소비자 그룹에 대해서 더 높은 가격을 설정한다.   O | X

기업이 제3급 가격차별을 실시하는 경우 소비자들이 가격에 민감하여 수요가 탄력적인 소비자그룹에게는 낮은 가격, 소비자들이 가격에 둔감하여 수요가 비탄력적인 그룹에게는 높은 가격을 설정한다.

1337

□□□ 완전경쟁시장에서 개별기업의 총비용함수는 $C = 10 + Q + 4Q^2$로 동일하게 주어져 있다. 이 기업의 생산량이 10이라면 시장가격은 81이다.   O | X

주어진 비용함수를 미분하면 $MC = 1 + 8Q$이고, 완전경쟁시장이기에 $P = MC$로 두면 공급곡선은 $P = 1 + 8Q$이다. 공급곡선 $P = 1 + 8Q$에 $Q = 10$을 대입하면 $P = 81$이다.

1338

□□□ 2006년이 기준연도일 때, 2007년도의 실질 GDP는 700이다.

연도	X재 가격	X재 생산량	Y재 가격	Y재 생산량
2006	2	120	2	150
2007	3	150	3	200

O | X

실질 $GDP_{2007} = (2 \times 150) + (2 \times 200) = 700$이다.

1339

□□□ 주가가 상승하면 총수요곡선이 오른쪽으로 이동한다.   O | X

주가가 상승하면 개인들의 실질자산이 증가한다. 실질자산이 증가하면 민간소비가 증가하기에 IS곡선이 우측이동하여 총수요곡선이 오른쪽으로 이동한다.

1340

□□□ 노동자를 해고하는 데 많은 제한을 가하여 노동자를 보호하는 정책은 청년실업의 해소에 큰 도움이 될 수 있다.   O | X

신규채용을 줄이기에 청년실업 해소에 도움이 되기 어렵다.

정답   1336 X   1337 ○   1338 ○   1339 ○   1340 X

1341
□□□

교환방정식($MV = PY$)에서 유통속도가 일정할 때, 3%의 인플레이션율을 유지하려면, 통화증가율과 경제성장률의 합이 3%를 유지해야 한다.　　　　　O | X

$\dfrac{\triangle V}{V} = 0$일 때 $\dfrac{\triangle P}{P} = 3\%$로 유지되려면 통화증가율 $\dfrac{\triangle M}{M}$이 경제성장률 $\dfrac{\triangle Y}{Y}$보다 3% 높게 유지되어야 한다.

1342
□□□

해외 거주자의 국내 부동산 매입은 우리나라 변동환율제도하에서 환율(외국화폐의 원화가격)의 하락을 유발시킨다.　　　　　O | X

해외기업의 국내투자가 확대되거나 해외거주자가 국내부동산을 매입하면 자본유입이 이루어지기에 환율이 하락한다.

1343
□□□

소비자가 꼭 필요하다고 생각할수록 수요의 가격탄력성이 증가한다.　　　　　O | X

필수재의 성격이 강한 재화일수록 수요가 비탄력적이다.

1344
□□□

A안과 B안의 성공, 실패 확률과 그에 대한 소득이 다음과 같다. 위험기피자의 경우 A안을 선택한다.

구분	성공		실패	
	확률	소득	확률	소득
A안	90%	130만 원	10%	80만 원
B안	30%	300만 원	70%	50만 원

O | X

A안의 기대소득은 $(0.9 \times 130) + (0.1 \times 80) = 125$이고, B안의 기대소득은 $(0.3 \times 300) + (0.7 \times 50) = 125$이다. 두 경우의 기대소득은 동일하나 A안보다 B안의 위험이 훨씬 크다. 즉 효용함수가 소득에 대해 오목한 위험기피자의 경우는 A안을 선택할 것이다.

1345
□□□

노동에 의해 생산된 상품의 가격이 상승하게 될 때, 노동수요가 증가한다.　　　　　O | X

노동수요곡선이 $VMP_L = MP_L \times P$이기에 재화의 가격이 상승하면 노동수요곡선이 오른쪽으로 이동한다.

정답 1341 X　1342 O　1343 X　1344 O　1345 O

1346
□□□

독점기업의 한계비용이 $MC = 15$, 수요곡선이 $Q = -20P + 700$이다. 독점기업이 완전가격차별을 수행할 때 소비자잉여는 0이다. O | X

독점기업이 제1급 가격차별을 시행할 때는 모든 단위의 재화에 대해 소비자들이 지불할 용의가 있는 최대금액을 받기에 소비자잉여는 0이 된다.

1347
□□□

공유자원의 비극(Tragedy of the Commons)은 공유자원의 개방으로 해결할 수 있다. O | X

공유자원을 개방하여 누구나 사용할 수 있도록 하면 공유자원이 더 쉽게 고갈될 것이기에 공유자원을 개방하는 것은 공유지의 비극을 해결하는 대책이 되기 어렵다. 공유자원을 누구에게나 개방하면 오히려 공유지의 비극은 더 심해질 것이다.

1348
□□□

오염물질에 대한 시장수요를 정부가 정확히 알 수 없는 경우에는 오염배출권제도보다 피구세(Pigouvian tax)가 더 효율적인 방법이다. O | X

오염배출권제도를 시행하는 경우 각 기업은 자신의 오염저감비용과 오염배출권의 가격을 비교하여 오염배출권의 수요 혹은 공급을 결정하게 된다. 그러므로 오염배출권제도가 시행되더라도 정부는 오염물질에 대한 시장수요를 알아야 할 필요가 없다.

1349
□□□

$IS - LM$모형에서 정부가 재정지출을 확대할 경우 통화수요가 감소한다. O | X

확대적인 재정정책으로 이자율이 상승하면 자산가격 하락으로 민간소비가 감소할 수 있으나 국민소득 증가에 따른 소비증가분이 더 크기에 소비는 증가하는 것이 일반적이다. 따라서 거래적동기의 화폐수요가 증가하게 된다.

1350
□□□

중앙은행이 총공급에 대한 부정적인 충격에 대응하기 위해 통화량 공급을 확대할 경우 산출량은 되돌아가지만 물가는 크게 상승한다. O | X

유가상승과 같은 부정적인 공급충격이 발생하면 총공급곡선이 왼쪽으로 이동하기에 실질 GDP가 감소하고 물가가 상승한다. 이와 같은 공급충격에 대응하기 위해 중앙은행이 확대적인 통화정책을 실시하면 총수요곡선이 오른쪽으로 이동하기에 실질 GDP는 원래수준으로 돌아가나 물가는 더 큰 폭으로 상승하게 된다.

정답 1346 ○ 1347 X 1348 X 1349 X 1350 ○

1351
☐☐☐

소비함수가 $C = 2 + 0.7(Y - T)$, 투자가 $I = 2$, 정부지출이 $G = 40$, 조세수입이 $T = 0.2Y$인 폐쇄경제에서 정부지출이 1 증가하면, 소득은 3 이상 증가한다. O | X

한계소비성향 $c = 0.7$ 이고, $t = 0.2$이기에 정부지출승수 $\dfrac{1}{1 - c(1 - t)} = \dfrac{1}{1 - 0.7(1 - 0.2)} = \dfrac{1}{0.44} = 2.27$이다. 그러므로 정부지출이 1만큼 증가하면 소득은 2.27만큼 증가한다.

1352
☐☐☐

미국의 양적완화정책의 축소는 우리나라의 외환보유고를 증가시켜 국내 통화정책의 안정성에 기여할 수 있다. O | X

미국에서 양적완화 축소가 이루어져 미국의 통화증가율이 낮아지면 미국이자율이 상승하게 된다. 외국으로 자본유출이 이루어져 환율이 상승할 경우 우리나라 중앙은행은 환율의 급격한 상승을 막기 위해 외환시장에서 외환을 매각해야 한다. 중앙은행이 외환을 매각하면 중앙은행의 외환보유고가 감소하고, 외환매각 대금이 중앙은행으로 유입되기에 통화량이 감소한다.

1353
☐☐☐

소득과 소비는 유량이다. O | X

소득은 일정 기간 벌어들인 수입이므로 유량이다. 소비는 일정 기간 재화나 서비스 구입에 지출한 금액이므로 마찬가지로 유량이다.

2015년

1354
☐☐☐

단기에 한계비용이 최소일 때 평균비용도 최소가 된다. O | X

U자 형태의 한계비용곡선은 평균비용곡선의 최소점을 통과하기에 한계비용이 최소인 점에서는 평균비용곡선이 우하향의 형태이다. 일반적으로 평균비용곡선 최소점은 한계비용곡선 최소점보다 오른쪽에 위치한다.

1355
☐☐☐

독점기업은 한계비용곡선의 일부가 공급곡선이 된다. O | X

공급곡선은 시장구조가 완전경쟁일 때만 존재하며, 독점이나 독점적 경쟁, 과점과 같이 시장구조가 불완전경쟁일 때는 공급곡선이 존재하지 않는다.

정답 1351 X 1352 X 1353 ○ 1354 X 1355 X

1356
□□□

현금 대비 요구불예금의 비중이 커지면 통화승수는 커진다.　　　　　　O | X

통화승수 $m = \dfrac{1}{c + z(1-c)}$ 이기에 현금통화비율(c)이 높아지면 통화승수가 작아진다. 현금에 비해 요구불예금의 비중이 커지면 현금통화비율(c)이 낮아지기에 통화승수가 커진다.

1357
□□□

본원통화는 현금통화와 지급준비금으로 이루어진다.　　　　　　O | X

본원통화는 중앙은행의 발권 창구를 통해 공급된 화폐를 의미하는데, 일부는 민간이 나머지는 은행이 보유하게 된다. 본원통화는 민간이 보유한 현금통화와 은행이 보유한 지급준비금의 합으로 구성된다.

1358
□□□

헥셔 - 올린정리에서 양국 간 요소 부존의 차이가 재화의 상대가격 차이를 발생시켜 비교우위가 결정된다.　　　　　　O | X

헥셔 - 올린정리에 의하면 두 나라의 요소 부존의 차이에 의해 비교우위가 결정된다.

1359
□□□

중앙은행의 통화정책 반응함수가 $r = 0.05 + 1.5 \times (\pi - 0.04) - \dfrac{0.5(Y - Y^*)}{Y^*}$ 이다. 금년도에 물가상승률이 6%가 되고 실질 GDP가 잠재 GDP 대비 4% 증가한다면 중앙은행 정책이자율은 6%이다.　　　　　　O | X

금년도에는 $\pi = 0.06$, $\dfrac{(Y - Y^*)}{Y^*} = 0.04$이기에 중앙은행의 정책이자율 $r = 0.06$이다.

1360
□□□

레온티에프 생산함수의 경우 대체탄력성은 무한대가 된다.　　　　　　O | X

레온티에프 생산함수에서는 생산요소 간의 대체가 전혀 불가능한 완전보완이기에 대체탄력성이 0이다.

1361

농산물 가격지지 정책은 자원배분의 효율성을 감소시킨다. O | X

농산물의 시장가격이 특정 최소수준 이하로 하락하는 것을 막기 위한 농산물 가격 지지정책은 농산물의 과잉
생산을 초래하기에 자원배분의 효율성을 감소시킨다.

1362

바나나와 커피라는 두 개의 재화만을 소비하는 소비자가 있다고 하자. 바나나가 열등재인 경우 바나나 가
격의 하락에 따라 바나나 소비는 감소한다. O | X

만약 바나나가 기펜재가 아닌 열등재라면 대체효과가 소득효과보다 더 크므로 가격하락 시 구입량이 증가하겠
지만, 바나나가 기펜재라면 대체효과보다 소득효과가 더 크므로 구입량이 감소할 것이다. 따라서 문제에 주어
진 자료만으로는 바나나 수요량의 변화를 알 수 없다.

1363

공급곡선이 $Q_S = aP + b(a > 0, \ b < 0)$일 때 공급의 가격탄력성은 항상 1보다 크며 원점에서 멀어질수록 작
아진다. O | X

공급곡선식을 P에 대해 정리하면 $P = -\dfrac{b}{a} + \dfrac{1}{a}Q$가 되는데, $a > 0$, $b < 0$이기에 절편이 0보다 크다. 즉, 공
급곡선이 가격축을 통과하는 우상향의 직선이다. 공급곡선이 가격축을 통과하는 우상향의 직선인 경우 공급곡
선 상의 모든 점에서 공급의 가격탄력성이 1보다 크나 공급곡선 상에서 우상방으로 이동할수록, 원점에서 멀
어질수록 공급의 가격탄력성이 점점 작아진다.

1364

현시선호이론은 현실적으로 측정 불가능한 무차별곡선의 개념에 의존하지 않고 시장에서 실제로 관측되
는 소비자들의 구매행태로부터 수요곡선을 도출한다. O | X

현시선호이론은 실제로는 측정할 수 없는 효용이나 무차별곡선의 개념을 사용하지 않고 실제로 시장에서 관찰
된 구매행태로부터 수요곡선을 도출해 내는 이론이다.

1365

완전경쟁시장의 단기균형에서는 생산자잉여와 이윤이 일치하지만 장기균형에서는 그렇지 않다. O | X

단기에 생산자잉여는 '총수입 − 총가변비용'인데 비해, 이윤은 '총수입 − 총비용'이기에 생산자잉여가 이윤보다
크거나 같다. 한편, 장기에는 생산자잉여와 이윤이 모두 '총수입 − 총비용'이기에 생산자잉여와 이윤이 일치한다.

정답 1361 ○ 1362 X 1363 ○ 1364 ○ 1365 X

1366
□□□

케인즈의 국민소득결정이론에서 한계소비성향이 0.5일 때 투자가 150억 원 증가하는 경우 균형국민소득의 증가량은 300억 원이다. O | X

한계소비성향 $c = 0.5$이면 정부지출승수와 투자승수는 $\dfrac{1}{1-c} = \dfrac{1}{1-0.5} = 2$이기에 투자가 150억 원 증가하면 국민소득은 300억 원 증가한다.

1367
□□□

확장적인 통화정책은 단기에 균형산출량을 늘릴 뿐만 아니라 자연산출량 수준을 상승시킬 수 있다. O | X

확장적인 통화정책을 실시하면 AD곡선이 오른쪽으로 이동하기에 단기에는 균형국민소득이 증가한다. 그러나 장기총공급곡선(LAS)은 자연산출량 수준에서 수직선이기에 확장적인 통화정책을 실시하더라도 자연산출량은 변하지 않는다.

1368
□□□

가격탄력성이 1보다 큰 재화의 경우 재화가격이 상승하면 이 재화에 대한 지출액은 감소한다. O | X

탄력적 구간에서는 가격이 하락하면 판매수입이 증가하는데, 반대로 가격이 상승하면 재화의 판매수입이 감소한다.

1369
□□□

$IS-LM$모형에서 IS곡선이 우하향하고, LM곡선이 수평이고, 소비함수는 $C = 200 + 0.8Y$로 주어져 있는 경제를 상정하자. 정부지출을 2,000억 원 증가시키는 경우 균형국민소득은 1조 원만큼 증가한다. O | X

한계소비성향 $c = 0.8$이기에 정부지출승수 $\dfrac{dY}{dG} = \dfrac{1}{1-c} = \dfrac{1}{1-0.8} = 5$이다. 정부지출이 증가하면 IS곡선이 (정부지출증가분 × 승수)만큼 오른쪽으로 이동하기에 정부지출이 2,000억 원 증가하면 IS곡선이 1조 원만큼 오른쪽으로 이동한다. 그런데 LM곡선이 수평선이기에 IS곡선이 1조 원만큼 오른쪽으로 이동하면 구축효과 없이 균형국민소득도 1조 원만큼 증가한다.

1370
□□□

IS곡선이 완만하고, LM곡선이 급경사일수록 통화정책은 효과적이다. O | X

IS곡선이 완만하고, LM곡선이 급경사일수록 통화정책은 효과적이다.

정답 1366 ○ 1367 X 1368 ○ 1369 ○ 1370 ○

1371 ☐☐☐ 수요가 탄력적인 제품일수록 비례관세를 통해 정부의 관세수입이 작아진다. O | X

관세를 부과하는 경우 정부는 (단위당 관세액) × (관세부과 후의 수입량) 만큼의 관세수입을 얻게 되는데, 수요가 탄력적인 재화일수록 관세부과로 인해 가격이 상승하면 수입량이 큰 폭으로 감소한다. 그러므로 수요가 탄력적인 재화일수록 정부의 관세수입이 작아진다.

1372 ☐☐☐ 독점적 경쟁시장의 장기균형에서는 한계비용과 평균비용이 같다. O | X

독점적 경쟁기업은 장기에 정상이윤만을 얻기에 장기균형에서 $P = AC$가 성립하나 여전히 가격은 한계비용보다 높다($P > MC$). 그러므로 장기균형에서는 $P = AC > MC$의 관계가 성립한다.

2016년

1373 ☐☐☐ 가격소비곡선을 이용하여 수요곡선을 도출할 수 있다. O | X

가격소비곡선은 가격변화와 재화구입량의 관계를 나타내기에 가격소비곡선으로부터 수요곡선이 도출된다.

1374 ☐☐☐ 한 재화의 수요곡선이 $P = 110 - Q$, 공급곡선이 $P = 20 + 0.5Q$이다. 정부가 재화에 단위 당 3의 세금을 부과하는 경우 조세수입 중 소비자 부담분은 2이다. O | X

수요곡선의 기울기의 절댓값이 1이고, 공급곡선의 기울기가 0.5이기에 공급곡선 기울기는 수요곡선 기울기의 절반이다. 즉, 공급곡선이 수요곡선보다 2배 완만하다. 공급곡선이 수요곡선보다 2배 완만하므로 단위당 일정액의 조세가 부과될 경우 생산자부담은 소비자부담의 절반이 된다. 3의 조세가 부과되면 단위당 조세액 중 소비자부담은 2, 생산자부담은 1이 될 것이다.

1375 ☐☐☐ 러너(Lerner)지수는 값이 클수록 독점력이 크다는 것을 의미한다. O | X

러너의 독점도 $dm = \dfrac{P - MC}{P}$는 0과 1 사이의 값을 가지며, 그 값이 클수록 독점력이 크다는 것을 의미한다.

정답 1371 ○　　1372 X　　1373 ○　　1374 ○　　1375 ○

1376
☐☐☐

한계비용곡선의 최저점은 평균비용곡선의 최저점보다 오른쪽에 위치한다.   O | X

U자 형태의 한계비용곡선이 U자 형태의 평균비용곡선 최저점을 통과하기에 한계비용곡선의 최저점은 평균비용곡선의 최저점보다 왼쪽에 위치한다.

1377
☐☐☐

실업급여의 축소는 실업률하락을 가져온다.   O | X

실업급여가 축소된다면 탐색기간이 줄어 실업률이 하락할 가능성이 높다.

1378
☐☐☐

공급의 가격탄력성은 0.5, 수요의 가격탄력성이 −0.5이다. 수요의 증가로 가격이 1% 상승할 때 매출액의
증가율은 1.5%이다.   O | X

공급의 가격탄력성이 0.5이기에 수요증가로 가격이 1% 상승하면 판매량이 0.5% 증가한다. 총판매수입 $TR = P \times Q$이므로 이를 증가율로 나타내면 총판매수입 변화율 = 가격변화율 + 판매량변화율 이다. 가격이 1% 상승하고 판매량이 0.5% 증가하면 총판매수입(매출액)은 1.5% 증가한다.

1379
☐☐☐

정부지출과 조세를 동일한 금액으로 감소시키면 국민소득을 증가시킬 수 있다.   O | X

정부지출과 조세를 동일한 금액만큼 감소시키면 IS곡선이 왼쪽으로 이동하기에 국민소득이 감소한다.

1380
☐☐☐

유동성함정은 화폐수요의 이자율 탄력성이 무한대일 때 발생한다.   O | X

유동성함정은 화폐수요의 이자율탄력성이 0이 아니라 무한대인 구간이다.

1381
☐☐☐

솔로우모형에서 저축률의 상승과 인구증가율의 하락은 단기적으로 1인당 국민소득을 증가시킨다.

O | X

솔로우모형에서 저축률이 상승하면 저축(= 투자)이 증가하기에 1인당 자본량(k)이 증가한다. 1인당 자본량이 증가하면 1인당 소득이 증가하게 된다. 그리고 인구증가율이 하락하는 경우에도 1인당 자본량이 증가하기에 1인당 소득이 증가한다.

1382
☐☐☐

다른 조건이 일정할 때 2009년 말의 정부부채가 1,900억 원이다. 2010년의 *GDP*가 8,000억 원, 정부지출이 1,100억 원, 조세수입이 1,000억 원인 경우, 2010년 *GDP*대비 2010년 말의 정부부채 비율은 25%이다.

O | X

2010년의 세입이 1,000억 원, 세출이 1,100억 원이기에 2010년 중의 정부부채 증가분이 100억 원이다. 2009년 말의 정부부채가 1,900억 원이고 2010년 중의 정부부채 증가분이 100억 원이기에 2010년 말의 정부부채는 2,000억 원이다. 2010년의 *GDP*가 8,000억 원이고 2010년 말의 정부부채가 2,000억 원이기에 2010년 말의 정부부채 비율은 25%이다.

1383
☐☐☐

어떤 섬나라의 전통공예품에 대한 수요곡선은 $Q = 380 - 2P$, 공급곡선은 $Q = 3P - 5W - 20$이다. Q는 전통공예품의 수량, P는 가격, 그리고 W는 종업원의 시간당 임금을 나타낸다. 5이던 시간당 임금이 7로 상승하는 경우 시장균형량의 감소분은 4이다.

O | X

$W = 5$일 때 공급함수는 $Q = 3P - 45$이다. 수요함수와 공급함수를 연립해서 풀면 $380 - 2P = 3P - 45$, $5P = 425$이기에 균형가격 $P = 85$, $Q = 210$이다. $W = 5$에서 $W = 7$로 상승하면 공급함수가 $Q = 3P - 55$로 바뀌게 된다. 수요함수와 공급함수를 연립해서 풀면 $380 - 2P = 3P - 55$, $5P - 435$이기에 $P = 87$, $Q = 206$이다. 따라서 균형거래량이 4단위 감소함을 알 수 있다.

1384
☐☐☐

A사의 제품 한 단위를 생산하기 위해서는 반드시 노동 한 단위와 자본 두 단위가 투입되어야 한다. 이때 A사의 등량곡선은 원점에 대해서 오목한 우하향의 곡선이다.

O | X

한 단위의 재화를 생산할 때 노동과 자본이 1 : 2의 비율로 투입되어야 한다면 두 생산요소가 완전 보완적이기에 등량곡선이 L자 형태이다.

정답 1381 ○ 1382 ○ 1383 ○ 1384 X

1385

□□□

어떤 기업의 단기 생산함수는 $Q = 120L - L^2$이다. 이 기업이 노동을 구입하는 노동시장과 제품을 판매하는 상품시장은 모두 완전경쟁시장이며 제품의 판매가격은 $10이다. 이 기업의 단기 노동수요곡선의 기울기는 -20이다.　　　　O | X

재화시장과 생산요소시장이 모두 완전경쟁일 때 노동수요곡선은 한계생산물가치(VMP_L)곡선이다. 생산함수 $Q = 120L - L^2$를 L에 대해 미분하면 $MP_L = 120 - 2L$이고, 재화가격이 $P = 10$이기에 $VMP_L = MP_L \times P = 1,200 - 20L$이다. 노동수요곡선의 기울기는 -20임을 알 수 있다.

1386

□□□

공공부문이 생산·공급하는 재화나 서비스라 해서 모두 공공재가 되는 것은 아니다.　　　　O | X

정부가 공급한다고 해서 모두 공공재인 것은 아니라는 점을 주의해야 한다. 예를 들면, 수돗물은 정부가 공급하고 있으나 요금을 지불하지 않은 사람은 배제가 가능하기에 수돗물이 공공재인 것은 아니다.

1387

□□□

경제적 효율성의 제고를 위해 누진세제가 필요하다.　　　　O | X

누진세제가 시행되어 고소득층에 대해 높은 세율의 조세가 부과되면 조세부과에 따른 효율성 상실(사중적 손실)이 커진다. 그러므로 누진세제는 자원배분의 효율성에는 부정적인 영향을 미친다.

1388

□□□

어떤 기업의 생산함수가 $q = \sqrt{x} - 1$이다. 여기서 q는 산출량, x는 생산요소의 투입량을 나타낸다. 생산요소의 단위당 가격이 1인 경우, 다음 중 이 기업이 양의 이윤을 얻을 수 있는 제품의 시장가격 p는 4보다 크다.　　　　O | X

생산함수가 $q = \sqrt{x} - 1$이고, 생산요소의 단위당 가격이 1이기에 기업의 이윤함수는 $\pi = TR - TC = pq - TC = p\sqrt{x} - p - x$이다. 이윤극대화 요소투입량을 구하기 위해 위 식을 x에 대해 미분한 후 0으로 두면 $\frac{d\pi}{dx} = \frac{p}{2\sqrt{x}} - 1 = 0$, $\sqrt{x} = \frac{1}{2}p$, $x = \frac{1}{4}p^2$이다. 이를 이윤함수에 대입하면 $\pi = \frac{1}{2}p^2 - p - \frac{1}{4}p^2 = \frac{1}{4}p^2 - p$이다.

기업이 양의 이윤을 얻을 수 있는 가격의 범위를 구하기 위해 $\pi > 0$으로 두면 $\frac{1}{4}p^2 - p > 0$, $p > 4$이다.

1389
□□□

정부지출의 증가는 단기 AS곡선을 오른쪽으로 이동시킨다.　　O | X

정부지출이 증가하면 총수요곡선이 오른쪽으로 이동하나 총공급곡선은 이동하지 않는다.

1390
□□□

필립스(W. Phillips)는 실업률과 실질임금 상승률 간의 역관계를 나타내는 필립스곡선을 제시하였다.　　O | X

필립스가 최초로 제시한 필립스곡선은 실질임금 상승률이 아니라 명목임금 상승률과 실업률 간에 역의 관계를 나타내는 곡선이다.

1391
□□□

투자와 실업은 일반적으로 경기역행적이다.　　O | X

경기호황기에는 투자가 증가하고 경기불황기에는 투자가 감소하기에 투자는 경기순응적이다. 그런데 경기호황기에는 실업률이 낮아지고 경기 불황기에는 실업률이 높아지기에 실업은 경기역행적이다.

1392
□□□

통화량이 증가할 때, 장기적으로 화폐의 중립성이 성립하므로 실질이자율이 상승한다.　　O | X

화폐의 중립성이 성립하면 인플레이션율이 $1\%p$ 상승할 때 명목이자율도 $1\%p$ 상승하기에 실질이자율은 변하지 않는다.

2017년

1393
□□□

현금/통화 비율이 1/6, 지급준비율이 1/10일 때, 통화승수는 4이다.　　O | X

통화승수 $m = \dfrac{1}{c+z(1-c)}$ 이기에 $c = \dfrac{1}{6}$, $z = \dfrac{1}{10}$ 를 대입하면 $m = \dfrac{1}{\dfrac{1}{6}+\dfrac{1}{10}\left(1-\dfrac{1}{6}\right)} = 4$로 계산된다.

정답　1389 X　1390 X　1391 X　1392 X　1393 O

1394
□□□

절대소득(absolute income)가설의 소비함수에서 평균소비성향은 한계소비성향보다 작다.　　O | X

한계소비성향은 소비함수의 기울기로 측정되고, 평균소비성향은 소비함수 상의 각 점에서 원점으로 연결한 직선의 기울기로 측정된다. 케인즈의 절대소득가설에 따르면 소비함수는 소비축(세로축)을 통과하기에 항상 소비함수 기울기보다 소비함수 상의 각 점에서 원점으로 연결한 직선의 기울기가 더 크다. 즉, 평균소비성향이 한계소비성향보다 크다.

1395
□□□

현재 1년 만기 달러화 예금의 이자율이 2%이고, 대미 원/달러 환율이 1,200원인데 1년 후 1,212원으로 예상된다. 이자율평가설에 따른 원화 예금의 연간 기대수익률은 3%이다.　　O | X

해외투자의 예상수익률 = 해외이자율 + 환율의 예상상승률이기에 미국에 투자할 때의 기대수익률은 미국의 이자율 2%와 환율의 기대상승률 1%를 합한 3%이다. 이자율평가설에 의하면 두 나라의 투자수익률이 같아지기에 한국에 예금할 때의 기대수익률은 3%임을 알 수 있다.

1396
□□□

실물경기변동이론에서는 주로 생산성 충격과 같은 총공급 충격에 의해 경기변동이 일어나는 것으로 설명한다.　　O | X

실물경기변동이론에서는 모든 시장은 완전경쟁적이고, 재화가격과 임금은 매우 신축적이라고 본다. 실물경기변동이론에서는 주로 생산성충격과 같은 총공급 충격에 의해 경기변동이 일어나는 것으로 설명한다.

1397
□□□

A재의 가격이 5% 상승할 때 A재의 매출액은 전혀 변화하지 않은 반면, B재의 가격이 10% 상승할 때 B재의 매출액은 10% 증가하였다. 이때 A재는 단위탄력적, B재는 완전비탄력적이다.　　O | X

A재는 가격이 5% 상승할 때 매출액이 전혀 변하지 않았으므로 판매량(수요량)이 5% 감소하기에 수요의 가격탄력성이 1이다. B재의 경우 가격이 10% 상승하였을 때 매출액이 정확히 10% 증가하였다는 것은 판매량(수요량)이 전혀 감소하지 않았다는 의미이다. 따라서 수요의 가격탄력성이 0이다.

1398
□□□

완전경쟁시장에서 이윤극대화를 추구하는 기업의 생산함수가 $Q = AK^{\alpha}L^{\beta}$일 때, $\dfrac{노동의\ 평균생산}{노동의\ 한계생산} = \beta$ 이다.　　O | X

생산함수를 L에 대해 미분하면 $MP_L = \beta AK^{\alpha}L^{\beta-1}$이고, 생산함수를 L로 나누어주면 $AP_L = \dfrac{AK^{\alpha}L^{\beta}}{L} = AK^{\alpha}L^{\beta-1}$이다. 노동의 평균생산을 한계생산으로 나누면 $\dfrac{AP_L}{MP_L} = \dfrac{AK^{\alpha}L^{\beta-1}}{\beta AK^{\alpha}L^{\beta-1}} = \dfrac{1}{\beta}$의 관계가 성립함을 알 수 있다.

정답　1394 X　1395 ○　1396 ○　1397 ○　1398 X

1399
□□□

소규모 개방경제모형에서 수입관세 부과와 수출보조금 지원 모두 정부수입을 증가시킨다. O | X

수입관세를 부과하면 정부는 관세수입을 얻는데 비해 수출보조금을 지급하면 정부의 재정지출이 오히려 증가한다.

1400
□□□

아래 표에서 이윤을 극대화할 때 노동을 8단위 고용한다.

노동공급	시간당 임금	한계수입생산
6	8	50
7	10	36
8	12	26
9	14	14

O | X

노동공급이 8일 때 한계노동비용은 $(8 \times 12) - (7 \times 10) = 26$이다. 노동공급이 8일 때 한계노동비용과 한계수입생산이 일치하기 때문에 노동을 8단위 고용한다.

1401
□□□

자격증을 취득한 직원에게는 $w = 24$, 그렇지 않은 직원에게는 $w = 20$의 보수를 지급한다. c가 연간 학원비이고 효용을 극대화하는 직원의 효용함수가 $u = w - c$일 때, 직원들이 자발적으로 자격증을 취득하게 하기 위한 c는 4보다 작다. O | X

자격증을 취득하지 않을 때의 효용은 20, 취득하였을 때의 효용은 $24 - c$이다. 자발적으로 자격증을 취득하게 하기 위해서는 자격증을 취득하였을 때의 효용이 더 높아야하기 때문에 $20 < (24 - c)$로 $c < 4$이다.

1402
□□□

두 재화가 보완재라면 가격소비곡선은 우상향의 형태이다. O | X

재화 x_1과 x_2가 보완재라면 x_1의 가격의 가격하락으로 x_1의 구입량이 증가하면 x_2의 구입량도 증가할 것이다. 그러므로 두 재화가 보완재라면 가격소비곡선(PCC)의 우상향의 형태로 도출된다.

1403
□□□

다음 통계로부터 구한 2014년의 GDP디플레이터는 120이다.

구분	2013년	2014년
명목 GDP	160	240
실질 GDP	125	200

O | X

2014년의 GDP디플레이터는 $GDP디플레이터_{2014} = \dfrac{명목GDP_{2014}}{실질GDP_{2014}} \times 100 = 120$ 이다.

1404
□□□

정부지출과 조세는 IS곡선과 AS곡선의 이동변수이다.

O | X

정부지출이 증가하거나 조세가 감면되면 IS곡선이 오른쪽으로 이동하기에 AS곡선이 아니라 AD곡선이 오른쪽으로 이동한다.

1405
□□□

마샬의 k가 커지면 유통속도도 증가한다.

O | X

마샬 k(화폐수요의 소득탄력성)는 유통속도$\left(V = \dfrac{1}{k} \right)$의 역수이기에 마샬 k가 커지면 유통속도가 감소한다.

1406
□□□

IS곡선이 $r = 10 - 0.5Y$, LM곡선이 $r = 2 + 0.5Y$이다. $IS-LM$모형에서 정부지출의 증대를 통하여 균형국민소득을 현재보다 2만큼 더 증가시킨다면 새로운 균형이자율은 7%이다.

O | X

IS곡선과 LM곡선을 연립하면 $10 - 0.5Y = 2 + 0.5Y$이기에 균형국민소득 $Y = 8$, 균형이자율 $r = 6$임을 알수 있다. 정부지출이 증가하면 IS곡선이 오른쪽으로 이동하게 되는데, 정부지출증가 이후에 국민소득이 2만큼 증가하였다면 균형국민소득은 10이다. 이때의 균형이자율을 구하기 위해 LM곡선에 $Y = 10$을 대입하면 새로운 균형이자율 $r = 7$로 계산된다.

1407
□□□

아파트의 수요곡선은 우하향하지만 공급곡선이 완전비탄력적이다. 아파트 매도자에게 부과하는 양도소득세액은 매입자와 매도자가 반씩 부담한다.

O | X

공급곡선이 완전비탄력적이면 조세를 전부 매도자(공급자)가 부담하기에 양도소득세액을 전부 매도자가 부담하게 된다.

정답 1403 ○ 1404 X 1405 X 1406 ○ 1407 X

1408
□□□

소규모 개방경제인 K국의 국내 컴퓨터 수요곡선과 공급곡선은 각각 $Q_d = -\dfrac{P}{2} + 3,000$, $Q_s = \dfrac{P}{2}$ 이고, 컴퓨터의 국제가격은 1,500이다. K국 정부가 단위당 500의 수입관세를 부과한다면 관세부과로 인한 경제적 순손실은 125,000이다. **O | X**

$P = 1,500$을 국내수요함수 $Q_d = -\dfrac{P}{2} + 3,000$와 국내공급함수 $Q_s = \dfrac{P}{2}$에 대입하면 수요량 $Q_d = 2,250$과 공급량 $Q_s = 750$이기에 관세부과 전의 수입량은 $Q_d - Q_s = 2,250 - 750 = 1,500$이다. 관세부과 이후의 가격 $P = 2,000$을 국내수요함수와 국내공급함수에 대입하면 수요량 $Q_d = 2,000$ 공급량 $Q_s = 1,000$이기에 관세부과 후의 수입량은 $Q_d - Q_s = 2,000 - 1,000 = 1,000$이다. 관세부과에 따른 후생손실은 $\dfrac{1}{2} \times 250 \times 500 = 62,500$ 와 $\dfrac{1}{2} \times 250 \times 500 = 62,500$를 합한 $125,000$이다.

1409
□□□

생산물시장과 노동시장 모두 완전경쟁인 A기업의 생산물의 가격은 10,000원이며, 근로자의 임금은 80,000원이라고 한다. 이 경우 이윤이 극대화될 때의 노동의 한계생산은 8이다. **O | X**

생산물시장과 노동시장이 완전경쟁일 때, 임금과 한계생산물가치가 같은 수준에서 이윤을 극대화한다.
$w = VMP_L = P \times MP_L$에서 $w = 80,000$, $P = 10,000$이므로 노동의 한계생산은 8임을 알 수 있다.

1410
□□□

소비자 A의 2기간 최적 소비선택모형에서 현재 1기에 소비자 A는 저축을 선택하고 있으며, 시장 이자율이 상승해도 1기에 소비자 A는 저축의 선택을 유지한다. 이때 시장이자율이 상승하면 소비자 A의 효용은 증가한다. **O | X**

이자율이 상승하면 저축자의 소비가능영역이 커지기에 저축자의 효용이 증가한다.

1411
□□□

학생 L은 언어검증시험에서 시험성적 10, 11, 12, 13, 14를 각각 1/5의 확률로 예상한다. 시험 점수 1점에 대한 가치는 10이며, 시험 1회당 기회비용은 10이라고 하자. 시험의 횟수에 관계없이 가장 좋은 성적을 최종 성적으로 사용할 수 있다면, 첫 시험에서 10점 이상의 성적을 받아야 더 이상 시험을 보지 않을 것이다. **O | X**

각 점수를 받을 확률이 1/5이기에 기대점수는 $(\dfrac{1}{5} \times 10) + (\dfrac{1}{5} \times 11) + (\dfrac{1}{5} \times 12) + (\dfrac{1}{5} \times 13) + (\dfrac{1}{5} \times 14) = 12$ 이다. 점수 1점의 가치가 10이고, 시험 1회당 기회비용이 10이기에 점수가 12점보다 낮다면 학생 L은 시험을 보는 것이 유리하다. 따라서 학생 L은 첫 시험에서 12점 이상의 성적을 받는다면 더이상 시험을 보지 않을 것이다.

정답 1408 ○ 1409 ○ 1410 ○ 1411 X

1412

☐☐☐

Y는 근무 지역 A와 B를 비교하고자 한다. 두 재화 x_1, x_2를 소비하는 이 사원의 효용함수가 $u = x_1 x_2$이고, 지역 A에서 두 재화의 가격 $(p_{A_1}, p_{A_2}) = (1, 1)$, 지역 B에서 두 재화의 가격 $(p_{B_1}, p_{B_2}) = (1, 4)$이다. Y가 지역 A에서 근무할 경우의 임금이 100일 때, 두 지역에서의 효용 수준이 동일하도록 지역 B에서 받아야 할 임금은 200이다.　　　　　　O | X

효용함수가 $u = x_1 x_2$이기에 두 재화의 수요함수는 각각 $x_1 = \dfrac{M}{2p_1}$, $x_2 = \dfrac{M}{2p_2}$이다. 이를 효용함수에 대입하면 $U = \dfrac{M^2}{4p_1 p_2}$이다. 이 식에 $(p_1, p_2) = (1, 1)$, $M = 100$을 대입하면 A지역에 근무할 때의 효용 $U = \dfrac{100 \times 100}{4 \times 1 \times 1}$ $= 2,500$이다. 이제 B지역에 근무할 때 효용이 2,500이 되는 M값을 구하기 위해 $(p_1, p_2) = (1, 4)$, $U = 2,500$을 대입하면 $U = \dfrac{M^2}{4 \times 1 \times 4} = 2,500$, $M = 200$으로 계산된다.

2018년

1413

☐☐☐

상품수요가 $Q_d = 5,000 - 2P$일 때, $P = 2,000$에서 수요의 가격탄력성은 4이다.　　　　　　O | X

$P = 2000$을 수요함수에 대입하면 수요량은 $Q = 1,000$이다. 수요함수를 P에 대해 미분하면 $\dfrac{dQ}{dP} = -2$이기에 수요의 가격탄력성은 $\varepsilon = -\dfrac{dQ}{dP} \times \dfrac{P}{Q} = 2 \times \dfrac{2,000}{1,000} = 4$이다.

1414

☐☐☐

노동수요는 $L_d = 19,000 - w$, 노동공급은 $L_s = -4,000 + w$이다. 정부가 노동자에게 근로시간당 1,000의 세금을 부과할 때, 근로자가 받을 세후 임금은 11,000원이다.　　　　　　O | X

정부가 노동자에게 근로시간당 1,000의 세금을 부과하면 노동공급곡선이 1,000만큼 상방으로 이동한다. 조세부과 이후의 공급곡선 식은 $(w - 1,000) = 4,000 + L$, $w = 5,000 + L$이다. 이를 노동수요곡선 $w = 19,000 - L$과 연립해서 풀면 $19,000 - L = 5,000 + L$, $L = 7,000$, 세전 임금 $w = 12,000$이다. 따라서 조세부과 이후 근로자가 받게 되는 세후 임금은 세전 임금 12,000에서 단위당 조세 1,000을 차감한 11,000원이 된다.

1415

☐☐☐

정부가 이윤극대화를 하는 A 기업에 물품세(excise tax)를 부과하면 한계비용이 상승하여 생산량이 감소하고 가격이 상승한다.　　　　　　O | X

물품세를 부과하면 한계비용곡선이 상방으로 이동하기에 생산량이 감소하고 가격이 상승하게 된다.

정답　1412 ○　　1413 ○　　1414 ○　　1415 ○

1416
☐☐☐

실업자도 근로장려세제(EITC: Earned Income Tax Credit)의 수혜대상이 된다.　　　　O | X

근로장려세제는 소득이 일정 수준에 미달하는 근로자 계층을 위한 임금보조제도로 볼 수 있다. 근로장려세제에 따른 지원은 근로소득이 있는 사람들만을 대상으로 하기에 실업자는 수혜대상에 포함되지 않는다.

1417
☐☐☐

보수행렬이 아래와 같을 때 내쉬균형은 1개이다.

(A 보수, B 보수)		B	
		회피	직진
A	회피	(10, 10)	(5, 20)
	직진	(20, 5)	(0, 0)

O | X

기업 B가 회피전략을 선택하면 기업 A는 직진전략을 선택하는 것이 최선이고 기업 B가 직진전략을 선택하면 기업 A는 회피전략 선택이 최선이다. 기업 A가 회피전략을 선택하면 기업 B는 직진전략 선택이 최선이고 기업 A가 직진전략을 선택하면 기업 B는 회피전략 선택이 최선이다. 따라서 (직진, 회피), (회피, 직진)의 두 개의 내쉬균형이 존재한다.

1418
☐☐☐

2015년이 기준연도일 때, 2016년의 실질 경제성장률은 12.5%이다.

구분	2015년		2016년	
	가격	수량	가격	수량
X	100	20	110	22
Y	120	10	130	12
Z	80	20	90	22

O | X

2015년의 실질 GDP가 $4,800$, 2016년의 실질 GDP가 $5,400$이기에 2016년의 경제성장률은 12.5%
$(=\dfrac{5,400-4,800}{4,800} \times 100)$로 계산된다.

• 실질 $GDP_{2015} = (100 \times 20) + (120 \times 10) + (80 \times 20) = 4,800$
• 실질 $GDP_{2016} = (100 \times 22) + (120 \times 12) + (80 \times 22) = 5,400$

정답　1416 X　1417 X　1418 O

1419
□□□

3인만이 존재하는 경제가 있다. 개인 i의 화폐수요가 $M_t^d = k_t Y_t$, 경제 전체의 화폐수요가 $M^d = kY$일 때, 경제 전체의 마샬 k는 0.3이다.

구분	개인1	개인2	개인3
소득 Y	20	40	60
마샬 k	0.4	0.4	0.2

O | X

개인1의 화폐수요 $M_1^d = 0.4 \times 20 = 8$, 개인2의 화폐수요 $M_2^d = 0.4 \times 40 = 16$, 개인3의 화폐수요 $M_3^d = 0.2 \times 60 = 12$를 모두 합하면 경제 전체의 화폐수요 $M^d = 8 + 16 + 12 = 36$이다. 각 개인의 소득을 모두 합하면 경제 전체의 소득 $Y = 20 + 40 + 60 = 120$이기에 경제 전체의 화폐수요함수 $M^d = kY$에 $M^d = 36$, $Y = 120$을 대입하면 $36 = k \times 120$이기에 $k = 0.3$으로 계산된다.

1420
□□□

프리드먼(M. Friedman)이 주장한 장기적 경제현상에서 확장적 통화정책은 장기적으로 실질국민소득을 증가시킨다.

O | X

장기 총공급곡선이 수직선이기에 장기에는 확장적 통화정책을 실시하더라도 실질 GDP는 변하지 않는다.

1421
□□□

2017년에 생산된 에어컨 중 일부는 판매가 되지 않아 재고로 남아 있었다. 이 에어컨 재고 모두가 2018년에 가계에 판매되었다면 이 재고판매는 2018년 GDP에 더해진다.

O | X

2017년에 판매되지 않았던 에어컨이 2018년에 가계에 판매되면 2018년에는 재고투자가 감소하고 그만큼 민간소비지출이 증가하기에 2018년 GDP 구성만 변할 뿐 2018년 GDP는 변하지 않는다.

1422
□□□

소비자물가지수(CPI) 인플레이션은 소비자의 대체가능성을 배제함으로써 생계비 상승을 과대평가하는 경향이 있다.

O | X

소비자물가지수는 기준연도 거래량을 가중치로 사용하여 계산하는 라스파이레스 방식(LP)을 사용하기에 물가 변화를 과대평가하는 경향이 있다.

1423

소비자 갑의 효용함수는 $U = \min(X, 2Y)$, X재 가격은 1, Y재 가격은 2, 갑의 소득은 10이다. 효용을 극대화하는 X재의 수요량은 5이다.　　　　O | X

소비자균형에서는 $X = 2Y$가 성립하기에. 이를 예산제약식 $X + 2Y = 10$에 대입하면 $4Y = 10$, $Y = 2.5$으로 계산된다. $Y = 2.5$를 $X = 2Y$에 대입하면 $X = 5$임을 알 수 있다.

1424

노동수요의 임금탄력성이 작을수록 최저임금으로 인한 실업 발생 효과가 커진다.　　　　O | X

최저임금제도가 시행되어 임금이 시장의 균형임금보다 높아지면 노동수요량이 감소하고 노동공급량이 증가하기에 노동시장이 초과공급 상태에 놓이게 된다. 즉, 비자발적 실업이 발생한다. 임금이 상승할 때 노동수요가 탄력적일수록 노동수요량이 큰 폭으로 감소하기에 최저임금제 시행에 따른 실업 발생 효과가 커진다.

1425

이윤극대화를 추구하는 독점기업의 수요함수는 $Q = 5 - 0.5P$이고 총비용함수는 $TC = 30 - 2Q + Q^2$이다. 이 독점기업의 이윤에 20%의 세금을 부과한다면 생산량이 20%보다 더 적게 감소할 것이다.　　　　O | X

이윤세의 경우 평균비용만 상승하고 한계비용은 변하지 않는다. 독점기업은 $MR = MC$에서 생산량을 결정하고, $MR = MC$의 위에 있는 수요곡선상의 점에서 가격이 결정되기에 생산량과 가격이 변하지 않는다. 따라서 세금이 전혀 소비자에게 전가되지 않는다.

1426

재화 1단위당 세금을 4만큼 부과했더니, 균형수량이 2,000에서 1,700으로 감소하였다. 이 경우 조세부과로 인한 경제적 순손실은 600이다(단, 수요곡선은 우하향하는 직선이고, 공급곡선은 우상향하는 직선이다).　　　　O | X

단위당 조세액이 4이고, 조세부과에 따른 거래량의 감소분이 300이기에 사중적 손실의 크기는 $4 \times 300 \times \dfrac{1}{2} = 600$임을 알 수 있다.

1427

채식주의자인 A는 감자 섭취로는 효용이 증가하나 고기 섭취로는 효용이 감소한다. 가로축에 고기, 세로축에 감자를 표시한 평면에서 A의 무차별곡선은 우상향한다.　　　　O | X

감자가 재화(goods), 고기가 비재화(bads)이기에 고기 섭취량이 증가할 때 동일한 효용이 유지되려면 감자의 섭취량이 늘어나야 하기에 개인 A의 무차별곡선은 우상향의 형태가 된다.

1428
□□□

국민소득이 $Y=C+I+G$, 소비함수가 $C=3+0.5Y$, 투자함수가 투자 $I=2-r$, 정부지출이 $G=5$인 거시경제 모형이 있다. LM곡선의 식이 $Y=18+2r$일 때, 균형이자율(r)은 0.5이다. O | X

$Y=C+I+G$에서 IS곡선식을 구해보면 $Y=(3+0.5Y)+(2-r)+5$, 정리하면 $Y=20-2r$이다. IS곡선 $Y=20-2r$과 LM곡선 $Y=18+2r$을 연립하면 $20-2r=18+2r$, $4r=2$이기에 균형이자율 $r=0.5$이다.

1429
□□□

가속도원리에서 산출량의 증가는 투자에 양(+)의 영향을 미친다. O | X

유발투자를 가정하여 소득변동이나 소비변동으로 투자가 급속히 이루어지는 경우를 설명하는 이론이 가속도원리이다.

1430
□□□

실질잔고효과(real balance effect)에 의하면 기대인플레이션이 발생할 경우 명목이자율은 기대인플레이션보다 더 크게 상승한다. O | X

실질잔고효과는 물가가 하락하면 민간이 보유한 실질부가 증가하여 그에 따라 민간소비가 증가하는 효과이기에 기대인플레이션과는 관계가 없다.

1431
□□□

폐쇄경제인 A 국가의 GDP는 12이고, 민간소비는 7이며, 조세는 3, 정부의 재정적자는 1이다. 이 경우 국민저축은 1이다. O | X

민간저축 $S_p=(Y-T)-C=(12-3)-7=2$이고, 재정적자 $G-T$가 1이기에 정부저축 $S_G=(T-G)=-1$이다. 민간저축과 정부저축을 합한 국민저축은 $S_p+S_G=1$이다.

1432
□□□

솔로우(Solow)모형에서 생산함수는 $Y=K^{0.5}L^{0.5}$이다. 이 경제에서 저축률은 20%, 노동증가율은 10%, 감가상각률은 10%일 때, 현재 균제상태에 있는 이 경제가 황금률 자본 수준으로 가기 위해서는 저축률을 높여야한다. O | X

1인당 생산량 $y=\dfrac{Y}{L}$, 1인당 자본량 $k=\dfrac{K}{L}$로 두면 1인당 생산함수는 $y=k^{0.5}=\sqrt{k}$가 된다. 균제상태의 1인당 자본량은 $sf(k)=(n+d+g)k$에서 두면 $0.2\sqrt{k}=(0.05+0.1+0.05)k$이기에 $k=1$이다. 1인당 생산함수를 k에 대해 미분하면 0.5이다. 기술진보가 있을 때 황금률의 1인당 자본량을 구하기 위해 $MP_K=n+d+g$로 두면 $MP_K=0.5k^{-0.5}=\dfrac{1}{2\sqrt{k}}$에서 $\dfrac{1}{2\sqrt{k}}=(0.05+0.1+0.05)$, $\sqrt{k}=\dfrac{5}{2}$, $k=\dfrac{25}{4}$이다. 따라서 현재는 과소자본 상태이며 황금률 수준으로 가기 위해서는 저축률을 자본소득분배율과 동일한 50%로 높여야 한다.

정답 1428 ○ 1429 ○ 1430 X 1431 ○ 1432 ○

2011년

1433
□□□

A기업의 생산함수는 $Q = L + 2K$이고 생산량이 일정할 때 A기업의 한계기술대체율은 노동과 자본의 투입량에 관계없이 일정하다.　O | X

생산함수 K에 대해 정리하면 $K = -\frac{1}{2}L + \frac{1}{2}Q$이기에 등량곡선은 기울기가 $-\frac{1}{2}$인 우하향의 직선임을 알 수 있다. 등량곡선이 우하향의 직선인 경우 한계기술대체율이 일정하다.

1434
□□□

총수요 - 총공급($AD - AS$) 모형에서 정부의 국방비 지출증가는 장기 총공급곡선을 우측으로 이동시킨다.　O | X

정부의 국방비 지출은 장기적인 경제의 생산능력 증대와는 무관하기에 장기 총공급곡선의 이동요인이 아니다. 국방비 지출이 증가하면 총수요곡선이 오른쪽으로 이동한다.

1435
□□□

생산물시장과 생산요소시장이 모두 완전경쟁이다. 한 기업의 근로자 수에 따른 생산량이 다음 표와 같을 때, 단위당 제품가격이 80, 임금이 200일 경우 고용할 근로자는 5명이다.

근로자 수(명)	1	2	3	4	5	6
생산량(대)	10	18	25	30	33	35

O | X

5번째 노동자를 고용할 때는 한계생산물가치가 임금보다 크나 6번째 노동자의 한계생산물가치는 임금보다 작다. 그러므로 A기업은 5번째 노동자까지만 고용할 것이다.

근로자	1	2	3	4	5	6
MP_L	10	8	7	5	3	2
VMP_L	800	640	560	400	240	160

정답　1433 ○　1434 X　1435 ○

1436
□□□

예상 인플레이션율이 상승하면 단기 필립스곡선은 우측으로 이동한다.　　　O | X

기대부가 필립스곡선$[\pi = \pi^e - \alpha(U - U_N)]$에서 예상인플레이션율의 상승은 단기 필립스곡선을 위쪽으로 이동시킨다.

1437
□□□

甲은 항상 $1:2$의 비율로 X재와 Y재만을 소비한다. X재의 가격이 P_X, Y재의 가격이 P_Y일 때 甲의 X재에 대한 엥겔곡선(Engel Curve) 기울기는 $P_X + 2P_Y$이다.　　　O | X

소비자가 X재와 Y재를 항상 $1:2$의 비율로 소비하므로 소비자균형에서는 항상 $2X = Y$의 관계가 성립한다. 또한 소비자균형에서는 예산제약식 $(P_X X + P_Y Y = M)$이 충족되어야 한다. $Y = 2X$를 예산제약식에 대입하면 $P_X X + P_Y(2X) = M$, $M = (P_X + 2P_Y)X$의 관계로 도출된다. 그러므로 엥겔곡선의 기울기는 $(P_X + 2P_Y)$이다.

1438
□□□

기펜재의 가격상승 시 소득효과는 재화의 소비량을 감소시킨다.　　　O | X

기펜재는 열등재이기에 가격상승으로 실질소득이 감소하면 소득효과에 의해 구입량이 증가한다. 기펜재의 경우 통상적인 수요곡선이 우상향하기에 가격상승 시 구입량이 증가한다.

1439
□□□

은행이 대출이자율을 높이면 위험한 사업에 투자하는 기업들이 자금을 차입하려는 현상은 도덕적 해이이다.　　　O | X

은행이 대출이자율을 높게 설정할수록 위험한 사업에 투자하는 기업이 자금을 차입하려는 현상은 도덕적 해이가 아니라 역선택이다.

1440
□□□

슈타켈버그(Stackelberg)모형에서 두 기업 중 하나 또는 둘 모두가 가격에 관해 추종자가 아닌 선도자의 역할을 한다.　　　O | X

슈타켈버그모형은 가격결정모형이 아니라 생산량결정모형이다. 슈타켈버그모형에서는 두 기업 중 하나 또는 둘 모두가 '생산량'에 관해 추종자가 아닌 선도자의 역할을 한다.

정답　1436 ○　1437 ○　1438 X　1439 X　1440 X

1441
☐☐☐

완전경쟁적인 노동시장에서 노동수요곡선이 $L=2,000-w$이고, 노동공급곡선은 $L=-2,000+3w$이다. 근로시간당 1,000원의 세금을 부과할 때 발생하는 경제적 순손실(deadweight loss)은 375,000원이다.

O | X

세금부과 전 균형점은 노동수요곡선과 노동공급곡선을 연립해서 풀면 $L=1,000$, $w=1,000$이다. 시간당 1,000원의 세금이 부과되면 노동공급곡선이 1,000만큼 상방으로 이동하기에 노동공급곡선 식이 $w=\dfrac{5,000}{3}+\dfrac{1}{3}L$로 바뀐다. 조세부과 이후 노동수요곡선과 노동공급곡선 식을 연립해서 풀면 $L=250$, $w=1,750$임을 알 수 있다. 조세부과로 인해 고용량이 750단위 감소하였기에 후생손실의 크기는 $375,000(=\dfrac{1}{2}\times1,000\times750)$원이다.

1442
☐☐☐

완전경쟁시장에서 A기업의 단기 총비용함수가 $C(Q)=3Q^2+24$이다. A기업이 생산하는 재화의 시장가격이 24일 경우 A기업의 극대화된 단기이윤은 20이다.

O | X

비용함수를 미분하면 한계비용 $MC=6Q$이기에 이윤극대화 생산량을 구하기 위해 $P=MC$로 두면 $24=6Q$, $Q=4$이다. $\pi=TR-TC$이기에 $24[=(24\times4)-(3\times16+24)]$이다.

1443
☐☐☐

구두창비용, 이자소득에 대한 조세 왜곡, 가격조정비용, 상대가격 변화로 인한 자원배분 왜곡은 인플레이션의 사회적 비용에 해당한다.

O | X

예상된 인플레이션이 발생하면 구두창비용, 메뉴비용 등이 발생하고 조세부담이 증가하며, 경상수지가 악화된다. 채권자가 불리해지고 채무자는 유리해지는 부와 소득의 재분배가 이루어진다. 가격조정에 따른 수입증가분보다 가격조정 시 발생하는 모든 비용인 메뉴비용이 크면 기업은 가격조정을 포기하기에 가격이 경직적이 된다는 것이 메뉴비용이론이다.

1444
☐☐☐

2010년이 기준년도일 때 2011년의 GDP디플레이터는 100이다.

년도	우유		빵	
	가격	생산량	가격	생산량
2010	1	100	2	50
2011	2	200	2	100

O | X

명목 $GDP_{2011}=(2\times200)+(2\times100)=600$ 실질 $GDP_{2011}=(1\times200)+(2\times100)=400$

2011년의 명목 GDP가 600이고, 실질 GDP가 400이기에 GDP디플레이터는 $150(=\dfrac{600}{400}\times100)$이다.

1445
□□□

긍정적 외부효과가 있는 재화의 경우 시장 균형생산량은 사회적 최적생산량보다 크다.　　O | X

긍정적 외부성이 발생하는 경우에는 시장기구에 의한 생산량이 사회적인 최적수준에 미달한다.

1446
□□□

생산량이 3일 때 총비용이 60이며, 생산량이 4일 때 총평균비용이 18이다. 이 경우 생산량이 4일 때 한계비용은 12이다.　　O | X

$Q=3$일 때 $TC=60$이고, $Q=4$일 때의 $TC=18\times4=72$이기에 4번째 단위를 생산할 때의 한계비용 $MC=12$이다.

1447
□□□

기업 A와 B는 연구개발 투자가 다음과 같은 보수행렬(payoff matrix)을 갖는다. 내쉬균형의 보수조합은 (40, 30)이다.

(A 보수, B 보수)		B기업	
		대규모	소규모
A기업	대규모	(40, 30)	(60, 20)
	소규모	(20, 40)	(50, 50)

O | X

기업 B의 전략에 관계없이 기업 A는 항상 대규모를 선택할 때의 이윤이 더 크기에 기업 A의 우월전략은 '대규모'이다. 기업 A가 대규모를 선택하면 기업 B도 대규모를 선택할 것이기에 내쉬균형은 (대규모, 대규모)이다. 그러므로 내쉬균형에서 보수조합은 (40, 30)이다.

1448
□□□

홍수로 유실된 도로를 정부가 금년도 복구한 금액은 금년도 국내총생산(GDP) 산출에 포함된다.　　O | X

시장에서 거래되지 않더라도 자가소비농산물, 귀속임대료, 정부생산물은 GDP집계에 포함된다. 그리고 홍수로 인해 유실된 도로를 올해 복구하면 도로가 생산된 것이기에 도로복구에 지출된 비용도 GDP에 집계된다.

1449
□□□

새케인즈(new Keynesian)학파는 화폐는 중립적(neutral)이라고 주장했다.　　O | X

새케인즈학파에 의하면 통화량의 변화는 총수요변화를 통해 실물부문에 영향을 미친다고 주장한다. 즉, 새케인즈학파는 화폐의 중립성이 성립하지 않는다고 본다.

정답 1445 X　1446 O　1447 O　1448 O　1449 X

1450
□□□

이윤을 극대화하는 A기업의 생산함수가 $Q = AK^{\alpha}L^{\beta}$이고, 규모에 대한 수익불변일 때, A기업의 총수입에서 자본분배율은 α이고 노동분배율은 $A(1-\alpha)$이다. O | X

주어진 생산함수는 1차동차의 콥-더글라스 생산함수이기에 a는 노동소득분배비율, β는 자본소득분배비율을 나타낸다. 1차동차함수이기에 $\beta = 1 - a$로 나타낼 수 있다.

1451
□□□

노동을 대체하는 다른 생산요소의 공급 증가는 노동수요곡선을 좌측으로 이동시킨다. O | X

노동을 대체하는 산업로봇의 이용이 증가하거나 노동을 대체하는 다른 생산요소의 공급이 증가하면 노동수요가 감소하기에 노동수요곡선이 왼쪽으로 이동한다.

1452
□□□

힉스-마샬(Hicks-Marshall)의 파생수요법칙에서 임금탄력성은 단기보다 장기에 더 작아진다. O | X

측정기간이 길어질수록 노동수요가 탄력적이 된다.

2012년

1453
□□□

완전경쟁시장에서 비용불변산업의 경우 장기 균형가격은 시장수요의 크기에 영향을 받는다. O | X

비용불변산업의 경우 산업의 장기 공급곡선이 수평선이기에 장기 균형가격은 시장수요의 크기에 관계없이 일정하다.

1454
□□□

화폐수량설과 피셔방정식(Fisher equation)이 성립하고 화폐유통속도가 일정한 경제에서 실질경제성장률이 3%, 통화증가율이 6%, 명목이자율이 10%라면 실질이자율은 7%이다. O | X

유통속도가 일정하기에 $\dfrac{dV}{V} = 0$, 실질경제성장률이 3%이기에 $\dfrac{dY}{Y} = 3\%$, 통화증가율이 6%이기에 $\dfrac{dM}{M} = 6\%$이다. 이 수치를 $MV = PY$를 증가율로 나타낸 $\dfrac{dM}{M} + \dfrac{dV}{V} = \dfrac{dP}{P} + \dfrac{dY}{Y}$에 대입하면 물가상승률(인플레이션율) $\dfrac{dP}{P} = 3\%$임을 알 수 있다. 명목이자율이 10%이고, 인플레이션율이 3%이기에 실질이자율은 7%이다.

정답 1450 X 1451 O 1452 X 1453 X 1454 O

1455
□□□
A국의 통화량이 현금통화 150, 예금통화 450이며, 지급준비금이 90이라고 할 때 통화승수는 2.5이다(단, 현금통화비율과 지급준비율은 일정하다). O | X

현금통화와 예금통화를 합한 통화량이 600이고, 현금통화와 지급준비금을 합한 본원통화가 240이기에 통화량을 본원통화로 나눈 통화승수는 2.5이다.

1456
□□□
피셔(Fisher)의 2기간 최적소비선택모형에서 제1기에 소득이 소비보다 큰 소비자는 실질이자율이 증가하면 제2기의 소비를 증가시킨다. O | X

실질이자율이 상승하면 현재소비의 상대가격이 상승하기에 대체효과에 의해서는 현재소비가 감소하고 미래소비가 증가한다. 한편, 실질이자율이 상승하면 실질소득이 증가하기에 현재소비와 미래소비가 모두 증가한다. 그러므로 실질이자율이 상승할 때 현재소비의 증감여부는 불분명하나 미래소비는 반드시 증가한다.

1457
□□□
A의 X재에 대한 수요는 가격 비탄력적이다. 다른 조건이 일정할 때 X재의 가격이 상승하는 경우, A의 X재 소비량은 감소하고, X재 가격에 대한 Y재 수요의 교차탄력성은 음(-)이다. O | X

개인 A의 X재 수요의 가격탄력성이 1보다 작다면 가격소비곡선(PCC)이 우상향한다. PCC가 우상향이 되려면 X재 가격이 상승할 때 X재와 Y재의 소비량이 모두 감소해야 한다. X재 가격이 상승할 때 Y재 소비량이 감소한다면 두 재화는 서로 보완재 관계이다. 두 재화가 보완재라면 교차탄력성이 음(-)의 값을 갖는다.

1458
□□□
공공재의 경우 개인들의 한계편익을 합한 것이 한계비용보다 작다면 공공재 공급을 증가시키는 것이 바람직하다. O | X

개인들의 한계편익을 합한 사회적인 한계편익이 한계비용보다 작다면 공공재 공급을 감소시키는 것이 바람직하다.

1459
□□□
생산물시장과 노동시장에서 독점기업인 A가 직면하는 노동공급곡선은 $w = 100 + 5L$, 노동의 한계수입생산물은 $MRP_L = 300 - 10L$이다. 이때 A기업의 이윤을 극대화하는 임금은 150이다. O | X

총요소비용 $TFC_L = wL = 100L + 5L^2$을 L에 대해 미분하면 한계요소비용 $MFC_L = 100 + 10L$이다. 수요독점기업은 한계수입생산과 한계요소비용이 일치하는 수준까지 노동을 고용하기에 $MRP_L = MFC_L$로 두면 $300 - 10L = 100 + 10L$, $L = 10$이다. 수요독점기업은 노동공급곡선의 높이에 해당하는 임금을 지급하기에 $L = 10$을 노동공급곡선 $w = 100 + 5L$에 대입하면 $w = 150$이다.

정답 1455 ○ 1456 ○ 1457 ○ 1458 X 1459 ○

1460
□□□

IS곡선이 $r = 5 - 0.1Y$, LM곡선이 $r = 0.1Y$일 때, 현재 경제상태가 국민소득은 30이고 이자율이 2.5라면, 상품시장은 초과공급이고 화폐시장은 초과수요이다.　　　　　O | X

IS곡선과 LM곡선 식을 연립해서 풀면 $5 - 0.1Y = 0.1Y$, $Y = 25$이다. $Y = 25$를 IS곡선 혹은 LM곡선 식에 대입하면 $r = 2.5$이다. 균형국민소득 $Y = 25$, 균형이자율 $r = 2.5$이나 현재 상태에서의 국민소득이 30, 이자율이 2.5인 점은 LM곡선 하방, IS곡선 상방이다. 따라서 생산물시장이 초과공급이고, 화폐시장이 초과수요이다.

1461
□□□

소규모 폐쇄경제인 국가에서 수입재 한 단위당 t원의 관세를 부과하였을 경우, 사회적잉여는 증가한다.　　　　　O | X

소규모 폐쇄경제인 국가에서 수입재 한 단위당 t원의 관세를 부과하였을 경우, 사회적잉여는 감소한다.

1462
□□□

기업들이 각자의 생산량을 동시에 결정하는 꾸르노(Cournot)복점모형에서 시장수요곡선이 $P = 60 - Q$로 주어지고, 두 기업의 한계비용은 30으로 동일하다. 이때 내쉬(Nash)균형에서의 시장가격은 40이다.　　　　　O | X

수요함수가 $P = 60 - Q$, 한계비용 $MC = 30$이기에 완전경쟁일 때의 생산량을 구하기 위해 $P = MC$로 두면 $60 - Q = 30$, $Q = 30$이다. 꾸르노모형에서 각 기업은 완전경쟁의 $\frac{1}{3}$만큼 생산하기에 기업 1과 2의 생산량은 모두 10이 된다. 꾸르노모형에서 시장전체의 생산량이 20이기에 $Q = 20$을 수요함수에 대입하면 $P = 40$이다.

1463
□□□

독점적 경쟁에서는 상품의 가격이 장기한계비용보다 높은 수준에서 결정된다.　　　　　O | X

장기균형에서 $P > MC$이므로 생산량은 사회적인 최적수준에 미달한다.

1464
□□□

실업급여의 확대는 탐색적 실업을 증가시킬 수 있다.　　　　　O | X

실업급여가 확대되면 노동자들이 적극적으로 구직활동을 하지 않을 것이기에 직업탐색기간이 길어져 탐색적 실업이 증가할 수 있다.

정답　1460 ○　　1461 X　　1462 ○　　1463 ○　　1464 ○

1465
□□□

노동만을 사용하여 생산물을 생산하는 기업 A의 생산함수가 $Q = L^{0.5}$일 때 노동투입량이 증가하면 노동의 한계생산물은 증가한다.　　　　　　　　　　　　　　　　　　　　O | X

생산함수를 L에 대해 미분하면 $MP_L = 0.5L^{-0.5} = \dfrac{1}{2\sqrt{L}}$이다. 노동투입량($L$)이 증가하면 한계생산물이 감소하기에 수확체감의 법칙이 성립한다.

1466
□□□

완전경쟁시장에서 이윤을 극대화하는 개별 기업들의 장기 총비용곡선이 $C = q^3 - 2q^2 + 7q$로 모두 동일하다고 할 때 장기 시장균형가격은 6이다.　　　　　　　　　　　　　　　　O | X

총비용을 생산량으로 나누면 $AC = q^2 - 2q + 7$이다. 완전경쟁시장의 장기 균형가격은 최소 장기 평균비용과 일치하기에 장기 평균비용이 최소가 되는 생산량을 구하기 위해 평균비용을 q에 대해 미분하면 $\dfrac{dAC}{dq} = 2q - 2 = 0$, $q = 1$이다. $q = 1$을 평균비용함수에 대입하면 최소 장기 평균비용은 6이기에 시장의 장기 균형가격은 6이 된다.

1467
□□□

효용을 극대화하는 소비자 A는 X재와 Y재, 두 재화만 소비한다. 다른 조건이 일정하고 X재의 가격만 하락하였을 경우, A의 X재에 대한 수요량이 변하지 않았다. 이때 X재는 열등재이다.　　　　O | X

X재 가격이 하락할 때 X재 수요량이 전혀 변하지 않았다면 가격효과가 0이다. 가격효과가 0이 되는 것은 대체효과와 소득효과가 서로 상쇄될 때이다. 대체효과와 소득효과의 방향이 반대인 것은 X재가 열등재일 때이다.

1468
□□□

비용을 최소화하는 기업 A의 생산함수는 $Q = \min\{2L, K\}$이다. 노동시장과 자본시장은 모두 완전경쟁시장이고 임금율 $W = 2$, 자본의 임대가격 $R = 5$일 때 기업 A의 한계비용(MC)은 6이다.　　　　O | X

생산함수가 $Q = \min[2L, K]$이기에 생산자균형에서는 항상 $Q = 2L = K$가 성립한다.
총비용함수 $C = WL + RK$에 $W = 2$, $R = 5$, $L = \dfrac{1}{2}Q$, $K = Q$를 대입하면 $C = Q + 5Q = 6Q$이다.
총비용함수 $C = Q + 5Q = 6Q$를 Q에 대해 미분하면 $MC = 6$임을 알 수 있다.

1469
□□□

다른 조건이 일정할 때 솔로우(Solow)모형에서 일회적인 기술진보는 장기적으로 1인당 산출량의 성장률을 증가시킨다.　　　　　　　　　　　　　　　　　　　　　　　　　O | X

솔로우모형에서 일회적인 기술진보가 이루어지면 생산함수가 상방으로 이동한다. 생산함수가 상방으로 이동한 후 새로운 균제상태에 도달하면 1인당 경제성장률은 0이 된다. 그러므로 솔로우모형에서는 일회적인 기술진보가 이루어지더라도 1인당 산출량 증가율은 높아지지 않는다.

정답　1465 X　1466 ○　1467 ○　1468 ○　1469 X

1470

근로소득세율이 상승할 때 여가 수요의 증감 여부는 대체효과와 소득효과의 상대적 크기에 달려있다.

O | X

근로소득세율이 상승할 때 대체효과에 의해서 노동공급이 감소한다. 근로소득세율이 상승함에 따라 세후 실질임금이 하락하면 실질소득이 감소한다. 여가가 정상재인 경우 실질소득이 감소하면 여가소비가 감소하기에 소득효과에 의해서 노동공급이 증가한다. 그러므로 근로소득세율이 상승할 때 노동공급 및 여가수요의 증감여부는 대체효과와 소득효과의 상대적인 크기에 달려있다.

1471

중첩임금계약(staggered wage contracts)모형은 실질임금이 경직적인 이유를 설명한다.

O | X

중첩임금계약모형은 실질임금의 경직성이 아니라 명목임금의 경직성을 설명하는 이론이다.

1472

자본이동 및 무역거래가 완전히 자유롭고 변동환율제도를 채택하고 있는 소규모 개방경제인 A국에서 확대재정정책이 실시되는 경우, 국민소득은 불변이고 환율은 하락한다.

O | X

확대적인 재정정책을 실시하면 *IS*곡선이 오른쪽으로 이동하기에 이자율이 상승한다. 이자율이 상승하면 자본유입이 이루어지기에 외환의 공급이 증가하고, 그에 따라 환율이 하락한다. 평가절상(환율하락)이 이루어지면 순수출이 감소하기에 *IS*곡선이 다시 왼쪽으로 이동한다. 그러므로 변동환율제도 하에서는 확대적인 재정정책을 실시하더라도 국민소득은 전혀 증가하지 않는다.

2013년

1473

배우자의 실질임금, 취학 이전 자녀의 수, 기혼여성의 교육수준은 기혼여성의 경제활동참가율을 결정하는 요인이 될 수 있다.

O | X

남편의 소득이 많다면 굳이 직장을 찾을 필요가 없으나 남편의 소득만으로 생계를 유지하기가 어렵다면 주부도 취업을 하려고 할 가능성이 높고, 취학 이전의 자녀의 수가 많다면 자녀를 돌보는 데 시간을 할애해야 하기에 직장을 찾기보다는 전업주부로 보낼 가능성이 높고 교육수준이 높은 기혼여성일수록 일자리를 찾고자 하는 경향이 높다.

1474

성별 임금격차도 일종의 보상적 임금격차이다.

O | X

성별 임금격차는 보상적 임금격차가 아니라 일종의 차별이다.

정답 1470 O 1471 X 1472 O 1473 O 1474 X

1475
□□□
기업의 생산함수가 $Y = 200L - L^2$이고 노동 한 단위당 임금이 40이다. 상품시장과 생산요소시장이 완전 경쟁시장이고, 생산물의 가격이 1일 때 균형노동량은 80이다. O | X

생산함수를 L에 대해 미분하면 노동의 한계생산물 $MP_L = 200 - 2L$이고, 재화가격이 1이기에 노동수요곡선 $VMP_L = MP_L \times P = 200 - 2L$이다. 노동자의 노동 한 단위당 임금이 40이기에 기업의 입장에서 보면 노동공급곡선이 40에서 수평선이다. 노동시장의 균형을 구하기 위해 $200 - 2L = 40$으로 두면 $L = 80$이다.

1476
□□□
노동수요곡선은 $L_D = 19,000 - w$이고, 노동공급곡선은 $L_S = -4,000 + w$이다. 이때 균형임금은 11,500이고 균형노동량은 7,500이다. O | X

노동수요곡선과 노동공급곡선을 연립해서 풀면 $19,000 - w = -4,000 + w$이기에 균형임금 $w = 11,500$이다. $w = 11,500$을 노동수요곡선(혹은 노동공급곡선)식에 대입하면 균형고용량 $L = 7,500$이다.

1477
□□□
두 상품이 완전대체재인 경우 무차별곡선의 형태는 L자형이다. O | X

두 재화가 완전대체재이면 무차별곡선은 우하향의 직선이다. 무차별곡선이 L자 형태로 도출되는 것은 두 재화가 완전보완재일 때이다.

1478
□□□
독점시장에서 시장수요곡선은 $Q_D = 45 - \frac{1}{4}P$이고, 총비용곡선은 $TC = 100 + Q^2$이다. 이때 사회 전체의 후생수준이 극대화되는 생산량은 30이다. O | X

가격과 한계비용이 일치할 때 사회 전체의 후생이 극대화된다. 수요함수를 P에 대해 정리하면 $P = 180 - 4Q$이고, 비용함수를 Q에 대해 미분하면 한계비용 $MC = 2Q$이다. 사회후생이 극대화되는 생산량을 구하기 위해 $P = MC$로 두면 $180 - 4Q = 2Q$, $Q = 30$이다.

1479
□□□
다른 조건이 일정할 때, 실업자가 비경제활동인구로 전환되면 실업률이 하락한다. O | X

실업자가 구직활동을 포기함에 따라 비경제활동인구로 바뀌면 실업자 수가 감소하기에 실업률이 낮아진다.

1480
□□□

어느 국가의 거시경제 모형이 $Y = C + I + G + X - M$을 만족한다. 소비함수는 $C = 0.5Y + 10$, 투자함수는 $I = 0.4Y + 10$, 수입은 $M = 0.1Y + 20$이라고 할 때, 정부지출(G)을 1만큼 증가시키면 민간소비지출(C)의 증가분은 2.5이다.   O | X

한계소비성향 $c = 0.5$, 유발투자계수 $i = 0.4$, 한계수입성향 $m = 0.1$이다. 정부지출승수 $\dfrac{dY}{dG} = \dfrac{1}{1-c-i+m} = \dfrac{1}{1-0.5-0.4+0.1} = 5$ 이다. 그러므로 정부지출이 1만큼 증가하면 국민소득이 5만큼 증가한다. 국민소득이 5만큼 증가하면 한계소비성향이 0.5이기에 민간소비지출은 2.5만큼 증가한다.

1481
□□□

생산함수가 $Y = 2K^{0.3}L^{0.7}$이고(Y: 생산량, K: 자본, L: 노동), 자본과 노동의 증가율이 각각 1%일 때 생산량 증가율은 1%이다.   O | X

주어진 생산함수는 1차동차함수이기에 노동과 자본투입량이 모두 1% 증가하면 생산량도 정확히 1% 증가한다.

1482
□□□

기업의 생산함수가 $Q = L^{0.5}K$인 경우 자본투입량이 증가할수록 자본의 한계생산은 증가한다.   O | X

$MP_K = \sqrt{L}$이기에 노동투입량이 증가하면 자본의 한계생산물이 증가하나 MP_K가 자본투입량과는 아무런 관계가 없기에 자본의 한계생산물은 일정함을 알 수 있다.

1483
□□□

상품시장과 생산요소시장이 완전경쟁시장이고, 기업은 이윤극대화를 추구할 때 기술진보로 노동의 한계생산물이 증가하면 노동수요곡선이 우측으로 이동한다.   O | X

생산물시장과 요소시장이 모두 완전경쟁일 때 노동수요곡선 $VMP_L = MP_L \times P$이므로 재화가격(P)이 상승하거나 기술진보로 노동의 한계생산물(MP_L)이 커지면 노동수요곡선이 우측으로 이동한다.

1484
□□□

효율성임금이론에 따르면 실질임금이 인상되면 노동생산성도 증가된다.   O | X

효율성임금이론에 의하면 실질임금이 상승하면 노동생산성이 증가한다.

정답   1480 ○   1481 ○   1482 X   1483 ○   1484 ○

1485
□□□

두 재화 X와 Y를 소비하여 효용을 극대화하는 소비자 A의 효용함수는 $U = X + 2Y$이고, X재 가격이 2, Y재 가격이 1이다. X재 가격이 1로 하락하여도 X재, Y재 소비량 모두 불변이다. O | X

효용함수 $U = X + 2Y$를 Y에 대해 정리하면 $Y = -\frac{1}{2}X + \frac{1}{2}U$이기에 무차별곡선은 기울기가 $\frac{1}{2}$(절댓값)인 우하향의 직선이다. $\frac{P_X}{P_Y} = 2$이기에 예산선의 기울기는 2(절댓값)이다. 이때 무차별곡선이 우하향의 직선이면서 예산선보다 기울기가 완만하기에 소비자는 Y재만 구입할 것이다. X재 가격이 1로 하락하면 예산선의 기울기가 $\frac{P_X}{P_Y} = 1$(절댓값)로 바뀐다. 무차별곡선이 우하향의 직선이면서 기울기가 1/2이기에 예산선의 기울기가 1로 바뀌더라도 소비자는 여전히 Y재만을 구입할 것이다.

1486
□□□

기업 A가 직면하는 상품의 수요곡선이 우하향하는 직선일 때 생산량이 증가할수록 총수입은 감소하다가 증가한다. O | X

수요곡선이 우하향의 직선이면 수요곡선의 중점보다 위쪽은 가격탄력성이 1보다 크기에 처음에는 생산량(판매량)이 증가할 때 총수입이 증가한다. 기업의 총수입은 수요의 가격탄력성이 1인 중점에서 가장 커진다. 그리고 생산량(판매량)을 수요곡선의 비탄력적인 구간까지 증가시키면 오히려 총수입이 감소한다.

1487
□□□

독점기업의 완전가격차별은 사회후생을 감소시킨다. O | X

완전가격차별이 이루어지면 시장구조가 완전경쟁일 때와 생산량이 동일하기에 사회 전체의 총잉여도 완전경쟁일 때와 같아진다. 다만, 소비자잉여에 해당하는 부분이 전부 독점기업에 귀속된다.

1488
□□□

상품의 형태나 모양으로는 제품을 차별화할 수 없다. O | X

독점적 경쟁시장이 다른 시장과 구분되는 가장 큰 특징은 각 기업들은 상품의 디자인이나 기능 등에서 약간씩 차별화된 재화를 생산한다는 점이다.

1489
□□□

임금상승은 우상향하는 총공급곡선(AS)을 왼쪽으로 이동시키는 요인이다. O | X

임금이 상승하면 기업들의 생산비용이 상승하기에 총공급곡선이 왼쪽으로 이동한다.

정답   1485 ○   1486 X   1487 X   1488 X   1489 ○

1490
□□□

변동환율제도하에서 미국산 제품의 국내수입이 증가하면 환율(원/달러 환율)이 하락한다. O | X

미국산 제품의 수입이 증가하면 외환수요가 증가하기에 환율이 상승한다.

1491
□□□

X재의 가격이 5% 상승할 때 X재의 소비지출액은 전혀 변화하지 않은 반면, Y재의 가격이 10% 상승할 때 Y재의 소비지출액은 10% 증가하였다. 이때 X재가 단위탄력적, Y재가 완전비탄력적이다. O | X

어떤 재화 구입에 대한 '소비자의 지출액 = 가격 × 구입량'이기에 증가율 형태로 바꾸어 나타내면 지출액변화율 = 가격변화율 + 구입량변화율이다. X재 가격이 5% 상승하였을 때 X재에 대한 지출액이 전혀 변하지 않았기에 구입량 변화율이 −5%이다. 따라서 X재에 대한 수요의 가격탄력성이 1이다. 한편, Y재 가격이 10% 상승하였을 때 지출액 변화율이 10%이기에 구입량 변화율이 0이다. Y재 가격이 상승하였을 때 구입량이 전혀 변하지 않는 경우는 Y재의 수요곡선이 수직선일 때이다. 따라서 Y재 수요는 완전비탄력적이다.

1492
□□□

여가가 정상재이고, 임금이 상승할 때 대체효과가 소득효과를 능가한다면 노동의 공급은 증가한다. O | X

여가가 정상재인 경우 임금이 상승하면 대체효과에 의해서는 노동공급이 증가하고, 소득효과에 의해서는 노동공급이 감소한다. 그러므로 대체효과가 소득효과보다 크면 임금상승 시 노동공급이 증가하나 소득효과가 대체효과보다 큰 경우에는 노동공급이 감소한다.

2014년

1493
□□□

후방굴절형 노동공급곡선이 발생하는 이유는 여가가 정상재이고, 소득효과가 대체효과보다 크기 때문이다. O | X

여가가 정상재일 경우 임금이 상승할 때 대체효과에 의해서는 노동시간이 증가하고 소득효과에 의해서는 노동시간이 감소한다. 그러므로 대체효과보다 소득효과가 큰 경우 노동공급곡선이 후방으로 굴절하는 형태로 도출된다.

1494

생산함수가 $Q = L^{0.8}K^{0.8}$일 경우, 단기에 '수확체감'과, 장기에 '규모에 대한 수익체증'의 특성을 갖는다.

O | X

일반적인 콥 - 더글라스 생산함수가 $Q = AL^{\alpha}K^{\beta}$로 주어져 있다고 하자. 이 경우 $\alpha > 1$이면 MP_L이 체증하고, $\alpha = 1$이면 MP_L이 일정하고, $\alpha < 1$이면 MP_L이 체감한다. 콥 - 더글라스 생산함수가 $Q = AL^{\alpha}K^{\beta}$일 때 $(\alpha + \beta) > 1$이면 규모에 대한 수익이 체증하고, $(\alpha + \beta) = 1$이면 규모에 대한 수익이 불변이고, $(\alpha + \beta) < 1$이면 규모에 대한 수익이 체감한다. 따라서 $Q = L^{0.8}K^{0.8}$는 단기에 수확체감, 장기에 규모수익 체증의 특성을 갖는다.

1495

A는 직장 근무를 시작한 1985년에 연봉 2,000만 원을 받았고, 2010년에는 연봉 1억 원을 받았다. 1985년의 물가지수가 50이고, 2010년의 물가지수가 125라면 2010년 물가로 환산한 A의 1985년 연봉은 5,000만 원이다.

O | X

1985년의 물가지수가 50, 2010년의 물가지수가 125이기에 2010년을 기준으로 한 1985년의 물가지수는 $40 \left(= \dfrac{50}{125} \times 100 \right)$이다. 그러므로 1985년의 연봉 2,000만 원을 2010년 물가로 계산하면 5,000만 원$\left(= \dfrac{2,000만\ 원}{40} \times 100 \right)$이다.

1496

어느 독점기업이 이윤을 극대화하기 위해 가격을 단위당 100으로 책정하였으며, 이 가격에서 수요의 가격탄력성은 2이다. 이때 독점기업의 한계비용은 50이다.

O | X

독점기업의 한계수입 $MR = P \left(1 - \dfrac{1}{\epsilon} \right)$의 관계가 성립하기에 이 식에 $P = 100$, $\epsilon = 2$를 대입하면 $MR = 50$이다. 이윤극대화가 이루어지는 점에서는 $MR = MC$가 성립하기에 한계비용도 50임을 알 수 있다.

1497

생산물시장과 노동시장에서 독점인 A기업이 직면하는 노동공급곡선이 $w = 50 + 10L$고, 노동의 한계수입생산물은 $MRP_L = 200 - 5L$일 때 이윤극대화를 추구하는 이 기업이 노동자에게 지급하는 임금은 110이다.

O | X

총요소비용 $TFC_L = w \times L = 50L + 10L^2$이기에 이를 L에 대해 미분하면 한계요소비용 $MFC_L = 50 + 20L$이다. 수요독점기업은 한계수입생산과 한계요소비용이 일치하는 수준까지 노동을 고용하기에 $MRP_L = MFC_L$로 두면 $200 - 5L = 50 + 20L$이기에 균형고용량 $L = 6$이다. 따라서 $L = 6$을 노동공급곡선식에 대입하면 $w = 110$이다.

1498 □□□

다른 조건이 일정할 때, 지급준비율이 높을수록 통화승수는 커진다.　　O | X

통화승수 $m = \dfrac{1}{c+z(1-c)}$ 이기에 지급준비율(z)이 높을수록 통화승수가 작아진다.

1499 □□□

실업률 조사 대상 주간에 수입을 목적으로 1시간 이상 일한 경우 취업자로 분류된다.　　O | X

지난 1주일 동안 수입을 목적으로 1시간 이상 일을 한 사람을 취업자라 하고, 지난 4주일 동안 구직활동을 하였으나 수입을 목적으로 일을 하지 않은 사람을 실업자라 한다.

1500 □□□

1급가격차별(완전가격차별)을 시행할 경우 소비자잉여는 0이 된다.　　O | X

1급가격차별이 이루어지면 소비자잉여가 모두 독점기업에게 이전되기에 소비자잉여는 0이 된다.

1501 □□□

국채 발행을 통해 재원이 조달된 조세삭감은 소비에 영향을 미치지 않는다.　　O | X

리카도의 대등정리에 의하면 정부지출 재원조달 방식의 변경은 경제의 실질변수에 아무런 영향을 미치지 않는다. 즉, 조세 대신 국채발행을 통해 확대적인 재정정책을 하더라도 아무런 차이가 없다.

1502 □□□

B국의 총생산함수는 $Y = AL^{\alpha}K^{1-\alpha}$이다. B국의 경제성장률이 10%, 노동증가율이 10%, 자본증가율이 5%, 총요소생산성증가율이 3%일 때 노동소득분배율은 0.4이다.　　O | X

생산함수를 증가율 형태로 나타내면 $\dfrac{\Delta Y}{Y} = \dfrac{\Delta A}{A} + a\left(\dfrac{\Delta L}{L}\right) + (1-a)\left(\dfrac{\Delta K}{K}\right)$이다. 문제에 주어진 수치를 대입하면 $10 = 3 + (a \times 10) + (1-a) \times 5$이고 이를 정리하면 $5a = 2$이다. 노동소득 분배율 $\alpha = 0.4$이다.

1503
□□□

케인즈는 공급은 스스로의 수요를 창조하기에 만성적인 수요부족은 존재하지 않는다고 본다.   O | X

케인즈는 세이의 법칙이 성립하지 않으며, 유효수요의 부족으로 인해 경기침체가 발생하는 것으로 본다.

1504
□□□

원/달러 환율이 내려가면 국내 대미 수출기업들의 수출은 증가한다.   O | X

환율이 1달러 = 1,000원에서 1달러 = 800원으로 하락하면 10,000원짜리 재화의 수출가격이 10달러에서 12.5 달러로 상승한다. 환율하락으로 달러 표시 수출품 가격이 상승하면 수출이 감소하게 된다.

1505
□□□

케인즈는 투자의 이자율탄력성이 매우 크다고 주장한다.   O | X

케인즈학파는 투자가 이자율의 감소함수이기는 하나 이자율보다는 기업가의 동물적인 본능의 영향을 크게 받기 때문에 이자율의 변화는 별 영향을 미치지 않는다고 본다. 즉, 케인즈학파 경제학자들은 투자의 이자율탄력성이 매우 작다고 본다.

1506
□□□

소규모 개방경제인 A국의 구리에 대한 국내 수요곡선은 $Q = 12 - 2P$ 이고, 국내 공급곡선은 $Q = P$이다. 구리의 국제 시장가격이 5라면, A국 구리 생산업체들의 수출량은 3이다.   O | X

국제시장가격 $P = 5$를 국내수요곡선 식에 대입하면 국내수요량이 2단위이고, $P = 5$를 국내공급곡선 식에 대입하면 공급량이 5단위이다. 그러므로 국제시장 가격이 5로 주어져 있다면 A국의 구리 생산업체들은 5단위를 생산하여 국내에 2단위를 판매하고 3단위를 수출할 것이다.

1507
□□□

과거 몇 년간 자동차의 가격은 지속적으로 상승하였고, 판매량도 지속적으로 증가하였다. 이 경우 수요곡선이 공급곡선에 비해 더욱 크게 우측으로 이동하였다고 볼 수 있다.   O | X

수요와 공급이 모두 증가하더라도 수요곡선의 이동폭이 공급곡선의 이동폭보다 크면 가격도 상승하고 거래량도 증가한다.

정답   1503 X   1504 X   1505 X   1506 ○   1507 ○

1508
□□□

효율임금이론에서 임금수준이 높으면 근로자들의 태만이 증가한다.　　　O | X

효율성임금이론에 의하면 기업이 높은 임금을 지급할수록 노동자의 태만이 감소하므로 평균생산성이 높아진다. 그러므로 기업이 시장의 균형임금보다 높은 효율성임금을 지급하면 오히려 이윤이 증가한다.

1509
□□□

물적자본의 축적을 통한 경제성장을 설명하는 솔로우(R. Solow)모형에서는 자본의 한계생산체감으로 인해 수렴현상이 발생한다.　　　O | X

솔로우모형에 의하면 1인당 자본량이 적은 후진국은 경제성장률이 높고, 1인당 자본량이 많은 선진국은 경제성장률이 낮기 때문에 장기에는 후진국이 선진국을 따라잡게 되어 1인당 소득이 동일한 수준으로 수렴하게 되는데, 이를 수렴가설이라고 한다. 솔로우모형에서 수렴가설이 성립하는 것은 자본에 대한 수확체감이 성립하기 때문이다.

1510
□□□

완전경쟁기업의 노동수요량은 명목임금이 노동의 한계생산물가치와 같은 수준에서 결정된다.　　　O | X

기업의 노동수요는 한계생산물가치($VMP_L = MP_L \times P$)와 명목임금(w)이 같아지는 수준, 즉 한계생산성(MP_L)과 실질임금($\frac{w}{P}$)이 같아지는 수준에서 결정된다.

1511
□□□

파레토 효율적인 자원배분 하에서는 항상 사회후생이 극대화된다.　　　O | X

사회후생의 극대화는 자원배분의 파레토효율성이 달성되는 효용가능경제와 사회무차별곡선이 접하는 점에서 이루어진다. 그러므로 파레토 효율적인 자원배분 하에서는 항상 사회후생이 극대화되는 것은 아니다. 다시 말해 사회후생 극대화는 무수히 많은 파레토 효율적인 점들 중의 한 점에서 달성된다.

1512
□□□

필립스곡선이 우하향할 때 예상인플레이션율이 상승하면 필립스곡선은 하방으로 이동한다.　　　O | X

기대부가 필립스곡선은 $\pi = \pi^e + \alpha(u - u_N)$이므로 예상인플레이션율이 높아지면 단기 필립스곡선이 우상방으로 이동한다.

1513
□□□

A는 소득이 10,000원이고, X재와 Y재만을 소비하여 효용을 극대화한다. X재의 가격이 1,000원일 때, $X=6$개 $Y=10$개에서 효용을 극대화한다고 한다면 A의 MRS_{XY}는 2.5이다. **O | X**

소비자는 소득 10,000원을 X재와 Y재 구입에 지출하고 X재 구입액이 6,000원이기에 Y재 구입액은 4,000원임을 알 수 있다. Y재 구입액이 4,000원이고, 구입량은 10단위이기에 Y재 가격은 400원이다. 소비자균형에서 한계대체율(MRS_{XY})과 두 재화의 상대가격비$\left(\dfrac{P_X}{P_Y}\right)$가 일치하기에 소비자균형에서의 한계대체율은 두 재화의 상대가격비와 동일한 2.5임을 알 수 있다.

1514
□□□

X재와 Y재에 대한 효용함수가 $U=\min[X, Y]$인 소비자가 있다. 소득이 100이고 Y재의 가격(P_Y)이 10일 때, 이 소비자가 효용극대화를 추구한다면 X재의 수요함수는 $X=100/(P_X+10)$이다. **O | X**

효용함수가 $U=\min[X, Y]$이기에 소비자균형에서는 항상 $X=Y$가 성립한다. 또한 소비자균형은 예산선 상에서 이루어지기에 예산제약식 $P_X \cdot X + P_Y \cdot Y = M$이 성립한다. 이 두 식을 연립해서 풀면 $P_X \cdot X + P_Y \cdot X = M$, $X(P_X+P_Y)=M$이기에 X재 수요함수는 $X=\dfrac{M}{P_X+P_Y}$로 도출된다. 이 식에 $M=100$, $P_Y=10$을 대입하면 $X=\dfrac{100}{P_X+10}$이다.

1515
□□□

경제주체가 이용 가능한 모든 정보를 이용하여 미래에 대한 기대를 형성하는 것을 합리적기대이론이라고 한다. **O | X**

현재 시점에서 이용 가능한 모든 정보를 이용하여 다음 기의 물가를 예상하는 합리적기대로 체계적 오류는 없지만 확률적 오류는 있다.

1516
□□□

노동시장에서 수요독점인 기업 A가 있다. 기업 A의 노동의 한계수입생산물이 $MRP_L=300-L$이고 노동공급곡선이 $L=w$일 때, 이 기업의 임금은 100이다. **O | X**

수요독점기업이 직면하고 있는 노동공급곡선 식이 $w=L$이기에 총요소비용 $TFC_L=w \cdot L=L^2$이다. 총요소비용을 L에 대해 미분하면 한계요소비용 $MFC_L=2L$이다. 이윤극대화 노동고용량을 구하기 위해 $MRP_L=MFC_L$로 두면 $300-L=2L$, $L=100$이다. 기업 A는 수요독점기업이기에 $L=100$을 노동공급곡선 식에 대입하면 $w=100$이다.

1517

솔로우(R. Solow)경제성장모형에서 균제상태(steady state)의 1인당 산출량을 증가시키는 요인은 저축률의 증가, 인구증가율의 증가, 감가상각률의 하락이다. O | X

저축률의 상승으로 저축이 증가하거나 감가상각률이 낮아지면 1인당 자본량이 증가하기에 균제상태에서의 1인당 소득이 증가한다. 인구증가율이 높아지면 1인당 자본량이 감소하기에 균제상태에서의 1인당 소득이 감소한다.

1518

어떤 제품의 수요함수가 $Q_d = -2P + 300$, 공급함수가 $Q_s = 2P - 100$일 때, 정부가 공급자에게 제품 1개당 10만큼의 물품세를 부과하는 경우, 물품세 부과 후 균형가격은 105이다. O | X

공급함수를 P에 대해 정리하면 $P = 50 + \frac{1}{2}Q$이기에 절편에 단위당 조세 10을 더해 주면 조세부과 이후의 공급곡선 식은 $P = 60 + \frac{1}{2}Q$이다. 수요곡선이 $P = 150 - \frac{1}{2}Q$이기에 $150 - \frac{1}{2}Q = 60 + \frac{1}{2}Q$에서 조세부과 후의 거래량 $Q = 90$이다. $Q = 90$을 수요곡선에 대입하면 조세부과 이후의 균형가격 $P = 105$이다.

1519

완전보완재 관계인 X재와 Y재를 항상 1 : 1 비율로 사용하는 소비자가 있다. 이 소비자가 효용극대화를 추구할 때, 가격소비곡선과 소득소비곡선의 기울기는 모두 1이다. O | X

소비자가 완전보완재인 X재와 Y재를 항상 1 : 1로 소비한다면 무차별곡선이 45˚선상에서 꺾어진 L자 형태이다. 이 경우 재화의 가격이나 소득에 관계없이 소비자균형이 항상 45˚선상에서 이루어지기에 소득소비곡선과 가격소비곡선은 모두 원점을 통과하는 45˚선이 된다. 즉, 소득소비곡선과 가격소비곡선은 모두 기울기가 1인 원점을 통과하는 우상향의 직선이 된다.

1520

취업자가 존재하는 상황에서 구직포기자의 증가는 실업률을 감소시킨다. O | X

경제활동인구에 속하던 실업자가 구직을 포기하고 실망실업자 되면 경제활동인구가 감소한다. 취업자의 수는 그대로인데 경제활동참가율이 낮아지게 되면 실업률은 낮아지게 된다.

1521

금융기관의 세전 명목이자율이 연 2.0%이고 이에 대한 이자소득세율이 25.0%이다. 예상 물가상승률이 연 1.8%일 때, 피셔방정식(Fisher equation)에 의한 연간 세후 예상실질이자율은 −0.2%이다. O | X

세전 명목이자율이 2%이고, 이자소득세율이 25%이기에 이자소득세를 납부한 후의 명목이자율인 세후 명목이자율이 1.5%이다. 세후 명목이자율이 1.5%이고, 예상인플레이션율이 1.8%이기에 피셔효과에 의하면 세후 명목이자율에서 예상인플레이션율을 차감한 세후 실질이자율은 −0.3%이다.

정답　1517 X　1518 ○　1519 ○　1520 ○　1521 X

1522
□□□

소비재와 여가가 정상재라고 가정할 때, 후방굴절형 노동공급곡선은 대체효과가 소득효과보다 크기 때문에 발생한다.　　　　O | X

임금률이 상승할 때 대체효과에 의해 노동공급이 증가하나 여가가 정상재인 경우 소득효과에 의해서는 노동공급이 감소한다. 그러므로 노동공급곡선이 후방으로 굴절하는 것은 대체효과보다 소득효과가 클 때이다.

1523
□□□

담배 가격은 4,500원이고, 담배 수요의 가격탄력성은 단위탄력적이다. 정부가 담배소비량을 10% 줄이고자 할 때, 담배가격의 인상분은 450원이다.　　　　O | X

담배수요의 가격탄력성이 1인 경우 담배소비량을 10% 감소시키려면 담배가격을 10% 인상해야 한다. 그러므로 담배소비량을 10% 줄이려면 450원 인상해야 한다.

1524
□□□

생산요소 노동(L)과 자본(K)만을 사용하고 생산물시장에서 독점인 기업의 등량곡선과 등비용선만으로 이윤극대화 생산량을 구할 수 있다.　　　　O | X

등량곡선과 등비용선이 접하는 생산자균형점은 일정한 생산량을 최소비용으로 생산하는 점으로 이윤극대화가 아니라 비용극소화가 달성되는 점이다. 기업의 이윤극대화 생산량은 한계수입과 한계비용이 일치하는 생산량 수준에서 결정된다.

1525
□□□

어떤 경제의 국내저축이 $S = 1,400 + 2,000r$, 투자가 $I = 1,800 - 4,000r$, 그리고 순자본유입이 $KI = -200 + 6,000r$으로 표현된다. 이 경우 대부자금시장의 균형이자율(r)은 5%이다.　　　　O | X

저축과 순자본유입은 국내 대부자금시장에서 대부자금의 공급이기에 대부자금의 공급곡선은 $S + KI = 1,200 + 8,000r$이고, 투자는 대부자금의 수요이기에 대부자금 수요곡선은 $I = 1,800 - 4,000r$이다. 대부자금시장의 균형 $S + KI = I$에서 $1,200 + 8,000r = 1,800 - 4,000r$, $12,000r = 600$이기에 $r = 0.05$이다.

1526
□□□

콥 - 더글라스(Cobb - Douglas)생산함수 $Q = AK^{\alpha}L^{(1-\alpha)}$에서 자본의 평균생산은 체증한다.　　　　O | X

생산함수를 K로 나누면 자본의 평균생산물 $AP_K = \dfrac{Q}{K} = \dfrac{AK^{\alpha}L^{1-\alpha}}{K} = AK^{\alpha-1}L^{1-\alpha} = A\left(\dfrac{L}{K}\right)^{1-\alpha}$이기에 자본투입량($K$)이 증가하면 AP_K가 감소한다. 그러므로 자본의 평균생산물이 체감함을 알 수 있다.

정답　1522 X　1523 ○　1524 X　1525 ○　1526 X

1527
□□□

수요함수가 $Q = 90 - P$이고 $P = 30$이라고 한다. 이 경우 수요의 가격탄력성의 절댓값은 0.5이다. **O | X**

수요함수를 P에 대해 미분하면 $\dfrac{dQ}{dP} = -1$이기에 수요의 가격탄력성은 다음과 같다.

$$\epsilon = -\dfrac{dQ}{dP} \times \dfrac{P}{Q} = 1 \times \dfrac{P}{90 - P}$$

위의 식에다 $P = 30$을 대입하면 수요의 가격탄력성은 $\dfrac{1}{2}(=0.5)$이다.

1528
□□□

이윤극대화를 추구하는 독점기업의 시장수요함수가 $Q = 300 - P$이고 비용함수 $C = 0.5Q^2$일 때, 독점기업의 이윤극대화 가격은 200이다. **O | X**

이윤극대화 생산량을 구하기 위해 $MR = MC$로 두면 $300 - 2Q = Q$, $Q = 100$이다. $Q = 100$을 수요함수에 대입하면 이윤극대화 가격 $P = 200$이다.

1529
□□□

완전경쟁기업의 단기 총비용함수가 $C = 100 + Q^2$일 경우, 이 기업의 평균비용은 $100 + Q$이다. **O | X**

비용을 생산량으로 나눈 평균비용 $AC = \dfrac{100}{Q} + Q$이다.

1530
□□□

실업자는 마찰적 실업자와 구조적 실업자로 구분된다. **O | X**

실업은 마찰적 실업, 구조적 실업, 경기적 실업으로 구분되기에 실업자 수를 구하려면 마찰적 실업자와 구조적 실업자뿐만 아니라 경기적 실업자도 더해야 한다.

1531
□□□

노동의 한계생산물은 체감하고 노동공급곡선은 우상향한다고 가정하는 경우, 생산물시장은 독점이고 노동시장이 수요독점이면, 임금은 한계요소비용보다 낮게 결정된다. **O | X**

노동시장이 수요독점인 경우 수요독점 기업은 한계수입생산(MRP_L)과 한계요소비용(MFC_L)이 일치하는 수준에서 노동을 고용하기에 고용량은 노동시장이 완전경쟁일 때보다 더 적은 수준으로 결정된다. 이때 수요독점기업은 노동공급곡선 상에서 임금을 결정하기에 임금은 한계수입생산 혹은 한계요소비용보다 더 낮은 수준으로 결정된다. 따라서 일반적으로 수요독점의 균형에서는 $MRP_L = MFC_L > w = AFC_L$의 관계가 성립한다.

정답 1527 ○ 1528 ○ 1529 X 1530 X 1531 ○

1532
□□□

전통적인 케인즈 경제학자들은 통화정책이 재정정책보다 더 효과적이라고 주장했다. O | X

케인즈학파 경제학자들은 재정정책이 통화정책보다 효과적이라고 보는 반면, 통화주의학파는 통화정책이 재정정책보다 효과적이라고 주장한다.

2016년

1533
□□□

A기업은 완전경쟁시장에서, B기업은 순수독점시장에서 생산활동을 하고 있을 때. A기업의 총수입곡선은 양(+)의 기울기를 갖는 직선이고, B기업의 총수입곡선은 처음에는 상승하다 나중에는 하락한다. O | X

완전경쟁기업은 주어진 가격으로 원하는 만큼의 재화를 판매할 수 있으므로 판매량이 증가하면 총수입도 비례적으로 증가한다. 그러므로 총수입곡선이 원점을 통과하는 직선이다. 한편, 독점기업이 직면하는 수요곡선은 우하향하기에 판매량을 증가시키려면 가격을 낮추어야 한다. 독점기업의 경우 판매량이 증가하면 처음에는 총수입이 증가하나 판매량이 일정 수준을 넘어서면 오히려 총수입이 감소한다. 그러므로 총수입곡선이 증가하다가 감소하는 종 모양의 형태이다.

1534
□□□

독점기업의 수요곡선은 $P = -Q + 12$이고, 한계비용은 4이다. 이 경우 이윤극대화 생산량은 4이다. O | X

수요함수가 $P = 12 - Q$이기에 한계수입 $MR = 12 - 2Q$이다. 이윤극대화 생산량을 구하기 위해 $MR = MC$로 두면 $12 - 2Q = 4$, $Q = 4$이다.

1535
□□□

휴대폰의 수요곡선은 $Q = -2P + 100$이고, 공급곡선은 $Q = 3P - 20$이다. 정부가 휴대폰 1대당 10의 종량세 형태의 물품세를 공급자에게 부과하였다면, 휴대폰 공급자가 부담하는 총조세 부담액은 160이다. O | X

공급곡선을 P에 대해 정리하면 $P = \frac{1}{3}Q + \frac{20}{3}$이고, 단위당 10의 물품세가 공급자에게 부과되기에 절편에 10을 더해 주면 조세부과 후의 공급곡선 식은 $P = \frac{1}{3}Q + \frac{50}{3}$이다. 이를 정리하면 $Q = 3P - 50$으로 수요곡선과 조세부과 후의 공급곡선 식을 연립하면 $-2P + 100 = 3P - 50$이기에 조세부과 후의 균형가격 $P = 30$, 균형거래량 $Q = 40$이다. 수요곡선의 기울기가 $\frac{1}{2}$, 공급곡선의 기울기가 $\frac{1}{3}$이므로 10의 종량세 중 6은 소비자가 부담하고, 4는 공급자가 부담하게 된다. 따라서 조세부과 후의 거래량이 40이고 단위당 조세액 중 생산자부담이 4이기에 생산자의 총조세부담은 $160(= 40 \times 4)$이다.

1536
□□□

예상한 인플레이션의 경우에는 메뉴비용(menu cost)이 발생하지 않는다. O | X

인플레이션이 예상되면 기업들은 인플레이션율에 맞추어 자신이 생산하는 재화의 가격을 조정하려고 할 것이기에 가격조정비용인 메뉴비용이 발생한다.

1537
□□□

화폐수요의 이자율탄력성이 높은 경우 통화정책의 단기적 효과가 높다. O | X

화폐수요의 이자율탄력성이 크면 LM곡선이 완만해지기에 통화정책의 효과가 작아진다.

1538
□□□

A국의 2014년 명목 GDP는 100억 원이었고, 2015년 명목 GDP는 150억 원이었다. 기준년도인 2014년 GDP디플레이터가 100이고, 2015년 GDP디플레이터는 120인 경우, 2015년의 전년 대비 실질 GDP 증가율은 25%이다. O | X

기준년도에는 명목 GDP와 실질 GDP가 동일하기에 2014년의 실질 GDP는 100억 원이다. 2015년의 명목 GDP를 GDP디플레이터로 나누어주면 2015년의 실질 GDP는 125억 원 $\left(=\dfrac{150}{120}\times100\right)$이다. 2014년의 실질 GDP가 100억 원이고, 2015년의 실질 GDP가 125억 원이기에 2015년의 실질 GDP 증가율은 25%이다.

1539
□□□

예상물가수준이 하락하면, 장기 총공급곡선은 왼쪽으로 이동한다. O | X

장기 총공급곡선은 잠재 GDP 수준에서 수직선이기에 예상물가수준의 변화는 장기 총공급곡선에 아무런 영향을 미치지 않는다.

1540
□□□

법정지불준비율이 0.2이고, 초과지불준비금은 없으며 은행시스템 전체의 지불준비금은 300만 원이다. 은행시스템 전체로 볼 때 요구불예금의 크기는 1,500만 원이다. O | X

은행이 예금액(D)의 20%를 지급준비금으로 보유하는데, 은행이 보유하고 있는 지급준비금이 300만 원이기에 $0.2D=300$의 관계가 성립한다. 그러므로 예금액의 크기 $D=1,500$만 원이다.

1541
□□□

경제활동참가율이 60%이고 실업률이 10%일 때, 고용률은 54%이다. O | X

고용률과 경제활동참가율 그리고 실업률 간에는 다음의 관계가 성립한다.
고용률 = 경제활동참가율 × (1−실업률) 따라서 주어진 값을 대입하면 $0.6 \times (1-0.1)$로, 고용률은 0.54%이다.

1542
□□□

다른 조건들이 일정할 때, 취업자가 퇴직하여 전업주부가 되는 경우 실업률이 증가한다. O | X

취업자가 퇴직하여 전업주부가 되면 취업자 수가 감소하기에 실업률이 높아진다.

1543
□□□

완전히 평등한 소득분배 상태를 나타내는 45도 대각선과 로렌츠곡선 사이의 면적이 클수록, 지니계수는 커진다. O | X

45˚선과 로렌츠곡선 사이의 면적이 클수록 지니계수는 커지는데, 소득분배가 완전히 불평등하면 지니계수는 1이 된다.

1544
□□□

단기에 A기업은 완전경쟁시장에서 손실을 보고 있지만 생산을 계속하고 있다. 시장수요의 증가로 시장가격이 상승하였는데도 단기에 A기업은 여전히 손실을 보고 있을 때. A기업의 한계수입곡선은 여전히 평균비용곡선 아래에 있다. O | X

완전경쟁기업이 손실을 보면서도 단기적으로 생산을 지속하는 것은 시장가격이 평균비용보다는 낮지만 평균가변비용보다는 높을 때이다. 완전경쟁시장에서 시장수요가 증가하여 가격이 상승하면 개별기업이 인식하는 수요곡선(= 한계수입곡선)이 상방으로 이동한다. 시장수요가 증가하였음에도 불구하고 여전히 손실을 보고 있다면 수요곡선(= 한계수입곡선)이 여전히 평균비용곡선보다 하방에 위치하는 상태이다.

1545
□□□

독점적 경쟁시장에는 진입장벽이 존재하지 않으므로, 단기에는 기업이 양(+)의 이윤을 얻지 못한다. O | X

독점적 경쟁기업은 단기에 초과이윤을 얻을 수도 있고, 손실을 볼 수도 있다.

정답 1541 O   1542 O   1543 O   1544 O   1545 X

1546
☐☐☐

A기업은 노동시장에서 수요독점자일 때, 한계요소비용곡선은 노동공급곡선의 아래쪽에 위치한다. O | X

수요독점기업은 우상향의 노동공급곡선에 직면하기에 한계요소비용곡선이 요소공급곡선의 상방에 위치한다.

1547
☐☐☐

내국인의 해외주식 및 채권 투자항목은 국제수지표상 경상계정(current accounts)으로 분류된다.
O | X

내국인의 해외주식 및 채권 투자는 경상계정이 아니라 금융계정의 증권투자로 분류된다.

1548
☐☐☐

실질이자율에 대하여 대부자금 수요곡선은 우하향하고, 대부자금 공급곡선은 우상향하는 경우, 기업들에 대한 투자세액공제가 확대되면, 저축은 증가한다. O | X

투자세액공제가 확대되면 기업들이 투자가 증가하기에 대부자금에 대한 수요가 증가한다. 대부자금 수요곡선이 오른쪽으로 이동하면 실질이자율이 상승하고 대부자금의 균형거래량이 증가한다. 대부자금의 수요곡선이 오른쪽으로 이동하면 대부자금의 공급량이 증가하게 되는데, 이는 곧 저축의 증가를 의미한다.

1549
☐☐☐

노동을 대체할 수 있는 다른 생산요소로의 대체가능성이 클수록 동일한 임금상승에 대하여 고용감소는 적어진다. O | X

기업이 노동을 다른 생산요소로 쉽게 대체할 수 있다면 임금이 상승할 경우 노동을 다른 생산요소로 대체할 것이기에 고용량이 큰 폭으로 감소하게 된다.

1550
☐☐☐

임금이 상승했을 때 대체효과가 소득효과보다 크면 노동공급량이 감소한다(단, 여가는 정상재이다).
O | X

여가가 정상재일 경우 임금이 상승할 때 대체효과에 의해서는 노동시간이 증가하고 소득효과에 의해서는 노동시간이 감소한다. 그러므로 대체효과보다 소득효과가 큰 경우 노동공급곡선이 후방으로 굴절하는 형태로 도출된다.

1551

A근로자의 연봉이 올해 1,500만 원에서 1,650만 원으로 150만 원 인상되었다. 이 기간에 인플레이션율이 12%일 때, 실질임금상승률은 −2%이다. O | X

피셔방정식에 따라 연봉(명목임금)이 10% 인상되더라도 물가가 12% 상승하면 명목임금의 구매력이 12% 낮아지기에 실질임금 상승률은 −2%가 된다.

1552

효율임금이론(efficiency wage theory)은 근로자의 생산성이 임금수준에 영향을 받는다는 사실에 입각해 임금의 하방경직성을 설명한다. O | X

효율성임금이론에서는 임금수준이 높을수록 노동생산성이 높아지는 것으로 설명한다. 기업들이 시장의 균형임금보다 높은 효율성임금을 지급하는 이유는 높은 임금을 지급하면 역선택과 도덕적 해이가 감소하여 기업의 이윤이 증가하기 때문이다.

2017년

1553

올해 생산물 중 판매되지 않고 남은 재고는 올해 *GDP*에 포함되지 않는다. O | X

올해 생산물 중 판매되지 않은 재고도 국내에서 생산된 것이므로 *GDP*에 포함된다. 올해 생산물 중 판매되지 않은 것은 재고투자로 집계된다.

1554

A국에서 중앙은행이 최초로 100단위의 본원통화를 공급하였다. 민간의 현금보유비율이 0.1이고, 은행의 지급준비율이 0.2일 때, A국의 통화량은 357이다(소수 첫째 자리 반올림한다). O | X

통화승수 $m = \dfrac{1}{c + z(1-c)} = \dfrac{1}{0.1 + 0.2(1-0.1)} = 3.57$이기에 중앙은행이 공급한 본원통화가 100단위이면 통화량은 357단위가 된다.

1555

현재 환율은 1,100원/달러이며, 빅맥 1개의 가격은 미국에서 5달러, 한국에서는 4,400원이다. 이때 빅맥 가격을 기준으로 볼 때, 현재의 명목환율은 원화의 구매력을 과소평가하고 있다. O | X

명목환율이 1달러 = 1,100원이기에 빅맥 가격을 기준으로 볼 때 현재의 명목환율은 원화의 구매력을 과소평가하고 있는 상태이다.

정답 1551 ○ 1552 ○ 1553 X 1554 ○ 1555 ○

1556

주택담보대출의 이자율인하는 총수요곡선을 우측으로 이동시킨다.   O | X

주택담보대출 이자율 하락으로 주택투자가 증가하면 수요곡선이 오른쪽으로 이동한다.

1557

케인즈 소비함수에서 소득이 증가할수록 평균소비성향은 증가한다.   O | X

케인즈의 소비함수는 소비축(세로축)을 통과하기에 소득이 증가하면 소비함수 상에서 원점으로 연결한 직선의 기울기로 측정되는 평균소비성향이 점점 감소한다.

1558

공공재 수요자 3명이 있는 시장에서 구성원 A, B, C의 공공재에 대한 수요함수는 각각 $A : P_a = 10 - Q_a$, $B : P_b = 20 - Q_b$, $C : P_c = 20 - 2Qc$와 같다. 공공재의 한계비용이 30으로 일정할 때, 공공재의 최적공급량에서 B가 지불하여야 하는 가격은 15이다.   O | X

각 개인의 공공재 수요를 합하면 공공재에 대한 시장수요곡선은 $P = 50 - 4Q$이다. 공공재의 최적공급량을 구하기 위해 $P = MC$로 두면 $50 - 4Q = 30$, $Q = 5$이다. $Q = 5$를 B 공공재 수요함수에 대입하면 지불해야 하는 가격은 $P_b = 15$이다.

1559

우상향의 LM곡선과 우하향의 IS곡선을 갖는 일반적인 $IS - LM$모형에서 정부지출이 증가하면, 승수의 크기만큼 균형국민소득이 증가한다.   O | X

일반적인 $IS - LM$모형에서 정부지출이 증가하면 IS곡선이 (정부지출증가분 × 승수)만큼 오른쪽으로 이동하지만, 구축효과에 의해 균형국민소득은 승수의 크기보다 적게 증가한다.

1560

과점시장의 굴절수요곡선 이론에서 굴절수요곡선은 원점에 대해 볼록한 모양을 갖는다.   O | X

굴절수요곡선은 원점에 대해 볼록한 모양이 아니라 원점에 대해 오목한 모양이다.

Part 3

2022 해커스공무원 局경제학 핵심 기출 OX 1592

정답   1556 ○   1557 X   1558 ○   1559 X   1560 X

1561

□□□

가로축을 노동투입량, 세로축을 생산량으로 표현한 생산함수 그래프가 있을 때, 평균생산성은 원점에서 각 점으로 연결한 직선의 기울기로 측정할 수 있다.　　O | X

가로축을 노동투입량, 세로축을 생산량으로 표현한 생산함수 그래프가 있을 때, 평균생산성은 원점에서 각 점으로 연결한 직선의 기울기로 측정할 수 있다.

1562

□□□

생산가능인구가 1,000만 명인 어떤 나라가 있다고 하자. 이 가운데 취업자가 570만 명이고 실업자가 30만 명인 경우에 고용률은 57%이다.　　O | X

생산가능인구 1,000만 명 중 취업자가 570만 명이기에 고용률은 57%이다.

1563

□□□

두 달 후에 있을 공무원 시험을 치기 위해 공부하고 있는 A씨는 실업자이다.　　O | X

지난 4주일 동안 구직활동을 하였으나 수입을 목적으로 일을 하지 않은 사람을 실업자라 한다. A씨는 구직활동을 하지 않고 있기에 비경제활동인구로 분류된다.

1564

□□□

피셔의 교환방정식을 변형한 고전학파의 화폐수량설 $MV = PY$는 통화량과 물가가 정비례하다는 물가이론이다.　　O | X

피셔의 교환방정식을 변형한 고전학파의 화폐수량설 $MV = PY$는 통화량과 물가가 정비례하다는 물가이론이다.

1565

□□□

제품 A만 생산하는 독점기업의 생산비는 생산량에 관계없이 1단위당 60원이고, 제품 A에 대한 시장수요곡선은 $P = 100 - 2Q$이다. 이 독점기업의 이윤극대화 가격은 40이다.　　O | X

수요함수가 $P = 100 - 2Q$이기에 한계수입 $MR = 100 - 4Q$이고, 생산량에 관계없이 단위당 생산비가 60이기에 한계비용 $MC = 60$이다. 이윤극대화 생산량을 구하기 위해 $MR = MC$로 두면 $100 - 4Q = 60$, $Q = 10$이다. $Q = 10$을 수요함수에 대입하면 $P = 80$이다.

정답　1561 O　1562 O　1563 X　1564 O　1565 X

1566
□□□

주어진 예산으로 X와 Y만 소비하여 효용극대화를 추구하는 사람이 있다. $P_X = 200$, $P_Y = 300$이고 X재 마지막 한 단위 소비의 한계효용이 600이라고 할 때, 마지막 Y재 한 단위 소비의 한계효용은 300이다.　　O | X

효용극대화가 이루어지려면 한계효용균등의 원리 $(\dfrac{M_X}{P_X} = \dfrac{M_Y}{P_Y})$가 성립해야 한다. X재의 한계효용 $MU_X = 600$이고, X재 가격 $P_X = 200$원이기에 $\dfrac{MU_X}{P_X} = 3$이다. 한편, Y재의 가격 $P_Y = 300$이기에 $\dfrac{MU_Y}{P_Y} = 3$이 되려면 $MU_Y = 900$이다.

1567
□□□

최고가격제의 최고가격은 시장의 균형가격보다 높은 수준에서 설정되어야 한다.　　O | X

최고가격제가 실효성을 가지려면 최고가격은 반드시 시장의 균형가격보다 낮은 수준에서 설정되어야 한다.

1568
□□□

수요의 가격탄력성이 0이면서 공급곡선은 우상향하고 있는 재화에 대해 조세가 부과될 경우, 조세부담은 모두 소비자에게 귀착된다.　　O | X

물품세가 부과될 때 상대적인 조세부담은 상대적인 수요와 공급의 탄력성에 의해 결정되는데 일반적으로 탄력적인 측의 부담이 작아진다. 따라서 수요가 완전비탄력적이면 공급의 탄력성과는 관계없이 조세가 전부 소비자에게 귀착된다.

1569
□□□

평균비용곡선이 상승할 때 한계비용곡선은 평균비용곡선 하방에 있다.　　O | X

평균비용이 상승할 때 한계비용곡선은 평균비용곡선 상방에 위치한다.

1570
□□□

기업 A의 노동의 한계생산(MP_L)은 $27 - 5L$이다. 이 재화의 가격이 20이고 임금이 40이라면, 이윤을 극대화하는 기업 A의 노동수요량은 5이다.　　O | X

기업은 노동자 1명을 더 고용할 때 추가로 드는 비용과 노동자 1명을 더 고용할 때 추가로 얻는 수입이 같아질 때까지 노동을 고용하기에 노동의 적정고용조건은 $w = MP_L \times P$이다. $w = 40$, $MP_L = 27 - 5L$, $P = 20$이기에 이를 $w = MP_L \times P$에 대입하면 $40 = (27 - 5L) \times 20$, $L = 5$이다.

정답　1566 X　1567 X　1568 ○　1569 X　1570 ○

1571
□□□

여가가 정상재인 상황에서 임금이 상승할 경우 대체효과보다 소득효과가 더 크다면 노동공급은 임금상승에도 불구하고 감소하게 된다. O | X

여가가 정상재일 때 임금이 상승하면 대체효과에 의해 노동공급이 증가하나 소득효과에 의해서는 노동공급이 감소한다. 그러므로 대체효과가 소득효과보다 크면 노동공급이 증가하나 소득효과가 대체효과보다 큰 경우에는 노동공급이 감소한다.

1572
□□□

생산물시장과 생산요소시장이 완전경쟁일 때, 시장의 균형임금률은 시간당 20,000원이며, 노동 1단위를 추가로 생산에 투입할 때 산출물은 추가로 5단위 증가한다. 이 경우, 이윤을 극대화하는 이 기업의 한계비용은 4,000원이다. O | X

한계비용과 한계생산물 간에는 $MC = \dfrac{w}{MP_L}$의 관계가 성립하기에 $w = 20,000$, $MP_L = 5$이면 $MC = 4,000$이다.

2018년

1573
□□□

절대소득가설에 따르면, 소비는 현재의 처분가능소득으로 결정된다. O | X

케인즈와 절대소득가설에 의하면 소비는 미래 예상소득이 아니라 현재의 가처분소득에 의해 결정된다.

1574
□□□

화폐발행이득(seigniorage)은 정부가 화폐공급량 증가를 통해 얻게 되는 추가적 재정수입을 가리킨다. O | X

화폐발행이득(주조차익)이란 정부가 화폐 발행을 통해 추가적으로 얻게 되는 재정수입을 의미한다.

1575
□□□

표는 A국 노동자와 B국 노동자가 각각 동일한 기간에 생산할 수 있는 쌀과 옷의 양을 나타낸 것이다. 노동이 유일한 생산요소일 때, A국은 쌀을 수출하고 옷을 수입한다.

구분	A국	B국
쌀(섬)	5	4
옷(벌)	5	2

O | X

자유무역이 이루어지면 A국은 옷을 수출하고, B국은 쌀을 수출하게 될 것이다.

정답 1571 ○ 1572 ○ 1573 ○ 1574 ○ 1575 X

1576
□□□

리카도의 대등정리가 성립하는 경우 조세징수보다 국채발행이 더 효과적인 재원조달방식이다. O | X

리카도의 대등정리에 따르면 정부지출 재원조달 방식의 차이는 경제의 실질변수에 아무런 영향을 미치지 않기에 재정정책을 실시할 때 재원조달 방식이 경제에 미치는 효과는 중립적이다.

1577
□□□

인플레이션에서 피셔가설은 '명목이자율 = 실질이자율 + 물가상승률'이라는 명제로서 예상된 인플레이션이 금융거래에 미리 반영됨을 의미한다. O | X

피셔방정식은 실질이자율에 기대인플레이션율을 더한 값이 명목이자율이라는 것으로, 인플레이션이 발생하면 기대인플레이션율이 상승하여 명목이자율이 비례적으로 상승하는 효과를 뜻한다.

1578
□□□

수요의 탄력성에서 두 재화가 서로 대체재의 관계에 있다면 수요의 교차탄력성은 음(−)의 값을 갖는다. O | X

두 재화가 대체관계에 있다면 한 재화의 가격이 상승할 때 다른 재화의 구입량이 증가하기에 교차탄력성이 (+)값이다.

1579
□□□

우유의 수요곡선은 $Q_d = 100 - P$, 공급곡선은 $Q_s = P$이다. 정부가 우유 소비를 늘리기 위해 소비자에게 개당 2의 보조금을 지급할 때, 보조금으로 인한 경제적 순손실(deadweight loss)은 1이다. O | X

보조금 지급 이전 수요·공급곡선 식을 연립해서 풀면 $100 - Q = Q$이기에 $Q = 50$, $P = 50$이다. 보조금을 지급하면 수요곡선이 2만큼 상방 이동한다. 그러므로 수요곡선 식이 $P = 102 - Q$로 바뀐다. 보조금 지급 이후의 수요곡선과 공급곡선 식을 연립해서 풀면 $Q = 51$, $P = 51$이다. 소비자는 단위당 2의 보조금을 지급받기에 소비자가 실제로 지불하는 가격은 49이다. 그러므로 소비자와 공급자 모두 단위당 1만큼의 혜택을 얻는다. 따라서, 소비자잉여 증가분과 생산자잉여 증가분은 50.5로 동일하며, 정부의 보조금 지급액은 102이기에 $102 - (50.5 \times 2) = 1$만큼의 후생손실이 발생한다.

1580
☐☐☐

A 기업의 생산함수는 $Q = 12L^{0.5}K^{0.5}$이다. A 기업의 노동과 자본의 투입량이 각각 $L = 4$, $K = 9$일 때, 노동의 평균생산(AP_L)은 노동의 한계생산(MP_L)의 2배이다. O | X

생산함수를 Q에 대해 미분하면 $MP_L = \dfrac{dQ}{dL} = 6L^{-0.5}K^{0.5} = 6\left(\dfrac{K}{L}\right)^{0.5} = 6\sqrt{\dfrac{K}{L}}$ 이기에 $L = 4$, $K = 9$를 대입하면 $MP_L = 9$이다. 생산함수를 L로 나누면 $AP_L = \dfrac{Q}{L} = \dfrac{12L^{0.5}K^{0.5}}{L} = 12\left(\dfrac{K}{L}\right)^{0.5} = 12\sqrt{\dfrac{K}{L}}$ 이기에 $L = 4$, $K = 9$를 대입하면 $AP_L = 18$이다. 따라서 노동의 평균생산(AP_L)은 노동의 한계생산(MP_L)의 2배이다.

1581
☐☐☐

꾸르노(Cournot)경쟁을 하는 복점시장에서 역수요함수는 $P = 18 - q_1 - q_2$이다. 두 기업의 비용구조는 동일하며 고정비용 없이 한 단위당 생산비용은 6일 때, 기업 1의 균형가격은 10이다. O | X

두 기업의 한계비용은 6으로 동일하다. 완전경쟁일 때의 생산량은 $P = MC$에서 $18 - Q = 6$, $Q = 12$이다. 꾸르노모형에서는 시장 전체생산량이 완전경쟁의 2/3이기에 시장 전체의 생산량은 8이 된다. $Q = 8$을 시장수요함수에 대입하면 시장의 균형가격 $P = 10$이다. 꾸르노균형에서 두 기업이 설정하는 가격은 시장가격과 동일하기에 기업 1의 균형가격도 10이 된다.

1582
☐☐☐

우리나라 고용통계에서 부모가 경영하는 가게에서 무급으로 하루 5시간씩 주 5일 배달 일을 도와주는 15세 이상 아들은 취업자이다. O | X

가족이 경영하는 사업체에서 일주일에 18시간 이상 일하는 경우는 월급을 받지 않더라도 취업자로 분류하기에 부모가 경영하는 가게에서 무급으로 하루 5시간씩 주 5일 배달 일을 도와주는 아들은 취업자이다.

1583
☐☐☐

국민소득 관련 방정식은 $Y = C + I + G + NX$이며, 소비 $C = 8,000$, 투자 $I = 2,000$, 정부지출 $G = 2,000$, 순수출 $NX = 1,000$, 세금 $T = 1,000$이다. 이 경우 국민저축은 3,000이다. O | X

문제에 주어진 수치를 GDP항등식에 대입하면 $Y = C + I + G + (X - M) = 8,000 + 2,000 + 2,000 + (5,000 - 4,000) = 13,000$, 국민소득 $Y = 13,000$이다. 그러므로 국민저축 $S = Y - C - G = 13,000 - 8,000 - 2,000 = 3,000$이다.

1584
☐☐☐

통화승수는 대출을 받은 개인과 기업들이 더 많은 현금을 보유할수록 작아진다. O | X

현금보유량이 증가하면 현금통화비율이 높아지기에 통화승수가 작아지게 된다.

1585
☐☐☐

물가지수를 구할 때는 시장에 존재하는 모든 상품의 가중치를 동일하게 반영한다. O | X

물가지수는 동일한 상품묶음을 구입할 때 기준연도보다 비교연도에 얼마나 더 많은 금액이 소요되는지를 계산한 것이기에 구입량이 많은 상품일수록 해당 상품의 가격변화가 물가지수에 미치는 영향이 더 크다. 즉, 물가지수 작성에 있어서는 구입량이 많은 상품일수록 가중치가 높게 반영된다.

1586
☐☐☐

세계 철강시장에서 소국인 A국의 철강가격은 세계 철강가격보다 낮은 수준에서 형성되어있다. 이 경우, 자유무역을 시행하면 A국의 국내철강거래량은 감소하고 소비자잉여는 감소하며 생산자잉여는 증가한다. O | X

무역을 함에 따라 국내가격이 상승하면 국내거래량은 감소하게 된다. A국의 국내가격이 세계 가격 수준으로 상승하면 A국의 소비자잉여는 (무역전 거래량 + 무역후 수요량) × (세계가격 − A국 가격) × 1/2만큼 감소하고, 생산자잉여는 (무역 전 거래량 + 무역 후 공급량) × (세계가격 − A국 가격) × 1/2만큼 증가하기에 총잉여는 (무역 후 공급량 − 무역 후 수요량) × (세계가격 − A국 가격) × 1/2만큼 증가한다.

1587
☐☐☐

A재의 시장수요곡선은 $Q_d = 20 - 2P$이고 한계비용은 생산량에 관계없이 2로 일정하다. 이 시장이 완전경쟁일 경우와 비교하여 독점에 따른 경제적 순손실(deadweight loss)의 크기는 16이다. O | X

수요곡선 $P = 10 - (1/2)Q$이기에 한계수입 $MR = 10 - Q$이다. 이윤극대화 생산량을 구하기 위해 $MR = MC$로 두면 $10 - Q = 2$, $Q = 8$이고, $P = 6$이다. 시장구조가 완전경쟁이면 $P = MC$로 $10 - \frac{1}{2}Q = 2$, $Q = 16$이고, 가격은 한계비용과 동일한 2가 된다. 따라서 후생손실의 크기는 $1/2 \times 8 \times 4 = 16$이다.

1588
☐☐☐

독점기업의 가격전략에서 독점기업이 시장에서 한계수입보다 높은 수준으로 가격을 책정하는 것은 가격차별 전략이다. O | X

가격차별이란 소비자를 몇 개의 그룹으로 구분하여 동일한 재화를 각 그룹별로 서로 다른 가격에 판매하는 것을 말한다. 독점기업이 시장에서 한계수입보다 높은 수준으로 가격을 책정하는 것은 가격차별 전략이 아니라 이윤극대화를 추구한 결과이다.

정답   1585 X   1586 ○   1587 ○   1588 X

1589

□□□

소득분배를 측정하는 방식에서 십분위분배율 값이 커질수록 더 균등한 소득분배를 나타낸다.　O | X

최하위 40%의 소득점유율을 최상위 20%의 소득점유율로 나눈 값이 십분위분배율로, 0과 2 사이의 값이고 그 값이 클수록 소득분배가 균등함을 의미한다.

1590

□□□

수요독점 노동시장에서 기업의 이윤을 극대화하기 위한 조건은 노동의 한계생산물가치(value of marginal product of labor)와 임금이 일치하는 것이다(단, 상품시장이 독점이고 생산에서 자본은 고정되어 있다).　O | X

생산요소시장이 수요독점이면 고용량은 $MRP_L = MFC_L$에서 결정되고, 임금은 노동공급곡선에서 결정된다.

1591

□□□

채용비용이 존재할 때 숙련 노동수요곡선은 미숙련 노동수요곡선보다 임금의 변화에 더 탄력적이다.　O | X

숙련노동은 기계로 대체가 어려운 경우가 대부분인 데 비해 비숙련노동은 다른 생산요소로 대체 가능한 경우가 많다. 그러므로 채용비용이 존재하더라도 숙련노동의 비용은 크게 변하지 않는 반면 미숙련노동의 고용은 큰 폭으로 변할 것이기에 미숙련노동이 숙련노동보다 임금변화에 더 탄력적이 된다.

1592

□□□

소득 – 여가선택모형에서 A의 효용함수가 $U = Y + 2L$이고, 총가용시간은 24시간이다. 시간당 임금이 3에서 4로 상승하면 임금상승에도 불구하고 노동공급시간은 더이상 증가하지 않는다(단, U=효용, Y=소득, L = 여가시간이다).　O | X

$U = Y + 2L = Y + 2$이므로 여가와 소득은 완전대체재이고 $MRS_{LY} = 2$이므로, 시간당 임금이 3이면 소비자 균형은 여가시간은 0, 노동시간은 24시간이다. 시간당 임금이 2보다 높은 경우 개인 A는 24시간을 모두 노동공급에 투입할 것이기에 시간당 임금이 3에서 상승하더라도 노동시간은 더이상 증가하지 않는다.

2022 최신판

해커스공무원

局경제학   핵심 기출 OX 1592

초판 1쇄 발행 2022년 1월 3일

지은이	김종국
펴낸곳	해커스패스
펴낸이	해커스공무원 출판팀

주소	서울특별시 강남구 강남대로 428 해커스공무원
고객센터	1588-4055
교재 관련 문의	gosi@hackerspass.com
	해커스공무원 사이트(gosi.Hackers.com) 교재 Q&A 게시판
	카카오톡 플러스 친구 [해커스공무원강남역], [해커스공무원노량진]
학원 강의 및 동영상강의	gosi.Hackers.com

ISBN	979-11-6662-966-2 (13320)
Serial Number	01-01-01

최단기 합격 공무원학원 1위,
해커스공무원 gosi.Hackers.com

Ⅲ 해커스공무원

- 해커스 스타강사의 **공무원 인강**(교재 내 할인쿠폰 수록)
- '회독'의 방법과 공부 습관을 제시하는 **해커스 회독증강 콘텐츠**(교재 내 할인쿠폰 수록)
- 다회독에 최적화된 **무료 회독 학습 점검표 · 회독용 답안지**
- 해커스공무원 스타강사의 **공무원 경제학 무료 동영상강의**

헤럴드미디어 2018 대학생 선호 브랜드 대상 '대학생이 선정한 최단기 합격 공무원학원' 부문 1위